Legal English for Contract
Toshiaki Hasegawa

法律英語の カギ 契約・文書

長谷川俊明 著

第一法規

は　し　が　き

　本新訂版のベースになったのは，『法律英語のカギ』（東京布井出版，初版，1985）と『法律英語のプロ』（同，初版，1992）および『続・法律英語のカギ』（同，初版，1988）の3冊である。これらを合冊し，2005年8月にレクシスネクシス・ジャパン株式会社から『新・法律英語のカギ―契約・文書』を，さらに全訂版を2009年1月に上梓した。

　今般，「全訂版」の内容，体裁を一新し，装いも新たに，第一法規株式会社から「新訂版」を出す運びとなった。

　思い返せば，35年近く前に「法律英語シリーズ」の第一弾として『法律英語のカギ』を世に送り出して以来，今日まで，本書は予想外に多くの実務家，研究者に読まれ愛され続けてきた。

　本書が，当初の「法律英語シリーズ」の3冊を合冊したものでありながら一貫して『法律英語のカギ』のタイトルを冠してきたのには，理由がある。それは，同書初版に寄せられた故北川善太郎先生の「序文」がいみじくも指摘しているところでもある。

　すなわち，国際取引の諸問題の解決に，「マクシマム・ロー・アプローチ」と「ミニマム・ロー・アプローチ」を使い分けて当たるとの基本的な考え方に基づいており，これがシリーズ各冊を貫いている。とくに合冊した他の2冊は，内容的に英文契約の各論的実務を扱うものと位置づけられる。「新訂」にあたっては，以下の点に配慮した。

　第1に，本法律英語シリーズの特色になっている上下欄の記述内容は，法改正などを踏まえ共に新しい内容に適宜入れ替えた。ただ，とくに英米法システムの先例尊重の建前に照らし，判例法形成の軌跡を残す意味で，あえて古い裁判例の紹介記事などを残した箇所もある。

　第2に，本書第Ⅳ部で取り上げる「契約類型」のなかに，新たに「データ取引契約」を入れることにし，「コンピュータと契約」の上下欄では，とく

iv

に近時のIT（情報技術）に関連した知的財産権の法律問題を取り上げることにした。他に「M＆A契約」や「国際ファイナンスと契約」の項においても内容を刷新した。

第3に、「第Ⅰ部：序論」の冒頭に「序節」として、「法律英語・英文契約の入門」を新たに書き下し、本書全体のオリエンテーションになるようにした。

第4に、本書の初版以来、「付録」的に収めてきた「チェックリスト」は、本書の"セールスポイント"であった。今般、大幅にチェック項目を拡充するとともに、参照頁数を入れ、本書の項目索引を兼ねるようにして実務での"使い勝手"をアップさせた。

一方で、前著にはあった「用語集」は、本シリーズの一環で別に『法律英語の用法・用語』（改訂版）を2018年12月に刊行したことから、本書では削除した。

本書は、「法律英語シリーズ」における、いわば旗艦（flagship）となる一冊である。このようなかたちで、三たび世に出すことができ、著者としては大きな感慨を禁じえない。これを可能にしてくれた第一法規株式会社には心より感謝申し上げたい。とくに同社出版編集局の山森裕香子さん、大松海歩さん、三田村可里奈さんの本づくりに向けた熱い思いに常に励まされてようやくここまで達することができたと考えている。

2019年7月

長谷川　俊明

序　文

　本書の著者長谷川俊明氏には，1982年秋，経済企画庁の委託研究のメンバーとしてヨーロッパ主要国における約款規制の現地調査に加わっていただき，その調査研究活動を他の研究者とともに共同で行っていたこともあって，爾来同氏とは親しく交流を重ねている。

　同氏は，金融，証券の分野にも深い見識をもち幅広く国際取引の分野での研鑽を努めておられ，本書も，同氏のそうした成果として高く評価することができる。

　私は，法をめぐる事象の解決には，マクシマム・ロー・アプローチとミニマム・ロー・アプローチという二様の対極的アプローチがあり，問題に応じてそのいずれかに比重をかけつつ使い分けることが必要でないかとかねてから指摘してきた。前者は，法をできるだけ前面に出し，法を最大限利用するというものであり，後者は法をできるだけ背後におしやって解決をはかろうとするものである。

　本書の取扱う分野はまさに，マクシマム・ロー・アプローチのひとつのノウハウであるといえる。本書は，契約・文書・述語といった法技術的な面を前に出しながら，折にふれその背景となる法文化の成りたちや契約社会と誓約社会の比較等を示して，その理解を助けようとしている。この点で，本書はミニマム・ロー・アプローチにも示唆を与えるものである。さらに，本書が契約書以外の文書を契約書と区別して検討しているのは注目される。そこでは，数年前に内外の新聞紙上を賑わした銀行の comfort letter 事件も扱われている。また，本書の最後に掲げられた英文契約作成のためのチェックリストや述語集も本書の特色のひとつであり，読者にとっては，極めて便利なものであろう。

　彼我の文化や法のありようの違いをより正確に把握し国際取引を円滑に進めることは，ビジネスに関与するものの使命でもあり，また日本のおかれた

国際社会での複雑な立場を直視して行動するためにも，それは重要なことである。本書は，日頃からそうした視点に立つ著者の労作として，実務上大いに裨益するに違いないと確信し，あえて序文の労をとった次第である。

1985年3月

北川 善太郎

目　次

はしがき　iii　　　　　　序文　v

第 I 部：序論

序章　法律英語・英文契約の入門 ……………………………………………… 3

1 国際法務と英文文書 ……………………………………………………… 11

　1　英文文書の重要性　11

　2　国際取引に使われる文書にはなぜ英文文書が多いか　12

　3　英文契約＝国際契約の難しさ　13

2 英文契約を扱うための基礎知識 ……………………………………… 15

　1　背景としての契約意識の違い　15

　2　英文契約と英米契約法　17

3 英文契約のスタイル・構成 …………………………………………… 26

　1　letter agreement と標準的な契約書　26

　2　標準的な契約書の構成　27

4 英文契約書の用語法と一般条項 ……………………………………… 29

　1　法律英語の特色　29

　2　一般条項とそうでない条項との区別　37

5 有利な契約締結交渉のためのポイント ……………………………… 41

　1　"Battle of Forms"　41

　2　チェック・リストの作成と活用　42

　3　Law Dictionary, 書式集の活用　43

　4　弁護士の利用　44

第 II 部：契約

1 契約の頭書, 前文 ………………………………………………………… 53

　1　表題（title）　53

　2　頭書（premises）　54

viii

3 前文（whereas clause, etc.） *56*

2 契約の始期と終期 ……………………………………………………… *63*

1 契約の期間（duration, period or term） *64*

2 解除による契約の終了 *66*

3 解除の効果 *67*

3 不可抗力条項 …………………………………………………………… *70*

1 "Doctrine of Frustration" *70*

2 不可抗力条項（Force Majeure Clause） *73*

3 不可抗力事由発生の効果 *74*

4 秘密保持条項 …………………………………………………………… *76*

1 ノウハウと秘密保持 *77*

2 秘密保持条項（Secrecy Provision）の内容 *78*

5 完全合意条項 …………………………………………………………… *84*

1 背景としての契約意識の違い *84*

2 "*Parol* Evidence Rule" *86*

3 完全合意条項の内容 *87*

6 支払いおよび税金に関する条項 ………………………………………… *90*

1 支払いに関する条項の内容 *90*

2 税金に関する条項 *93*

3 日米租税条約の改定（日米親子会社間の配当に対する課税軽減・免除） *95*

7 譲渡条項 ………………………………………………………………… *98*

1 Assignment の概念 *98*

2 イギリス法における assignment *99*

3 英文契約中の assignment 条項 *99*

4 電子商取引時代の譲渡条項 *100*

5 「東京ヒルトン事件」に学ぶ *101*

8 準拠法条項 ……………………………………………………………… *107*

1 当事者自治の原則 *107*

2 準拠法条項の内容 *112*

9 裁判管轄条項 …………………………………………………………… *118*

1　渉外事件における裁判管轄　*118*

　　2　管轄合意の効力と"*forum non conveniens* rule"　*119*

　　3　裁判管轄条項の内容　*120*

　　4　知的財産高等裁判所設置と国際契約　*123*

　　5　新しい国際裁判管轄法制　*125*

10　仲裁条項　　*129*

　　1　国際仲裁の利点　*129*

　　2　外国仲裁判断の承認・執行　*131*

　　3　仲裁条項の内容　*132*

11　通知，送達代理人に関する条項　　*136*

　　1　発信主義と到達主義　*136*

　　2　通知条項の内容　*137*

　　3　送達代理人に関する条項　*139*

12　Headings と Severability　　*145*

　　1　英文契約中の一般条項　*145*

　　2　Headings　*147*

　　3　Severability　*148*

13　契約の末尾文言と署名　　*152*

　　1　末尾文言　*152*

　　2　署名欄　*153*

第Ⅲ部：文書

1　保証状（Guarantee）〔1〕　　*161*

　　1　保証の種類――連帯保証と普通の保証　*161*

　　2　Guarantee, Surety および Indemnity　*163*

　　3　Guarantee の成立　*164*

2　保証状（Guarantee）〔2〕　　*166*

　　1　"Letter of Comfort"は気休めの手紙か　*166*

　　2　アメリカの判例に認められた"保証文言"　*167*

　　3　本件 Letter of Comfort の法的拘束力の見極め　*169*

3 委任状（Power of Attorney）································173

   1 Attorney *173*

   2 Power of Attorney の成立と解釈 *174*

   3 Power of Attorney の具体的内容 *176*

4 予備的合意（Letter of Intent）·······················179

   1 Letter of Intent の作成される場合とその形式 *179*

   2 Letter of Intent の法的効力 *180*

   3 具体例の検討 *182*

5 売買証書（Bill of Sale）································185

   1 Bill *185*

   2 Bill of Sale *186*

   3 船舶の譲渡と Bill of Sale *187*

6 標準取引約款（Standard Form Contract）··············191

   1 Standard Form Contract *191*

   2 消費者約款の規制 *191*

   3 諸外国の約款規制法 *192*

   4 Plain English Movement *194*

   5 約款と国際法務 *195*

   6 改正民法による約款規制と国際契約 *195*

7 公証人（Notary Public）·······························200

   1 国際法務文書と公証 *200*

   2 公証制度の比較 *201*

   3 国際取引における文書の認証 *202*

8 Warrant と Warranty································209

   1 Warrant と Warranty *209*

   2 Implied Warranty の法理 *209*

   3 Bond with Warrants Attached *211*

9 Instrument と Securities·······················217

   1 英米における商業証券法の歴史 *217*

   2 Instrument と Commercial Paper *219*

3　Securities　*220*

1０　Policy と Title··················223

　　1　保険制度　*223*

　　2　Policy　*224*

　　3　Title　*225*

第Ⅳ部：契約類型ごとの英文契約のポイント

1　リスク管理の対象としての英文契約··················231

　　1　国際契約としての英文契約　*231*

　　2　英文法律文書の管理　*233*

2　英文契約を扱うための基本··················235

　　1　契約の本体部分 ── 一般条項と固有の条項　*238*

3　国際調達と売買契約··················241

　　1　国際調達時代　*241*

　　2　国際売買契約　*242*

　　3　貿易条件 ── Trade Terms　*243*

　　4　国際調達契約のポイント　*246*

　　5　品質管理に関する規定　*246*

　　6　納入時期に関する規定　*249*

　　7　ウィーン国際物品売買条約の適用　*250*

4　海外販売・代理店契約··················255

　　1　はじめに　*255*

　　2　販売店と代理店の違い　*255*

　　3　販売店の地位　*257*

　　4　販売店契約と個々の売買契約の関係　*259*

　　5　最低購入量の保証（minimum purchase guarantee）　*261*

　　6　取引制限と独占禁止法　*263*

　　7　販売店契約と warranty　*264*

　　8　販売店・代理店保護法　*266*

　　9　販売店・代理店保護法の内容　*267*

5 国際合弁・パートナーシップ契約 ……………………………270

1 国際合弁の意義 *270*

2 合弁契約の特徴 *271*

3 合弁契約と付随する諸契約 *273*

4 会社の設立に関する規定 *275*

5 新会社の運営に関する条項 *277*

6 合弁当事者の役割 *279*

7 パートナーシップとは何か *280*

8 パートナーシップ合弁の損失 *281*

9 パートナーシップ合弁契約のポイント *282*

6 M＆Aと契約 ……………………………286

1 M＆Aの法的諸形態と契約 *286*

2 M＆A契約の流れ *288*

3 株式買取契約の意味 *290*

4 内容上のポイント *291*

5 契約によるリスクヘッジ *295*

6 表明・保証条項と他の条項との関係 *296*

7 表明・保証条項の内容 *297*

7 国際技術移転とライセンス契約 ……………………………306

1 国際技術移転とは *306*

2 技術ライセンス契約の内容 *307*

8 コンピュータと契約 ……………………………330

1 コンピュータと知的財産権 *330*

2 ソフトウェアのライセンス *331*

3 ソフトウェアライセンスの種類・形態 *332*

4 英文ソフトウェア・ライセンス契約のポイント *334*

9 秘密保持契約 ……………………………351

1 トレード・シークレット（trade secret；営業秘密）の保護 *351*

2 秘密保持契約の役割 *352*

3 秘密保持契約のポイント *353*

xiii

 4 顧客情報流出を防ぐための委託契約上のポイント *360*

10 データ取引契約 ·· *366*

 1 データ取引のための英文契約 *366*

 2 GDPR の法律英語一覧 *368*

 3 EU 一般データ保護規則（GDPR）と日本企業の契約実務 *370*

 4 データ輸出者およびデータ輸入者の義務規定 *372*

 5 責任に関する規定 *373*

 6 データ取引契約中の第三受益者条項 *374*

 7 データ取引契約中の"as is"条項 *375*

11 法律英語と金融 ·· *378*

 1 消費貸借の要物性を修正する民法改正 *378*

 2 国際英文ローン契約の特徴 *380*

 3 英米法と国際ローン契約 *382*

 4 loon agreement の基本構造 *383*

 5 Representations and Warranties Clause と Covenants Clause の違い *386*

 6 表明・保証条項 *387*

 7 Covenants Clause の内容 *391*

 8 Default Clause *393*

 9 Currency Judgment Clause *396*

 10 担保・保証取引の法律英語 *397*

第 V 部：契約文例ほか

 DISTRIBUTORSHIP AGREEMENT（販売店契約） *404*

 JOINT VENTURE AGREEMENT（合弁契約） *422*

 LICENSE AGREEMENT（ライセンス契約） *464*

 SECRECY AGREEMENT（秘密保持契約） *476*

 英文契約作成のためのチェックリスト *484*

事項索引 *489*

xiv

英文契約のカギ

- ・契約の表題のカギ　60
- ・譲渡禁止条項のカギ　105
- ・裁判管轄条項のカギ　126
- ・ワランティ条項のカギ　215
- ・補償条項のカギ　327

- ・秘密保持条項のカギ　82
- ・契約の正本,言語に関する条項のカギ　116
- ・通知条項のカギ　142
- ・個別取引条項のカギ　253
- ・定義条項のカギ　363

下欄コラム掲載頁

企業活動とリスク管理　11

U.C.C.（アメリカ統一商事法典）　18

国際法務と契約　23

法律文書をやさしく　28

英文契約条項の重要な交渉ポイント　34

ロビイスト　44

契約と儀式　53

R＆Dジョイント・ベンチャー（R＆D joint venture）　57

解除と解約の違い　69

日本の民放における履行不能の考え方　70

ソフトウェアの保護に関するアメリカの判例　76

日本人と欧米人の契約意識とその背景の違いチャート　85

ソフトの不正コピーに賠償命令　89

租税条約（Double Taxation Convention）　93

merit　98

ITの便利さと裏腹——高まる情報漏れリスク　104

内部統制に必要なrecordとdocument　111

外国会社に対して日本の裁判権を認めた裁判例　118

ニューヨーク条約の適用事例　129

契約を破る自由　15

コモンロー（common law）　20

アミカス・キューリエ（*amicus curiae*）　26

サブプライムローンの意味とラテン語　29

D.C.ロイヤー　41

イギリスの弁護士：ソリシターとバリスター　46

印紙と印紙税　55

販売店契約の終了にかかる損害賠償を認めたアメリカの判例　63

予約　69

SARS発生は不可抗力事由になるか　73

営業秘密の管理　81

契約と契約書　86

タックス・ヘイブン　90

デジタル情報時代——リスク認識必須に　95

「外国弁護士による法律事務の取扱いに関する特別措置法」　101

compactと称する契約　107

bar, dryの法律英語としての意味　114

海外からの訴状直送——対処方法に注意必要　124

紛争解決手段としての「仲裁」の限界　133

エレクトロニック・バンキング　*136*

X，x　*145*

zero bracket amount　*147*

コード・オブ・コンダクト（Code of Conduct）　*150*

sign と execute の異同　*152*

保証制度の見直しと金融実務　*161*

銀行支店長と支配人　*166*

engagement letter は弁護士の委任契約か　*173*

予備的合意における排他的交渉条項の効力　*182*

傭船契約をなぜ charter party というのか　*185*

国際法務と英語　*200*

知的財産戦略の促進と著作権法の改正　*214*

「担保」を表す security　*220*

日本人の法的リスク観　*231*

異文化ギャップ・本音と建前　*241*

電子商取引と基本契約　*250*

コンテンツ・ビジネス　*261*

ファイナンスのグローバル化と法律英語　*268*

海外進出の法的諸形態　*272*

パートナーシップ（Partnership）　*280*

英文合弁契約とデッドロック条項　*284*

株式買取による M＆A 契約における "collectibility" 条項の役割　*291*

"高すぎる買物" を避けるための earn out 条項　*301*

表明・保証条項の解釈と民法（債権法）改正　*305*

便宜置籍船（べんぎちせきせん）　*140*

yellow dog contract　*146*

ホワイトナイト（white knight）は敵の敵が味方？　*148*

ボイラープレート（boilerpla te）条項　*150*

白紙委任状　*157*

連帯保証と身元保証　*165*

法律英語 aware（ness）のニュアンス　*169*

留保文言としての under protest の用法　*178*

レピュテーショナルリスクのマネジメント　*183*

弁護士はなぜ悪文家か　*191*

represent と warrant の異同　*209*

SEC（Securities and Exchange Commission）　*217*

policy がなぜ「保険証券」を表すようになったか　*223*

国際法務によるグローバルリスク管理　*235*

安全意識と PL 法　*245*

国際契約と独占禁止法　*255*

世界の販売代理店関係法　*263*

国際合弁の心がけ　*270*

「修正」契約書を何というか　*277*

日本における LLP（Limited Liability Partnership）　*283*

外国企業に買収されやすい会社とは　*286*

買収防衛策としての "Change of Control Clause"「支配権条項」　*297*

新興国での M＆A と「表明保証保険」　*304*

日本とアメリカの特許思想の相違　*306*

民法（債権法）改正とライセンス契約 *314*

フィンテックの国際・英文契約実務 *324*

クラウドコンピューティングの法律問題 *343*

システム開発委託契約の締結交渉における RFI, RFP の作成 *349*

AI（人工知能）と英文契約の和訳 *358*

オープン化のためのデータライセンス契約作成 *371*

リスクマネジメント（RM）の手法としての国際金融法務 *378*

loan の基本概念 *386*

default「債務不履行，不履行」という語の使い方あれこれ *395*

FRAND 宣言をした企業との royalty 交渉 *319*

シュリンクラップ契約（Shrink-Wrap License Agreement）の効力 *330*

オープンイノベーションとライセンス契約 *348*

トレード・シークレット（trade secret；TS） *351*

「データポータビリティ」の意義 *366*

IT ガバナンス *376*

日本における有担保原則と国際ファイナンス *382*

covenant（誓約）とその効用 *391*

breach と default の使い分け *397*

文例

第 II 部

《文例-1 》一般的な合弁契約 *58*

《文例-3 》解約事由 *68*

《文例-5 》不可抗力事由，免責効果 *75*

《文例-7 》完全合意の一般例 *89*

《文例-9 》支払いにかかる税金・手数料 *95*

《文例-11》準拠法指定 *114*

《文例-13》裁判管轄の合意 *122*

《文例-15》ICC のモデル仲裁条項 *133*

《文例-17》管轄合意および送達代理人の選任 *141*

《文例-19》末尾文言と署名 *156*

《文例-2 》契約の有効期間 *68*

《文例-4 》不可抗力事由 *74*

《文例-6 》秘密保持義務 *80*

《文例-8 》信用状による支払い *94*

《文例-10》譲渡制限 *103*

《文例-12》準拠法と契約使用言語の指定 *114*

《文例-14》裁判管轄の合意 *123*

《文例-16》通知の方法および効力発生時期 *140*

《文例-18》捺印契約の署名欄 *153*

第Ⅲ部

《文例-1》保証状の効力を持つ可能性が　　《文例-2》委任状　177
　　　　　　ある文書　170

《文例-3》予備的合意の覚書　183　　　　　《文例-4》売買証書　188

《文例-5》公証人によるサイン認証　204　　《文例-6》領事によるサイン認証　205

《文例-7》売主の担保責任　213　　　　　　《文例-8》約束手形の券面　221

《文例-9》良性権原の保証　227

第Ⅰ部
―― *prologue* ――
序　論

序章　法律英語・英文契約の入門

1　法律英語とグローバル化

　法律英語（legal English/legalese）は，法律分野の専門英語であり，英語とは「別の言語（another language）」と称される。つまり，それほど特別な「外国語」といってもよい。

　日本人・企業が法律英語をいやでも扱わざるをえない時代が到来した。それは，日本を含め世界がグローバル化しているからである。いま，ますます進展する一方のグローバル化は，居ながらにして私たちの日常生活に及び，企業活動のあり方を大きく変える。

　グローバル化（globalization）は，地球（globe）が一つになっていく現象である。地球全体が一体化することなので，もともとは，「市場の一体化」という意味合いで経済分野で使われはじめた言葉であるが，法律の分野では国ごとに異なる法制度，裁判制度がいまだなくならず，グローバル化の進展を阻んでいる。

　法の世界のグローバル化は，経済の分野に比べればはるかに遅れており，グローバル化まではいかず，国家の壁を前提とした国際化の時代にとどまっているというべきかもしれない。

　それでも，デジタル化が進み，データ取引・電子商取引がクロスボーダーでさかんに行われるようになり，取引や法律分野でも徐々にグローバルルールを要求することが多くなってきた。

　グローバルな取引を推進しようとすると，各国による法制度の違いは大きな非関税障壁となり得る。このことは各国通貨が異なることを前提とした資本の流通面における外国為替管理を考えればすぐにわかることである。

　ただ，法制度や国家体制などの違いよりもっと大きな非関税障壁があることを忘れるわけにはいかない。それは言語すなわち言葉の壁である。

　とくにコンピュータが発達し，ネットワーク取引などがさかんになればなるほど，共通語によるいわばコード化とグローバルルールが必要になる。そ

れに伴いコンピュータの基本言語である英語が，グローバル化のなかで，とくに国際取引の分野では共通語に近い地位を与えられるようになる。

なかでも，グローバルな取引＝契約に最もよく使われ，欠かすことのできない「言語」が法律英語なのである。

2　グローバル化時代のデ・ファクト・スタンダードとしての法律英語

日本企業を中心に考えてみると，その活動は大企業に限らずグローバル化の一途を辿ってきた。企業活動のなかでもさまざまな取引関係のグローバル化はとくに顕著である。

企業は，グローバル化のなかで，取引分野に限らず，組織法，紛争処理，通商法などの分野で法律英語を使わざるをえない状況にある。

昨今，とみに注目されるようになった課題が，組織法分野におけるクロスボーダーＭ＆Ａや国際合弁，紛争処理分野における国際訴訟や，国際仲裁・調停，通商法分野における知的財産権トラブルや法の域外適用などである。

ただ，グローバル企業法務の諸分野のなかで貿易取引の中心として最も歴史が古く，しかも，どの企業も日常的に取り組まなくてはならないのが取引分野である。「取引」は，「駆け引き」の意味合いでも一般に使うが，法律用語として使うときは，そのほとんどが契約である。

事業活動を行うなかで，日々，取引＝契約を行わない企業は皆無といってよい。国際取引となると，国内取引におけるほど日常的ではないが，アジア新興国企業向けなども含め，急増し続けている。

国際・グローバル取引の多くは，英文契約で取り交わされる。これらの取引を英語で行わなければならないとする法律や条約があるわけではない。

にもかかわらず，なぜ国際契約の多くが英語で書かれるのかといえば，英語がとくにビジネスの世界では共通語に近い地位を確立したからである。英語はグローバルビジネスにおける *de facto* standard（事実上の標準）となったといってよい。

法律英語にはラテン語がよく使われるが，*de facto* もラテン語である。*facto* は，fact「事実」のことであるからいまの英語でいえば，from the fact「事実上の」となる。

反対語は，*de jure* で，ディ・ジューリィと読み，「法律上の」，「適法な」

を意味する。いまの英語では by right である。法律英語のボキャブラリーを増やすには，このような反対語を一緒に覚えるようにするとよい。

まとめると，法律英語がふんだんに出てくる英文契約をいかに適切に扱えるかが，グローバルビジネスの成否のカギを握るといっても過言ではない。

グローバル企業法務で取引分野に次いで法律英語を多く用いる組織法分野や紛争処理分野においても，英文契約実務は欠かせない。

クロスボーダー M & A の手段である merger「吸収合併」や stock purchase「株式取得」は，いずれも契約でありしかも英文で作成されることが圧倒的に多くなる。国際合弁も，そのほとんどが joint venture agreement「合弁契約」によって実現される。

また，企業の取り交わす契約には，必ずといってよいほど「紛争処理条項」が入る。とくに新興国・地域での訴訟にはリスクが大きすぎるので，訴訟ではなく仲裁で問題を解決しようと望むのであれば，適切な内容の arbitration clause「仲裁条項」が必要になる。

3 法律英語と英文契約の関係，英文契約を扱うコツ

英文契約は，あたりまえのことだが英語で書かれている。しかもその英文がふつうでなく難解な法律英語（legal English/legalese）を使って書かれているとなると，もうお手上げと感じる人も多いであろう。

とはいえ，とくに日本企業が取り交わす国際契約としての英文契約には，パターン化した条項や語句が多く使われる。扱い方に慣れ，コツさえつかめれば，むしろふつうの英文より易しいと感じられるかもしれない。

英文契約を扱うコツの第1は，とにかく「習うより馴れろ」で英文契約に出てくる「特別な法律英語」に馴染むことである。日本人が仕事で扱う英文契約のほとんどは，国際契約としての英文契約だが，当然のこととして，アメリカやイギリスでは国内取引で日常的に英文の契約を用いる。

ただ，ネイティブスピーカーにとっても，英文契約は扱いづらいものなのである。それは，英語で書かれてはいるものの，英文契約には，「契約違反」（breach of contract），解約（cancellation/termination of contract）のような法律英語が多く登場するからで，契約英語≒法律英語といってもよいほどである。

法律英語（Legal English）は，legalese と称するように，英語とは別の"another language"であると英米人がいうくらいわかりにくい「言語」である。つまり，英米人にとっても，法律英語満載の英文契約を読みこなすのは外国語の文書を扱うのと同じくらい骨が折れる作業であり，日本人と同じスタートラインに立っているといってもよい。

英文契約を適切に扱うには，新たな外国語を学ぶつもりで法律英語を基礎から学んでいく必要がある。これには，「王道」はないので，とりたてて「コツ」はないことをよく認識し地道に努力することがコツの第1である。

コツの第2は，法律英語を使った「コミュニケーション力」を高めることである。英文契約を扱う実務というと，つい最終契約の内容ばかりを対象に考えがちだが，じつはそこに至るまでの交渉プロセスが大きな意味をもつ。

日本人・企業は，契約締結交渉プロセスを軽視する傾向があり，すぐ「結論」に飛びつこうとする。しかも，最終契約に問題がありトラブルになったとしても「話せばわかる」式の別途協議条項を入れておけば何とかなると甘く考えがちである。

これに対し，グローバルルールは，英米法の *parol*-evidence rule「口頭証拠の法則」に基づき，最終的に書面化した契約がいわば絶対で，「話せばわかる」などとんでもないと考える。

契約交渉段階におけるこのような正反対の考え方の差が，有利な契約を締結するための大きな妨げになる。交渉の相手方は有利な契約を"克ち取る"ために"喧嘩腰"で交渉に臨むのに，こちらは"及び腰"で臨むとしたら，結果は見えているようなものである。

日本企業が英文契約で"失敗"する原因は，交渉段階で"本音"を相手にぶつけ，いいたいことをいい尽くさない点にあるといえる。この点は，英語によるコミュニケーション力にかかっているといってもよいであろう。

英文契約を扱うためのリテラシー（literacy）があるとしたら，交渉段階における法律英語を使ったコミュニケーション力がそれにあたる。コミュニケーション力は，「対話力」といい換えられる。2020年4月から原則的に施行になる改正民法は，従来なかった，対話者に対して承諾の期間を定めないでした契約の申込みに関する規定を新設した。（525条。）

このことは，とりわけ直接の交渉段階におけるルールを明確にしようとし

序章　法律英語・英文契約の入門　　　7

たとみられる。一方当事者に有利な契約は相手方には不利な契約である。少しでも有利な内容を，交渉のなかで"克ち取る"姿勢とコミュニケーション力を身につけるべきであろう。

4　英文契約に使う英語の特徴

英文契約書の内容を正確に読みこなすには，そこに使われる英語の特徴をよく頭に入れておく必要がある。英文契約書はふつうではない特別な英語で書かれている。

「特別」には2通りの意味がある。1つはネイティブスピーカーの間でも"another language"と称される法律英語で多く書かれることである。もう1つは，とくに企業間の契約では，取引に特有の trade jargon「業界用語」がよく使われることである。

英文契約には，その成立から終了，さらにその前後を通じ，特有の用語や言い回しがあり，これを契約英語ということがある。契約英語に代表される法律英語の基本書といってよい David Mellinkoff の"The Language of the Law"は，法律の言語（language of the law）の主な特徴として以下の9つを挙げている。

(1) Frequent use of common words with uncommon meanings　「ふつうでない意味をもったふつうの語の多用」

(2) Frequent use of Old English and Middle English words once in common use, but now rare　「かつてよく使われたが今はまれにしか使われない古期英語および中期英語の多用」

(3) Frequent use of Latin words and phrases　「ラテン語の単語と語句の多用」

(4) Use of Old French and Anglo-Norman words which have not been taken into the general vocabulary　「一般の語彙には取り込まれなかった古期フランス語およびアングロノルマン語の使用」

(5) Use of terms of art　「技術用語の使用」

(6) Use of argot　「符牒の使用」

(7) Frequent use of formal words　「公式な語の多用」

(8) Deliberate use of words and expressions with flexible meanings

「融通性のある意味を持った語や表現の意図的使用」

⑼ Attempts at extreme precision of expression 「極度に精密な表現の試み」

これらは英文契約書を扱ったことのある人にとってお馴染みの特徴であろう。⑵、⑶、⑷を除けば日本語の契約用語における特徴にも共通する。

ただ、私たちが扱う英文契約書は国際契約のための契約書であるから、国際契約に特有の条項などの内容的特徴もおさえておく必要がある。日本語に訳すにも英米法と大陸法の概念ギャップがあるので、英米の法律用語を日本語に置き換えることが困難なのは、日本人の宿命とあきらめるしかなさそうだ。

statute of limitation を「消滅時効」と訳すのと「出訴制限法」と直訳的に訳すのとでどちらがよいかは状況次第で、場合によっては訳注をつけないと正しく理解されない。なお、特徴⑷に出てくるアングロノルマン語は、ノルマン人のイングランド征服（1066年）後に移住したノルマン人の子孫が使った言葉で、ノルマンフレンチの一方言とされる。

5　英文契約の解釈ルール

英文契約書を扱う作業には、大別して、読んで意味を理解する英文解釈と伝えたい内容を契約条項などにする英作文とがある。書かれた意味がさっぱり分からないのでは始まらないから、どちらかといえば英文解釈がしっかりとできることが英文契約書攻略の前提になるといってもよい。

英文契約書の解釈は、そこに書かれてある法律英語の正確な理解から入らなければならない。それを前提として基本的な解釈原理は、L.P. Simpson の "Handbook of the Law of Contract" によれば、以下の３つである。

1. 単語には、そのもつ明白で通常の意味が与えられなくてはならない。
2. 契約のすべての部分は、可能ならば契約の全体的目的を達成するために解釈されなければならない。
3. もし契約解釈の主要な原則を適用してもなお契約の目的が明らかでない場合には、契約が締結された時点で契約を取り巻く事情が斟酌され得る。

契約解釈のこれら基本３原則には、それぞれ例外がある。原則１の例外は、

(a)取引慣行は言葉の通常の意味を変えうる，(b)専門用語はその特有の意味が与えられるべきである，および(c)できるならば，言葉は契約当事者の意思を最も実現するような意味を与えることである。原則3の例外は多岐にわたる。

すなわち，(1)綴り，文法，時制の誤りは修正できる，(2)一般的語句の意味は，契約の主題や履行条件に関するより具体的な記述によって制約を受ける，(3)2つの意味が成り立つ契約ではこれを有効にする意味が与えられる，(4)矛盾し合う条項間では，衝突をなくす解釈がとられる，(5)可能であれば，契約は不相当とするよりは相当とする解釈がなされる，(6)言葉は一般にそれを用いる当事者に最も厳しく解釈される，(7)疑いがある場合，当事者による解釈がその意思を示す最善の証拠になる，(8)印刷された言葉と手書きの言葉の間に矛盾がある場合には手書きの言葉が優先である。

以上，8つの例外のうち(6)について補足しておくと，この解釈原理は，アメリカの判例法で形成されてきたもので，例えば，約款は作成者に不利に解釈されなくてはならないとする考え方にもなっている。

標準約款（standard form contract）などを企業が一方的に作成し，消費者に対し半ばこれを押し付ける場合における弊害はつとに指摘されてきたところである。

他にも，契約の申込み（offer）や承諾（acceptance）の解釈は，それぞれ申込者，承諾者に不利に行われる。また，約束手形の文言は，振出人に不利に，保険証券の文言は，保険会社に不利に解釈される。アメリカの判例法に示されたこのような解釈原理の根底にあるのは，人は自分で行った表現のあいまいさについては責任を負うべきだとする考え方である。

(8)の解釈原理についても補っておこう。印刷された言葉と手書きされた言葉の場合ではないが，日本では，手形券面の金額欄に「金弐百万円（¥1,000,000）」のように文字とアラビア数字が併記されていて内容に食い違いがあったときは漢数字部分が優先するとする解釈上の強行規定がある。（手形法6条1項。）

これと同様のケースは英語表記にもあるのだが，手書き部分が解釈上優先する点についても，アメリカでは判例法が明確にしている。

6　民法改正と契約自由の原則

　契約自由の原則は，民法の基本原則中の基本原則であるにもかかわらず，2017年改正まで，民法にはこれについての規定がなかった。あまりにも基本的な原則なのであえて書くまでもないとされたのかもしれない。

　契約自由の原則は，個人の契約関係は，契約当事者の自由な意思によって決定されるべきで，国家は干渉してはならないとする原則である。同原則は，①契約締結の自由，②契約相手方選択の自由，③内容法定の自由，および④方式の自由に分類できる。

　改正民法は，①～④のすべてについて規定した。新設の521条1項が「…契約をするかどうかを自由に決定することができる」として①と②を，同条2項が「…契約の内容を自由に決定することができる」として③を，同じく新設の522条2項が「契約の成立には…書面の作成その他の方式を具備することを要しない」として④をうたう。

　なぜ，改正民法がいまさらのように契約自由の原則につき細かく規定したのかといえば，契約法のグローバル化をめざすからと考えられる。

　契約自由の原則における，とくに方式面での例外として約款規制を入れた反面，改正民法522条2項は，契約の成立には…書面の作成その他の方式を具備することを要しない」としている。ウィーン国際物品売買条約（CISG）11条を意識しつつ，契約の成立に書面性をより広く要求する英米法・詐欺法（statute of frauds）の考え方を否定したのである。（21頁以下参照。）

1 国際法務と英文文書

1 英文文書の重要性

　今や世の中あげての国際化，グローバリゼーションの時代である。企業の海外進出の機会が多くなり，日本における企業環境も急速に国際化の度合いを増している。

　そこで当然のことながら，日本企業が国際取引に参加することが多くなり，各種の英文文書を日常的に扱わなくてはならなくなる。

　そのような英文文書の代表的なものが英文契約書である。企業の国際取引が契約書を中心に行われ，そのほとんどが英文で書かれているからである。しかし，企業の国際法務においては，きちんとした形の"正式な英文契約書"だけでなく，ほかにもさまざまな種類の英文文書が扱われる。

　日本企業における企業法務は，企業活動の国際化とともに，今後ますます多くの種類と量の英文文書の洪水に見舞われることが予想される。

　というのは，国際取引は必然的に，遠く離れた言語・習慣・法文化などをそれぞれ異にする当事者間で行われるものである。

　将来の無用の誤解や意見のくい違いを避けるという意味で，あらかじめ取引の内容・条件をなるべく明確に「文書化」しておく必要性は，国内取引の場合よりもはるかに大きいものといわなければならないからである。

■ 企業活動とリスク管理

　企業活動にはリスクがつきものであるが，そうしたリスクは，ますます巨大化，多様化，複雑化，かつグローバル化している。2001年9月11日にアメリカで発生した同時多発テロにおいては，ワールドトレードセンタービルをはじめとする周辺ビルの崩壊があった。日本企業のなかにはこの事件によって，営業拠点をほぼ一瞬のうちに失うという大きな人的，物的被害を受けた金融機関があった。

　同事件は，これまで例をみなかった悪質なテロではあったが，企業としては営業拠点の喪失にどう対応すべきかの危機管理体制を問われることにもなった。テロはとも

2 国際取引に使われる文書にはなぜ英文文書が多いか

国際取引においては圧倒的に英文の文書が多い。今ではごくあたりまえのようであるが，これには以下のような理由があげられる。

第1に，沿革的な理由として，海運・貿易の分野においてイギリスが先駆的な役割を果たしてきたことを指摘することができる。国際貿易取引に最も重要な書類ともいうべき船荷証券（bill of lading）や海運の分野における傭船契約書（charter party）などの標準化の過程で，イギリスは大きな影響力を発揮してきた。

第2に，海運・貿易と密接な関係をもって発達してきた保険，金融の分野においてもイギリスは重要な役割を果たしている。ロンドンを本拠地とする世界的な保険組合ロイズ（Lloyd's）の存在はきわめて有名であるし，イギリスポンドが国際基軸通貨の地位を失った現在も，ロンドンの国際金融街シティは，世界の金融センターとして君臨し続けている。

第3に，言語のみならず法文化をイギリスから継受したアメリカ合衆国の国際社会に占める地位の大きさを見過ごすことはできない。ドルはポンドにとってかわって基軸通貨となり，国際政治・経済面における影響力の大きさはあらためて指摘するまでもない。

第4に，日本の通商の相手国には，アメリカ合衆国をはじめとして，カナダ，オーストラリア，インドのように英語を母国語とする国が多い。香港，シンガポールといった貿易の拠点においても英語が公用語として使われている。

以上のような諸要因があって，英語はとりわけ日本のビジネス社会においては完全に"国際語"となっている。したがって，イギリスやアメリカなど

かく工場や事業所を地震，火災などで失うリスクは，より高い確率で起こりうるものである。日頃からバックアップ体制などの対応策を考えておかなくてはならない。ポイントはいつどのようなかたちで顕在化するかもしれないリスクや危機をどう予見し，予防し，軽減し，回避するための体制を構築できるかである。いずれにせよこうしたリスクや危機を管理し乗り越えていかなければ，企業として生き残ることは難しい。

今日，こうしたリスクは，グローバルな規模で企業に襲いかかる。アメリカ経済の中心部に起こったテロのショックは，あっという間に世界を駆けめぐり，世界同時株安の事態を招いた。企業の活動に伴って発生するリスクは多様で分類の仕方もさまざ

英語を母国語とする国の当事者と取引をする場合はもちろんのこと，そうでない国の相手方と取引をする場合にも英語の文書を用いることが多い。

　たとえば，タイの会社と日本の会社が契約を締結する場合を考えてみよう。日本語，タイ語のいずれかの言語の契約書を使おうとすれば，その言語を使われなかった当事者において相当の抵抗が予想される。どの当事者も，あまりなじみのない言語で契約を結ぶことに不安を感じ，できることならば自国語で契約をと考える。しかし，それがままならないとすれば，このような場合にも，お互いにとって第三国語である英語の契約書を交わすのが最も公平であるということになるのである。

3　英文契約＝国際契約の難しさ

　国際取引において使われる文書(その最重要なものが各種の契約書である)のほとんどが英語で書かれているのは，上記のような事情によるが，実際，英文契約を実務で取り扱うとなると，いろいろな困難が待ち構えている。それは，何よりもまず日本人にとって英語が外国語であることから生ずる。英語を同じく母国語とするアメリカ人とイギリス人との間ですら，現在では一つひとつの語が完全に同じ意味をもつとはかぎらない。まして英語を母国語としていない日本人が英語で意思疎通をはかることには，かなりの困難が伴う。

　国際契約の締結にあたっては，事前のビジネス面，法律面両面でのプランニングをしっかりし，ドラフティング（drafting），チェックのための能力を十分に養っておかなくてはならない。英文契約は，日本の企業からすれば，すなわち国際契約であることがほとんどである。そのため，おのずから国内契約に比して条項数も多く，内容が複雑になりがちである。また，英米契約

まであるが，これを人為的リスクと自然的リスクに分けることもある。前者は人間の作為・不作為または過失による事故などから生じるリスクで，後者はそれら以外のリスクである。現代は，人為的リスクのうちでも経済リスク，法的リスクの比重が大きくしかもグローバルに広がっていくところに特徴がある。

　2001年12月2日，アメリカのエネルギー企業エンロンがチャプター・イレブン（アメリカ連邦破産法第11章手続）の適用を申し立てた。負債総額は160億ドル以上で当時，同国の史上最大規模の倒産であった。破たんの直接の原因となったといわれているのは，600億ドル（約7兆円）近い巨額の借入れを可能にした「財テク」である。

法の理解をも必要とする。そこで，これを扱うために最低限度必要とされる
基本知識を次に検討してみたい。（巻末の「英文契約作成のためのチェック・リ
スト」参照。）

映画スター・ウォーズや幹部の家族名から命名した投資基金を約4年前からつくり，
投機的なデリバティブ（derivatives，金融派生商品）やハイテク・通信株，光ファ
イバー資材などに幅広く投資した。運用益はエンロンが受け取る契約で，世界中にあ
る多様の関連企業や組織を巻き込み，新規事業を急拡大する資金にした。

　他方でエンロンは，自社株を担保にした簿外金融取引投資資金を捻出してきたが，
同時多発テロ後の景気後退で一転して巨額の運用損を抱え込んだ。2001年10月中旬に
は，損失を穴埋めするために自己資本を12億ドル取り崩し，投資基金のからくりが明
るみに出た。こうした巨額の簿外取引だけではなく将来のエネルギー取引で予想され
る利益まで計上したり，SEC（アメリカ連邦証券取引委員会）への報告で経営実態
をごまかした法令違反の疑いがもたれたため SEC では，同社の監査を担当していた
大手監査法人に対する調査も開始し，議会も公聴会を開いた。

　エンロンの倒産は，日本の投資社会にも直撃するリスクとなって及んだ。安全性が
高い投資信託とされた MMF（マネー・マネジメント・ファンド）が相次いで元本割
れを起こした直接のきっかけは，エンロンの円建て債を組み入れていたことにあった。

　企業にとって最大のリスクは倒産につながるリスクであり，人間でいえば「死に至
る病」である。為替リスクのように企業が日々直面するリスクであっても，リスクマ
ネジメントを誤ればたちまちのうちに危機的状況に陥ってしまう。デリバティブの一
種であるスワップ取引は，もともと為替リスク，金利リスクをヘッジするために生み
出された。ところが，リスクをヘッジするための手段も使い方次第では，逆にハイリ
スクを生み出すことにもなる。アメリカ史上最大規模となったエンロンの倒産劇にも
財テクにからむ法令違反があった。

　テロや大地震によって，企業は直接的に大きな被害をこうむる。ただ，そうした直
接的被害よりもはるかに大きなダメージをもたらしうるのが，その事後処理などにお
ける法令違反行為である。大和銀行がアメリカ市場から撤退という大きな行政罰を受
け，刑事罰として約350億円相当の罰金の支払いを司法取引の結果命じられたのは，
現地採用の1行員の不正証券取引が直接の原因ではない。それが発覚した後のアメリ
カ監督当局への報告義務違反の法令違反が原因であった。グローバルに広がるこうし
たリスクを管理する手法が国際法務である。エンロンのような"巨象をも倒した"犯
人が法的，経済的リスクであったことに鑑みれば，国際法務を通じたコンプライアン
スの実践がいかに大切なものかはすぐに分かるであろう。

2 英文契約を扱うための基礎知識

1 背景としての契約意識の違い

(1) 外国人を相手とすることの意味

国際契約としての英文契約を締結したり，これを扱う場合には，それなりの心構えが必要になる。

まず第1に，国際契約であるから，多くの場合，外国人（会社）を相手方として契約を締結することになる点が重要な意味をもつ。たとえば欧米人を相手にする場合，日本人とはそもそも契約に対する心構え・考え方が異なっており，それを抜きにしては，英文契約の内容をよく理解できないのみならず，大きな失敗を招くことにもなりかねない。

契約の相手が，自分たちとは異なった文化と言語をもった外国人（会社）であって，契約意識や権利意識に大きな違いのあることを忘れてはならない。

(2) 「契約社会」対 "Land without Lawyers"

欧米社会は契約社会である，とはよく聞く言葉である。これは，どのような意味をもっているのであろうか。

19世紀のイギリスの法史学者メインは，その主著『古代法』のなかで，有名な「身分から契約へ」ということを述べた。これは，社会の推移を要約したもので，古代の社会において人間関係を規定していたのは，身分であった

■ 契約を破る自由

契約は守らなくてはならない。このことは，他人の物を盗ってはならない，というのと同じように，どの社会においてもあたりまえのことのように思われる。とくに，「契約社会」である欧米においては，社会で最も基本的なことでなくてはならない。これに対して，しばしば法意識・権利意識が欧米人にくらべて低いとされる日本人の場合，契約の絶対・神聖という考え方にもあまりなじんでおらず，契約を守ろうという意識も薄いのではないかと問題にされがちである。ところが，法制度上は必ずしもそうではないらしい。アメリカ法では，「契約を破る自由」というのがあって，これ

が，社会の発展に伴い，個人の自由な意思に基づく契約がしだいに社会関係を規定する要素となるようになってきたというのである。このようにして近代市民社会が生まれ，それを契約自由の原則が支えてきた。

これに対し，日本の社会はどうであろうか。これを全体としてみたときは，単一民族から成るためか，「家族的構成」が多分に残っており，どちらかというと義理や人情が先行する社会という面がかなりある。〔川島武宜『日本社会の家族的構成』（日本評論社）は，この点に関する貴重な文献である。〕

欧米人の目にも日本の社会が，やはり同様のものとして映っているらしい。アメリカの有力週刊誌タイムの日本特集号（1983年8月1日付）「法律」の部は，"Land without Lawyers"「弁護士のいない国」という表題のもとに次のように論じた。（要約の上訳出。）

「アメリカの親は，子供にいつも『弁護士なしではやっていけない』ことを教え，アメリカには60万人（人口400人に1人）の弁護士がいる。一方，日本人の親はほとんど弁護士のことを意識しておらず，日本には1万2,500人（人口1万人に1人）の弁護士しかいない。ほとんどの日本人は，一生のうちに一度も弁護士の世話になることがない。……日本人は，個人の権利に対してかなり高度な認識をもってはいるが，日本の法律の基礎をなしているのは社会全体の調和である。訴訟は決して一般的なことではなく，現に最近の15年間，訴訟の数は減少している。……日本では裁判によって紛争を解決しようとする傾向が顕著ではなく，隣り近所のもめごとには交番のお巡りさんが積極的に解決に乗り出し，家事事件では調停が大きな役割を果たしている。

日本の企業では，海外での活動のために外国弁護士を雇い，法務部が契約

が重要な意味をもっているのである。

19世紀のイギリスの法史学者メインは，その著書『古代法』のなかで，有名な「身分から契約へ」という言葉でもって，身分を中心にした封建的な社会から，契約によって構成された近代市民社会への変遷を表現した。この近代市民社会を支えたのが，19世紀のレッセ・フェール（*laissez-faire*）を背景とした契約自由の原則である。当事者の自由意思を根拠に，各人は契約をするかしないかの自由を有しているから，いったん契約関係に入った以上それが当事者を拘束するのは当然のこととされた。

ところで，契約の自由な締結のためには，あくまで契約の履行を強制するというよ

書の審査を行うが，国内取引のための契約書作成のために弁護士を使うというアメリカ式のやり方にはまだ積極的ではない。日本最大のセメント会社のある役員は，『わが社は，どの供給者・顧客とも正式な契約書を締結したことがない。その必要はない』と言明する。紛争が起きたら話合いで解決する。訴訟は費用の面から効率的ではない，とされているのである。」

　さらに同記事は，200名を超える数の日本人弁護士がフルタイムベースで国際契約に従事しており，そのような渉外弁護士の数が増えていることや，公害訴訟にみられるように日本人の権利意識が徐々に変化しつつあることを指摘する。しかし，他方では，名古屋近郊で起こった"隣人訴訟"騒ぎで原告が訴えを取り下げざるをえなくなったのは，日本においてまだ訴訟に対する古い考え方が残っていることのあらわれとみているようである。

　このような契約意識・権利意識の違いを十分に認識したうえで，欧米社会においてはおよそ文書に責任者が署名する以上，法的責任を伴わないものはないとするくらいの，きびしい心構えでのぞまないと大きな失敗を招く。（この意味で，1981年に起こった「東海銀行対チェース・マンハッタン銀行訴訟事件」の先例としてもつ教訓は大きいが，これについては，166頁以下に詳細に検討する。）

2　英文契約と英米契約法

⑴　両者の関係

　一口に英文契約といってもそのスタイル，内容は，当然，契約類型（売買契約，代理店契約，合弁契約，ローン契約，ライセンス契約など）ごとにそれぞれ異なっている。また，それらのすべてが英米法を準拠法としてこれに

りは，むしろ，契約を自由に破ることができるようにして，気楽に契約関係に入れるようにしておいた方がよいとするビジネスライクな考え方がアメリカ法にはあるらしい。そうなると，意外に契約意識のうえでも，日本人の方が契約の神聖をより厳格に考えているのかもしれない。アメリカ企業と契約関係に入る日本企業は，この点よく考え直してみる必要がありそうである。

第Ⅰ部　序論

基づくわけではなく，たとえば，日本で一般に使われている契約書を単に英訳したにすぎないようなものまである。

　しかし，およそ英文契約であるかぎり，それは英語で書かれている。そもそも言語が特定の文化を背景に成り立っているように，そこに使われる法律用語の概念や解釈は英米法に由来し，これに基づいている。英米法と全く切り離してこれらを理解しようとするのは困難であって，また現実的ではない。このことは，イングランド法やアメリカ各州の法律を準拠法としない英文契約においても，英米法に特有の法律用語の解釈は，英米法によるべきとする補助準拠法の考え方によっても裏付けられている。

　この意味で，英文契約を扱うために最低限身につけておいてほしい基礎知識を次に述べてみよう。

(2)　contract と agreement の違い

　英米法のもとで契約を語るときにまず注意する必要があるのが，「契約」（contract）という概念についてである。

　日本のように大陸法系の法体系のもとでは，単なる合意も，不法または公序良俗に反することを目的としないかぎり，契約として有効とされる。ところが，英米法においては，単なる合意と契約とは峻別される。つまり，英米法でいう contract とは，「2 人以上の当事者間に締結された，法律上強制可能な合意（agreement）」であると一般に説明されている。アメリカ統一商事法典（U.C.C.）§1-201⑾によれば，「契約とは，当事者間の合意から派生するこの法律および他の適用されるべき一切の法規範によって法的意味を付与された権利義務の総体」である。ここでいう「法的意味」が付与されるか

....

■U.C.C.（アメリカ統一商事法典）

　アメリカ統一商事法典（Uniform Commercial Code；U.C.C.）は，アメリカ国内各州の商取引に関する法を統一することを主要な目的として作られた。

　アメリカは，51 の法域（jurisdiction）からなる国で，50 の州と 1 つの連邦がそれぞれ独立の国家のごとく異なった法律をもっている。ところが，商取引において州（国）際取引がさかんに行われるようになると，このような各州間の法律の違いが大きな商業上の障壁として意識されるようになった。そこで，19 世紀の終わり頃から統一法を作る動きが出て，その努力は統一流通証券法（1896），統一倉庫証券法（1906），

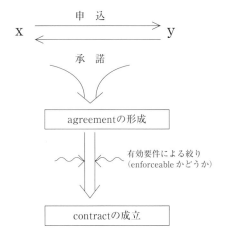

否かは、法律上・裁判上強制可能か（enforceable by law）という観点と同じだと考えてよい。これを図に示すと左のようになるだろう。

　まず、合意が成立するために申込と承諾が必要とされるのは、大陸法であろうと英米法であろうと同じことである。ただ、このようにして成立した合意（agreement）に、さらに絞りをかけてはじめて契約（contract）になる点が大きく異なる。

　この有効要件の絞りとして重要なのが、約因理論、明確性の原則、および書面化の要求である。

(3) **約因理論と方式契約・非方式契約の区別**

　英米法上のcontractは、原則として約因（consideration）がなくては成立しない。

　約因というのは英米法に特有の理論であって、「契約上の債務の対価として供される作為、不作為、法律関係の設定、変更、消滅または約束」などと説明されている。これだけだと分かりにくいが、「対価」すなわち「見返り」と考えれば分かりやすい。要するに、贈与のように一方の当事者だけが義務を負い相手方は何らの義務を負わないような契約には、何らの「見返り」が

統一売買法（1906）など、7つの統一法となって結実した。これらをさらに1つの商事法典の形にまとめ上げる作業が1940年代に行われ、1951年に最初のU.C.C.が発表され、その後数次の改正を経て現在に至っている。

　U.C.C.は、商事取引をひろくカバーしている。日本の民法・商法の商取引に関する部分と手形法、小切手法を加えたような内容になっている。ほとんどが判例法主義に支配されるこの分野で最も重要な"法典"になっており、アメリカ法を知る上で不可欠なものである。ただU.C.C.はいわゆる連邦法とは異なることに注意しなくてはならない。U.C.C.の制定作業中はこれを連邦法とするかどうかの議論がなされたが、

ないから約因がないとされる。売買のような有償契約においては約因が問題
となる余地はほとんどないが，第三者のためにする契約，オプション契約，
保証契約などにおいては，約因の有無がしばしば問題とされることがあった
ので注意を要する。

約因の要件は，現在かなり緩和されてきているが，それ以前に大きな例外
が1つある。それは，捺印証書（deed）による場合である。これを一般に，
方式契約（formal contract）とか捺印契約（contract by deed *or* contract un-
der seal）とよんで，そうでない単純契約・非方式契約（simple contract *or*
informal contract）と区別する。

このように，契約に方式契約と非方式契約があることによって，約因の存
在しない贈与なども捺印証書によれば契約として有効なものとすることがで
きる。半面，約因さえあれば捺印証書の面倒な要式によらずに，口頭によっ
ても契約を有効になしうるという2つの重要な側面を生ずる。現在でも重要
な国際契約の多くは捺印証書の方式をとっているが，売買契約のように約因
の存在が明確なものについては，契約の形式はかなり簡略化されている。

捺印証書の要件は，(1)書面，(2)捺印，(3)交付である。このうち捺印につ
いては現在ではかなり簡略化されており，アメリカの州のなかにはこれを事
実上廃止した州も多い。（捺印および署名の点については，153頁以下に詳論する。）

(4) 合意の明確性の原則

日本の民法の下でも，当事者の合意の内容が不明瞭で確定しようがないと
きには，契約としての効力が与えられないのは当然である。ところで，英米
法の下では，「裁判上執行可能」（enforceable by law）かどうかという観点

結局，"統一モデル法案"として各州がこれを採択するという方法をとることに落ち
着いた。（フランス法系のルイジアナ州はU.C.C.のかなりの部分を採択していない。）

■ コモンロー（common law）

英米法を語るときに必ず登場するのがこのコモンローという言葉である。本書の読
者であれば聞いたこともないという人はまずいないはずである。ところが，その意味・
内容を正確にとらえることは意外に難しい。

一般には，ローマ法ないしはこれを継受した大陸法と区別して英米法の法体系を広

から，この要件をよりきびしく適用する。すなわち，合意が法的拘束力を有するためには，裁判所がその合意に対して実際的な法的意義を与えることができる程度に十分明確なものでなければならない。これを，合意の明確性の原則（doctrine of vagueness）とよんでいる。（この原則の適用については，letter of intent の実務上のポイントに関連して180頁以下に再論する。）

なお，doctrine of vagueness を直訳すれば，合意の不明確性の原則である。これを逆に訳したものがそのまま定着した。

(5) 書面性の要求

英米契約法の下では，方式契約と非方式契約があることは上に述べたとおりだが，方式契約は deed という証書によって作られなくてはならない。一方，非方式契約は，必ずしも書面によらなくとも口頭で成立させうる。この点は，大陸法におけると同様である。ただし，英米法には詐欺（防止）法（Statute of Frauds）という法原則があって，一定の場合，必ず書面化することを要求している。

イギリスでは，1677年に制定されたこの法律がその後，保証契約と不動産譲渡などを対象とするように適用範囲がせばめられたとはいえ存続し，契約自由（freedom of contract）の原則に対し方式面から制約をしている。また，アメリカの多くの州では，「5000ドル（2003年改正前までは500ドル）以上」を目的とする契約につき原則として書面化を要求する統一商事法典（U.C.C.）§2-201を採用しており，重要な契約の多くが書面・記録によらなくては有効に締結できないといってよい。

このように，英米法では，後にいわゆる完全合意条項に関連して詳述する

くコモンローとよぶことが多い。ただ，英米においては，立法府によって新たに制定された法体系に対して，判例法として形成されてきた慣習法大系を指す。さらに狭義には，大法官裁判所で発達してきたエクイティ（衡平法）の法理に対して，王座裁判所などの通常の裁判所が発展させてきた法理を意味することもある。このエクイティという概念がまたわかりにくい。法というものは一般的なものであってそのままに適用しても具体的に妥当とはかぎらない。そこで，具体的なケースにおいて，修正する原理（equity）を発展させ制度化したのが衡平法であるとされる。つまり，エクイティは，コモンローという一般法を補うものとして位置づけられる。古代ローマにおける

口頭証拠の法則（86頁参照）とあいまって，合意内容を「文書化」すること
に，より大きな意義を与える。いったん合意を文書化し契約として成立させ
た以上，厳格にこれを遵守することを要求する契約社会のきびしさが，この
あたりから導かれてくるのである。

詐欺（防止）法は，名称からいっても現代の消費者保護法の"原型"では
ないだろうか。日本でも，2000年に消費者契約法が制定された。2004年には
民法の保証制度が見直され「書面主義」がうたわれた。（詳細は，161-165頁下
欄参照。）

2017年5月に成立し，2020年4月から原則的に施行になる改正民法（債権
法）では，さらに保証人の保護を拡充するための改正がなされた。改正の重
要ポイントは，以下の3点にまとめられる。

① 個人保証の制限（改正民法465条の6～9）…事業のための借入れ債
務の個人による保証契約は，いわゆる経営者保証等の場合を除き，同契
約締結前1ヵ月以内に作成の公正証書で保証意思の表示がなければ効力
を生じないことになった。

② 保証契約締結時の情報提供義務（改正民法465条の10）…主債務者は，
事業のための借入れ債務の保証を個人に委託をするときは，主債務者に
関する所定の情報を提供すべきことになった。

③ 主債務の履行状況に関する情報提供義務（改正民法458条の2）…保
証人が委託を受けて保証した場合で，保証人の請求があったときは，債
権者は保証人に対し，主債務の元本・利息等につき履行状況の情報を提
供すべきことになった。

なお，2017年改正民法は，定型約款についての規定を設けるなどして契約

法務官法（*jus praetorium*）も衡平の考えに基づいた制度である。

世界を三たび征服したといわれるローマ帝国の残したローマ法の影響を一応排し，
別の発達をとげてきたコモンローに，今また新たな統一の波が押し寄せつつある。そ
れはEC〔EU〕法の形成である。大陸法と英米法のそれぞれの伝統をどのように調
和してEC〔EU〕に統一法秩序を作ってきたかを知ることは，興味深いところであ
る。

自由の原則に一定の制限をする一方で、「契約の締結及び内容の自由」をうたう521条と「契約の成立と方式」についての522条を新設した。

とりわけ新522条2項は、契約の成立にも、原則として「書面の作成その他の方式」を要しないとして、ウィーン国際物品売買条約11条と同様の規定をした。

■ 国際法務と契約

グローバル化の現代は、日本に居ながらにしての内なる国際化時代である。リスクマネジメントの観点から、これまで国際化や法務とは無縁と思われてきた企業まで、国内法務を飛び越して国際法務に取り組むようになった。中国に進出した中堅メーカーが、現地で生き残りをかけて知的財産権侵害対応に追われる姿に象徴される。

法務はおよそ以下の3分野に分けることができよう。

① 取引法務

② 紛争処理・解決法務

③ 組織法務

それぞれの頭に「国際」をつければ国際法務の各分野になる。このうち、最も大きなウェートを占めるのは①の取引分野である。それは企業は多かれ少なかれ日々取引を通じて営利を追求するからにほかならない。また国際取引を代表するのは貿易取引であるが、その歴史は古く、紀元前の地中海貿易以前にまで遡ることができる。取引もこれを法的にみればほとんどが契約であるから、契約実務は法務の主柱にならなくてはいけない。

国際取引法務は、国際契約実務とほとんどイコールである。国際契約は日本企業を中心に考えるとほとんどが英語でつくられる。そこで、国際契約を交渉し契約書を作成していけるだけの"使える英語"を身につけないとやっていけない。ビジネス英語とその一環をなす法律英語の力が、契約英語のかたちで求められる。

契約英語といっても、「言葉は文化」である。一つひとつの法律用語の背後には、法文化があることを忘れてはならない。英語の法律用語は、英米法文化の育んできた概念をもっているので、contractの語を「契約」と訳してその先何も考えないようでは、大陸法との概念の違いにまで配慮したことにはならない。

英米法をなぜコモンローというのか

英米法は大陸法（continental law）と並ぶ世界の二大法体系のひとつである。これらの法体系は，西洋における大きな民族の潮流とも一致し，大陸法の淵源は，古代ローマ法に求めることができる。

イェーリングが名著『ローマ法の精神』の冒頭に「ローマは三たび世界を征服した。最初は武力により，二度目は宗教により，最後は法律によって」と書いたように，ローマ法は，極端にいえばその後の世界各国の法律のすべてに影響を及ぼしたとすらいえる。

大陸法がローマ法を源とするラテン民族系の法だとすると，英米法はゲルマン民族の法である。また，前者が制定法（statute）のシステムであるのに対し，後者は不文律・慣習法のシステムである。ゲルマン民族は，ローマ帝国が勢力を誇っていた間は帝国の北方に住んでいて，ローマ人からはほとんど蛮族扱いをされていたことが，歴史家タキトゥスの『ゲルマーニア』などの文献からわかる。

やがてローマ帝国が衰亡しはじめると，北方のゲルマン民族が帝国内にも流れ込んできた。いわゆるゲルマン民族の大移動であるが，なかにはドーバー海峡を越えてイングランドに渡りそこに住みついたアングル族やサクソン族といった部族があった。

これらの部族は，ゲルマン民族の慣習法のシステムをここに残すことができた。ローマ法の影響は極めて大きなものがあったが，ドーバー海峡は自然の障害となり，これがかえって幸いしたともみられる。

common law は直訳すると「共通の法」である。いくつかの説があるが，ゲルマン諸部族に共通の慣習法システムの意味とする説が有力である。この場合，law は，議会が制定した具体的な法律ではなく，書かれざる自然法，「神の法」に近いものを意味する。

それが事件解決のために裁判官が下した判決を通じて具現化されていき，判決の集積が判例法（case law）を形成する。コモンローは，判例法の法体系であるといわれ，制定法主義をとる大陸法と対置させられる。大陸法でいう「大陸」はイングランドからみたヨーロッパ大陸のことである。

2 英文契約を扱うための基礎知識

コモンローは英米法体系を意味するだけでなく，狭義では衡平法（equity）と対比させられる法体系も意味する。この場合，コモンローは，原則的法ルールである。原則をただ適用するばかりでは具体的妥当性のある解決ができないおそれがあるので，原則に対する例外，修正原理として equity が発達することになった。英米法は，狭義のコモンローとエクイティの2本立てに特徴がある。

英米法は，その名のとおりイギリス，アメリカやイギリス連邦（Commonwealth）に属する国，地域で行われているが，国際私法でいう不統一法国が多くみられることも特徴である。イギリスでいえば，正式名称は United Kingdom of Great Britain and Northern Ireland「グレートブリテンおよび北アイルランド連合王国」である。

法律的には，イングランド，スコットランド，ウェールズ，北アイルランドは，異なる法域（jurisdiction）に属し，それぞれ独立した国の扱いを受ける。それは身近なところでは，サッカーやラグビーの国際大会にも別々の代表チームで登場してくることからわかる。

アメリカ合衆国は United States of America というように，50州が束ねられて成り立っているが，州ごとに法律，裁判組織が異なる。ただ，そのすべてでコモンローの法体系が行われているかと思うとそうではなく，かつてフランスの植民地であったルイジアナ州では大陸法が行われるといった具合に複雑である。

『製造物責任の混乱』（The Product Liability Mess, 1988；長谷川訳。1991年12月保険毎日新聞社刊）という本のなかで，著者（Richard Neely）は，各州で法律が異なるアメリカをアンコモンローの国と皮肉っている。

3 英文契約のスタイル・構成

1 letter agreement と標準的な契約書

英文契約書の内容・形式には実にさまざまなものがあるが，後に説明するように，おのずから一定の標準化された型がある。

しかしながら，標準化されたもののみを念頭において英文契約を考えていると危険なことがある。それは，英米では，手紙形式の契約（letter agreement）がとり交わされることがかなり多いということである。手紙のやり取りで契約を取り交わすことは日本でも可能だが，日本にはそうした慣行がない。そのため慣れないこともあって，letter agreement を単なるビジネスレターと同じように軽く扱うと失敗することがある。

letter agreement に関連して実務上問題が多いのは，letter of comfort と letter of intent である。（それぞれ，別の箇所において詳論する。166頁以下および179頁以下参照。）レター形式の文書は，「正式な」契約書にくらべると，内容が簡単でシンプルであるとか，あるいは扱いなれていることなどが手伝って，手軽に扱われることも多いようである。

だが，たった1枚の紹介状にサインした結果が，国際的訴訟事件にまで発展したケース（「東海銀行事件」，166頁以下参照）もあるので，十分注意をする必要がある。

■ アミカス・キューリエ（*amicus curiae*）

ラテン語で文字通りの意味は法廷の友（a friend of the court）を意味する。法廷助言者とも訳されるように，裁判官に対しある事件について助言をしたり意見をのべたりする。資格は法律家に限らず，裁判所からの委嘱を受け，または自ら志願して裁判所の許可を得た当事者以外の者が就任する。

この制度は人種差別問題のように社会的関心の大きな事件においてしばしば用いられ，社会・経済上の重大政策にかかわる事件を多く扱うアメリカ連邦最高裁判所においてその役割が顕著である。ときには連邦の司法長官（Attorney General）が法廷

2　標準的な契約書の構成

　標準的な英文契約書の構成には，アメリカ式か，イギリス式かで若干の違いがある。しかし，一般的には大略以下のような構成をとる。

1．表題部（title）
2．頭書（premises）
3．前文（whereas clauses, etc.）
4．本体（operative part）
5．最終部（signature, etc.）

　これら各部の説明については，別の箇所に譲るが，このほかに，契約書の付属書類として，exhibit, annex, あるいは schedule が添付されることがある。契約の本文中においてこれらが引用されている場合には，契約書と一体をなすものとして扱わなければならない。

　たとえば，ライセンス契約において，ライセンスの対象となる技術の内容が多岐・詳細にわたるときに，

> "The technology is more specifically identified in Schedule A attached hereto."
> 「本技術は本契約書に添付の別表Aにおいてより具体的に特定される。」

と本文中（定義条項に書くことがふつうであろう）に書いてあるとする。この場合，本来は本文中に書くべきところ，そうするとその部分が長くなって体裁が悪いなどの理由で別紙に譲ったにすぎないのであるから，契約書の一部として扱われるのは当然ということになる。

の友として訴訟に参加するための許可を求めることがあるし，私的グループもしばしば事件の社会的な重要性について発言する機会を与えられる。同最高裁は，一方に広く一般国民の声に耳を傾ける制度を配置しつつ，国政の根本にかかわる問題についても思い切った発言をなしてきたといえるのではないか。非法律家が裁判に参与する機会が極端に少ない日本の司法制度に慣れ親しんだ者は，裁判そのものに対する考え方を見直してみる必要がある。さらに日本企業が経済・貿易摩擦に関連して多分に"政治的"な訴訟事件に巻きこまれることの多くなった昨今，このような制度を業界，経済界レベルで活用するといったことも検討する必要が増してくるのではないだろうか。

また，ローン契約書中に，

> "The Loan shall be evidenced by a promissory note in the form attached as Exhibit to this Agreement."
>
> 「本ローンは，添付書類として本契約に添付された書式における約束手形によって証明されるものとする。」

とある場合にも，Exhibit はやはり契約書の一部をなすものである。しかし，その意味は異なる。

つまり，ここで Exhibit は，"書式見本"を意味しており，その書式どおりの約束手形を借り手が作成しなければならないことになる。これを怠るときは，ローン契約に基づく貸出し実行の先行条件（condition precedent）が欠け，貸出しがなされないという重大な効果を生ずるので，契約を締結する前に，こちらの内容も本文同様慎重に検討しておかなくてはならない。

■ 法律文書をやさしく

アメリカで契約書や法的文書をやさしく書こうとする動きは，1977年ニューヨークで Plain English Act として法制化（1978 年 6 月 1 日発効）された。それ以前からシティバンクなどでは，ローンの申込書の内容を書き替え，短く分かりやすいものにしている。理解しやすい英語への運動は彼の地でもかなり進んでいるようである。古いスタイルを，分かりやすい簡単なスタイルに置きかえた一例を次に示す（⇨以下は簡単なスタイル）。

aggregate limit（⇨ the total），commencement（⇨ start），herein before（⇨ above），in consideration of（⇨ because），party of the first part（⇨ I, we），party of the second part（⇨ you），pursuant to（⇨ under），seclusions（⇨ losses, liability），semi-annually（⇨ every six months），terminate（⇨ end）

上に述べたニューヨークの Plain English Act である一般債務法第 5-702 条には，「一般的な，日々使われている意味をもつ言葉を使用し，明瞭でしかも首尾一貫した方法で書き記すこと。」とされた〔詳しくは，田中・上野『契約意識と文章表現』87 頁以下参照〕。

4 英文契約書の用語法と一般条項

1 法律英語の特色

　法律文書は，文章や語句が難解でわかりにくいというのがどこの国でも「常識」になっているようである。英文契約書の場合も例外ではない。そこには，法律英語の形成されてきた独得の歴史的背景もあって，ふつうの文書にはみられないような言い回しや語句が使われている。その特色をいくつかピックアップしてみよう。

(1) 法律英語の成り立ち

　現在使われている英語は，語系上ゲルマン語派のうちのドイツ語やオランダ語と同じ西ゲルマン語（West Germanic）に属する。その形成には，5世紀頃から行われたゲルマン征服民族の影響が強くあらわれている。English という語も，9世紀以後数的に最も優勢を誇ったゲルマン民族のアングル人の名をとった Englisc から派生したものである。

　ところで，法律英語の形成という観点から見た場合に重要な出来事は，1066年のノルマン人の征服である。10世紀の初めに北欧人がフランスに侵入して Normandy に公国を築き上げ，1066年に Normandy 公ウィリアムが王位継承権を主張してイギリスに攻め入った。それ以来13世紀半ばまで，イギリスでは公用語はノルマンフランス語（Norman French）となり，法廷で使

■ サブプライムローンの意味とラテン語

　prime loan の prime の語源であるラテン語 *primus* は，first すなわち「第一の，一等の」を意味する。そこから，「優良の，最良の」となり，prime beef を「極上牛肉」と訳したりする。

　prime は，貿易関連の英文契約に，輸入代金の支払いは，"to be paid by letter of credit issued by a prime bank"「優良銀行の発行する信用状による」のように登場する。

　ファイナンス関連の契約で prime rate といえば，「最優遇貸出金利」，すなわち，銀行が優良企業向け無担保短期貸付けに適用する金利のことである。名詞形で the

われる用語や法律用語は，すべてこれによることとされた。本来の英語は，下層階級の通俗用語になってしまったのである。

その後，イギリス人の間に母国語に対する自覚が生まれ，1362年には法廷用語は英語であるべきことを規定した議案が成立した。しかし，この間にフランス語の英語に与えた影響は非常に大きなものがあった。とくに，法律英語の分野においては，すべての学問の原点とされるラテン語とともにフランス語が多く取り入れられ，そのまま外来語として用いられることが多くなった。現在においてもこれらの語は，ひんぱんに契約書などの法律文書で使われる。

(2) 古い英語やラテン語が多く使われる

法律英語には，現在使われていないような古い単語や言い回しが出てくる。たとえば，契約書の前文のなかに出てくる "whereas" や "witnesseth" という語は，現在では法律文書にしかほとんど使わないものである。

また，委任状（power of attorney）などの文書の冒頭部にきまり文句として使われる "Know All Men By These Presents"「すべての人は，この書面によって知りなさい」とか，"To All To Whom These Presents Come, Greetings：～"「この書面を見るすべての人に以下のあいさつをする。」といった表現は，古い英語がそのまま残ったものということができる。

ラテン語がそのまま使われることが多いのも，法律英語の特色のひとつである。契約書によく使われるものとしては次のようなものがある。

ab initio（当初から）
bona fide（善意の，真実の）

---

prime というだけで，プライムレートを指すこともある。この prime が適用される融資が prime loan である。

一方，sub は接頭辞として「下；下位，副，亜，半」を意味する。ラテン語 *sub* は under または below を表すから，「下位」が本来的意味である。ただ，さまざまな語との組み合わせ次第で適切な意味に訳し分けていかなくてはならない。

誰でも知っている subway は「地下鉄」だが，直訳すれば「(地) 下の道」である。そこで，イギリス英語で subway は「地下道」であり，地下鉄のことは underground となる。

damnum（損害）

ejusdem generis（同種類の）

et al.（その他）

ex parte（一方的な）

in invitum（承諾なくして）

in re（……に関する）

inter alia（とりわけ）

lex fori（法廷地の法）

lex loci contractus（契約締結地法）

mutatis mutandis（変えるべきところは変えてそのままということで，
　　　　　　　　　「準用」するという表現に使う。）

pari passu（同等の）

prima facie（一応の）

pro rata（案分に，比例して）

proviso（規定）

(3) 同じ意味の語の重複使用

　英文契約書を読んでいて，なんと長ったらしくくどい英語なのだろうと感じたことはないであろうか。そう感じるのも無理はない。最大の理由は，同じ意味の言葉を重ねて使うところにある。ただ，一見すると，無駄なようにみえる同義語重複にも，ちゃんと歴史的な理由がある。

　ノルマン征服（1066年）以降，大量のロマンス系の言葉が，とくに法律英語の分野で持ち込まれた。ところが，被征服民族のアングル族やサクソン族

　契約用語としては，subleaseやsublicenseが重要である。subleaseは「転貸，また貸し」のことで，leaseは，日本語になっているリースではなくここでは本来の「賃貸借」を意味する。lease agreementにおけるlessee「賃借人」が，原契約上の地位を維持しながら賃借物件の全部または一部を転貸する。

　転貸のための契約はsublease agreementであり，原契約のlesseeがsublessor「転貸人」となり，転借人はsub lesseeである。したがって，この場合のsubは「下位の……」というよりは，「副……」のほうがあたっている。subはそれ自体で代理人とか"スーパーサブ"でおなじみの補欠選手を表すが，復（副）代理人のことはsubagentという。

といったゲルマン民族の人々は，自分たちの English を頑固に使い続ける。誰でも知っているロビンフッドの物語は，サクソン貴族だった彼がノルマン貴族や金持ちを襲い，抵抗する話である。

この時代から，ノルマン人のフランス語と English（これはもともとアングル族の言葉という意味の語である）が，イングランドにおいて言葉の二重構造をもたらした。法律英語の特徴をなす同じ意味の言葉の重複使用の慣行もこの時代からはじまったとされる。

というのも，封建時代のことで，いかに法律が支配の道具であり，裁判が王国の名の下における権力作用であったとしても，被支配階級にも通じないのでは意味がない。

そこで，典型的にはゲルマン系の語とロマンス系の語を並記し，いずれの系統の言葉を話す人にもわかるようにしたのである。

それだけではなく，英語は混交語であるから，ほかにも似たような同義語がいくつもあって不思議はない。そのため，なるべく明確にまた細大漏らすところなく表現するためにも同義語重複が行われるようになった。

さらに，強調（emphasis）のためにもこれを行うことがある。そうこうするうちに，同義語重複は慣行となって法律英語に定着するようになった。これを habit of doubling words といったりする。

この慣行は，もともとは，以下のように語系の異なる言葉を並べるところからはじまった。（OE は old English を，OF は old French をそれぞれ表す。）

---

sublicense は，原ライセンス契約の licensee が sublicensor となって sublicensee にノウハウなどの再実施許諾をする。sublease と原契約の関係は良く似ているが，sublease の場合，転貸の対象になった不動産など（たとえば，家のなかの一部屋）を sublessee に明渡し使用させるが，sublicense では，sublicensor は sublicense をした後も対象になったノウハウなどをそのまま使用しつづけることができる。

ファイナンス関連の契約に subordination agreement がある。これは債権者間で一方の債権が他方の債権に劣後することを約する「劣後契約」である。

ところで subprime loan であるが，prime loan すなわち最優良貸出先への loan に対し，prime の前に sub がつくことでそれよりずっと下位の loan を意味する。最

4 英文契約書の用語法と一般条項 *33*

acknowledge and confess （OE：OF）

act and deed （F or Latin：OE）

fit and proper （OE：F）

goods and chattels （OE：OF）

keep and maintain （OE：F）

mind and memory （OE：OF）

new and novel （OE：OF）

pardon and forgive （F：OE）

right, title, and interest （OE：OE：F）

こうした書き方は，英文契約書によくみかける。「新しい権利」を new right といわず，new and novel right, title, and interest のように，くどくどと表現することにもなる。

ここで注意していただきたいのは，同義語重複にもまったく意味のない無駄なものとそうでないものとがあることである。「新しい権利」でいえば，new and novel は，語系の違う同じ意味の語を並べたものである。

これに対し right, title, and interest は，語系が違うだけでなく，それぞれ「権利」，「権原」および「利権」と訳し分けられるように，ニュアンスの異なる語である。混交語である英語には同じような意味の語が多くあるので，なるべく明瞭に漏れるところなくあらわそうとしたら，このような言い方が必要かもしれない。

同義語重複は，慣行あるいは"悪習"となって定着したので，語系の同じ語だけを並べることもある。以下は，old English だけを並べた例である。

良貸出先に「準ずる」ではなく，その対局にある不良貸出先向けの loan を意味するから，subprime loan の貸出しをする金融機関の債権は default を起こし，不良債権となる可能性がかなり高い。

2007年夏以降問題となった subprime loan は，アメリカにおける低所得層向け住宅ローンである。住宅ローンといえば，返済のあてがないような人にはそもそも貸し出しされないのではと日本では考えがちであるが，アメリカではやや事情が異なる。

不動産の価格が右肩上がりで上昇していくことを見込んで本来ならば借りることが到底できそうにない人たちにも住宅ローンが貸付けられてきたのである。そうなると subprime loan は「反」プライムローンと訳したほうが当たっているかもしれない。

each and all

each and every

from and after

have and hold

heed and care

hold and keep

以下は逆に，French 系の語を並べた例である。

aid and abet

aid and comfort

authorize and empower

null and void

remise, release, and quitclaim

　実際に英文契約をみると同義語重複の例がかなり目立つ。契約の冒頭部には，This Agreement was made and entered into this 4 th day of March, 20＿ by and between X and Y.「本契約は，X と Y との間で20＿年３月４日に締結された。」といった文章が書かれることが多いのであるが，下線部が重複であることはすぐわかる。

　アメリカでは，1970年代に Plain English Movement が起こり，法律文書をなるべくやさしく簡潔に書こうとする気運が高まった。それでも，いったん身についた“悪習”は容易に拭い去れないとみえ，アメリカやイギリスの弁護士の起案する契約書には依然として同義語重複が多く見られる。

　たとえば，ある letter agreement には We concur with the terms and con-

---

■ 英文契約条項の重要な交渉ポイント

　英文契約の締結交渉には大きく２通りの内容がありえる。ビジネス上・数字上の条件として，部品１個の代金をあと５ドルまけてくれといった交渉があり，他方で，契約案（draft）における第何条のこの部分を変えてほしいあるいは削除してほしいと申し入れる交渉がある。

　法律英語表現は関わってくるのは主に後者の場合である。契約条項ごとに交渉のキーポイントがあるのだが，順番に取り上げてみよう。

　最初は，表明・保証（representations and warranties）条項である。この条項

ditions of the loan and grant our full approval and consent.「当社は,そのローンの条件に同意し全面的な承認を与える。」との1文があった。下線部が重複している。term には,期間,用語といった意味もあるが,複数で用いたときは契約などの「条件」という意味になり,conditions とほとんど変わらない。

terms and conditions を,ひとまとめに並べて使うことがよくある。そのときは「(契約) 条件」とだけ訳せばよいであろう。general terms and conditions は「基本 (契約・取引) 条件」である。

approval と consent も,ほとんど同じ意味の語で,あえて「承認と承諾」のように訳し分ける必要はない。

同義語重複の多くは無駄な場合なので,英文契約をドラフト (起案) するときは,なるべくどれか1語だけを使うようにした方がよいであろう。

ただ,terms と conditions のように慣行的に結びつきが強く,ひとまとめに使った方がわかりやすいときはその方がよいであろう。

また,right, title, and interest のように,単に同義語を並べてあるので無駄とばかりはいえない例もある。この場合は,訳す際も1語ずつていねいに「権利」,「権原」および「利権」と訳し分けた方がよいであろう。

重複使用のいずれのタイプかを見分けまた区分するには,なるべく多くの文例に接して感覚的に見分けられるようにするしかないようである。

⑷　英文契約書における慣用語句

法律英語には,古語や外来語が多く,法律の素人にはとかく分かりにくい。加えて,ごくふつうに使われる英語も,法律用語として使われるときは,特

は,一方の当事者が相手方に対し,主に事実を表明しその正しいことを表明者みずから保証するものである。

表明事実に,たとえば "No governmental approval is required for this transaction",「本取引には何ら政府の認可は求められていません」にあったとしよう。

契約締結後に,いずれかの関係国の認可が必要になると判明すると表明・保証条約違反で契約解除事由にもなりかねない。そこで,表明する側としては No governmental approval の後に under the Japanese law「日本法の下で」のような限定をしてくれと要求することが考えられる。

別の意味を付与されることがあるので注意を要する。

契約書によく用いられる主なものを列挙してみよう。

action （「行動」ではなく）訴訟

alien （「外国人」ではなく）譲渡する：transfer

avoid （「避ける」ではなく）無効にする

consideration （「考慮」ではなく）対価，約因

counterpart 契約書，証書などの正副2通中の1通，副本

covenant 捺印契約〔証書〕

demise （遺言・賃貸借による）不動産権の譲渡

execute 契約書〔証書〕を作成する

hand （「手」ではなく）署名

instrument （「道具，器具」ではなく）証書，文書

motion 申立て，申請

of course （「もちろん」ではなく）権利の問題として

party 当事者

presents （複数形で）本書類，本証書

provided ……の条件で，もし……ならば

purchase （相続以外の方法で）不動産を取得する

specialty 捺印証書

without prejudice （「偏見なしに」ではなく）権利や利益を損うことなく

さらに，文頭に "To the best of our knowledge, ～" の文言を入れるよう求める手がある。

この文言は訳し方がやや難しいが，ふつうは当社の最善知るところでは……」となる。表明者にやや都合よく訳すと「当社のせいぜい調べたところでは……」となるであろうから，多少の見逃しはあるかもしれませんとの含みが生まれる。

best efforts の意味は文字通り，「この上ない努力」ではないのと同様のことが，best knowledge にも当てはまる。

もともと表明・保証の内容事実は，被表明者側で想定されるリスクに応じて項目立

2 一般条項とそうでない条項との区別

　英文契約の構成をみると，契約の種類を問わず必ずといってよい程含まれているいくつかの条項がある。これらは，通常，一般条項とよばれている。一般条項には以下のものがある。

　イ　契約期間に関する条項（term）

　ロ　契約の終了に関する条項（termination）

　ハ　不可抗力条項（force majeure, act of God）

　ニ　秘密保持条項（secrecy, confidentiality）

　ホ　完全合意条項（entire agreement, integration）

　ヘ　支払いおよび税金に関する条項（payment, tax）

　ト　譲渡に関する条項（assignment, transfer）

　チ　準拠法条項（governing law, applicable law）

　リ　裁判管轄条項（jurisdiction, venue）

　ヌ　仲裁条項（arbitration）

　ル　通知条項（notice）

　ヲ　分離条項（severability）

　ワ　見出し条項（headings/captions）

　これらの一般条項もさらに内容を分析するならば，およそ契約である以上ごく一般的にその存在が予定されるもの（イ，ロ，ニ，ヘ，ト），英米法に基づく英文契約であるがためにその存在がとくに要求されるもの（ハ，ホ，ヲ，ワ），国際契約に特有のもの（チ），そして国内契約にもみられるが国際契約に使われるときさらに内容が複雑・特殊になるもの（ニ，ヘ，リ，ヌ，

てをし，表明を要求してくる。

　この段階から交渉上の"駆け引き"が始まっているといってよいであろう。表明する側もかなり突っ込んだリスク想定をして項目ごとに交渉していかないといけない。

　次に，ホールドハームレス（hold harmless）条項の場合で考えてみる。この条項は免責・補償を内容とする。こちらがある製品の売主で，"The Seller holds the Buyer harmless against any damages～."「売主は買主のあらゆる損害賠償につき免責・補償する」との条項案を買主から提示されたとしよう。

　あまり深く考えることなくこれを呑んでしまうと大変大きなリスクを背負い込みか

ル）といった種別をすることができる。

　一般条項は，それぞれが英文契約における主柱のようなものである。これらのうちには，きまり文句と化しているものが少なくないが，その内容趣旨を正確に理解することは英文契約の骨格を理解することでもありきわめて重要である。この意味で，本書第Ⅱ部においては主要一般条項のそれぞれの根本趣旨を英米法の基本原理との関連において解説している。

　次に，契約の種類によっても“一般条項”があることに注意していただきたい。たとえば，英文ローン契約であれば，“Conditions Precedent”（先行条件条項），“Representations and Warranties”（表明・保証条項），“Events of Default”（不履行条項）などは，どの契約にも見られる。技術援助契約における“Most Favoured Provision”（最恵待遇条項），海外販売代理店契約における“Minimum Purchase Guarantee Clause”（最低購入保証条項）なども，この意味で契約種別ごとの一般条項ということができる。

　さらに，国家または準国家機関を一当事者とする契約には，国家主権免責特権（state immunity, sovereign immunity）を放棄する条項が入れられる。同条項もこの種の契約においてごく一般的に見られる。

　一般条項は英文契約の骨組みをなしているものであるから，これらのうちの“より一般的”なものから理解していくことは，英文契約を扱う場合の出発点となる。加えて，一般条項とそうでない条項を区別することは，問題となっている契約に具体的で固有の条件条項が何かを知ることでもある。

　つまり，より具体的で焦点を絞った契約締結交渉を進めるためには，何が“一般的”で何が固有の問題かを知ることが役立つのである。スタンダードな基本形を知ればその応用もたやすいであろう。

ねない。とくにアメリカ法の下では，consequential damages などについて「間接損害」的な損害賠償責任を広く含みうるのが any damages であるから，直接損害以外の派生的に尾ひれのように広がる損害賠償の責任を想定しておく必要がある。

　場合によっては，アメリカの裁判所が下すことのある金額“青天井”の punitive damages「懲罰的賠償」にまで責任が及ぶかもしれない。

　そこで，交渉の中で，any damages のあとに，“excluding consequential or indirect damages,”「結果として起こる，あるいは間接損害賠償を除く」を挿入するように求めることが考えられる。

外国主権免責特権に関する判例変更

　主権免責特権は，国際法上の慣行となっているが，もともとは，「対等者は対等者に対して支配権を持たない」とする中世封建時代の原則から生まれた。

　主権免責特権は，課税その他の規制から免れることを内容とするが，最も大きいのは，「裁判からの免責」である。

　ある外国国家ないし政府機関を相手に取引をした民間企業があって，その国家・政府機関の契約上の義務違反を理由にして，日本の裁判所に訴えを提起したとする。この場合，契約違反をした国家・政府機関は，主権免責特権を盾に裁判に応じないことが考えられる。

　ただ，いざという裁判の場で主権免責特権をふりかざされたのでは，安心して国家や政府機関を相手にして取引（契約）をすることができない。

　そこで，主権免責特権について相対主義とよばれる立場が登場する。この相対主義（あるいは制限主義）は，国家の行為（契約も含まれる）を，公権的な立場から主権の行使として行われたものと，私人と同様の立場で行われたものとに分け，後者については免責特権を主張させない。

　これに対し絶対主義は，いかなる関係においても，免責特権を主張できるとする。日本では，戦前の古い判例（大審院昭和3（1928）年12月28日決定，民集7巻12号1128頁）があり，絶対主義によってきた。

　その後，最高裁判所（二小）平成18（2006）年7月21日判決が，制限（免除）主義を採ることを明言し，判例変更を行った。この事件で日本企業のＸらが，Ｙ（パキスタン・イスラム共和国）の国防省の関連会社であるＹの代理人Ａとの間で，高性能コンピュータ等を売却する契約を締結し，目的物の引渡し後，Ａと売買代金債務を対象とする準消費貸借契約を締結したと主張し，貸金元金と約定利息・遅延損害金の支払いを求めて訴えを提起した。

　ＡらによるＸら宛の注文書には，売買契約に関して紛争が生じたときにＹは日本の裁判権に服することを約する明文規定が含まれていた。原審（東京高裁）は，絶対主義に立ってＹ国に対する裁判権免除を認めたが，最高裁はこれを認めなかった。

　最高裁は，「外国国家の私法的ないし業務管理的な行為については，我が

国が民事裁判権を行使したとしても，通常，当該外国国家の主権を侵害する
おそれはないものと解されるから，外国国家に対する民事裁判権の免除を認
めるべき合理的な理由はないといわなければならない。」として，明確に制
限（免除）主義によるとした。国家の外国の裁判権に服さなくてもよいとす
る国際慣行そのものを判決は否定してはいない。

　本判決は，国際契約実務にとって大きな意味をもつ判断を示している。そ
れは，契約当事者として，契約から生じた紛争について外国の裁判権に服す
る意思をあらかじめ明確にしていた場合には裁判権からの免除を認めないと
する下記のような判断である。

　外国国家の行為が私法的ないし業務管理的な行為であるか否かにかかわらず，
外国国家は，……特定の事件について自ら進んで我が国の民事裁判権に服す
る意思を表明した場合には，我が国の民事裁判権から免除されないことはい
うまでもないが，その他にも，私人との間の書面による契約に含まれた明文
の規定により当該契約から生じた紛争についての我が国の民事裁判権に服す
ることを約することによって，我が国の民事裁判権に服する旨の意思を明確
に表明した場合にも，原則として，当該紛争についての我が国の民事裁判権
から免除されないと解するのが相当である。

　制限（免除）主義は，その適用範囲が必ずしも明確ではない。「私法的な
いし業務管理的な行為」については免除されないとしているが，契約の対象
になった高性能コンピュータが国家の重要な機密や情報を扱う特殊なものだ
ったらどう判断すべきであろうか。

　こうした"グレーゾーン"のケースに対応するためにも外国と契約をする
民間企業は，契約書中にあらかじめ免責特権（state immunity）を放棄させ
る旨の条項を入れておくのがよい。

　なお，2004年12月，国連総会で「国及びその財産の裁判権からの免除に関
する国際連合条約」が採択され，日本は2007年１月，同条約に署名した。た
だ，本条約は，30か国が締結しないと発効されないが，欧米主要国の署名も
なく，署名した国の数は2019年時点でまだ10を超えていないため，条約は発
効していない。

5 有利な契約締結交渉のためのポイント

1 "Battle of Forms"

　欧米を中心とした外国人（会社）との契約締結交渉は、いろいろな面で国内契約の場合と異なっている。外国の当事者を相手に少しでも有利な英文契約を締結するには、どのような点に注意すればよいであろうか。

　国際契約の失敗例に多くあるのが、契約内容をよく検討しないで署名してしまったというケースである。これが最も避けるべき態度であることは、なにも国際契約にかぎられない。しかし、相手方から大部の英文ドラフトを提示されたりすると、つい細部まで目を通すことなく安易に"陥落"してしまうことが往々にして起こりがちである。そこで第1に、国際契約締結交渉は「闘い」であると認識することから出発してほしい。少しでも有利な条件・条項を相手から闘いとるとの考え方である。

　欧米人にとって契約締結交渉がひとつの闘いであることをよく示すのが「書式合戦」"Battle of Forms"という現象である。

　契約は申込と承諾が一致してはじめて成立する。そこで、この一致をみるまでの過程で、申込、対案の申込（counter offer）、変更承諾がなされて交渉が進められていくのが通常である。そして、1回のやりとりで契約の成立に至るのはまれであるから、当事者間を何回も文書がゆき交うことになる。ここにBattle of Formsが生ずる。このBottle of Formsにおいて勝利を収め

■D.C.ロイヤー

　「ウォール街の弁護士」といえば、スマイゲルの著作"The Wall Street Lawyer"に見るようなアメリカ経済の浮き沈みの一翼を担ってきた第一線の金融・証券・会社法関係の弁護士像を思い浮かべる。しかし最近は、「D.C.ロイヤー」の活躍が何かと話題にのぼる機会が多くなった。D.C.とは、アメリカの首都ワシントンのことであり、District of Columbia（コロンビア特別区）の略である（アメリカでは、ワシントン州と区別するために首都をワシントンD.C.または単にD.C.という）。このD.C.は、ホワイトハウスや連邦の政府機関のみならず、各国の大使館が軒を連ねる"世界

るためには，自社に有利な内容を盛り込んだ契約書フォームを相手方に素早く送りつけることができなくてはならない。欧米の会社の多くは自社に有利な契約書のさまざまなフォームを常備し，あるいはすぐに用意できるような体制を整えている。（社内弁護士や法務部の充実。）これをすみやかに相手方に送りつけることによって，少しでも有利な土俵で交渉を進めようとするのである。

他方，相手方となった当事者は，承諾書の形をとりつつ修正のうえで新たな条件を加えて，しかも他方当事者がさらに異議を述べなければ，その新たな内容の契約が成立する旨もつけ加えて送り返すなどの対抗手段をとったりする。このようにして，契約締結のための駆け引きがくり広げられる。

契約の交渉にあたって，先に契約書をドラフトした方が有利かどうかは，一概に決することのできない問題である。相手方の第1次ドラフトをあらゆる角度から適切にチェックしコメントするだけの能力を備えているのならば，相手方に第1次案を作らせ，それを土台に交渉を進める方がよい場合もある。しかし，そういった審査能力を有しないと，相手方の送りつけてきたフォーム（ときには作成者側はすでに署名済みのこともある）を十分に検討できずに，不利な内容のまま押し切られてしまうことになりかねない。欧米の会社との Battle of Forms で不覚をとることのないように，契約審査能力を十分に磨いておく必要がある。

2 チェック・リストの作成と活用

契約の審査能力を高めるための方策のひとつとしてチェック・リストがある。これは，契約の類型ごとに作成するのでないとあまり役には立たない。

政治の要" である。

D.C.ロイヤーは，各政府機関に勤務する government lawyer と巨大ロー・ファームの弁護士達の2種に色分けすることができる。とくに後者は "super lawyers" とよばれ，弁護士のうちでも特異な存在である。彼らの仕事は3つに大別できる。第1に，D.C.にしかない知的財産権紛争を専門で扱う連邦控訴裁判所のような特殊裁判所での仕事，第2に，ロビイング活動，そして第3に，依頼者のために政府の各機関・各委員会との折衝にあたることである。第2のロビイストとしての彼らの活動については，次に少し詳しくふれる。第3の活動は，FTC（連邦取引委員会）やSEC（連

たとえば，販売店契約の場合を考えてみよう。まず，契約の内容として，すべての契約に共通するような一般条項と販売店契約に特有の条項とを区別することができる。次に後者の当該契約の種類に特有の条項について，内容作成上のポイントをリストアップしていく。そのような条項のひとつとして販売権に関する諸規定があるが，その内容のポイントは列挙するならば，以下の諸点にある。

　イ　付与する販売権の内容は独占か非独占か
　ロ　販売地域はどこか
　ハ　販売地域外での販売禁止の有無
　ニ　競争品の取扱禁止の有無
　ホ　取扱製品の特定

　このように当該契約の種別に特有の条項ごとにポイントをピックアップしていって一覧表のようにしてまとめておくと非常に便利で重要な点を見逃すということも防げる。できれば会社ごとあるいは個人個人で自分に合った**自家用チェック・リスト**を工夫し作成しておくのがよい。（巻末の「英文契約作成のためのチェック・リスト」を参照。）

3　Law Dictionary，書式集の活用

　英文契約を扱うための小道具として，法律辞典（law dictionary）は重要である。

　英文契約に使われている法律用語には，英米法の概念でしか説明できないようなものがある。しかもその意味内容は，英米法が判例法主義に基づいているため，判例の集積によって定まってきたものが多い。そこで，英文契約

邦証券取引委員会）などの担当官の名前とその職務権限を知りつくし，電話一本で直接彼らと交渉ができるようでないとつとまらない。このため，D.C.のロー・ファームは，分野ごとに高度に専門化しているのが特徴である。

　企業に対する連邦の規制が複雑・高度化すればするほど"スーパー・ロイヤー"の出番が多くなる。当分この傾向は続くであろう。

のなかに意味のよく分からない用語が出てきたら，まめに law dictionary を
ひくことをおすすめする。英米法系の国には，それ1冊を見れば主要な法律
内容がすべて分かる六法全書のような便利な本は存在しないので，いきおい
この law dictionary の比重が大きくならざるをえない。

　アメリカにおける代表的でしかも手軽に入手できる law dictionary には以
下のものがある。

⑴　Black's Law Dictionary（West Group）
⑵　Ballentine's Law Dictionary（The Lawyers Co-operative Publishing
　　Company）
⑶　Steven H. Gifis, Law Dictionary（Barron's Educational Series, Inc.）

　書式集には，各種契約の標準フォームが載っていて，条項ごとのポイント
も解説してあるので便利である。代表的なアメリカの書式集としては，法律
百科全書として有名な American Jurisprudence（Second Edition, The Lawyers
Co-operative Publishing Company）に付属した書式集（Legal Forms, 2d）がある。

　イギリスの書式集で代表的なものとしては，

The Encyclopedia of Forms and Precedents（LexisNexis）がある。

4　弁護士の利用

　契約書の作成，締結交渉を行うといっても，複雑なものになるとどうして
も法律専門家たる弁護士に依頼せざるを得ない。とくに，準拠法として外国
法が指定されるときには，その国の弁護士（これを local counsel という）
の意見を徴した方がよい。そこで，外国弁護士を利用する場合の一般的な注
意点を述べてみよう。

■ ロビイスト（lobbyist）

　故ケネディ大統領は，ロビイスト抜きでアメリカの政治は成り立たないと明言した
といわれる。アメリカにおいてロビイングは，合衆国憲法で保障された請願権を市民
が行使する一形態と考えられており，これを依頼者に代わって行うロビイストもれっ
きとした職業である。1946年連邦ロビイング規制法（Federal Regulation of Lob-
bying Act）によれば，ロビイングとは，合衆国によるすべての法案の成立，不成立
を目的とし，またはその成立，不成立に直接間接に影響を及ぼすことを目的とする活
動をいうと定義されており，これを職業的に行うロビイストは，同法の下で議会への

5 有利な契約締結交渉のためのポイント

　外国弁護士といっても，法律が国によって違うように，国ごとに考えなくてはならないことは当然である。しかも，アメリカのような連邦制の国ではさらに州ごとに法律が異なるので注意を要する。同国の司法制度は，それぞれの州が法律と裁判組織をもち，その上に連邦の法律と裁判組織が位置する二重構造になっている。

　そのため，弁護士の資格も各州の行う司法試験（bar examination）に合格した後に州ごとに与えられる。2，3の州の弁護士資格を併せもっている弁護士も多いが，アメリカの弁護士を選ぶ場合，どの州の弁護士を必要とするのかはまず最初に決められなければならない問題である。

　次に，一般的に欧米の弁護士は日本よりも専門化の度合いが進んでいることにも注意が必要となる。アメリカの弁護士の場合，訴訟活動のうちでも陪審による審理のみを扱う trial lawyer と称される専門弁護士がいる一方で，ニューヨークのウォール街あたりの弁護士のなかには，独占禁止法の訴訟しかやらない者，あるいは金融関係の契約文書類の作成しか行わず弁護士になってから一度も法廷に立ったことがない者もいる。

　したがって，特別の法分野におけるアドバイスを受ける場合には，その法律事務所（law firm）が当該分野の法律を得意としているかどうか，スペシャリストはそろっているかどうかといった基準で選ばなくてはならない。ニューヨークには，数百人もの弁護士が企業買収のスペシャリスト集団と化しているような巨大ロー・ファームも存在するほどである。組織化・専門化の点で日本の法律事務所よりはるかに進んでいる。

　イギリスのように弁護士資格にソリシターとバリスターの2種類をもつ二元的弁護士制度の国もある。ソリシターが事務弁護士，バリスターが法廷弁

登録を義務付けられている。さらに，外国政府・企業のためにロビイングを行おうとすれば，外国代理人登録法（Foreign Agent Registration Act）によって，司法省への登録，報告をしなくてはならない。

　ロビイストの世界には，元閣僚や大統領補佐官から弁護士その他，実にさまざまな種類の人間がいる。それぞれの "顔" を利用して，主として委員会審議の段階で委員に働きかけ，法案を廃案に持ち込んだりするわけである。ある法案が，特定の企業グループ・業界にとって致命的な打撃を与えるような内容のものであるとすれば，その業界がいかに巨額の報酬を支払ってもよいからこれを廃案にしたいと考えるのは自然

護士と訳されることがあるように，両者の役割分担は異なっている。通常，契約書の作成をするのはソリシターであり，専門化した巨大ロー・ファームを組織することがある。一方，バリスターはパートナーシップを組むことが許されず，原則としてソリシターを介する以外，直接依頼者と接触することは許されない。

このように各国における弁護士制度，実態の違いをみるとき，外国において適切な弁護士を見つけ出して依頼をするということは，かなり困難なことといわざるをえない。一番間違いのないのは，日本のいわゆる渉外弁護士事務所を通じて選任・依頼をすることである。このような法律事務所は専門分野に応じて主要国の法律事務所と提携するなり，あるいは提携していなくとも接触できるようになっており，適切な法律事務所や弁護士を紹介してくれるであろう。

また，外国（ほとんどの場合アメリカであるが）に留学してきた日本人弁護士に，外国法に関してあらかじめ問題点を整理してもらえば，効率よく外国弁護士の意見を徴することができ，経費の節減にもなるであろう。

である。最近，ワシントンにはロビイングを本格的に行う大法律事務所もあって弁護士の業務のひとつとしても重要性を増してきているのが注目される。現在，首都ワシントンだけで数万人のロビイストが活動しているといわれている。アメリカでは，いかにロビイストをうまく使いこなすかが，企業のみならず一国家の浮沈をも左右することすらあるといっても過言ではない。

■ イギリスの弁護士：ソリシターとバリスター

日本では弁護士の資格は1種類である。一方，イギリスではこれがソリシター（solicitor）とバリスター（barrister）の2種類に分かれていることはよく知られている。イギリス圏の国々のなかでもこのような"二階級制"をとるのはイギリスのみとなった。同国の王立委員会（Royal Commission）が，弁護士制度とその業務について調査した結果，やはりイギリス（スコットランドを除く）では，このような二分主義が堅持されるべきであるとの結論に達したといわれている。

日本では，ソリシター，バリスターをそれぞれ事務弁護士，法廷弁護士と訳して単純に区別しているきらいがある。これは，一面において正しいが，ソリシターも一定の範囲で法廷に立つことが認められているなど，必ずしも正確なとらえ方ではない。そこで，両者の権限・役割の違いはどこにあり，弁護士資格を二分するメリットは何

5 有利な契約締結交渉のためのポイント

か。エコノミスト誌記事（The Economist, Aug.6.1983, p.24〜）をもとに，制度の実態を垣間見ることとしよう。

　ソリシターとバリスターの活動の違いは，対依頼者の関係で主として現われてくる。すなわち，バリスターはソリシターを通じてしか事件を引き受けることはできない（ただし，刑事事件などについて若干の例外もある）。原則として事件は，ソリシターが依頼者から受けて，これを整理したうえで必要に応じてバリスターの意見を仰ぐという形で処理される。このため，ソリシターは，依頼者からどのような種類の相談・事件をもちこまれても，これを整理しこなすだけの幅広い法律知識をもっていなければならない。医師でいえば一般医にたとえられるゆえんである。他方，バリスターは専門医のような存在である。彼は，依頼者との直接の接触から解放されて，学者のような専門的法律知識を深めることができる。とくに，Queen's Counsel（勅選弁護士）とよばれる上級（senior）バリスターは，法廷に出るときは必ず勅選弁護士でないバリスター（junior barrister）を従えて出廷しなければならないとされ，法服も絹のものを着用する（このためQ.C.のことを“silks”とよんだりする）など大変な威厳を保ち，学者的実務家の風格をそなえている。

　しかしながら，制度的にソリシターがバリスターよりも下位に属するわけではない。両方の資格を併せもつことはできず，バリスターがソリシターになるためには，バリスターをやめなければならない。さらに，両者は別々の団体をもち，それぞれが独立しており，バリスターの団体がソリシターの団体を監督するということもない。お互いに社会における役割を異にしつつ対等な関係に立っているのである。専門性という点からみても，パートナーシップを組むことを許されているソリシターは，大規模な事務所を構え，とくに金融，保険，海事の分野で高度な専門性を発揮している。ロンドンのシティには弁護士が数千を超えるような事務所がいくつかあって，国際金融センターを支えている。収入面でも，大事務所のシニア・パートナークラスになるとQ.C.の年収と比べてもひけをとらない。このような法律事務所は，内外の企業を顧客として，契約のドラフトや締結交渉から日常的な業務に関する法律問題のアドバイスまで依頼者と密接に関わっている。パートナーシップを組むことが許されず，それぞれが，独立して仕事を行い，直接依頼者と接することが極端に少ないバリスターの仕事のやり方とは対照的である。

　ソリシターとバリスターの職域二分主義のメリットは，バリスターにおいて依頼者と離れたところで法律問題を客観的に判断することができる点にあると一般に説明されている。しかし，一方で二分主義は非効率的で依頼者の費用負担を多くするとの指摘があることもたしかである。弁護士の職域問題がたびたび話題にのぼる日本の法曹界にとっても，興味深い話題である。

ロースクール（法科大学院）とソクラテスメソッド（産婆術）

　「日本版ロースクール構想」が2004年4月スタートし，実現した。2004年に開校したのは68校で，2005年からの開校は6校であった。その後，74校まで増えた法科大学院の数は減少の一途を辿り，2018年度も学生募集をしている大学院は39校を数えるまでになった。law school の名称からわかるとおり，モデルのひとつはアメリカの法科大学院にある。

　アメリカのlaw school は，通常の4年制の大学を修了した人を対象にした実務家養成をねらいとする大学院レベルの学校である。アメリカには，undergraduate レベルで，日本の法学部のように専門的に法律を教える学部は存在しない。law school の修了年限は3年間で法律学の基礎から実務で必要とされる知識まで身につける。

　law school（以下，「ロースクール」という）における授業風景は映画などでも知ることができる。筆者の経験をもとにいうと，日本の法学部とは教え方に大きな違いがある。

　日本の法学部ではまず民法・総則の講義を受ける。ふつう大教室でマイクを使い一方的に教授が，「人」とは「物」とは，といった定義を説明する。民法は刑法と異なり，胎児は生まれたものとみなして権利主体の「人」として扱うことがあるといった具合に講義は進む。

　これに対して，アメリカのロースクールでは，最初から大部の判例集を渡し判例を学生にひとつずつ割り当て，要約させコメントを発表させる。その際，多くの教授がソクラテスメソッド（いわゆる産婆術）によるのが日本と大きく異なる。

　教授がさまざまな質問を発し，学生との対話，問答を行いながら具体的な事例を通じた問題解決を学ばせようとする。半年あるいは1年後には，まじめに取組んだ学生にとっては，たとえば「不法行為」の要件，概念は何かがわかるようになる。

　ソクラテスメソッドは，古代ギリシアの哲人ソクラテスが用いたところからきている。これは問答法と同じで，日本でいえば禅問答に似ている。対話

5 有利な契約締結交渉のためのポイント

を通じて相手の不確実な知識から真正な概念が生まれるのを助けることを，彼は母の職業である産婆の仕事にたとえたことから「産婆術」ともよばれる。

日米におけるこうした教授法の違いは，大陸法と英米法の根本的な考え方の差からくるとも考えられる。

日本の民法や商法は，主にフランス，ドイツなどで行われている大陸法をベースにしている。概念法学という語があるように，まず意義，要件を学びこれを具体的ケースに当てはめていこうとする。

英米法は逆で，具体的な事件に法的ルールを当てはめた結果（裁判例）を学んでいくことを通じて，その意義，要件が後から自然とわかるようにする。

この違いは，演繹法と帰納法の違いといってもよいだろう。ラテン民族とゲルマン民族の発想の違いが，ローマ法大全にルーツを求めることのできる大陸法の制定法主義大系と英米法の判例法主義，慣習法大系との差を生み出したのである。

法律の実務は，いずれにせよ，日々起こる事象（大前提）に対し，法的ルール（小前提）を当てはめていく作業である。これまで日本の大学・法学部における教育は実務に直接必要な知識を効果的に身につけさせてくれる場であったとはいえない。

法律家養成にとって，半世紀に一度の大改革が必要となったことにはそれなりの理由がある。

日本では，私法とくに会社法の分野ではアメリカ法の影響が強くなっている。「日本版ロースクール」発足を機にケースメソッドによる帰納法的な教授法も大幅に導入すべきであったのではないだろうか。

第Ⅱ部
―― *contracts* ――
契　　約

1 契約の頭書，前文

　英文契約書の構成は，一般に，(1)表題，(2)頭書，(3)前文，(4)本文，および(5)最終部となっている。このうち，表題から前文までには，契約の本体を成す条項が含まれているわけではない。しかし，本文に気をとられていてこれを軽視すると思わぬ失敗を招くことにもなりかねないような問題点がいくつか含まれている。

1　表題（title）

　表題は，契約内容を一見してわかるようにするためのものであって，これ自体には特別の法的効果はない。表示の仕方によって契約内容が影響を受けるものでもない。よく使われるのは“＿＿Agreement”という形の表題である。これを“＿＿Contract”としても，もちろんさしつかえない。

　第Ⅰ部でも述べたように，agreement は当事者間の合意のことであり，このうち法的強制力（enforceability）のあるものを contract という。しかし，いくら表題に contract と明記しても合意の内容が不明確であるとか，他の理由によって法的拘束力なしと解釈されることがあるのはもちろんであって，合意が法的拘束力をもつかどうかは，表題とは無関係である。

　また，agreement とか contract の語が全く表題に出てこない正式契約もある。たとえば“Trust Deed（信託証書）”や“Indenture”と題する文書がそ

■ 契約と儀式

　日本人は相手に対してイエス・ノーをはっきりいわずに婉曲ないいまわしを好む。好むというよりもそうした生活感覚を身につけた人が極めて多いといった方が適当だろう。それは，西欧文化の基礎が「古代ローマの法律」と「聖書の『はじめに言葉ありき』」ということにあるのに対し，日本では，言葉というのは，「ことの端」ともいわれるように，中心は別にあるといった考え方が根本にあるからである。日本人は「はじめに言葉ありき」といった取引は好まず，言葉にとらわれずに人間関係を第一に尊重し，自由な解釈の余地や余韻を残しながらことをすすめたいと考える。つまり

れである。第Ⅰ部で述べたように deed は捺印証書を意味し，方式契約（formal contract）を表す語であるから，より正式な契約書を示すときに使われると考えてよい。

indenture も歯型捺印証書〔その昔1枚の紙（もっと昔は羊皮）に同一の契約内容を記載し，これをジグザグに切り分け当事者がそれぞれを保管したことに由来する〕とよばれる正副2通に作成された正式な契約書を意味する。かつては deed indented と称していたように，やはり deed の一種だからである。

2　頭書（premises）

(1)　契約締結地（place of execution）

国際契約の場合には，《文例–1》（58頁）のように締結地の記載がなされることはむしろ少ない。というのは，遠く離れている当事者が一堂に会して調印式を行うのは大きな契約の場合にかぎられ，通常は各当事者が自国で調印してこれを交換し合う方法がとられるからである。しかし，国際契約にあっては契約締結地が以下の各点で法律的な意味をもつ。

まず第1に，どこの国の法律を契約に適用するかの**準拠法の決定**にあたり決定要素のひとつとされることがあること（これについては，**8**「準拠法条項」に詳しく説明する）であり，第2に，**裁判管轄**に関して管轄の合意が不明確な場合はもちろんのこと，合意がなされていてもその有効，無効を判断する材料とされることがあることである。（これについても，**9**「裁判管轄条項」に詳説する。）また，契約締結地がいずれであるかは**印紙税**に影響する点も見逃せない。契約が外国で締結されたときには，たとえその契約内容の実現や契約書の保管が日本国内でなされたとしても，日本の印紙税は課されない。

黙約を大事にしようとし，黙約のなかに相手を尊重する誠意をにじませようとする。

したがって，日本には，ニュースの写真などでみられるような両国の旗を立てたり社旗を飾ったりした荘重な雰囲気のなかで双方の首脳立ち合いのもとに調印式を行うというような習慣は本来なかった。こうした儀式のなかには，目の前にある署名文書に対する重みを通して相手を尊重しようとする言葉（文書）尊重の精神が脈々と流れている。

1 契約の頭書，前文

(2) 契約の日付（date）

前文部分に書かれた日付は，契約締結日のことであるから，別段の定めをしていないかぎり，この日から契約の効力が発生することになる。契約の有効期間を定めた場合は，その期間の起算点となる。ただし，よくある例として別に関係官庁の認可を得た日から契約が効力を発すると定めてあれば，その日が効力発生日になる。上に述べたように，国際契約において各当事者がそれぞれの自国において異なる日に調印したような場合は，後に調印した日をもって締結日とするのが通常である。

(3) 契約当事者（parties）

契約当事者の表示として，法人の場合は法人名だけでなく，主たる事務所の所在地，および設立準拠法をも記載する。日本では，会社の主たる営業所が本店として登記されているので，この本店所在地を記載すればよい。ただし，アメリカのような連邦制の国では，設立された州とは別の州に主たる営業場所（principal place of business）がある場合が往々にしてある。そのため設立準拠法とともに主たる営業場所をここに書く実益がある。

実際，《文例 – 1》（58頁）のようにアメリカの大会社にはデラウェア州法に基づいて設立され，営業活動はほとんど他州で行われている会社が多い。（これは，デラウェア州会社法が他州の法律にくらべて会社経営上より大きな自由を与えてくれるからであり，ニューヨーク証券取引所上場会社のおよそ4割が同州で設立されている。）主たる営業所の所在地は，裁判管轄地，税金支払い地の判断要素とされることがある。

なお，契約当事者名をフルネームで契約書のなかで何度も繰り返すのは煩

■ 印紙と印紙税

現在，世界の多くの国で印紙税が課せられている。印紙は国家の徴税手段が，ほぼ出つくした末に考えられた税のひとつであって，証書などの重要性に応じて一定金額の税金を課し，歳入の増加を図るために用いられている。また同時に，手数料や税を収める際の現金代りとしても印紙は幅広く用いられている。

日本に収入印紙の前身である証券印紙の制度が導入されたのは1873年のことである。近代国家としての租税制度を確立し財源確保の一環として「受取諸証文印紙貼用心得方規則」を制定した。この規則では，「印紙を貼っていない文書は，後日いかな

雑であるので，《文例−1》（58頁）のように略称を使うのが通常である。

3 前文〔whereas clause, etc.〕

⑴ "whereas clause"

英文契約書の前文は，多くの場合，いくつかの whereas（……なので）で
はじまる条項からなる。これは "whereas clause"「説明条項」とよばれ，
当事者が契約を締結するに至った理由，経緯，契約の目的を説明するための
ものである。日本文の契約書にはみられず，英文契約書に特有かつ慣例的な
条項である。

whereas clause はこれを欠いても契約の効力に影響しない。だが，これを
単なる飾りのようなものであって全く法的効力を有しないと考えるのは誤り
である。なぜなら，契約本文の各条項の意味するところを解釈するにあたっ
て，契約当事者の**真意**がよくわからないときなどに，これを探る手がかりを
ここに求めることがあるからである。

また，いわゆる**禁反言（estoppel）の法理**（過去の行動と矛盾する主張を
禁ずる英米法における重要な原則のひとつ）の下では，他人に対しある事実
の表示を行い相手方がこの表示を信頼して行動したときは，表示者は相手方
との間では自分のなした表示と矛盾する主張をすることが禁じられる。そこ
で，ここに契約の基礎となるような重要な事実について事実でないことを表
示すると，あとで相手方から損害賠償や契約の解除を請求されることにもな
りかねない。

たとえば，技術援助契約には，

る故障難題が起きても一切取り上げない」として裁判でも証拠とすることはできない
などと課税のきびしさを説いている。

現在，日本では収入印紙が貼ってなくても文書の効力や証拠能力には関係がない。
しかし，外国の印紙税規則などでは特例もあるので注意した方がよい。世界ではじめ
て印紙税を設けたのはオランダ（1624年）で，その後スペイン（1636年），フランス
（1673年），イギリス（1674年）と導入され，今ではほとんどの国が採用している。

1 契約の頭書，前文　　57

> "Whereas, Licensor has the right to grant to Licensee the right and license to manufacture, sell……"
>
> 「しかるに，実施許諾者は，被実施許諾者に～を製造，売却する権利を与え許諾する。」

のように技術実施許諾者が実施権（または再実施権）を許諾する権限を有することを宣言するのが一般的であるが，許諾者がこのような宣言をしたにもかかわらず実施権（または再実施権）を欠いていたような場合には，実施権者はこれによって被った損害の賠償を請求できる場合がある。

　結局, whereas clause のもつ上記のような法的意味を十分に知ったうえで, 記載するときは簡潔かつ正確にこれを表現するのがよい。とくに自分の側に関する記載についてはあまり余計なことは書かないように注意すべきである。なお，文例の whereas clause は簡略な例であるが，なかには数頁にもわたって書きつづられる契約書もある。

⑵ **"in consideration of"**

　whereas clause のあとの 1 文中に "in consideration of"（～を約因として）という表現がある。(《文例 -1 》58頁参照。) これは, 英文契約書にはよくみられるもので, 英米契約法に固有の**約因理論**に由来する。すなわち, 英米法のもとでは, 契約は捺印証書（deed）によらないかぎり, 約因がなければ効力がないものとされる。ただし, 実際には約因理論自体の重要性も薄れてきているし, 契約内容から明らかに約因の存在がわかるような場合（単純な売買のような）には不要な文言である。半面, 約因がどこからみてもないとさ

■ R&D ジョイント・ベンチャー（R&D Joint Venture）

　ジョイント・ベンチャー（J.V.）の起源は古い。紀元前のエジプト，シリア，フェニキア，バビロニアにおいて，大規模な貿易が J.V. の形態で行われたという。また，1930年のフーバーダム建設工事請負にあたって結成された J.V. がアメリカにおける近代的 J.V. のはじめとされる。日本では，アメリカの J.V. にあたるものを一般に合弁と称する。合弁は，共同で事業を営む企業形態をさし，これが会社形態をとるとき合弁会社が設立される。

　このように古くからポピュラーな J.V. であるが，最近ある型のものが脚光を集め

第Ⅱ部　契約

れるような契約が，この文言ひとつで約因が付与され有効になるわけでもない。ただ慣行的に，一種の決まり文句として書かれてあると思えばよいであろう。次にごく一般的な合弁契約の一例を掲げることにする。

《文例-1》

JOINT VENTURE AGREEMENT

This Agreement, made and entered into in Tokyo, Japan, this day of _____, 20__ by and between ABC Co., Ltd. (hereinafter called "ABC"), a corporation duly organized and existing under the laws of Japan with its principal place of business at _____, Tokyo, Japan and XYZ Inc. (hereinafter called "XYZ"), a corporation duly organized and existing under the laws of the State of Delaware with its principal place of business at _____, N.Y.10004, U.S.A.

WITNESSETH:

WHEREAS, "ABC" is engaged in the business of manufacture, and sale of _____;

WHEREAS, "XYZ" is engaged in the business of manufacture, assembly and sale of _____;

WHEREAS, "ABC" and "XYZ" desire to organize a new company in New York State to manufacture and sell _____ and such other products as they may agree upon from time to time;

NOW, THEREFORE, in consideration of the mutual covenants hereinafter set forth, the parties hereto agree as follows:

ている。いわゆる研究開発（Research and Development）J.V. である。もともとJ.V. を結成する目的のひとつとしてリスクの分散がある。とくにこの技術革新の時代にあって，新しい先端技術の研究・開発には多大の費用とリスクが伴う。R＆Dジョイント・ベンチャーが威力を発揮するゆえんである。

　J.V. は企業間の共同事業であるため，カルテル行為などを規制する独占禁止法の適用が常に問題とされる。しかし，一般に製造業・販売業のJ.V. に対するよりも独禁法の適用は弾力的になされる。アメリカの司法省は，1980年にガイドライン「反トラストと研究ジョイント・ベンチャー」を発表し，この種のJ.V. に対する独禁法の

1 契約の頭書，前文

合弁契約

　本契約は，20__年_____の本日，日本国東京において，日本国東京都_____に主たる営業の場所を持ち，日本法の下で適法に設立され存続するABC株式会社（以下「ABC」と称する。）とアメリカ合衆国ニューヨーク州_____に主たる営業の場所を有しデラウェア州の法律の下で適法に設立され存続するXYZインク（以下「XYZ」と称する。）との間に締結され，

　以下のことを証する。

　「ABC」は，_____の製造および販売の業務に従事しており，

　「XYZ」は，_____の製造，組立，および販売の業務に従事しており，「ABC」と「XYZ」は，_____および両者が随時合意する他の製品を製造および販売するためにニューヨーク州に新会社を設立することを望んでいることから，

　そこでしたがって，以下において規定された相互の誓約事項を約因として，本契約の当事者は以下のとおり合意をする。

適用基準を明らかにした。

　日本では，公正取引委員会が1993年に「共同研究開発ガイドライン」を出した。

　同ガイドラインは，2005年，2010年，2017年にそれぞれ改定がなされた。その冒頭部分には，以下のように「基本的視点」を述べている。

　共同研究開発は，(1)研究開発のコスト軽減，リスク分散又は期間短縮，(2)異分野の事業者間での技術等の相互補完等，により研究開発活動を活発で効率的なものとし，技術革新を促進するものであって，多くの場合競争促進的な効果をもたらすものと考えられる。

　他方，共同研究開発は複数の事業者による行為であることから，研究開発の共同化によって市場における競争が実質的に制限される場合もあり得ると考えられる。また，研究開発を共同して行うことには問題がない場合であっても，共同研究開発の実施に伴う取決めによって，参加者の事業活動を不当に拘束し，共同研究開発の成果である技術の市場やその技術を利用した製品の市場における公正な競争を阻害するおそれのある場合も考えられる。

契約の表題のカギ

> ◆ **課題設定**
>
> X株式会社はアメリカ・カリフォルニア州の Y Corporation に不動産を譲渡する契約を締結することになり，この契約の表題（Title）をどうするか検討している。

> **このテーマに沿ったタイトル例**
>
> Letter of Intent
>
> Sales Agreement
>
> Sales Contract

国際契約に使う英文契約は種類，名称いずれにおいてもバラエティに富む。原因の1つは契約交渉段階における文書化にある。

不動産の取引は大きい金額を対象にすることが多いため，正式契約に至るまでの途中の段階で，仮契約的な letter of intent（LOI）を取り交わすことがよくある。LOI が正式契約と比較してどの程度の法的拘束力（binding effect）をもつかは内容次第である。LOI だから法的拘束力がないと決めつけるのは危険である。

仮契約的合意書のことは，memorandum あるいは memorandum of understanding（MOU）と称することもある。memorandum は「覚書」と訳すことが多いが，内容によっては「念書」と訳すほうがぴったりくる。MOU の understanding は「了解」「合意」のことで交渉途上のある段階で合意に達した了解事項を確認的に memorandum とした文書に表す。他に memorandum of agreement（MOA）と称し，予備的な合意をまとめた文書もある。

正式契約は sales agreement, sales contract いずれの呼び方でもよい。sale だけでも売買契約の意味をもつが，売買契約の表題としては agreement や contract をつけてよぶことが多い。

英米法では，contract を使うのが正式な契約を表すには適切であるが，売買についての合意の内容を書いたものとの意味で sales agreement ともいう。contract for sale というのがより正式である。

> ◆ **応用課題**
>
> Y Corporation から送られてきた契約書ドラフトには Sales Deed の

> タイトルがついていた。そこで，deed がはたしてこの契約に必要かど
> うか，他の表題はないかどうか検討することになった。

　deed は，別名 sealed contract ともいう「捺印証書」のことである。これを formal contract と称することがあるように正式な契約証書といってよい。

　日本でも不動産の取引は移転登記をするために，譲渡証書と題する契約書を作成したりする。同様に英米法の下でも登記や登録のもとになる契約は deed としてつくり，これを登記所に提出することがある。

　deed のことは escrow, covenant または specialty のようにもいう。捺印証書と訳すように seal が付されるところに特徴があるが，seal は日本で行う捺印とはかなり異なる。契約書に使う seal は刻印がもとである。正式には赤い色の封ろう（sealing wax）を溶かしその上から刻印をした。日本で行う印判も seal の簡略化したものである。共通の起源は中国ではないかと思われるが，赤い朱肉を使う。

　seal も現在は日本における印判以上に簡略化する。すなわち，実際に判を押すことすらしないで seal のマークをしただけでその代わりにすることが多い。最も一般的な捺印証書のサイン欄は次のようになる。

Signed, Sealed and Delivered
　　By：(signature)　　(L.S.)

署名，捺印，および交付した。
　　(…により)　(署名)　(捺印)

　sign, seal, deliver は，捺印証書が有効に成立するための３つの要件，書面，捺印，交付に対応するものである。L.S. はラテン語 locus sigili の略で現在の英語では place of seal「捺印の箇所」となる。この L.S. を「捺印」と訳したが，誤解されやすい。日本の契約書にある〔印〕とは異なり，実際に捺印（とくに刻印）を求めることなく省略する趣旨の表示だからである。

　どのような場合に sealed contract を作成するかといえば，官公庁に提出し登記，登録のために使うなどにより公式な契約書面とする場合が多い。通常の contract と比べ，有効に作成された sealed contract は consideration「約因」が agreement「合意」に備わっていなくても contract として enforceable by law「法律上強行可能」になるなど効力が強い。

◆「用法・用語」のポイント

「sale」

sale は「売却」が最も一般的な意味である。これに対し「買い入れること」は buy (ing) という。sale は売却と買入れを共にした「売買」「取引」の意味に使うことが多い。とくに sales agreement といったときは，「売却契約」ではなく「売買契約」と訳すのが正しい。それは法律用語として日本の私法は「売買」という契約類型のとらえ方をするからである。lease agreement が「賃貸借契約」になるのも同様である。

「title」

title は契約用語としてだけでもいくつかの意味に使い分けなくてはならない。まず，契約の「表題，題名」の意味に使う。契約本体中に title transfer とあったら「所有権の移転」のことである。その契約が土地を対象にする場合であれば所有権のなかでも根源的なものといった意味で「権原」と訳すことがある。契約の署名欄に title が出てきたら，署名者（signatory）の「肩書，資格」を意味する。

「intent」

letter of intent（LOI）の intent は，「気持ちを向ける」を意味するラテン語 *intendere* から生まれた語で，「意思，決意」を表す。日本法で契約は申込と承諾の意思表示が合致することで成立するが，その「意思」というほどの意味ではなく，契約交渉の当事者の基本的な「意図，ねらい」をここでは意味する。したがって letter of intent は交渉途上でひとまず明らかになったそうした「意図，ねらい」を確認するための書簡形式の文書である。

「shall」と「shall not」

法律英語では助動詞の用法が一般の英語とはかなり異なる。契約書などの法律文書で shall が使われたときは，単純未来を表すことはほとんどないといってよい。

規範的な意味を含んでいる契約書であれば契約上の義務を〜 shall pay it.「……はそれを支払わなければならない」のように使う。「……支払うでしょう」では誤訳である。

shall not は強い禁止を表す。これは単純未来の否定ではない。「条項例」にあるような shall not disclose を「開示してはならない」と訳すのはよいが規範的な意味だけをもたせて「……するものではない」と訳すべき場合があるので注意が必要である。

2 契約の始期と終期

ものごとすべてに始まりと終わりがあるように，契約にも**始期**と**終期**がある。

上の図は契約期間の定めのある場合の契約の終期に 2 通りあることを示している。すなわち，契約期間が無事満了（expiration）した場合と，解約その他の事由の発生によって期間の途中で終了（termination）する場合とである。

しかし，契約のなかには，契約期間を明定することなく一方の当事者から解約の申入れがあるまで存続すると定めるもの，あるいはライセンス契約などによくみられるように，当該ライセンスが存続するかぎりとするものもある。これらの場合には，契約期間の満了ということが考えられない。

合弁契約においても，合弁会社の永続を望む当事者の意向を反映して，とくに契約期間を設けないことが多い。

■ **販売店契約の終了にかかる損害賠償を認めたアメリカの判例**
販売店契約の打切りにはいろいろな法律問題が伴う。かつてニューヨーク州南部地区連邦地方裁判所によって下されたある判決は，アメリカにおいて販売店契約を締結して事業活動を展開する日本企業にとって，きわめて重要なものである。（Copy-Data Systems, Inc. v. Toshiba America, Inc., S.D.N.Y. March 23, 1984。）

判決によると事実関係は以下のようなものであった。1970年当時，Toshiba America, Inc.（"Toshiba"）は，ゼロックスとIBMにほとんど独占されていたアメリカ市場で事務用複写機を製造していた。その頃Copy-Data社は，Toshibaから

1 契約の期間（duration, period or term）

契約に存続期間を設ける場合，前文に記載された契約締結の日から何年間といった定め方をするのが通常である（《文例-2》68頁参照）。Ⅱ部の **1** （53頁）でもふれたように，契約の始期として別の日，たとえば政府の承認・許可を得た日を発効日（date of validation）として指定する例もあり，特許やノウハウのライセンス契約によくみられる。ただし，契約の終期を具体的な日をもって指定する次のような例はまれである。

| "This Agreement shall come to an end on 31st December 20__."
| 「本契約は20__年12月31日に終了するものとする。」

契約期間を具体的に何年とするかは，契約の種類，状況に応じて個々的に定められる。distributorship agreement「販売店契約」を例にとれば，販売店側としてはなるべく長い契約を望み，長期的な計画・展望のもとに安定した販売活動を行いたいと願うのが当然である。逆にメーカーにとっては，販売実績の全く上がらない販売店を，10年とかそれ以上の長期間かかえこまされるのは好ましくない。そこで，3年から5年の契約期間を一応定めておいて，期間満了時に販売実績などを考慮して更新できるようにしておくのが一般的である。

このような契約更新のための条項には2種類ある。1つは，契約を継続するかどうかは期間満了時における当事者間の協議によるとするものであり，もう1つは，期間満了前の一定期間に解約の申入れがないかぎり，契約は自動的に更新されるというものである。《文例-2》（68頁）の後段は，後者の

アメリカ北東部における独占的販売権およびニューイングランド州における非独占的販売権を獲得した。同社は，かなりの費用と労力を費やしてこれらの地方に販売ルートを確立していった。その後，中部大西洋岸地域における独占的販売店にも指定されToshiba の複写機をディーラーの間に浸透させ，さらにシカゴにおいても市場を確立しはじめた。

ところが，このような販売活動拡大の矢先に Toshiba は，Copy-Data に対しシカゴ地区で直接販売を行う意思を通告し，同地区におけるディーラーに関するあらゆる情報を渡すように求めた。Copy-Data は，Toshiba とのビジネスの継続を望んだ

2 契約の始期と終期

自動更新条項の例である。前者の場合であれば，その部分は，

> "At least three （3）months prior to the expiration of the term, the both parties shall consult with each other for renewal of this Agreement for further three （3）years."
> 「契約期間満了の少なくとも3ヵ月前までに，両当事者は本契約をさらに3年間更新することにつき互いに協議するものとする。」

のようになる。自動更新条項がある《文例-2》(68頁) のような場合に，契約を解消しようと思ったら所定の事前通知を確実にしなくてはならない。うっかり忘れると，契約は自動的に更新されて，さらに3年待たなければ解約できなくなる。

契約期間に関連して，期間の定めのないときは一方当事者においていつでも契約を解約できるかという問題がある。実務上も，とりわけ代理店契約，販売店契約において，しばしば問題となる。これらの契約は信頼関係に基づいた継続的なものである。代理店や販売店は，その国に新たな市場を開拓し販売網を整備するために，長期的見通しに立って多額の投資を余儀なくされるということがまれではない。

契約初期におけるこのような市場開拓のための投資の段階，または長期的投資が実を結びまさに収穫期に入ろうとする時期に，メーカー側から一方的に契約関係を切られたのでは，代理店・販売店としては大変な痛手である。そこで，日本の判例においては，販売店側に著しい不信行為，販売成績の不良など取引関係を継続し難い重大な事由がない限り，相当の予告期間を設けるか相当の損失補償をすることなしに，メーカー側で一方的に解約すること

ためにこれに従った。1973年に入って，Toshiba は Copy-Data にそのすべてのディーラーのリストを提出するように要求した。このリストは，Toshiba が Copy-Data の顧客に新製品や価格変更の通知を直接なすためにのみ利用するということで，Copy-Data はしぶしぶ Toshiba にこれを交付した。同年後半，Toshiba は中部大西洋岸地域において直接販売をなすことを通告し，Copy-Data にこの市場からの撤退を求めた。つづいて1974年初め，Toshiba は北東部においても直接販売を行うことにしたため，Copy-Data は，この地域でもはや Toshiba の独占的販売店としての地位を保てなくなった。そして，同地域ではニュージャージー州だけに主に販

はできないとされている。(名古屋高裁昭和46 (1971) 年3月29日判決, 判時634号50頁他参照。)

アメリカにおいても, 同様の考え方に基づいて, 販売店が販売のために相当の投資をしている場合には, 相当の期間 (reasonable period. 事案によって1～3年) が経過したのちでなければ一方的に解約することはできないとする裁判例がいくつかみられる。

2 解除による契約の終了

契約が解除事由の発生によって解除される場合である。解除事由には2種類ある。1つは, 契約当事者が合意によって定めるところの解除事由であり, もう1つは, 当事者の合意の有無にかかわらず法律上発生するところの解除事由である。

後者の事由は, 日本の民法の法定解除事由に当たるものである。これには, ① 当事者の一方による明示または黙示の履行拒絶があった場合, および ② 重大なる契約違反 (material breach) があった場合が含まれる。

契約当事者の一方に契約違反 (債務不履行) があった場合, 相手方当事者は損害賠償の請求をなすことができるが, その契約違反が重大なものであるときには, 契約解除権を発生させることにしたのである。

ここで何をもって重大な違反とするかが問題となる。契約中の合意を, **条件** (condition) とこれに**付随的な保証** (warranty) とに分け, 前者に違反した場合に重大な違反があると説明されている。しかし, なお両者の区別の基準が, 判例上も今1つ明らかにされているとはいい難い。そこで, 契約中の条項に解除事由を約定する場合は, グレイエリアを取り込むような形の包

売地域を限定するように要求された。この結果, Copy-Data の販売成績は悪化しはじめ, Toshiba が Copy-Data からの欠陥商品の返品を拒否するようになると間もなく破産状態に陥った。

このような事実のもとで, 同裁判所のオーウェン判事は, 不正競争行為による不法行為と契約違反の両面から, Toshiba の損害賠償責任 (44万ドル) を肯定した。

同判事は, Toshiba が Copy-Data に当初多大の費用をもって複写機のディーラー網を作り上げるように仕向け, その結果でき上がったものを不法に横どりしたとして, 不正競争による不法行為の成立を認めた。

括的な解除事由の定め方がよくなされる。約定解除事由の内容は契約の種類によって異なるが，一般的には次のように分類できる。

① 当事者の支払不能，破産などの信用状態の悪化
② 当事者の重大な組織変更（吸収合併，事業譲渡など。個人の場合であれば死亡・退任など。）
③ 契約違反

最後の契約違反は，当事者において治癒が可能であるため，一定の猶予期間を設け，これを経過してもなお改善されない場合にはじめて解約が可能となるとする例が多い。（《文例-3》68頁参照。）

3 解除の効果

解除権の行使によって契約が解除されると，契約は解除の時点から将来に向かって消滅する。（69頁下段参照。）したがって，イギリス契約法の下では，日本の民法545条1項の規定するような原状回復義務といったことは問題にならず，損害賠償によって処理される。〔ただし，アメリカにおいては，重大な違反による解除の場合にかぎり，原状回復（restitution）が認められている。〕そこで，イギリス法を準拠法とする契約において，当事者が原状回復を望むのであれば，必ずその旨を明記しておかなければならない。

なお，解除による場合にかぎらず，一般に契約が終了した後にも当事者に特定の義務が残存することがある。ライセンス契約において，契約終了後もライセンシーに数年間の秘密保持義務やノウハウ使用禁止義務を負わせたりするのがこの例である。これらの義務は，ライセンス契約の特殊性に基づくものであるため，当事者の意思を合理的に解釈して，明文の規定がなくても

一方，契約違反の点については，次のように判示した。すなわち，Copy-Data の販売店契約は自由に終了させることのできるものであったが，ニューヨーク州法によれば「相当な期間」（reasonable period）を経過したのちでなければならない。本件の場合，その「相当な期間」は，ほとんど Copy-Data の力によって市場において Toshiba 製複写機を浸透させたことを考えれば，Copy-Data が Toshiba 製複写機の販売ネットワークを発展させるために投下した資本を回収する機会を与えるに十分なだけの長さがなくてはならない。この機会を与えることなく契約を打切ったのであるから，Toshiba には契約違反があるとした。加えて，Toshiba は Copy-Data に

第Ⅱ部　契約

存在を認められることもありうることに注意する必要がある。

《文例-2》

> This Agreement shall come into force on the date first above written and, unless earlier terminated, remain in force for a period of three（3）years, and shall be automatically renewed for subsequent periods of three（3）years unless either party gives to the other party a written notice not to renew this Agreement at least three（3）months before the expiration of a term of this Agreement.
>
> 本契約は，冒頭に書かれた日に効力を生じ中途解約されないかぎり，3年間効力を有するものとし，いずれかの当事者が他方当事者に期間満了の少なくとも3ヵ月前までに本契約を更新しない旨の書面による通知をしないかぎり，その後の3年間ずつ自動的に更新されるものとする。

《文例-3》

> Either party may forthwith terminate this Agreement without payment of any compensation by giving a written notice of termination to the other party,
>
> ⅰ）if the other party shall be dissolved, liquidated or declared insolvent or bankrupt; or
>
> ⅱ）if the other party shall breach any term or condition of this Agreement and shall fail to remedy any such breach within

---

対する契約上黙示に認められる信認義務（implied duty of good faith and fair dealing）にも違反していると判示した。

　この判決は，ニューヨーク州法のもとで下された判断であり，事実関係はやや特殊である。しかしアメリカにおいて販売店契約を締結する製造者は，独禁法だけでなく，各州の不正競争に関する法律や契約法の適用まで考えておく必要があることを示唆している。つまり，製造者が販売店の市場開拓の努力に報いることなく，**正当な理由なく契約を打ち切るならば不正競争法，契約法の下で損害賠償責任を課されうること**を覚悟しなければならない。

two（2）months after a written notice is given requesting to remedy the breach.

　いずれの当事者も，以下の事由が起こった場合には，他方当事者に書面による解約通知をすることによって何らかの補償金を支払うことなく，ただちに本契約を終了させることができる。

　(i)　他方当事者が，解散，清算となり，または債務超過もしくは破産の宣告を受けた場合，または

　(ii)　他方当事者が本契約のいずれかの条件に違反し，その違反の是正を求める書面の通知を受けてのち，2ヵ月以内にこれを是正しない場合。

■ 解除と解約の違い

　日本では，契約を終了させる場合を一般に「解除」と称することが多いが，法律用語として「解除」は，契約の効力を過去にさかのぼって消滅させることをいう。賃貸借，雇用，委任等の継続的契約を一方当事者の意思によって終了させ，その効力を将来に向かって消滅させるのは「解約」または「告知」である。ただ，民法自体，遡及効のない「解約」の場合にも解除といっている（620，626，630，651，652条など）ので，遡及効があってもなくてもすべて解除と称しても必ずしも誤りとはいえないが，正確に両者を区別して使い分けるのがよい。

■ 予約

　ある契約を将来成立させることを約束すること。当事者の一方のみが自己の意思表示により契約を成立させることができるときを「一方の予約」といい，双方の意思表示によって契約を成立させることができるときを「双方の予約」という。日本の民法は「売買の一方の予約」についてのみ規定を置き（民法556条），これを有償契約一般に準用している。（民法559条）

❸ 不可抗力条項

　契約が締結されたのちに，当事者の力ではどうすることもできない事態が発生し，債務の履行が不可能になることがある。このような場合について，当事者の権利義務を定めておくのが不可抗力条項といわれるものである。不可抗力のことを英語では act of God というが，一般にはフランス語の Force Majeure を用いて契約条項の見出しとしている。

1 "Doctrine of Frustration"

　不可抗力条項の真に意味するところを理解するためには，英米契約法におけるフラストレーション（frustration）の理論を知らなくてはならない。

　契約締結後の当事者の責めに帰すことのできない出来事の発生による履行不能について，英米法とフランス，ドイツなどの大陸法とでは根本的な考え方を異にしている。すなわち，日本を含めて大陸法系の諸国においては，この場合，不能となった債務は消滅し，債務者は免責され損害賠償の責任も負わないとされる。

　これに対し，英米法では，いったん契約によって負担することとなった義務は，その後いかなる事由が発生しようと免除・軽減されないのが原則である。このようなコモンローの契約義務の絶対性は，次のような考え方に基づいている。つまり，当事者は，予想しえないような事態が発生した場合には

・・・

■ **日本の民法における履行不能の考え方**
　民法は，415条で債務不履行による損害賠償を規定している。債務不履行についてゲルマン法は，最初債務者に絶対的責任を負わせていたが，後には外部的な事故（äusserer Zufall）についての責任はないものとしていた。これに対し，ローマ法では故意または過失がある場合にのみ責任を負わせた。この両者を調和するために，最軽過失（Culpa levissima）の理論が構成されて，この影響で各国の民法では債務者の「責に帰すべき事由」（Verschulden）を必要とするようになったとされる。
（我妻榮『新訂債権総論』100頁。）

3 不可抗力条項

免責されるという条項を契約中に入れることができたはずである。にもかかわらずこれをしなかったのは、みずから絶対的な責任を課したものと解釈するのである。契約義務を絶対・神聖なものとして扱う契約社会のきびしさがここにあらわれている。

しかし、このような契約義務の絶対性をあくまで貫くならば、当事者間に公正を欠いたり不都合なケースが出てくる。また、契約中に免責条項が明記されていなくとも、契約の性質ないしは諸般の事情に照らし、衡平の観点から債務者を免責させるほうが妥当な場合もある。

そのための理論として、**黙示の条項の原則**（doctrine of implied term）が唱えられるようになった。両当事者が、履行を不能とするような特定の事態が発生することを予想しており、これが発生したときは当然免責がなされるべきであると考えて解釈される場合には、あたかも免責条項があるのと同様の効果に服せしめるというのである。このような理論を基礎として判例は、契約の後発的不能のうちのある場合につき、契約を消滅させ債務者を免責させるという法原則（doctrine of frustration）を発展させた。このような効果をもたらす後発的不能を frustration と称するのである。

frustration が成立するかどうかは、契約そのものの解釈の問題でもあり、成立するための要件を具体的に示すことは難しい。

ただ、一般的にいってこの法理が適用されるためには、当該後発的事由が起こることが予想されたならば当事者が契約を締結しないか、または、締結したとしても何らかの免責約款を挿入したであろうと認められるような場合であることを要する。

これまで frustration の成立が認められた裁判例をみると、契約の履行に

このように日本の民法の下では、履行不能が不可抗力を含む「債務者の責に帰すべからざる事由」に基づくものであることを立証すれば履行責任を免れることになる。

したがって、日本の民法における履行不能とは、債権について不能を生ずることであり、「不能」であるかどうかは、社会の取引通念によって決められる。物理的不能にかぎらず、債権の目的物の取引が法律上禁止されたときも不能とされる。

そこで「履行不能」を分かりやすく要約すると次のようになる。

債務者の責に帰すべき事由によって履行を不可能ならしめる状態を起こすこと。債務不履行の１つの場合である。履行不能の場合、債権者は履行に代るべき損害賠償を

必要不可欠な目的物が滅失した場合，将来ある事実が発生することを予定してこれを基礎に契約をしたところその事実が発生しなかった場合（20世紀初め，エドワード7世の戴冠式行列が行われる予定日に合わせて行列の通過する道路に面した部屋の賃貸借契約が締結されたが，戴冠式が直前になって延期されたため，frustration の成立が認められた「戴冠式事件」が有名である），契約の遂行に欠くことのできない重要な人物の死亡・病気などの場合がある。

　frustration の理論は，古くから傭船契約（charter party）などの商事契約（commercial contract）にも適用されている。ここでは当事者の黙示の意思とは一応無関係に，衡平の観点に基づいて frustration の成立を認める判例理論が形成されてきた。1956年のエジプトによるスエズ運河の閉鎖が，同運河の使用を予定していた運送契約を frustrate させるかどうかが問題とされた一連の「スエズ事件」は先例として重要である。

　また，イラク戦争（2002年～2003年）のような政情の急変が国際取引に法律上与える影響いかんが実務上大きな問題となっている。〔1973年のチリ政変が，同国の政情の安定を基礎とする国際商取引契約を frustrate させるとしたイギリスの判例（1980年）がある。〕

　1980年9月に勃発したイラン・イラク戦争においては，日本企業所有の船舶を含む70余隻の船舶がシャト・アル・アブ川流域にとじ込められた。このため，交戦の開始によって，それらの船の傭船契約に関し，どの時点でfrustration が成立したか（この点は，交戦開始後に急騰した船体に対する戦争保険料の数十日間分などの費用をいずれの当事者が負担すべきかを決定する）をめぐって，いくつかの注目すべき仲裁判断がロンドンで出されている。

請求し（民法415後段），または直ちに契約を解除することもできる（民法543）。ただ履行の一部が不能になったときは，原則としてその部分だけについて不能の効果を生じ，残部を履行することによっては契約の目的を達しない場合にだけ全部不能と同一に取扱い，みだりに契約の全部の解除は認めるべきでない。債務者の過失によらない履行不能（債務者の責に帰することのできない事由による履行不能）の場合は，危険負担の問題として処理される。

2 　不可抗力条項 （Force Majeure Clause）

コモンローの frustration 理論によっても， frustration が具体的にどのような状況の下でいつ成立するかという点になると，その微妙な判断は，結局，裁判または仲裁に委ねるほかはない。そこで，確実な見通しに基づいて円滑な取引を行うことを望む商取引の世界では，不測の事態が起こった場合の契約の運命と当事者の責任について，あらかじめ契約中に定めておくことが慣行となった。これが不可抗力条項である。

その内容は，将来の予見可能性を高めるという意味で，あらゆる天災地変や不測の事態を列記したと思われるほど詳細なものになりがちである。そうすることによって，いやしくも免責条項を設けたからには，そこに書かれていない事柄については，むしろ英米法の原則どおり履行義務をあくまで存続させるのが当事者の意思であると解釈されないようにする趣旨も含まれている。このため，不可抗力条項においては，具体的事由の列挙のあとに，「その他当事者の支配することのできない一切の事由」のような包括文言を付加することがよく行われる。（《文例-4・5》74・75頁参照。）

ただ，このような文言によっても，その文言通り無制限に一切の事由が含まれるようになるわけではない。英米法の「同種文言の原則」（rule of *ejusdem generis*）とよばれる解釈上の原則によれば，このような包括的付加文言は，具体的列挙事由と同種類の事由でそこに漏れたもののみを意味するとされるからである。

■SARS 発生は不可抗力事由になるか

2003年，SARS（重症急性呼吸器症候群）が中国や台湾を中心として猛威をふるった。

当時，日本企業のなかには，予定していた進出計画を中止した企業，あるいは，現地工場の従業員に感染者が出たために操業を一時ストップした企業があった。

英米法の下でも，契約中の Force Majeure clause 「不可抗力条項」中に epidemics 「伝染病」のような事由を書いてあれば，不可抗力免責を受けられる可能性が高まる。ただ，SARS を，きわめて感染力の高いコレラやペストのような伝染病

3　不可抗力事由発生の効果

　frustration の一般法理が適用される場合には，不履行当事者は完全に免責される。ところが，契約によっては履行期をある程度延期して当事者に猶予を与えても，なるべく契約義務を消滅させたくないこともある。この場合には，不可抗力条項に不可抗力となる事由を列挙するだけでなく，その発生とともに履行期間が延長され，その後遅滞・違反の原因が除去された時点で直ちに履行に着手しない場合にはじめて免責がなされる，といった内容の規定を設けておく必要がある。

　逆にいえば，不可抗力事由発生の場合に一律に完全免責がなされるのを避け，その法的効果を当事者が自由に合意できるようにする点に不可抗力条項を設けるもう1つの重要な理由がある。そのため，不可抗力事由の発生後，一定の猶予期間を置きその後に当事者が解除できる旨を規定したり，あるいは，事由発生後もなお契約履行のために最善の努力をすべきこと，事態の発生をすみやかに相手方に通知すべきことなどを規定する例がよくみられる。

（《文例-5 》75頁参照。）

《文例-4 》事由のみを列挙する比較的単純な例

　　Neither party shall be liable for any delay or failure of performance hereunder when such delay or failure is due to fire, flood, strikes, labour troubles, riots, invasion, war, or any other causes beyond the control of the parties.

　　いずれの当事者も，本契約の下での履行遅滞，不履行が，火災，

と同列に扱ってよいかとなると議論の余地がありそうだ。SARS の発生は，最近のことなので，これをズバリ不可抗力事由として書いた英文契約書があったとは思えない。

　それでも，不可抗力事由として governmental regulation 「政府の規制」が書かれていれば，これが免責事由になりえる。SARS を理由として，たとえば，外国税関の輸入検疫業務に大幅な遅れが発生し，それが契約当事者の履行遅滞の原因になるとしたら，これにあたると解釈上認められることはあるだろう。

洪水，ストライキ，労働争議，暴動，侵略，戦争，または両当事者のコントロールを超えた他のあらゆる事由による場合には，その遅滞，不履行につき責任を負うものではない。

《文例-5》無条件の免責を避ける内容の条項例

Neither party shall be responsible for delays in delivery or performance because of intervention of a Force Majeure, which term shall include strikes, lockouts, riots, epidemics, war, governmental regulations, fire, explosion, acts of God, or any other cause beyond the control of the party affected. In no event shall lack of finances be considered as a cause beyond the control of a party. The party affected by the Force Majeure shall give prompt notice thereof, and upon cessation of the Force Majeure, take all reasonable steps to resume compliance with its obligations.

いずれの当事者も不可抗力の介在を理由とする提供もしくは履行の遅れにつき責任を負うものではなく，不可抗力の語は，ストライキ，ロックアウト，暴動，伝染病，戦争，政府の規制，火事，爆発，神の所為，その他，影響を受ける当事者のコントロールを超えた他のあらゆる事由を意味する。いかなる場合にも資金不足は当事者のコントロールを超えた事由と考えられてはならない。不可抗力の影響を受けた当事者はこれを速やかに通知しなくてはならず，不可抗力事由が終了したら，その義務の遵守をとり戻すためのあらゆる合理的な措置をとらなくてはならない。

4 秘密保持条項

　秘密保持条項は，一般条項としてどんな種類の英文契約にも必ず登場する
ほどポピュラーなものではない。この条項が重要な意味をもつのは，後述す
るように，技術援助契約とくにノウハウを対象とする契約においてである。

　しかし，最近は情報化社会が高度化していくなかで，情報の生産・管理体
制の整備が各企業にとって最重要な課題となりつつある。たとえば，コン
ピュータ・ソフトウェアの"盗用"といった事件が新聞紙上をにぎわせてい
るが，ソフトウェアの所有者は，この盗用にどのように対処したらよいであ
ろうか。ソフトウェアのように，きわめて付加価値の高いものも含んでいる
"情報"をどのように管理していくべきかは，まさに現代の企業戦略上の要
をなす問題であるといってよいであろう。

　一般にソフトウェアのように，法的保護がいまだ十分なされていない情報
を管理する当面の手段のひとつとして，契約による保護が考えられなくては
ならない。すなわち，法律による保護が万全ではないことから，たとえばソ
フトウェアを使用許諾するような場合には，契約内容を十分整備して自衛手
段を講じ，完全ではないにしても損害の発生を最小限にくい止める努力をし
ておかなくてはならないのである。

　そのための契約条項のひとつが秘密保持条項である。今後，情報を有効に
管理する手段のひとつとして，このような条項がノウハウのライセンス契約

■ **ソフトウェアの保護に関するアメリカの判例**

　アメリカでは，1976年，80年の著作権法改正でソフトウェアの法的保護の問題に対
応したが，当時アメリカで成り行きが注目された裁判の判決が，1983年8月末に下さ
れたApple Computer Inc. v. Franklin Computer Corp.（3rd Cir., Aug. 30, 1983）
である。

　この事件で問題となったのは，Apple の開発した14件のプログラムの著作権によ
る保護である。とりわけ，コンピュータ機器の"言語"として使われるオブジェクト・
コード（object code. これは，source language で書かれたプログラムをcompi-

以外にも使われる機会が多くなっていくことが予想される。2005年4月1日からは，日本で個人情報保護に関する法律が全面施行になったが，その22条は，海外も含めた個人データ処理の委託先の監督義務を規定する。委託先との秘密保持契約を締結することも，そうした義務の内容をなすと考えられる。

これにそなえて秘密保持条項のポイントをおさえ，よく使いこなせるようにしておくことが要求される。これは情報化時代を生き残るための"処世術"でもある。

1 ノウハウと秘密保持

ライセンス契約の目的となるのは，特許・ノウハウなどの技術情報が主である。これらと商標権などのライセンスを複合的に組み合わせ，契約の目的とすることが，実際上よく行われている。たとえば，ある品物を製造するための特許およびこれに付随するノウハウの実施を認め，あわせて製造された品物をライセンサーの商標を用いて特定地域で販売することを許諾するといった契約がよくみられる。

ここでノウハウとは，いまだ特許になっていない発明，製造方法，販売方法，その他営業上の秘密とされるような情報を広く指すものと考えてよい。ノウハウは，特許と比較した場合，その権利の内容（対象・範囲）が明確でなく，法的な保護が不十分であり，そのため秘密を保持しなければ財産的価値を保てないという特徴をもっている。

そこで，ノウハウを契約の目的とするときは，このような特質を十分に理解したうえで契約書作成に気を配る必要がある。とくにノウハウは，公開されてしまえばほとんど価値のないものになってしまうことから，licensor

---

ler で翻訳した目的言語 object language 形態のプログラム。目的プログラムは，通常電算機に直接理解できる machine language で書かれ，そのまま実行可能になっている。『コンピュータ用語辞典』講談社）に著作権の保護が及ぶかが問題となった。この点につき，いくつかの判例は肯定的に解したが，1つだけ，本事件の第1審判決（545 F.Supp. 812, E.D.Pa. 1982）のみがこれに反対の立場を示していた。つまり，第1審のペンシルバニア州東部地区連邦裁判所は，オブジェクト・コードは人間が読むことができないものであるから著作権の対象とはなり得ないと判断したのである。同裁判所のこのような判断は，書面に記すような昔ながらの方法で記録されたも

「許諾者」としては，licensee「被許諾者」に対してノウハウの公開を禁じ，秘密を保持することを義務づけておかなければ安心できないことになる。したがって，ノウハウのライセンス契約にあって，秘密保持条項は必要不可欠のものであるといわなければならない。そこで，秘密保持条項の使用の典型例としてノウハウを目的とする契約の場合をとりあげ，その内容をみてみよう。

2 秘密保持条項（Secrecy Provision）の内容

秘密保持条項を理解し，作成するうえでのポイントは，大略，次の諸点にある。① 秘密保持義務の対象となる技術情報をどの範囲のものとするか，② 秘密保持義務を負う人的範囲，③ 秘密保持義務の有効期間，および，④ 秘密保持義務の管理体制である。

①の対象・範囲の問題というのは，licensorから供与される一切の技術情報を含むとするか，それとも一定の場合を例外として除外するかどうかということである。通常，次の各場合が除外される。licensorによってすでに公開された場合，販売上顧客への説明のために開示する必要のある場合，法律や政府の命令によって開示を要求される場合などである。ノウハウがすでに公開されたときに，もはや秘密保持の必要性がなくなるのは，当然のことといってよい。販売上の理由による開示も契約の目的遂行のために必要なことである。

またかつては，とくに高度先端技術に関する情報の移転・供与について，共産圏への流出を防ぐ目的で特別の国家的規制がなされることがあった（いわゆるココム条約によってであるが，同条約は終了し，ワッセナー条約に引

のでなければ「著作物」とはいわないとの考え方に基づいている。

第3巡回区控訴裁判所は，第1審の判断を覆した。判決は著作権法の立法趣旨・改正の経緯に照らし「著作物」になるかどうかの基準は，コンピュータに関しては，緩やかに解釈し，日進月歩のコンピュータ技術に適応できるようにすべきであるとした。判示が，ひろくあらゆる種類のコンピュータ・プログラムの著作権を認め，応用プログラム（application program）であろうとオペレーティング・システム・プログラムであろうと，等しく著作権の保護が及ぶとした点は実務上重要な意味をもっている。本件で問題とされたAppleの14件のプログラムは，応用プログラムの実行を監視す

き継がれている）。このような規制を想定して，

> "Disclosure by laws, regulations or governmental orders shall not be deemed to constitute a violation hereof."
> 「法律，規則または政府の命令による開示は，この条項の違反にならないものとする。」

のような1文を秘密保持義務を認めた本文のただし書として入れておくことがよく行われる。

　次に，守秘義務を負う者の範囲として licensee の従業員，退職した従業員などにまでこれを及ぼすべきかという問題がある。これらの者は，契約の当事者ではないので直接契約の効力に服するわけではない。ただ，ここまで守秘義務を負わせるのでなければ契約の実効性を確保できないと判断されることもあろう。そこで関係従業員については，別途 licensee と秘密保持契約を締結しなくてはならない旨を，

> "Licensee's employees and those persons employed in connection with ～ shall be required to enter into secrecy agreements with Licensee."
> 「被許諾者の従業員および……に関連して雇われた者は，被許諾者と秘密保持契約を締結することを要求されなくてはならない。」

のように規定しておくか，あるいは就業規則に秘密保持義務を明記させるようにするなどがなされる。しかし，退職従業員について雇用契約終了後も引き続き秘密保持義務を負わせる規定（hold-over clause）は，場合によっては同業他社への"転職の自由"を不当に制限するものとされうる。

るためのオペレーティング・システム・プログラムであった。そこで Franklin は，この種のプログラムは，アメリカ著作権法102条(b)にいわゆる「操作のプロセス，システム，あるいは方法」（同条は，"any idea, proceduce, process, system, method of operation, concept, principle, or discovery" には著作権が及ばないとしている）にすぎないと主張した。控訴審は，これに対し，応用プログラムとオペレーティング・システム・プログラムのいずれもコンピュータに何かをすることを指示するものであって差異は見い出せないとしている。そして，アイデアそのものとアイデアの表現を次のように区別する。あるオペレーティング・プログラムが果たすと同じ

80　　　　　　　　　　　　第Ⅱ部　契約

　秘密保持規定の効力は，契約の期間中だけでなく契約終了後も２，３年間あるいは永久に保持されなくてはならないとされることが多い。上に述べたように，ノウハウはいったん公開されてしまえば財産的価値を失うものであるから，その秘密性は契約終了後といえども維持されるべきという点に合理性が見い出せる。

　しかし，技術革新が日進月歩でなされている今日，10年以上または永久の秘密保持義務というのは現実的でない。加えて licensee には，その間に当該ノウハウが公知のものとなった場合にも，これを用いて競争市場に参加することができなくなるという不利益が予想される。少なくとも，公知になった時点で秘密保持義務自体消滅する旨を明記しておくのがよい。

　さらに，このような契約終了後の秘密保持に関して特約がなかった場合は，原則として licensee は契約終了後自由にノウハウ等を使用できると考えてよい。

　ただ，この点については第Ⅱ部の**２**（63頁）でも簡単にふれたように，契約終了と同時に技術資料（図面・書類その複製物）一切を licensor に返還することになっているなど，契約全体の趣旨から解釈して，特約がなくとも秘密保持義務の存続が認められる場合があることに注意する必要がある。

　秘密保持を管理する体制としては，技術資料の管理場所を特定する，秘密資料である一定表示を義務づける，一定の複製を禁ずる，licensor の立入検査権・書類閲覧権を認める，などの内容を具体的に定めた条項が設けられる。

《文例-6》

| The disclosure of all technical information given by Licensor to |

役割を果たすプログラムを書き表し，または創り出すことができる場合にはそのプログラムはアイデアの表現であり，したがって，著作権の対象になる。ただし，そのオペレーティング・プログラムが，アイデアを表現する手段にすぎないときは著作権の対象にはならない。この意味で，本件の Apple のプログラムは，アイデア表現の手段にすぎないとはいえないとして著作権による保護が認められたものである。また，本件プログラムが単に機械の部品（machine parts）にすぎないので著作権の対象となり得ないとの Franklin の主張も退けられた。

　本判決は，コンピュータ・ソフトウェア産業にとって，大きな意味をもっている。

Licensee hereunder shall be kept in strict confidence by Licensee and shall not be disclosed to any third party without prior written consent of Licensor.

本契約の下で許諾者から被許諾者に与えられるすべての技術情報は，被許諾者によってきびしく秘密に守られなくてはならず，かつ許諾者の事前の書面による承諾なくいかなる第三者にも開示されてはならないものとする。

しかし，ソフトウェア保護の問題がすべて解決したわけではない。既存のソフトウェアに手を加えて（modify），一見，別のソフトウェアを作り，著作権の侵害を免れるといったケースをどう防ぐかという問題も残された。

■ 営業秘密の管理

企業活動に関わる情報としては，人事，財務，総務，営業，生産等さまざまな分野で多種多様な情報が存在する。日本の法律（改正不正競争防止法）で保護されるのは「財・サービスの提供活動に関し，生産・販売・研究開発・経営効率の改善等事業活動に役立つという価値」を有する情報である。

アメリカのUniform Trade Secrets Actでは，①「トレード・シークレットとは，formula（処方），pattern（様式），compilation（編集），program（プログラム），device（考案），method（方法），technique（技術），process（プロセス）を含むものであること」および②「独立の現実的または潜在的な経済的価値（economic value）を得られるものであること」が要件とされている。

"formula" 以下の例示は列挙であり，企業活動におけるほとんどの情報が該当することになり，これまで，成分，処方，製造方法，製造工程，訓練方法，教育方法，製造装置・機械・工具，製品，青写真，図面，顧客名簿，販売手段，生産コスト，販売価格，原料の供給源，販売システム，販売方法，会計帳簿等がトレード・シークレットとされている。「経済的価値」については，「情報の保有により競争者に対して競争上の利益が得られるもの」と解され，さまざまな観点から個別具体的に判断されることが多い。その情報の属性，客観的価値が問題になったケースは多くない。

秘密保持条項のカギ

◆ **課題設定**

X建設株式会社は香港のY Co., Ltd. から東京の不動産開発プロジェクトを請け負うことになり契約締結交渉を続けている。本件プロジェクトに関してはX建設のノウハウもかなりつぎ込むので双務的な秘密保持条項にしたいと考えている。

このテーマに沿った条項例

Each party to this agreement shall not disclose any information to be available under this agreement to any third person without prior written consent of the other party.

本契約の各当事者は相手方当事者の書面による事前の同意なく，本契約の下で入手可能なあらゆる情報をいかなる第三者にも開示してはならない。

上記はごく標準的な，二当事者間の契約における双務的内容の秘密保持条項である。これであれば当事者の立場は対等であってX建設のノウハウも守られるとみてよい。

この条項の主語である each party はそれぞれ相手方当事者の同意を得なければ情報開示してはならない。each は単数扱いであるから，Xからみて the other party はY，YからみてXということになり特定はしっかりなされている。

any third person は逆に特定せず「いかなる第三者」にも開示しないとの趣旨である。party ではなく person を使ったのは third party「第三当事者」と狭い対象にならないようにするためである。

◆ **応用課題**

X建設には先月，税務調査が入りとくに国際取引を中心に外国企業との契約などの資料を開示した。そこで本件契約の秘密保持条項にも官庁からの法令に基づいた開示要求に備え例外を規定しておくべきとの意見が出た。

法令に基づく情報開示要求はこれを拒むと法律上の制裁を受け，応じると契約による守秘義務違反で契約の相手方から損害賠償を求められるかもしれない。企業はいわゆる板ばさみ状態の苦境に陥ってしまう。

そこで，秘密保持条項に次のような例外規定を設けて対応するのがふつうである。

4 秘密保持条項　　*83*

> _____ ; Provided, however, that this obligation of confidentiality shall not apply to any information which:
>
> (a) ～ ;
> (b) ～ ;
> (c) ～ .
>
>   ⋮
>
> ……。ただし，本秘密保持義務は以下の情報には適用されないものとする。

　秘密保持義務の対象から除外される情報は，ほぼパターン化しており，公知となった情報（information in the public domain），開示の時点で被開示者が知っていた情報，独立した第三者から開示を受けた情報などが入る。

　これらに加えて税務当局などからの法令に基づいた要求に応じて開示する情報を除外するため，上記規定に追加するとしたら次のような規定にすればよいであろう。

> (d) is disclosed pursuant to the requirement of a governmental agency or any law requiring disclosure thereof.
>
> (d) 政府機関の要求またはその開示を要求するあらゆる法律に従って開示される（情報）。

　また，近年日本で裁判所による文書提出命令が出るケースが増えている。そこで，上記 pursuant to の目的に court order「裁判所の命令」を加える規定例もある。

◆ **「用法・用語」のポイント**

「disclose」と「disclosure」

　dis「反対」と close「閉じる」が組み合わさったのが disclose で「明らかにする」を意味する。情報を開示するときに使うが，「秘密情報を暴露する」がもともとの意味である。

　名詞 disclosure は日本語にもなっており，会社による財務情報などの公表にとくに使う。

5 完全合意条項

　英文契約のなかには，きまり文句のように使われる語句や条項がいくつかある。そのなかには，ほとんど現実に機能していないものもある。だが，よく調べてみると意外に奥深い背景をもっていたり，単にきまり文句として見逃しえない実際上の重要な意義を有しているものも含まれている。**完全合意条項**（entire agreement clause *or* integration clause，最終性条項とも訳される）もその１つに数えることができよう。

　このような条項がなぜ設けられるのかを考えることは，実は，英米契約法の根幹にせまることであって，**欧米人の契約意識を知る手がかりをも与えてくれる。**

1　背景としての契約意識の違い

　完全合意条項のポイントは，要するに，いったん契約書面を作成したらこれが当事者の合意を証明する唯一最終のものとして尊重されなければならず，のちになって，実はこれに反する口頭の約束があったとか主張することが許されなくなるという点にある。このような内容の条項は，日本において通常用いられている契約書には見ることができない。

　日本においては，むしろ，これと好対照をなす『別途協議条項』とか『円満解決条項』とよばれる条項が使われている。これによると，「本契約に定

「日本人の契約意識とその背景」のチャート
キリスト教の思想が浸透していない ⇒ 約束ごとと神とは本質的に結びつかない
近代法の継受は明治以降（近代法というヨロイを着た固有の法意識が支配）⇒ 法律よりも恥とか世評の方がより強い拘束力をもつことが多い
「ハレ」（祭）と「ケ」（日常）とに分ける習性 ⇒ ホンネとタテマエの使い分けに通じる ⇒ 契約は「ケ」の感覚でいこうとする傾向（「聖」と「俗」に分けた場合，「聖」領域に入らない）
国民性は「感情的」「情緒的」⇒ 契約関係は相互の同化を意味する ⇒ 「契り」の感覚とでもいうべき独特の関係に委ねる傾向 ⇒ 定量化・明確化に消極的
単一民族・農耕民族 ⇒ 地域形成 ⇒ 円満解決優先 ⇒ 個の主張の退化

めのない事項またはこの契約の解釈に疑義を生じたときは，別途誠意をもって協議するものとする。」あるいは「将来，この契約より生ずる権利義務につき当事者間に紛争が生じたときは，協議によって円満に解決する。」とされるのが一般である。

　この種の規定は，日本人の契約意識をよく反映したものであるとの指摘がなされている。たしかに，われわれ日本人は，相手方と契約関係に入ることをお互いの信頼関係を築き上げていくための第一歩（出発点）にすぎないと考える傾向がある。欧米人のように，契約は，当事者のあいまいだった関係を交渉を通じて具体化したもの（到達点）であり，契約がいったんとり交わされたら，以後はそれが双方の権利義務をきびしく拘束するルールとなり，これに厳密に従うことが要求される，というほど厳格には考えていない。とりあえず契約書をとり交わしておいて，何か起こったらお互いの信頼関係に基づいて腹を割って話合いで解決すればよい，ぐらいに甘くみている。

　一方，欧米人の目には，このような規定は有害無益なものにしか映らないのではないだろうか。なぜならば，将来，権利義務について疑義の生じないようにするために契約書を作成するのであって，その契約書に書かれてあるところから生ずる権利義務に関してすら別途（その契約書から一応離れて）協議するというのでは，何のために契約書を作るのかわからなくなる。このような規定は，かえって，その契約書の効力を減ずるものということにならざるをえないからである。

　また，紛争が起こりそうになったら双方「円満解決」をはかるように努める，というのならば当然すぎることをいっているにすぎない。まさに円満解決をはかれそうもない事態にそなえて契約書を作るのだ，ということになる

「欧米人の契約意識とその背景」のチャート
神との契約という思想（人と人との契約を守るのは，神との契約を守るため）
ローマ法以来の固有の法観念が支配する ⇨ ルール尊重の思想 ⇨ 契約は守られるべし
「はじめに言葉ありき」に象徴される聖書の思想 ⇨ 言葉（logos）は神そのもの ⇨ 約束文言に対する神聖視
民族性・国民性は「論理的」⇨ 契約関係は個と個の対立として論理的に捉える ⇨ 契約条件の定量化・明確化 ⇨ 文書化の習慣（権利・義務の範囲を明らかにする）
契約をするということと契約書を作成するということとは一直線上にある
［民族混合社会／狩 猟 民 族］⇨ 防衛本能 ⇨ 情報分析能力にたける ⇨ 積極的主張 ⇨ 個の発現

であろう。

完全合意条項は，以上のような背景をよく認識して，日本的な契約意識を欧米流に切りかえて臨まなければ，本当に理解することは困難である。

2 *"Parol-evidence Rule"*

完全合意条項を法理論との関連でもう少し掘り下げて検討してみよう。

英米契約法のもとで契約が有効に成立するためには，**捺印証書**（deed）という書面によるか，さもなければ，**約因**（consideration）の存在が必要であることは前にも述べた。このことは，約因のある有償契約は，書面を作成しなくても有効に成立させうることを意味する。

しかし，このような種類の契約でも，英米法の詐欺防止法（Statute of Frauds）が適用される場合には，書面によらなければ裁判によって強行できないとされていることから（U.C.C. § 2 -201参照），実際上，重要な契約の大半は，書面によることが要求されているものと考えてよい。

そして，捺印証書による場合であれ，それ以外の場合であれ，当事者が，書面によって契約をし，そのなかに定められたことが，当事者間の契約上の権利義務についての完全かつ最終的な合意を示すものとすることを意図した場合には，この契約書の内容と異なるところの当事者間の交渉，了解，合意など（口頭，書面を問わず）が，この契約作成以前に存在していたとしても，それらを証拠として持ち出すことは許されなくなる。

これを *Parol-evidence Rule*「口頭証拠の法則」という。この関係で，当該契約書を最終的なものとしようとする当事者の意図を明確に示すための条項が，完全合意条項にほかならない。

■ 契約と契約書

1回かぎりの売買契約ならともかく，企業間の継続的な契約となれば，たがいに信頼しなければ契約は結ばれない。この点は，世界中で共通している。国際合弁契約を例にとると，進出先の現地企業と力を合わせ合弁で共同事業をしようというのであるから信頼関係のベースがなければとてもできない。

だが，契約の交渉を経ていざ契約書をつくる段になると大きな差があらわれる。日本人（企業）は，前提となる信頼関係の延長線上に契約書を位置づけ「信頼の証し」のような契約書案をつくる。これに対し，欧米人（企業）の手にかかると「不信の象徴」のような契約書ができ上がる。

5　完全合意条項　　*87*

　口頭証拠の法則は，前の説明からもわかるように当該契約書以外の一切の
外的証拠（extrinsic *or* extraneous evidence，必ずしも，口頭証拠のみに限
られない点で，口頭証拠の法則という名称は不正確なものである）の証拠能
力を排除するものである。そうすることによって，契約内容の証明手段とし
ては当該契約書以外は使えないことになって，書面契約の確定性・最終性を
確保し，その拘束力を強めることを期待できる。

　Parol-evidence Rule を厳格に貫くときは，裁判の結果に衡平を欠くこと
も起こりうる。そのため，種々の適用上の例外が設けられている。それらは，
複雑かつ多岐にわたっており，到底ここで詳論しつくせるものではない。た
だ，アメリカの統一商事法典（U.C.C.§2-202）が，売買に関し，(a)商談の経
過，取引慣行，または履行の過程，および，(b)最終契約書面と矛盾しない
追加条項（これについてはさらに例外がある）の2種のものを *Parol*-evi-
dence Rule が適用される書面契約の説明・補充の目的で持ち出すことは妨
げないとしているのが参考になろう。

3　完全合意条項の内容

　完全合意条項は，上述したように，*Parol*-evidence Rule と密接不可分の
関係にある。

　この条項を入れることは，当該契約書のみが当事者の合意の唯一最終の証
拠とする旨を了解したことを意味する。契約書の証拠力は，いやでも絶対的
なものとならざるをえない。契約当事者としては，よくよく慎重に契約の内
容を検討して必要なことはすべて契約書中に盛り込むようにしなければなら
ない。

　この差はどこからくるのか。信頼するからこそする契約でも契約書にするときは悪
いときにそなえた内容にすることに徹するところからである。契約書はいうまでもな
く合意内容を書面化した文書のことだが，いってみればリスクマネジメントの一環と
してこれを作成するのである。契約にとって最大のリスクは，相手方が信頼を裏切る
場合に生じる。そこで，相手方が信頼を裏切って契約義務を履行しなかったときには
どのように対応するかなどさまざまにシュミレーションしてみる。それだけでなく合
弁事業でいえば，相手方と合弁会社について経営方針のくい違いが表面化してデッド
ロック状態になってしまった場合の対応策は欠かせない。

　現代企業社会における契約リスクは多様化している。急に契約の相手方が敵対的M

Parol-evidence Rule は，自己に有利な条件をもれなく契約書中に入れることに成功した当事者にとっては実に有利に働き，反面，不備なまま契約書に署名をした当事者にとっては，とり返しのつかない結果を招きうる両刃の剣であることを忘れてはならない。

完全合意条項の典型例が《文例-7》(89頁参照) に示したものである。ここに，契約の改訂・修正（amendment）の方法もあわせて規定する例が多い。その場合は，完全合意を示す文章につづけて，

> "Future amendments and additions to this Agreement must be in writing and signed by the parties hereto in order to be binding."
> 「本契約に対する将来の改訂および追加は書面でなされなくてはならず，かつ有効になるためには，本契約の当事者によって署名されなくてはならない。」

のようにする。さらに，書面性の尊重の趣旨も入れて，

> "Any oral attempt to modify and/or add to this Agreement not reduced to writing and signed by the parties hereto shall be totally without effect and will not be binding upon the parties hereto."
> 「本契約書を改訂し，かつ／または，追加しようとするあらゆる口頭の試みで，書面になってなく，かつ本契約の当事者によって署名されていないものは，完全に効力がなくまた当事者を拘束しないものとする。」

とする例もある。

＆Ａで他の企業グループの一員とされてしまった場合のことも考えておかなくてはならない。買収して傘下に収めた企業グループは合弁の相手方として好ましいと限らないので，合弁契約の解約事由に入れておいたほうがよいであろう。このような思考プロセスでなるべく多様なリスクを洗い出し，これにそなえた条項を契約中に盛り込もうとするのである。

あるアメリカの弁護士が，よい契約をつくろうと思ったら相手方当事者を信頼していてはだめで，なるべく悪いほうに想像力をはたらかせなくてはだめだといっていたのを思い出す。その契約観は，いわば性悪説に基づくもので，比べれば日本人（企業）の契約観は性善説そのものという気がしたものである。

5　完全合意条項

《文例-7》

> This Agreement contains the entire and only agreement between the parties relating to the subject matter hereof and supersedes and replaces any and all prior or contemporaneous agreements or understandings, written or oral, express or implied, between the parties relating to the subject matter hereof.
>
> 本契約書は，その主題に関連する当事者間の完全で唯一の合意を含んでおり，書面もしくは口頭を問わず，明示もしくは黙示を問わずに行った，本契約締結前もしくは現在における，同主題に関連した当事者間のすべての合意または了解事項に取って代わるものとする。

■ ソフトの不正コピーに賠償命令

2001年5月16日，東京地方裁判所は大手司法試験予備校に，パソコン用ソフトの不正コピーを理由に約8千5百万円の支払いを命じる判決を下した。

コンピュータプログラムは，1985年の改正著作権法の下で保護されるようになった。すなわち，ソフトの不正コピーは著作権侵害行為として摘発され刑事責任を問われうる。最近は，海賊版ソフトを販売する業者を摘発し刑事責任を厳しく追及する動きが定着している。だが，企業内で大量で行われているとされる不正コピーについては，事実上"野放し"状態である。被害者の側で損害額を立証しようとしても企業内でどれだけの範囲でコピーがなされているのか突き止めるのは極めて困難である。

そこで，2001年の著作権法改正では，違法行為の一部を立証すれば，損害額の認定要件を緩和する規定が新設された。

ソフトの不正コピーは，企業，官庁，学校などで広く行われている。問題は，誤った「コスト削減」のためにこれを知りながら黙認しているケースが多いことである。上記判決は，こうした組織的な大量の不正コピーを認定した。原告側（マイクロソフトなど3社）は，証拠の散逸を防ぐため1999年2月，東京地裁に証拠保全を申し立て，同手続によって被告予備校の高田馬場西校のパソコン290台のうち136台に計545件の不正コピーが確認されたことを踏まえて訴訟に踏み切ったという。

判決とちょうど同じ頃，遺伝子技術の分野で日本人研究者がアメリカの産業スパイ法違反で起訴された。分野，事件は異なるが，知的財産権や企業秘密の侵害行為に対して一般にアメリカ法はより厳しい制裁（刑事および民事両面において）をもって対応しようとする。企業はコンプライアンス体制をしっかりと構築し，いやしくも組織的に他者の知的財産権を侵害するといったことのないようにしなくてはならない。著作権はその国の文化のバロメーターであるというが，こうした不正は経営者の遵法意識にかかわる恥ずべき行為である。

6 支払いおよび税金に関する条項

　本書で扱う英文契約は，企業が国際取引に用いるところの国際契約を念頭においている。ビジネスの世界の問題である以上，この種の国際契約のほとんどは，何らかの形での**資金の移動**を予定しているものとみてよい。ビジネス上の観点からしても一般条項のひとつとしての支払いおよびそれに密接にかかわる税金に関する各条項は重要な意味をもつ。

1　支払いに関する条項の内容

　まず，通常の売買契約における代金の支払いの場合をみてみよう。国際契約において売買は，海を隔てた当事者間の輸出入を意味することがほとんどであって，支払時期，支払方法についても国内取引とは異なった配慮がなされなくてはならない。

　支払時期に関していえば，特約のない限り物品の引渡しと引換えになる（同時履行）のが原則である。しかし，遠く離れた当事者間でこの原則に従うことは現実的ではない。となると，売主（輸出者）の側では商品を発送する以前に代金を確実に入手しておきたいと考え，他方，買主（輸入者）は，商品を無事入手し，しかもできればそれを売りさばいたのちになって代金を支払いたいと望むのはごくあたりまえのことである。

　そこで，両当事者の利益を調和する形で，売主においては船積前に金融を

■タックス・ヘイブン

　バミューダ，バハマ，英領ヴァージン諸島，香港，マカオ……。これらは，世界の主要なタックス・ヘイブンである。

　haven（heaven ではない）は，港とか避難所を意味する。したがって，tax haven は，税金からの避難場所ということになる。たとえば，バハマ連邦には，所得税，法人税が存在しない。租税としてあるのは，関税，印紙税，不動産税，販売税ぐらいである。そこで，多くの企業が，税金から逃れるために tax haven corporation を子会社として，これらの地に設立している。オランダ領アンティールのよ

受けることができ，一方，買主は船積書類を受領してから代金を決済することを可能にするところの**荷為替信用状**（documentary letter of credit）による決済方法が広く利用されている。

信用状（Letter of Credit, L/C）というのは，輸入業者（X）の取引銀行（A）が，Xのために信用を供与して，一定の条件の下に輸出業者（Y）がX宛に振り出した手形の引受け，支払いを自ら保証し，あるいは自己（A）宛に手形を振り出させ，その手形の引受け，支払いを約する証書のことである。このL/Cの条件として，為替手形の引受け，支払いに際して船積書類の提供を要求するものが，荷為替信用状ということができる。その当事者関係は，簡単に示せば次の図のようになる。

L/Cによる決済は，代金回収と商取引の安全をはかるうえで最もすぐれ

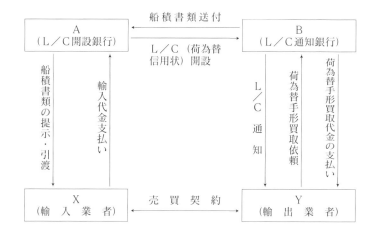

うに，日本の企業も金融子会社を有するなど，世界の重要な金融・貿易の中心地となっているところもある。

　企業がなるべく税金を安く上げ所得を留保しようと考えるのは当然としても，これが行き過ぎると，本来税を徴収すべき国が税収の機会を失う結果になる。場合によっては，特定国の税の逋脱（tax evasion）・脱税といった単なる租税回避以上の効果を生ずる。このような海外子会社への所得の不当留保に対処するため，各国ともいくつかの対策をなしている。ひとつは，アメリカ，ドイツなどの合算課税方式であり，また，イギリスのように，外国に本店を有する法人であっても，その法人の管理支配

ているといわれている。《文例-8》（94頁）はこれを規定した一般的な条項の例である。このなかで売主（Seller）は，買主に一流銀行の取消不能信用状を要求しているが，このことは代金回収の安全のために重要である。とくに，取消可能な信用状（irrevocable と断わってなければ取消可能として扱われる）ではほとんど信用状のメリットが失われてしまうので注意を要する。

また，L/C の開設期限の定めも重要である。これが明確にされていないと，契約上の船積日の直前になるまで L/C が開設されなかったような場合に，輸出業者は船積日に船積みを間に合わせることができないことにもなりかねず，クレームのもとになる。

次に，すべての国際契約の場合に共通することとして，支払いをいずれの国の通貨でもって行うかを明記しておかなければならない。異なる通貨の間で交換がなされるときは，交換比率（conversion rate）を定めておく必要がある。さらに，一般的にいって支払場所をどこにするかは重要な問題であるが，国際契約でよく行われるのは，

> "X will pay such price by telegraphic transfer to an account to be o-pened with ABC Bank, Ltd., London Branch by Y."
> 「X は，Y によって ABC 銀行ロンドン支店に開設される口座に電信送金でその代金額を支払うものとする。」

のように支払いを受ける側（Y）で特定の銀行口座を指定しそこに払い込ませるという方法である。これによるときは，冒頭に述べたような最近のエレクトロニック・バンキングの発達と相まって，遠隔地間でも確実で迅速な支払いが期待できる。

の場所が自国にあれば，その法人を税制上は国内法人と同様に扱うという法制もある。また，OECD は，タックス・ヘイブン対策の多国間条約の締結を呼びかけ，OECD 多国間税務行政執行共助条約の批准をみた。

多国籍企業にとって最も重要なのは，tax evasion にならない範囲で適正な節税をなすための，国際タックス・プランニングである。

2　税金に関する条項

　金銭の支払いには常に税金の問題がつきまとう。本来課税権は，国の統治権の一部をなすものとして各国それぞれの国内法によって発動されるものである。したがって，ある国際取引に関連して，どこの国のどのような種類・内容の課税がなされるかを予見することは必ずしも容易なことではない。タックス・プランニングが，国際取引においてとくに重要な意味をもってくるのはこのような事情による。当然，同一所得につき２つ以上の国から課税されるいわゆる二重課税も起こりうるわけで，国際取引の大きな阻害要因となってきた。そこで，このような国際的二重課税を防止するために２国間で課税権を調整するルールとして租税条約が結ばれる。現在，日本は2018年12月１日時点で70条約を，127ヵ国・地域と締結している。

　このように租税条約によって二重課税防止の努力がなされてはいるものの，依然として税の問題が国際取引の不安定要素となっていることは否定できない。国際契約においてはいずれの当事者がどの範囲で税金を負担するかを明確にすることが最も大切になってくる。よくあるのは，

　"All payments provided for under this Agreement shall be net payments."

　「この契約の下で行われるすべての支払いは，純支払額でなされなくてはならない。」

のようにして，被支払者のもとには，必ず純支払額で入らなくてはならないとする例である。しかし，いかなる国のものであれすべての税金・負担を一

■ 租税条約（Double Taxation Convention）

　日本政府は1983年９月中国と租税条約締結にこぎつけた。この租税条約というのは，国際的二重課税防止のために２国間で課税権を調整するために設けられるルールのことである。日本は約50ヵ国とこれを締結している。中国は，それまでどの国とも締結していなかったので，日本との条約が同国にとっての第１号となった。

　租税条約は，二重課税という国際取引を阻害する大きな要因の１つを除去することを目的としている。２国間条約の形をとるが，現在世界で締結されている租税条約のほとんどが，OECD の租税条約草案（1963）および模範租税条約（1977）の影響を

方の当事者が支払うようにするのであれば,《文例-9》(95頁) のようにするか, あるいは, いかなる国の税金・負担もない net の状態でという点をより強調して,

"All payments shall be free and clear of any exchange or collection charges and of any taxes imposed under the laws of any country."
「すべての支払いは, 為替・取立手数料およびいかなる国の法律の下で課されるいかなる税も引かれないものでなくてはならない。」

としておく方が周到である。

ただ, このような規定の下でも, 支払者の所在地で支払者に課せられる**源泉徴収税**(withholding tax) だけは例外として扱うのが通常である。

《文例-8》

Payments for the Products shall be in the form of an irrevocable and confirmed letter of credit of a prime commercial bank in U.S. dollars in favor of Seller which shall be opened at least_____ days prior to the requested shipment.

本件製品に対する支払いは, 米ドル建てで売主のために要求された積荷の少なくとも____日前までに開設されなくてはならないところの取消不能かつ確認済の信用状の形態でなされなくてはならない。

受けている。

日本とアメリカとの間の租税条約も正式名称は,「所得に対する租税に関する二重課税の回避と脱税の防止のための日本国とアメリカ合衆国との間の条約」という長いものである。両国間で「二重課税」が問題となりうるときには, まず, この租税条約の適用とこれによる問題の処理が考えられなくてはならない。1983年2月, アメリカ国税当局が, 日本の自動車, 家電メーカーに対し, 対米輸出価格を意図的に高くして子会社の利益を圧縮, 税金逃れを計ったとして移転価格課税の適用を推し進めようとしたことから, いわゆる "税金摩擦" 問題が発生した。これに対し, 日本の企業側で

6 支払いおよび税金に関する条項 95

《文例-9》

All taxes and any other charges levied against this Agreement or with respect to any and all payments made hereunder shall be borne by X.

本契約に対してあるいは本契約の下でなされるあらゆる支払いに関して課されるすべての税およびその他の手数料は，Ｘによって負担されるものとする。

3 日米租税条約の改定（日米親子会社間の配当に対する課税軽減・免除）

日米租税条約の改定が，およそ30年ぶりに行われた。この条約案は2003年10月末に閣議決定され，2003年11月6日にはアメリカと署名が交わされた。

改定のポイントは，①源泉地課税の免除，②移転価格税制，および③租税回避の防止にある。①には，日米の親子会社間の配当だけではなく，日米をまたぎ金融機関などが受け取る利子，および商標などの使用料についての内容も含まれる。

親子会社間の配当支払いに対する課税の軽減・免除措置は，企業活動のグローバル化を後押しすることをねらっている。日米間での子会社から親会社への配当支払いには，改定前の条約によれば，子会社の所在する国で10％の課税がなされることになっていた。

改定後は，子会社からの配当につき，源泉地での課税が免除されている。たとえば，日本企業Ａが51％出資するアメリカ現地法人Ａから親会社Ａに向けて支払われる配当にアメリカ税務当局は課税しない。

ただ，この場合の子会社は，50％を超えて出資がなされなくてはならない

は，本件は租税条約の適用の問題であるから，両国政府間の協議で解決されるべきであると主張した。

■ デジタル情報時代 ── リスク認識必須に

人は起こしたことよりも，その後の対応で大きな非難を浴びるという。養鶏場の鶏がインフルエンザにかかるのは，降って湧いた出来事で，同情されてもよい。しかし，これを隠ぺいしようとすれば，明らかな法令違反となり，経営者は逮捕され会社は危機にひんする。

ので，よくある equal partner 型で，外国企業は，50％ちょうどあるいは49％出資比率をもった合弁会社の場合は引き続き課税対象になる。

アメリカ現地法人への源泉課税が免除されても，受取り配当分については日本で法人税を支払わなければならないために，結局のところ納税額は変わらないことになる。ただ，アメリカでいったん納めた税金を法人税から控除してもらうための手続きが省略できるし，日本で控除を受けるまでの資金繰りが楽になるメリットがある。

その子会社にはあたらないような資本関係の薄い現地法人などからの配当に対する源泉地課税の軽減も盛り込まれており，15％の税率が10％に下げられた。また，日米間で主として金融機関などが受け取る利子も源泉地課税が免除されている。

これが日本企業のグローバルなビジネス展開にどのような影響を与えるかだが，現在，日米間における配当や利子の受け払いは，日本側の大幅な受け取り超過になっている。

そこで，2003年の改定による配当や利子への源泉地課税減免は，当時，日本の法人税収プラス要因になっていたのではないかとみられる。アメリカに現地法人をもつ日本企業は，アメリカでの納税額が減り，税務にかかる負担を軽減することができる。

親子会社間などにおける取引価格を操作して，税負担の軽い国での所得を増やそうとする動きを封じる「移転価格税制」についての改定にも注意が必要である。

2003年改定租税条約は，税務当局の調査，課税権限に一定の制限を設けた。すなわち，改定前は，アメリカ税務当局は無限定に過去にさかのぼって調査，

コンプライアンス（法令遵守）は危機管理の観点から考えたほうがわかりやすい。会社でなくとも法令を守ることは当然であり，これを経営課題として掲げるのは，ほめられるべきこととしもいえないからだ。しかし，法令違反が，会社を危機的状況に陥れることだけは確かである。アメリカの巨大企業エンロンやワールドコムは，企業会計上の違反がもとで，音楽のネット配信企業ナップスターは，著作権侵害に問われ，それぞれ倒産した。

法令違反をなくすのは簡単なようで難しい。対象となる法令の内容と運用が，時代とともに変わるからだ。意識しないまま重罪を犯してしまうことだってありうる。情

6 支払いおよび税金に関する条項

課税でき，かつ，取引価格が適正だったことの立証責任は企業側にあった。
この点を改定して，調査，課税の対象期間に一定の制限を設けた。

半面，日米間における源泉地課税の免除を悪用した第三国経由の課税逃れ
を防止する手立てを盛り込み，両国でこれを防止しようとする。悪質な税の
がれに対しては，これまで以上にきびしく対処する体制がとられている。

2003年改定租税条約は，源泉税に関する部分が2004年7月から，その他が
2005年1月から適用されている。

日米租税条約は，2013年にも改正のための議定書が署名された。改正は，
両国間の投資交流を一層促進するため，投資所得（配当及び利子）に対する
源泉地国免税の対象を拡大するとともに，租税条約上の税務紛争の解決促進
のため，相互協議手続に仲裁制度を導入することとした。

報分野では，デジタル化した情報の流出に対する新たな刑罰も生まれている。

2004年2月には，不正アクセス禁止法の下で，大学の個人情報に不正アクセスした
疑いで研究者が逮捕された。同年3月には，ファイル交換ソフト，ウィニーを開発，
繰り返し改良し，違法コピーを助長したとして，大学院の助手が著作権侵害のほう助
容疑で逮捕された。いずれも良識のある人間と思えるが，違法意識は薄いまま，いつ
の間にか罪を犯していたのかもしれない。

デジタル情報時代は，企業に新たなリスクをもたらす。リスクを認識しないことが
最大のリスクだ。コンプライアンスは役職員に法令を知らしめ，違法性の意識を喚起
することからはじまる。

7 譲渡条項

1 Assignment の概念

アメリカのロースクールに在学していたころ assignment の語は，一定の重苦しいイメージをともなっていた。教授が分厚い判例集のなかから学生に割り当てる宿題のことを意味するからである。当初，語学力がまだ十分でなかった筆者は，それこそ休日返上で assignment に取り組んだことを思い出す。

assignment は，このように「割当」や「指示」，「任命」などのほか，法律用語としては，「譲渡」を意味する。譲渡の対象は，あらゆる種類の財産権（property）であるが，通常は財産そのものというよりは財産に対する権利の譲渡を表す。Black's Law Dictionary は，これを "The transfer by a party of all of its rights to some kind of property, usually intangible property such as rights in a lease, mortgage, agreement of sale or a partnership."「一当事者による，リース，売渡抵当，売却もしくはパートナーシップの契約における権利のような，通常無体の財産権で，ある種の権利のすべての移転」と表現している。

したがって，財産そのものの譲渡には，transfer を使い，財産に対する権利や債権といった目に見えないものの譲渡という場合には assignment を用いると覚えておけばよいであろう。

■merit

メリット，デメリットといえば，何かの長所，短所を表す語として一般によく使われるが，法律用語としても重要な意味をもっている。

法律用語には，契約用語などとならんで裁判用語とよばれる technical terms の一群がある。merits（通常複数形で使う）は，裁判用語として使われることが多い。

ある英和辞典によると，merits の項には，法律用語として，「理非，曲直」とある。また，例文として "on the merits of the case"，「事件の理非曲直によって」を掲げる。「理非曲直」とはむずかしい言い方をしたものであるが，「道理に合うことと合わ

2 イギリス法における assignment

かつてローマ法においては，債権は債権者と債務者とを結びつける法鎖（*juris vinculum*）であっていずれが代わっても債権はその同一性を失うものとされたので，債権譲渡は認められなかった。

同様にコモンローの下においても，契約関係はその当事者に固有のものであり，原則として譲渡・移転（assign）できないものとされてきた。ただ，コモンローの修正原理のような役割を果たす衡平法（equity）は，17世紀初頭から契約上の権利の譲渡を認めていた。

イギリスでは，その後，Judicature Act, 1873 によってコモンロー裁判所と衡平法裁判所が統合されたのちは，コモンロー上の権利であるか衡平法上の権利であるかを問わず，すべてこれを移転することが許されるようになった。同法25条(6)とのちにこれにとってかわった Law of Property Act, 1925 の136条によって認められた assignment の方法は，制定法による譲渡（statutory assignment）とよばれている。

3 英文契約中の assignment 条項

契約は，特定の相手方となされるのが通常である。したがって，ある契約で，相手方がAのはずだったのがいつの間にかBにすりかわっていたということは，本来あってはならないことといってよい。

そこで，通常の英文契約には，いわゆる一般条項（どのようなタイプの契約にも必ずといってよいほど一般的に用いられる条項のこと）として，契約上の地位を他へ譲渡することを原則的に禁止する規定を設ける。

ないこと，正と邪」のことである。ただ，日本語の意味はどうにかわかったものの，具体的に何をいわんとしているのか，いっこうにピンとこない。これだから法律用語はきらいだという人も出てきそうである。

法律的に正確な説明をするならば，merits は，訴訟上の請求や抗弁の原因・根拠をなす部分，いいかえれば，当事者による主張の実体（substance）のことである。judgment（decision）on the merits は，「（訴訟の）実体についての判決・判断」となる。日本の民事訴訟でいう本案判決に近い。本案判決に対する概念は訴訟判決であり，実体について判断することなく訴えを不適法として却下する場合に用いる。つ

100　　　　　　　　　　　　第Ⅱ部　契約

典型的なのは,

> "Neither party may assign or transfer any part of this Agreement to any third party without prior written consent of the other party."
> 「いずれの当事者も他方当事者の書面による事前の承諾なくして本契約のいかなる部分も第三者に譲渡・移転することはできない。」

のような内容をもった条項である。

　全面的に譲渡・移転を禁止するのは実際上不都合が多いであろうから,相手方当事者の書面による同意があればこれを認めるとの例外を設けることには合理性がある。

　したがって,上記の典型例を標準的なものとすれば,これを基準にしてバラエティを考えていけばよい。ただ,原則はあくまで「譲渡・移転を許さない」という点にある。そこで,これに対する例外を検討するところにこの条項をドラフトあるいはチェックする場合のポイントがある。

　103頁の《文例-10》を見ていただきたい。これは,assignment 条項の内容がもとで長期的紛争をひき起こした「東京ヒルトン事件」における契約中の同条項である。100%子会社などへの譲渡を許す「例外」が前面に出ているイレギュラーなものであることにすぐ気づくであろう。

4　電子商取引時代の譲渡条項

　電子商取引のなかでもとりわけインターネット取引に対するイントラネット取引においては,グループ企業間で原材料の調達を行う。

　純粋持株会社によるグループ経営も増えてきた。譲渡条項に必ずといって

まり,事件の「理非曲直」を見極めるまでもなく裁判を終結に導く。

　なお,merit は,ラテン語の報酬という意味の語から出たといわれている。事件の理非曲直について判断してもらうまでもなく訴え却下にでもなれば,原告側弁護士は merit をもらえないことになるかもしれない。

よいほど登場する「第三者」の範囲を確定するのは意外に難しい。

　企業社会はいま，連結会計とグループ経営の時代を迎えている。吸収合併や会社分割といったM＆A（企業買収・結合）による事業再構築・組織再編もさかんに行われるようになった。

　会社が丸ごと他の会社に"乗っ取られ"てしまう敵対的買収もめずらしくない。ある事業が子会社に移され分社化されることもある。

　こうした新しい時代における契約上の地位の移転・譲渡を対象に考えなくてはならないのが電子商取引時代の譲渡条項である。英文契約における譲渡条項を考えるうえで古典的な先例が次に掲げた「東京ヒルトン事件」である。

5　「東京ヒルトン事件」に学ぶ

　いわゆる「東京ヒルトン事件」は，英文契約のテキストなどではおなじみの"古典的先例"である。まず事件の概要を紹介しよう。

　1958年12月デラウェア州法人であるヒルトン・インターナショナル社（HI）は，東急電鉄との間で，東京ヒルトンホテルの業務委託契約（Operating Agreement）を締結した。契約は，ホテルへの融資，その建設・設備については東急側が負担し，さらにあらゆるホテル業務について東急が責任を負うが，実際の業務の遂行はHIに委託するなどを主な内容としていた。契約の準拠法は，日本法とされていた。1963年，東急の100％出資で設立された東京ヒルトンホテルの営業が開始された。

　ところが，その翌年，HIはその名称をヒルトン・インターナショナル・カンパニーと変更し，1967年には，全株所有の子会社ヒルトン・インターナショナル・コーポレーション（HIC）を設立，これに東急側の同意をえるこ

▨「外国弁護士による法律事務の取扱いに関する特別措置法」

　20数年前，「外国法事務弁護士……」と日本語のレターヘッドの入っているレターペーパーに書かれた意見書などを，目にすることが多くあった。

　1987年4月1日から施行された「外国弁護士による法律事務の取扱いに関する特別措置法」に基づくものであることはすでにご承知であろう。同年秋には，欧米の有力法律事務所の"Tokyo Branch"開設記念パーティーが毎週のように都内のホテルで開催された。

　いわゆる外弁受入問題については，さまざまな議論が出された末，現在のようなか

となく上記業務委託契約を譲渡したのち，航空会社TWAと合併した。
TWAは，東急と関係の深い日本航空と競争関係にあるため，問題が生じた。
東急側は，契約の地位の譲渡は，譲渡制限を定めた契約条項（103頁《文例-
10》の内容のもの）に違反するとして契約の解除を主張したのである。

　ヒルトン側の行為は，形式的に見るかぎり同条に違反していないようであ
る。ただ，実質的には，HIはTWAの傘下に入り，HICはHIの100%子会
社であって，契約当事者の一方がヒルトンからTWAに変わってしまった
とみることもできる。

　紛争は，いわば，assignment条項の解釈をめぐる形式論対実質論の争い
というかたちで，まず東急は，契約解除につづいてHIから来ていたホテル
の総支配人を解雇し，東京地方裁判所に同支配人のホテル立入りを禁止する
仮処分の申請をした。これに対しHIは，同地裁に業務妨害禁止仮処分申請
をした（通常，「東京ヒルトン事件」といえば，これら2つの仮処分申請事件を指す）。

　東京地裁は，HI側の主張を正当と認め，HIの合併の相手方は航空会社で
あるので，合併によって当事者の同一性は失われず実質的にも上記業務委託
契約26条違反はないとしてHIC側の業務受託者としての仮の地位を認める
判断を下した。その後，HI側は，この地位の永続を求める本訴を起こし，
1983年11月になってようやく和解に達して結着がついた。

　東急側で問題にしたヒルトンとTWAとの提携関係は，東急と契約関係
に入る以前からあったものである。東急側は，契約締結交渉に際して，この
ような背景を十分に調査・把握したうえで行動する必要があった。そのうえ
で，東急自身の経営戦略が日本航空との提携強化にあることを認識したなら
ば，上記のような契約条項ではなく，「相手方当事者の書面による事前の承

たちに落ち着いたのであるが，最後まで難航したのは「弁護士」名称使用問題であっ
た。日弁連内では，① 外国法相談士または外国法律士，② 外国弁護士有資格者，
③ 日弁連外国特別会員，および ④ 外国法事務弁護士という4つのグループの考え方が
あったといわれている。

　弁護士制度は，一国の司法制度の一部をなすものであり，また，一方に資格制度が
ある以上，「弁護士」の名称使用が最後まで議論の対象になったこと自体，何ら驚く
に値しない。国ごとに法律制度・司法制度が違うように，「弁護士」制度の内容もま
た国によってすべて違うと考えなくてはならないからである。

諾がないかぎり，この契約を譲渡できない」のように重大な例外を含まない
規定にすることを主張すべきであった。

この事件は，日本経済が高度成長期を迎え，企業の国際取引も飛躍的に増
加しようとしていた時期に起こり，契約の文言を形式的に検討するのみでは
足らず，ビジネス戦略をにらんだ実質的予防法学が重要であることを強く各
企業に印象づけた。

しかし，こうしたことは「言うは易く行うは難し」の観もある。実際に当
事者として渦中に巻き込まれてのこととなるとなおさらである。

ただ，一般条項のひとつである assignment 条項としての問題の条項をよ
くみるならば，いかにイレギュラーなものであるかはよくわかる。一般条項
の基本パターンを頭に入れておいてそれとの比較で問題点を発見していくよ
うにつとめる。このあたりにチェックのカギがありそうである。

《文例-10》

  (a) The parties shall respectively have the right to assign this
Agreement and the interest derived therefrom to any subsidiary,
fully owned and fully managed by the party or by its affiliated com-
panies, without any consent of the other party, provided, however,
that the name of "Hilton" shall be a part of the assignee's firm
name, in case of assignment to HI's affiliate.

  (b) Except as provided in (a) of this Article, the parties shall not
assign or transfer the interest derived therefrom, without the prior
written consent of the other party. It is understood and agreed that

---

外弁問題は，日米通商摩擦の一環としてきびしい交渉が行われてきた面があるが，
交渉の過程でアメリカ通商代表部（USTR）からは，ロー・ファームの名称をその
まま使用させるようにとの強い要望があった。だが，この点は，日本における（外国
法事務弁護士の）事務所の表示がある場合に自己の氏名に付記するものとしてのみ認
めるということで結着がつけられた。一度，レターヘッドをとくとご覧になってみれ
ばお気づきになるであろう。

なお，2014年4月，改正外国弁護士特別措置法が成立し公布され，外国弁護士が法
人形式の事務所を設立できるようになった。

any consent by the other party to any such assignment shall not be deemed a waiver of the covenant herein contained against assignment in any subsequent case.

(a) 当事者は，それぞれ本契約およびそこから派生する権利を，当事者もしくはその関連会社によって完全に所有され完全に経営されているところの子会社に対し，他方当事者の同意なくして譲渡する権利をもつものとする。ただし，「ヒルトン」の名称は，HI の関連会社への譲渡の場合は，譲受人の会社名の一部になっていなくてはならない。

(b) 本条(a)項に規定された場合を除き，当事者は，他方当事者の書面による事前の同意なくして，本契約から派生する権利を譲渡してはならない。

そうした譲渡に対する他方当事者の同意は，その後の場面における譲渡に対し，本契約に含まれた契約事項の放棄と解釈されてはならないことが了解され合意されている。

■IT の便利さと裏腹 —— 高まる情報漏れリスク

いまは簡単に，しかも大量の複製物をつくって保存しておける。その結果，文書管理が楽になったかといえばかえって情報漏出リスクが増した。

データ処理を委託されたある会社の社員が，約4300の個人信用情報が入ったパソコンを電車内に置き忘れた。幸いデータの流出はなかったが，委託元の会社が事故を公表した。この社員は紛失した顧客データにアクセスする権限はなかったにもかかわらず，権限のある社員からデータを入手し，パソコンに複写していたという。

実際に情報が流出したわけではないのに，しかも委託元が，なぜ事故を公表したのか。2005年4月1日から全面施行になった個人情報保護法と無縁ではない。同法は，個人データの扱いを委託する事業者が，委託先を「必要かつ適切」に監督するよう義務づけている。具体的な監督体制はガイドラインなどによって明らかになったが，データへのアクセス権限の明確化，その複写，持ち出しの禁止などが含まれよう。

同法は従業員に対する監督も義務づけている。守秘義務の誓約書を社員からきちんと取るなどの情報管理体制の良しあしが，情報技術（IT）社会の優良企業になれるかどうかの分かれ目になる。

譲渡禁止条項のカギ

◆ **課題設定**

　日本企業のＸ株式会社は，シンガポールの企業Ｙ社に対し，電子部品の製造ノウハウをライセンスするため，英文ライセンス契約を取り交わすことになった。対象のノウハウはＸ社にとってきわめて重要なものであるため，秘密保持をはじめとして，かなりしっかりした内容の契約にしたいと考えている。

　なかでも，Ｙ社を信頼できるパートナーとして選んだことから，Ｙ社が契約上のライセンシーとしての地位を他に譲渡できない規定を入れたいと願っている。

このテーマに沿った条項例

Neither party may assign or transfer this agreement in whole or in part to any third party without the prior written consent of the other party.

「いずれの当事者もこの契約の全部，または一部を他方当事者の書面による事前の承諾なく，いかなる第三者にも譲渡できないものとする。」

　これは "No Assignment" のタイトルのもとに広く当事者による契約上の地位の譲渡を禁止するための条項である。ＸとＹは，互いの信頼関係をもとに継続的ライセンス契約に入るのであって，相手方にこちらの意思に関わりなく突然契約上の地位を第三者に譲られては不利益を被る。

　とくに，貴重なノウハウを開示し実施許諾するＸの側からすれば，許諾の相手方（licensee）は，実施許諾料（royalty）を払ってくれれば誰でもよいというわけにはいかない。

　そこで，条項例のように相手方当事者，すなわち，Ｙが譲渡するときはＸの，Ｘが譲渡するときはＹの書面による事前の承諾を条件とすれば問題は解決する。

◆ **応用課題**

　Ｙは，シンガポールのＺ社に吸収合併されることになり，同国の会社法の下で本ライセンス契約におけるライセンシーの地位は，Ｘの意思に関わりなく，Ｚ社に移転することになった。Ｘは，この地位移転は契約に違反すると考えている。

ほとんどの国の会社法は，吸収合併（merger）により吸収する存続会社に，吸収される消滅会社の権利・義務を承継させる。（日本の会社法750条1項。）Yのライセンス契約上の地位はいわば権利・義務の総体として，Xが反対してもまとめてZが承継することになる。この場合，Xは条項例の違反を主張できるであろうか。assign あるいは transfer によって契約上の地位を移転するには，そのために assignment agreement などの契約を締結するのがふつうである。合併の場合，契約上の地位を移転させる結果になるとしても，とくに移転のために契約を取り交わすわけではない。

とはいえ合併も合併契約（merger agreement）によるので，Yの意思に基づいて行われることには変わりがない。この点は，いわゆる敵対的企業買収の場合とは異なる。

assign や transfer を広くとらえれば，吸収合併や会社分割による契約上の移転を含ませることはできるであろうが，通常の解釈では無理である。

そこでXの懸念を払うためには，先の条項例に

assign, transfer or otherwise by merger or by corporate split

「……その他，合併もしくは会社分割による譲渡，移転その他」

を付け加えておくのがよい。そうすれば解釈上の問題はなくなる。

さらに敵対的な買収の場合も含め，Xにとって都合の悪い企業グループの傘下にYが入った場合に対応するため，ライセンス契約を解約する事由（event of termination）に付け加えておくのがよい。これは，Change of Control Clause「支配権（変更）条項」とよばれ，買収防衛策としても使われる。支配株主が交代すると取引先がいっせいに継続的契約を打ち切り，"焦土化"してしまうため買収希望者が買収意欲をなくすからである。

◆「用法・用語」のポイント

「assign」「transfer」

ともに「移転，譲渡」を表す語として用いるが，権利や地位など目に見えないものの譲渡には assign を使うことが多い。assign, transfer のほかに dispose of「処分する」を加えて同じような意味の語を併記するドラフティングをよく見るが，「同義語重複」という法律英語表現の特徴である。英語は，ラテン語や古代ゲルマン語，ギリシア語などの系統の異なる言語が混ざり合って現在の姿になった。法律英語や契約英語においては，ひとつのことをなるべくもれるところなく正確に表現するために系統の異なる同義語を重複して記述するようにしたのがこのドラフティング法の始まりとされる。

8 準拠法条項

国際契約に準拠法条項はつきものである。国際契約においては契約当事者の国籍，住所地，履行地その他さまざまな要素が多国間にまたがっていることが多い。そのため，当該契約がどの国の法律によって解釈されるかを，当事者の間ではっきり決めておく必要があるからである。

しかし，当事者が合意によって準拠法を指定したからといって，あらゆる関係でその指定が有効となると考えるのは間違いのもとである。そもそも，準拠法とは何であり，どのように定められるのかといった，国際私法の根本から考えてみる必要がある。

1 当事者自治の原則

冒頭に述べたような法律関係が2ヵ国以上にまたがっている状況の下で，関係国の法律（私法）は互いに内容を異にしている場合がほとんどである。ここに私法の国際的な抵触（conflict of laws）が生ずる。そこで，このように抵触し合っている関係諸国の私法のうち，当該法律関係を規律すべき最も適切な国の法律を決定してやらなくてはならない。国際私法がその役割を担っている。いずれの国においても，その国内法のひとつとして（その名称はまぎらわしいが，国際私法は国内法のひとつである）法の抵触を回避するルールである国際私法が定められている。

■ compact と称する契約

compact を動詞で使うと compact with～「……と合意，契約を結ぶ」になる。ただ，これを企業同士の契約に使うことはめったになく，国と国の間で盟約を結ぶといった使い方が多い。compact の語源は，*com+pact* で，「しっかり締める」を表すラテン語である。ここから，「小さくまとめ上げられた」という形容詞の用法が生じる。compact car といえば「小型車」で，アメリカ英語では名詞形の compact 1語で小型車やコンパクトカメラを表す。日本語でコンパクトといえば，女性の携帯用「化粧おしろい・鏡・パフ入れ」を表す。もとの英語にもこの意味の用法はある。

日本には，1898年に制定された**法例**という法律があり，長い間国際私法を規定してきた。ただ，**法例**制定後100年以上が経過したいま国際取引の増加や多様化はめざましい。

加えて，ヨーロッパ諸国を中心として，EU における統一法の作成作業など，国際私法の近代化が進んだ。このようななか，日本においても，法例を全部改正し，現代語化した「法の適用に関する通則法」（以下「通則法」という。）が成立し，2007年1月1日から施行になった。

通則法の内容であるが，法例における財産法分野の準拠法決定ルールの実質改正および他の分野を含むすべての規定の現代用語化を図った。国際私法関連の条文の項目だけを示すと以下のようになる。

1　自然人の行為能力（通則法4条）

2　後見開始の審判等（通則法5条）

3　失踪宣告（通則法6条）

4　法律行為の成立および効力（通則法7条から9条，11条および12条）

5　法律行為の方式（通則法10条）

6　消費者契約に関する消費者保護規定（通則法11条）

7　労働契約に関する労働者保護規定（通則法12条）

8　物権（通則法13条）

9　法定債権の成立および効力（通則法14条から22条）

10　債権譲渡（通則法23条）

11　親族関係の準拠法（通則法24条から34条）

12　後見等（通則法35条）

アメリカ合衆国憲法（U.S.Constitution）には，Compact Clause とよばれる以下の条項〔第1章第10条第3項（Article 1, Section 10, Clause 3)〕がある。

No State shall, without the consent of Congress, lay any duty of tonnage, keep troops and ships of war in time of peace, enter into any agreement or compact with another State or with a foreign power, or engage in war, unless actually invaded or in such imminent danger as will not admit of delay.

「いかなる州も，連邦議会の同意なしに噸数税を課し，平時に軍隊，および，軍艦を保有し，他州，あるいは，外国と協約，もしくは盟約を締結してはならず，

8 準拠法条項 109

13 相続（通則法36条）

14 総則

15 補則

通則法の上記内容で，国際契約に最も関わるのがその7条〜9条である。

通則法7条は，当事者による法律行為（契約）の準拠法選択について規定しており，当事者自治原則を内容とする旧法例7条と実質的な内容は変わらない。ただ，「法律行為の当時」という時点要素を基準に入れたのは，契約締結時から相当時間が経過した後に当事者が準拠法を選択したときは，準拠法の変更（通則法9条）の問題になることとの区別を明確にしたものである。

次に，当事者による準拠法選択がない場合の法律行為の成立・効力に関しては，法律行為に最も密接に関係する地の法律によるとしたうえで，いわゆる特徴的給付の理論に基づき，法律行為の当事者の一方のみに特徴的な給付が観念できる場合は，その給付を行う者の常居所地法（事業所の所在地法）を最密接関係地法と推定することとした。（通則法8条。）

特徴的給付の理論とは，契約に特徴的な給付（その種類の契約を他の種類の契約から区別する基準となる給付）をすべき者が活動の拠点を有している地を契約の最密接関係地とする考え方である。

当事者自治の原則は，「準拠法条項」にとってきわめて重要な意味をもつ。すなわち，この原則が認められていればこそ，法律行為（その代表的なものが契約）を一定の法秩序に服させるについて，当事者の合意による明示または黙示の指定が許されるからである。

しかし，世界中のすべての国においてこのような当事者自治の原則，主観

また，現に侵略され，もしくは猶予し難いほどの急迫の危険にない限り，戦争行為をしてはならない。」

州が外国や他州と同盟や不可侵条約などを締結することを原則として禁じている。

アメリカ合衆国の成り立ちにもかかわる重要なcompactが，Mayflower Compactである。これは，「聖なる契約書」と称され，その後のアメリカ社会の基礎となった。1620年11月，メイフラワー号の船上で，イングランドから航海の末，いまのマサチューセッツ州の沖合にたどりついた41人の清教徒（Puritan）たちが，ウィリアム・ブラッドフォード（William Bradford）の起草したCompactに署名した。

主義（意思主義）が採用されているわけではない。締結地法主義，履行地法主義，債務者の本国法主義など**客観主義**（非意思主義）をとる国々では，当事者の意思とは関係なく準拠法が決定される。そこで，これらの国々の裁判所に事件が持ち込まれた場合には，必ずしも合意どおりの契約準拠法が認められるとは限らないということになる。

　さらに極端な例としては，中南米のコロンビアのように，同国に対する融資契約はコロンビア法を準拠法としなければ同国の憲法違反となるとする国もあり（同趣旨の最高裁判決も出ているそうである），この場合は準拠法を選択する余地がなくなる。

　日本の通則法は，消費者契約の成立・効力および労働契約の成立・効力について，消費者および労働者の保護の観点から特則を設けている。消費者契約においては，事業者があえて消費者保護に薄い法律を準拠法として選択する可能性があり，この弊害を防止するため，当事者が消費者の常居所地法以外の法律を消費者契約の成立および効力の準拠法として選択した場合であっても，消費者がその消費者の居住している地の法（常居所地法）中の特定の強行法規を適用すべきと事業者に対して意思表示した場合には，その規定が適用され（通則法11条1項），当事者が準拠法を選択しなかった場合には，常居地法によることとしている。（同条2項。）

　また，労働契約については，労働契約の成立および効力について当事者が労働契約の最密接関係地法以外の法を準拠法として選択した場合であっても，労働者が労働契約の最密接関係地法のなかの特定の強行規定を適用すべきとの意思表示を使用者に対してした場合には，その規定を適用するとしている。（同法12条1項。）さらに，労働契約については，労務提供地法が最密

　そこには，「（この盟約に基づき），植民地の幸福のために最も適切と認められるところによって，適宜，正義公平な法律，命令などを発し，憲法を制定し，かつ公職を組織すべきこととし，われわれ署名者を拘束すべきことをここに誓約する」"binding the signers under solemn covenant to form a civil body politic to operate under just and equal laws, acts, ordinances, and constitutions to be enacted from time to time for the good of the Colony." と書かれていた。アメリカは，のちに「法律万能社会」といわれるほど，道徳や義理・人情といったいわば非論理的なルールよりも論理的ルールによる規律を重んじる契約社会になるが，その出発点にcompactがあったことは興味深い。

8　準拠法条項

接関係地法と推定されている。(同条2項，3項。)

　これらの規定により，消費者契約や労働契約において，準拠法が選択された場合でも，消費者が居住している地における消費者保護規定や労働契約にもっとも密接に関係する国の労働者保護規定などの強行規定の適用を受けられるようになっている。

　このように，準拠法の合意が生かされるかどうかは，将来紛争が起こった場合に想定される法廷地がどこで，その国際私法がどのような内容のものであるかにかかっているのである。したがって準拠法の合意は，裁判管轄条項ともあわせて考えなければ意味のないものとなる。ただし，商事仲裁による紛争解決方法をとる場合には，国際仲裁機関設定の規則のうちには，当事者の合意した準拠法があるときはそれによることを明記しているものがあり〔たとえば国際商業会議所（ICC）の規則。UNCITRAL 仲裁規則にも同様の規定がある〕，当事者は自由に準拠法を選ぶことができる。

　通則法7条の定めるような当事者自治の原則の下で，当事者による明示の準拠法の指定がある場合には，裁判所はその準拠法を適用して契約の成立および効力を判断することになる。明示の準拠法指定がないときはどうなるであろうか。

　法例7条2項は，「当事者の意思が分明ならさるときは行為地法に依る」と定めていた。しかし，このように一律に行為地法によるとする規定に関しては，学説上批判が強かった。そこで，通則法はこの点を改正し，同法8条は，7条による当事者による準拠法選択がない場合の準拠法は，法律行為に最も密接に関連する地の法律（最密接関係地法）によるとした。(8条1項。)

　そのうえで，いわゆる特徴的給付の理論に基づき，法律行為の当事者の一

■ 内部統制に必要な record と document

　金融商品取引法のいわゆる J-SOX の下での「文書化」には2種類がある。1つは，統制文書で内部統制を行うための手段となる文書で，内部統制のための基本ポリシーから実施マニュアルに至るまでのプロセスチェックのための文書といってよい。

　もうひとつの文書が記録文書である。SOX 法の下では，フローチャート（flow-chart），業務記述書（description of business），およびリスク・コントロール・マトリックス（risk control matrix）を俗に文書化3点セットとよんでいる。

　後者は業務プロセスの跡をレビュー（review）するための文書であり，業務記述

方のみに特徴的な給付が観念できる場合は，その給付を行う者の常居所法（その当事者が当該法律行為に関係する事業所を有する場合には事業所の所在地法）を最密接関係地法と推定することとしている。(8条2項。)

特徴的給付の理論とは，契約に特徴的な給付をすべき者が活動の拠点を有している地を最密接関係地とする考え方であり，片務契約においては，義務を負う一方当事者の常居所地や事業所の法律が最密接関係地となり，双務契約においては，対価としての金銭給付は他の契約一般にも見られるため，その反対給付が特徴的給付となり，その給付を行う者の常居所地や事業所の法律が最密接関係地となる。

したがって，売買契約であれば売主の常居所法または事業所の所在地法が準拠法となる。ただし，不動産を目的とする法律行為については，特徴的給付の理論が必ずしも妥当しないことから，不動産の所在地法（8条3項）を最密接関係地法と推定している。

2 準拠法条項の内容

準拠法条項（governing law *or* applicable law clause）を作成する場合には，上述のような準拠法指定の意味と限界を考えたうえで的確な指定をする必要がある。

《文例-11》(114頁) は，典型的な条項例である。これを，

| "This Agreement shall be governed by Japanese laws."
| 「この契約は日本法によって支配されるものとする。」

と簡単に書くこともあるが，これだけだと，指定した法律が，どの範囲で適

書でいえば，一般に，重要な取引の発生，承認，記録，処理（手続き）および報告に関する情報を含んでいなければならない。したがって，英文の国際契約を含む取引の記録が欠かせない。とくに国際取引は，国内契約とは異なるリスクがあるので，特別なリスクコントロールが求められる。最近，取引プロセスの「見える化」の必要性を強調するようになったが，こうした内部統制上の必要からくるものといってよい。

ミクロ面では取引に係る受発注の書面，納品書，請求書などの記録が求められるが，これを英語でいえば record である。record は，*re＋cord* すなわち「心に呼び戻す」を表すラテン語から生まれ，make a record of～は「…を記録にとどめる」となる。

用されるのか必ずしも明らかではない。そのため，契約の成立のみに適用する趣旨であると解釈されてしまうおそれがある。このような事態を避けるためには，

> "The validity, performance and construction of this Agreement shall be governed by the laws of 〜."
> 「この契約の有効性，履行および解釈は……法によって支配されるものとする。」

のようにできるだけ適用範囲を明確にしておくのがよい。

　準拠法をどこの国の法律にするかを具体的に決するについて，各当事者は，なるべく自国法を準拠法にしたいと願う。しかしながら，あまりに自国法にこだわるのは得策とはいえない。準拠法をいずれにするかは，上述のように，どのような紛争解決方法を予定しているか，とくに裁判地をどこにするかの点と切り離して考えることはできない。

　この点も十分考慮したうえで，当該契約にとって最も適切で合理的な関係を有する国の法律を指定するという観点が重要である。

　この合理的な関係（reasonable relation）という概念は，準拠法の指定について非常に大きな意味をもっている。たとえば，アメリカの統一商事法典（U.C.C.§1-105）のように，州（国）際取引の場合には，当該州以外の，その取引に合理的関係を有する州（国）の法律に限って，当事者は準拠法として指定できるとする立場（制限的当事者自治原則）もあるからである。

　準拠法を指定しても，すべての関係でその法律が適用されるわけではないことにも注意を要する。指定された法律が適用されるのは，契約の成立・履

　内部統制は，リスクコントロールを内容とする。日本企業は，リスクコントロールの観点からする業務プロセスおよびマネジメントプロセスの記録化を苦手としてきた。

　欧米の会社には，社内に文書管理の専門家である record manager がいて，文書管理の方針，規則，手順，教育，監査などを含む仕組みやシステムの立案および推進を専門的に担当している。さらに，現在は使っていない古い文書を保管，管理する archivist を専門職として置く会社もある。

　他方，document は，「公式書類」を意味する中世ラテン語から生まれた語で，記録というよりは文書を広く表す。

行などの実体法の面だけである。訴訟手続，強制執行手続などの手続法については，いずれの国においても，法廷地法が適用されることになっている。

《文例-12》のように準拠法の指定とあわせて契約書に使用する言葉の指定をも規定することがある。これは，言葉と準拠法とが密接な関係を有するからにほかならない。のぞましいのは，契約準拠法国の言葉を契約書に使用することである。異なる国の言葉を使用する場合（《文例-12》）には，とくに，契約書に使う日本語の法律用語と準拠法の法律用語の概念の違いに注意しなければならない。

なお，国際物品売買契約に関する国際連合条約（通称，「ウィーン条約」）は，国際取引を円滑化し貿易の発展を促進するため，国際契約交渉におけるいわば"準拠法の綱引き"をやめることを目的につくられていることから，準拠法条項の書き方に影響を与える。（この点については250頁参照。）

《文例-11》

This Agreement shall be governed by and construed in accordance with English law.

この契約はイングランド法によって支配されこれに従って解釈されるものとする。

《文例-12》

This Agreement has been executed and delivered in a text using the English language, which text, despite any translations into the Japanese language, shall be controlling. This Agreement, however,

■ bar, dry の法律英語としての意味

バーやドライは，お酒が好きな人にとっては身近な日本語である。それぞれ「酒場」「辛口（のお酒）」とだけ覚えこんでいると失敗する。bar や dry の法律英語としての意味は，日本語からはかけ離れたところにある。

bar から説明してみよう。まず，go to the bar を和訳してみてほしい。文脈次第では，「あのバーに行く」でよいのだが，「弁護士になる」と訳すのが正しい訳である。学生が使うようなふつうの英和辞典にも載っていて，なかには，「法曹になる」あるいは「法廷弁護士（barrister）になる」としている辞書がある。

shall be construed and interpreted in accordance with the laws of Japan.

　この契約は英語を正本として締結され，英語の正本が，日本語へのいかなる翻訳にもかかわらず，優先するものとする。しかしながら，本契約は日本法に従って解釈されるものとする。

　辞書には，bar の動詞の用法として「禁止する」，「妨げる」さらに「〈訴訟などを〉抗弁によって妨訴に持ち込む」との，法律用語としての意味が載っていたりする。

　bar の語源に当たるのは，ラテン語で「棒」を意味する barra である。古来，棒を何によく使ったかというと「立入禁止」を示す横木としてであった。立入りを禁じてはいないが，陸上競技の走り高跳びでは「バーを楽々クリアした」のようにいう。

　この用法から bar が「禁止」を表すようになったことは容易にわかる。禁止も法律用語のひとつだが，the bar が「法曹（界）」を表すようになったのはなぜであろうか。

　私の手元にある『新日本英和中辞典』（研究社）には答えが書いてある。bar の6番目の意味として「（法廷の一般席との境となる）仕切り」，「法廷」，「審判，制裁」を載せている。

　そういえば，裁判所には，審理を行う法廷と傍聴席との間に，横木というか柵がある。「関係者以外立入禁止」を示すためだが，いつの間にか柵の内側に入って仕事をする典型的「関係者」である実務法曹を表すようになった。この場合，bar のまえに the をつける。辞書によっては，go to the bar を「法曹になる」ではなく「弁護士になる」としているのはなぜであろうか。英米法系の国・地域のうち，とくにアメリカでは，法曹一元といって，弁護士以外の実務法曹の裁判官，検察官も，まずは弁護士資格を得てから分化していくからである。

　ところで，酒場のバーは，どこに「横木」があるのであろうか。いわゆるカウンターがそれだとする説が有力である。

　dry は，「乾いた」とのふつうの意味のほか，お酒に関しては，a dry wine「辛口のワイン」のように使う。上記英和辞典をみると，この用法の前に，dry law「禁酒法」が載っている。dry には，「禁酒法実施［賛成］の，禁酒派の」との意味がある。

　それどころか，アメリカの口語と断って，名詞の dry には，「禁酒（法賛成）論者」の意味を載せている。日本では，「○○ドライ」といったビールがあるのがふしぎだが，アメリカ人相手に「お酒に関してはドライ派だから」などというと誤解されかねない。

　まして，「辛口（のお酒）で盛り上がろう」のつもりで "Let's go dry!" というとむしろ「アルコール抜きでいこう」の意味になってしまう。

契約の正本，言語に関する条項のカギ

◆ 課題設定

　日本の食品販売業者X社は，中国の企業Y社と加工食品の輸入販売契約を結ぼうと考えている。国際契約であるし，英語を正本としたいが，契約の言語についてどういった規定をおくべきか迷っている。

このテーマに沿った条項例

Section　○○　Text

The official text of this agreement shall be in English.

第○○条　正本
この契約の正本は英語とする。

　国際契約というと英文契約をすぐ連想するが，国際契約のすべてが英語で締結されるわけではない。また，アメリカ，イギリス，オーストラリアといった国々では，当然のことながら国内契約として日常的に英文契約が取り交わされる。

　国際契約をいずれの言語で取り交わすかについては，原則として契約当事者が合意して決めることができる。本課題のケースであれば，日本語，中国語，および英語のいずれかから選ぶことになるであろう。

　どの当事者も自分たちが慣れ親しんだ言語で契約をしたいと望むのであるが，相手方当事者の反対にあって断念することになる。そこで，国際ビジネス社会においてほぼ共通語といってよい英語が選ばれることになる。

　契約の言語を選んだときは，上に示した条項を契約自身に明記するのがよい。正本が英語であるということは，英語版（English version）の契約書にのみ署名し，締結することを意味する。中国語版，日本語版を用意したとしても，"翻訳版"でしかない。

◆ 応用課題

　Y社が中国では食品の輸出入に関する契約を当局に提出するので中国語の正本が必要になると主張している。X社は，英語版と中国語版いずれも正本とすることで対応できないかと考えているが，その場合はどういった内容の条項にしたらよいだろうか。

8 準拠法条項 *117*

　中国の法制度の基本は社会主義国法である。企業の契約も日本やアメリカにはない規制の対象になったりする。とくに，外資規制的な観点から合弁契約（joint venture agreement）などは，政府による認可の対象になり，法令に基づいて契約書を当局に提出しなくてはならない。また，契約書は，中国法を準拠法として中国語で作成されていなくてはならないと定められている。

　認可を得ないで取引を進めるならば重大なコンプライアンス上の問題になりかねない。中国企業と契約をするには，その内容次第で，言語の点をとっても当事者が自由に決められないことを知っておく必要がある。ただ，弁護士を使ってよく現地の法令内容を調べないと，相手方当事者が交渉のために中国語の正本が要求されると言っているだけかもしれない。

　法令上必ず中国語の正本が必要な場合であっても，日本側当事者としては，英語の正本もあわせて作成するように主張すべきである。正本が2ヵ国語でそれぞれ作成されるのは好ましいことではないが，中国語版に一本化されるよりはよい。

　その場合に注意しなければならないのは，両バージョンの間で解釈上の食い違いが避けられないことである。

　どちらかのバージョンをもとに翻訳したとしても100％正しい翻訳はありえない。そこで，両バージョン間での優先関係を書いておくべきである。以下のような例文が考えられる。

This agreement shall be executed in Chinese and in English.

If discrepancy in interpretation arises, English version shall prevail.

　「この契約は中国語と英語によって締結される。

　もし，解釈上の食い違いが生じたときは英語版が優先する。」

◆「用法・用語」のポイント

「version」

　version は，「転換，向きを変える」を意味するラテン語が語源の語である。ここから，「翻訳」あるいは「翻案」「改作」の意味が生まれる。

　契約書の English version といえば，「英語版」で正しいが，原文があってそれを「英語に訳したもの」とするのが本来の意味に近い。したがって original version を「原典」の意味で使うのはおかしいことになる。

❾ 裁判管轄条項

契約には，**紛争解決の方法**が定められるのが通常である。国際契約においては，当事者が仲裁条項を設けないかぎり，紛争はいずれかの国の裁判によって解決されることになる。ところが，各国の法制度・裁判制度の違いから，いずれの国で裁判が行われるかによって，裁判の勝敗が大きな影響を受けることもまれではない。紛争解決の予見を高めるために，準拠法の合意とならんで裁判管轄の合意が当事者の重大関心事となるのは当然のことであって，少しでも自己に有利な裁判地を合意しようと「裁判地漁り」*"forum shopping"* がなされることになる。

1 渉外事件における裁判管轄

国内事件で裁判管轄といえば，日本の裁判所がその事件を審理・裁判することができる（すなわち裁判権を有する）ことを前提としたうえで，国内のどの裁判所が審査・裁判すべきかの問題である。しかし，これが渉外事件となると話が別である。このような国内的裁判管轄権とは異なるレベルの問題として，ある事件について，いかなる国の裁判所が裁判することができるかという国際的裁判管轄権を問題としなくてはならないからである。

国内の裁判管轄権は，このような国際裁判管轄権があることを前提としてはじめて生ずる問題である。

■外国会社に対して日本の裁判権を認めた裁判例

外国の会社との取引の機会が多くなってくると，その外国会社の行為によって損害を受けたりする危険も当然のことながら増大する。このような場合に，はたして被害を受けた者（日本人または法人）は，外国法人を日本の裁判所に訴えることができるであろうか。一般に，このような渉外的要素をもつ民事事件につき日本の裁判所が裁判権を行使できるかという国際裁判管轄の問題について，国内法は何ら規定を置いていない。

また，条約その他一般に承認された国際法上の原則も確立していない。日本の民事

9 裁判管轄条項 *119*

　日本の国内法には，国際裁判管轄権についての規定は存在しなかった。そこで一般に，条理によって日本の裁判所が当該事件について裁判権を有するかどうか判断すべきものとされてきた。しかし，条理といってもその内容はきわめてあいまいであることから，国内の裁判管轄に関する規定をなるべく準用ないし類推適用すべきではないかが問題となった。

　この点，1977年12月のマレーシア航空機墜落事故で死亡した日本人の遺族が提起した損害賠償請求事件について，最高裁判所が「外国航空会社は日本に営業所を有するのでたとえ外国に本店を有する外国法人であっても，日本の裁判権に服させるのが相当である」旨判示して（最判二小昭和56（1981）年10月16日，判時1020号9頁），民訴法の国内土地管轄に関する規定の準用の道を開いたことは重要である。

2　管轄の合意の効力と *"forum non conveniens rule"*

　当事者が管轄裁判所を適法に合意によって定めたときは，国内事件では，合意管轄として有効とされる。（民訴法11条参照。）ところが，渉外事件の場合は，これを国際裁判管轄の問題として考えなくてはならないので，国内事件のようにすんなりと合意が有効になるわけではない。

　とくにアメリカにおいては，管轄の合意がかつては無効とされ，現在でも，管轄の合意が"合理的"でなければ有効とならないとされている。問題は，日本における"条理"と同じく，何が"合理性"の中身をなすかということになってくるが，判例上は，(i)合意管轄地で証人の出頭が容易に得られるか，(ii)指定された外国裁判所が公正な裁判をなしうる能力をそなえているか，などの諸点を考慮して当事者の便宜，公平の見地から決すべきものとし

訴訟学者の多くは，内国土地管轄規定から日本の裁判権の限界を推知するほかないとし，日本に内国土地管轄規定による裁判籍が認められる場合には裁判権を及ぼすべきであるとしている。判例もこのような学説と同様の立場に立っているように思われる。マレーシア航空機事故についての最高裁判決（最判二小昭和56（1981）年10月16日，判時1020号9頁）は，国際裁判管轄について，「当事者間の公平，裁判の適正・迅速を期するという理念により条理によって決するのが相当」であるとしたうえで，日本の民訴法が国内の土地管轄に関して規定する裁判籍のいずれかが日本国内にあるときは，日本の裁判権に被告を服させるのが条理に適う旨判示した。同事件では，被告と

ている。

この点に関連して，アメリカにおける裁判管轄上特有の法原則 **"forum non conveniens rule"**（不便宜法廷地ルール）にもふれておく必要がある。この法理は，訴訟が提起された裁判所以外の裁判所で事件がより適切に審理されると考えられるときは，受訴裁判所は裁量によってその本来有する管轄権の行使をさしひかえることができるというものである。各州のロングアーム法（long-arm statute）などにより，当事者が「不便な法廷地」（inconvenient forum）に呼び出されることが多くなったことから，そのような当事者の不利を救済するため被告側の抗弁として発達してきた法理である。この法理は，後述するような合意管轄に対する抗弁としてもしばしば使われる。そこで，このような抗弁を封ずるために，

> "X waives to the fullest extent permitted by law any objection that any such suit, action or proceeding has been brought in an inconvenient forum."

> 「Xは，法によって許される範囲で，そうしたいかなる訴訟，訴え，または手続きも不便な法廷地に提起されたとする抗弁を放棄する。」

のように放棄させてしまう契約例もある。

3　裁判管轄条項の内容

当事者は管轄裁判所をいずれの国のどの裁判所に指定しようとも自由である。しかし，上述したところからわかるように，提訴を受けた裁判所はその国の法律に照らして裁判管轄の有無を判断するため，必ずしも当事者の指定

なった航空会社が東京に営業所を有していたため，旧民訴法4条（現民訴法4条4項）の場合に相当するとされたのである。ところで，この最高裁判決については，どの程度の射程範囲を有するかなど，残された問題も多いとされてきた。その点，ここに紹介する判例（東京地裁昭和59（1984）年3月27日中間判決）は，最高裁判決の立場を踏襲しつつもより具体的な判断基準を示したものとして注目される。事件は，1964年航空自衛隊所属のヘリコプターが福岡県内で飛行中に墜落し，搭乗員らが死傷した事故に基づいている。事故の遺族らが，アメリカ法人であるヘリコプター製造会社を相手どり，不法行為（製造物責任）損害賠償請求訴訟を提起した。これに対し，被告会

9　裁判管轄条項

した裁判管轄がそのまま認められるとは限らない。

　管轄裁判所を合意するときは，指定訴訟地の法律が国際的管轄の合意の有効性についてどのような立場をとっているのかを調査したうえで行うのがよい。（アメリカの州によっては外国人の出訴権を制限したり，ニューヨーク事業会社法1314条のように，原告が同州の居住者または同州法人でないかぎり，外国会社を被告とする同州と関連を有しない事件については，同州の裁判所の管轄権を認めない立法例もある。）《文例–14》（123頁）は，指定訴訟地の国内法をも考慮に入れた規定例である。

　裁判管轄の合意には，専属的（exclusive）なものと非専属的（non-exclusive, 追加的ともいう）なものとがある。前者は，もっぱら指定された裁判所だけを管轄裁判所にするというもので，法定管轄をそのまま認めながら追加的に管轄裁判所を指定する後者と区別される。

　そこで，専属的裁判管轄合意がなされたにもかかわらず，当事者の一方が他の裁判所に訴えを提起した場合，相手方当事者からする専属的合意管轄を理由とする妨訴抗弁が認められるかどうかという問題が生ずる。多くの国は，原則的に当事者の専属管轄の合意を尊重し，したがって，この種の妨訴抗弁を認めている。

　日本では，国際契約における専属的合意管轄を原則として有効とし，それを理由とする妨訴抗弁を認めるのが古くからの判例であった。（大判大正 5 年10月 8 日，民録22巻1916頁。）最高裁判決（昭和50年11月28日，判時799号13頁）においてもこれが踏襲され，同判決は，日本の裁判権を排除して外国（オランダ）の裁判所の専属管轄を認める合意は，(イ)当該事件が日本の裁判権に専属的に服するものではなく，(ロ)指定された外国裁判所が，その外国法上当

社は，日本国内に営業所その他の施設を有しない外国会社であることなどを理由に日本の裁判権が及ばないと主張した。

　判決は，日本の裁判権の有無は結局のところ条理によって判断されるべきとしたうえで「わが国民事訴訟法の土地管轄に関する規定に定められている裁判籍のいずれかが日本国内にあるときは，特段の事情のない限り，日本国裁判所に管轄権を認めるのが，右条理に適う」とする。そして，本件事件が不法行為に関する訴訟であって，加害行為地のみならず損害発生地も旧民訴法15条 1 項（現民訴法 5 条 9 号）のいう不法行為地に含まれるとして，まず同条による裁判籍が日本国内に存することを認めた。

該事件につき管轄権を有すること，の２つの要件をみたすかぎり原則として有効であるとしている。

　アメリカにおいても，M/S Bremen v. Zapata Off-Shore Co. 事件の連邦最高裁判決〔407 U.S. 1（1972）〕以来このような専属的合意が，合理的なものであるかぎりという条件付きではあるが，尊重されるとの原則が確立したといってよい。

　裁判管轄条項の内容については，裁判所で得た判決の執行の問題まで考えておく必要がある。というのは，仮に原告が自分の国の裁判所で勝訴判決を得ても，その国内に被告の財産がなければこれを執行することができず，結局，被告の国の裁判所に外国判決の承認・執行を求める訴えを提起しなくてはならないからである。（日本の民訴法118条，民事執行法22条・同24条参照。）

　しかし，仲裁判断についてのジュネーブ条約やニューヨーク条約のような，国家間で相互に外国判決の執行を認める条約はいまだ締結されていないので，実際上の困難は大きいといわざるをえない。

《文例-13》

　　The parties hereby submit for all purposes of or in connection with this Agreement to the non-exclusive jurisdiction of the State Courts in New York.

　　当事者は，ここに本契約のすべての目的のためにまたは本契約に関連して，ニューヨークにある州裁判所の非専属的裁判管轄権に服するものとする。

　（その際に管轄の原因となる不法行為の存在につき一応の証拠調べをなしたが，これに対して，管轄原因については，原告が請求を理由づけるために主張した事実が存在するものと仮定して管轄の有無を判断すればよいとする判例，学説もある。）

　そのうえで判決は，「民事訴訟法の規定による裁判籍が日本国内に存する場合であっても，当該事件をわが国の裁判所で審理した場合に，当事者の公平，裁判の適正，迅速を期するという民事訴訟の基本理念に著しく反する結果をもたらすであろう特別の事情が存するときは，例外的に右裁判籍によるわが国の裁判所の管轄を否定するのが相当である」として，この「特段の事情」の有無を判断している。

《文例-14》

> Any dispute which might arise between the parties hereto shall fall within the jurisdiction of the Ordinary Courts of Justice of the Court of Berne, the place of jurisdiction being Berne, and the parties having the right of appeal to the Swiss Federal Court of Justice in Lausanne where the law permits. For that purpose both parties elect legal and special domicile at ABC Bank, Berne.
>
> 本契約の当事者間で生じるかもしれないあらゆる紛争は，ベルン市の普通司法裁判所の管轄権に，管轄地をベルンとして，おさまるものとし，法律が許すときは当事者はローザンヌのスイス連邦裁判所への控訴権をもつものとする。そうした目的のために両当事者は法的および特別の住所をベルン市の ABC 銀行におく。

4 知的財産高等裁判所設置と国際契約

2004年の通常国会で6月11日に可決成立した「知的財産高等裁判所設置法案」は，2005年4月1日から施行されている。

この問題は，日本の司法制度改革の一環として扱われてきた。また，知的財産戦略を早急に樹立し，その推進を図るために開催された知的財産戦略会議の決定した，「知的財産戦略大綱」（2002年7月3日）では，知的財産（Intellectual Property; IP）に関する裁判について，知的財産の保護の強化の一環として，「実質的な『特許裁判所』機能の創出」をあげ，「管轄の集中化」，「専門家参加の拡大などの裁判所の人的基盤拡充」，「証拠収集手続の拡充」を掲げた。

その結果，被告が全世界を自由に航行し得る航空機の製造等を業とする大資本の会社であること，被告の全額出資子会社が日本に支店を設置していること，原告らが不法行為地である日本国内に住所を有すること，航空自衛隊の事故調査委員会により墜落原因の調査が行われていることの諸事実に照らし，「わが国裁判所で本件を審理することが必要な防禦の機会を奪われる程の不利益を被告に課すものとは認め難く，また証拠調べについて裁判の適正，迅速を害する程の不都合を生じさせるものとも言いがたい。」と結論づけた。本判決が，たとえ民訴法による裁判籍がある場合でも，特段の事情があるときは例外的に管轄権を否定すると述べている点をとらえて，上記最

第Ⅱ部　契約

　この大綱を受けて，2003年の民事訴訟法改正で，特許権等に関する訴訟事件の管轄集中（第1審につき東京地方裁判所および大阪地方裁判所への専属管轄化，控訴審につき東京高等裁判所への専属管轄化）をすることで，実質的な「特許裁判所」機能の創出を実現した。

　他方，産業界は，「知的財産立国」を実現するため，アメリカの連邦巡回区控訴裁判所（CAFC）を念頭に置きつつ，裁判所の専門的処理体制の強化を図るため，控訴審段階における知的財産訴訟専門の裁判所設置をすべきであると強く要望した。

　そこで，知的財産高等裁判所設置法で，東京高等裁判所内に，独自の司法行政権限を認めるなど独立性に配慮して，知的財産高等裁判所を特別の支部として創設することになった。

　この法律は，知的財産に関する事件についての裁判の一層の充実および迅速化を図るため，知的財産に関する事件を専門的に取り扱う知的財産高等裁判所の設置のために必要な事項を定めることを目的とし，（1条）　知的財産高等裁判所を東京高等裁判所の特別の支部として設けることを定めている。（2条。）同裁判所の取扱事件は，事件の性質・内容が知的財産に関する事件である限り，民事訴訟その他の法律によって定められた東京高等裁判所の管轄に属するすべての事件に及ぶ。（2条。）

　最高裁判所は，知的財産高等裁判所に勤務する裁判官を定め，知的財産高等裁判所長を任命する。（3条。）知的財産高等裁判所が，裁判事務の分配その他の司法行政事務を行うのは，知的財産高等裁判所に勤務する裁判官の会議の議による。（4条1項。）知的財産高等裁判所の庶務を行うため，知的財産高等裁判所事務局を置くことを定めている。（5条。）

高裁判決の一般論をふまえつつ，その射程範囲をより明確にしようとするものと評することができよう。反面，旧民訴法15条1項（現民訴法5条9号）の不法行為地には損害発生地も含まれるとひろく解釈している点については，有力学説の反対もあり，評価が分かれている。

■ 海外からの訴状直送 ── 対処方法に注意必要

　金物工場を経営する知人が英文の書類を抱えて相談に来た。見るとアメリカカンザス州の裁判所に提出された訴状が原告の弁護士から訳文なしで直送。「被告製造のス

知的財産権紛争処理を専門的に扱う高等裁判所を設置したのは，日本が最初ではない。アメリカでは，1982年に，13番目の連邦巡回区控訴裁判所（CAFC）をワシントンD.C.に設置した。

その後，ドイツ，イギリス，韓国，タイ，シンガポールなどの国々がIP専門の裁判所をつくった。日本はアメリカに遅れること20年以上を経て，専門の高等裁判所を設置し，「知財立国」への一歩を踏み出した。

IP関連の国際契約実務では，この種の契約において日本の裁判所の裁判管轄権を認める条項を入れようとする際，外国当事者の同意を取りつけやすくなった。IP専門の裁判所は，いまやグローバルスタンダードになっている。

5 新しい国際裁判管轄法制

2011年5月，国際裁判管轄を成文法化する民事訴訟法及び民事保全法の改正が成立し，2012年4月1日から施行になった。改正民事訴訟法は，契約上の債務に関する訴えや不法行為に関する訴えなど，訴えの類型ごとに，日本の裁判所が国際裁判管轄（権）をもつ場合を規定している。（同法3条の3から3条の12）

パナを高所の作業現場で使っていたら砕け散り破片が下にいた作業員に当たってけが（軽傷）をさせた。原因はスパナの材質に製造上の欠陥があったためで，百万ドルの賠償を求める」とある。

知人は，自社製スパナを商社を通じてアメリカに輸出したことは確かだが，いきなり英文の訴状を送りつけられ，これまで問題を起こしたことのない材質不良で高額の賠償請求を受けるとはどうも腑（ふ）に落ちないという。

それもそのはず，日本では訴状の送達は裁判所の書記官が行うのに対し，英米法では原告の代理人が被告人に直送することを認める。こうした制度のギャップを埋めるため国際条約が締結されており，相手の言語への翻訳文をつけたうえ，外交ルートも通すなどの手続きを踏むことを要求する。

問題は，条約によらず無効な方法で送られてくる訴状を無視してよいかであるが，答えは「否」といわざるをえない。

アメリカの裁判所が同国法に照らし有効な送達があったとして裁判の手続きを進めることは考えられる。しかしアメリカ国内に資産をもたない者が相手では，原告の主張が通って懲罰賠償が認められたとしてもアメリカでは判決を執行できず，絵に描いた餅（もち）でしかない。とはいえ，判決が日本に持ち込まれ執行される恐れは残る。この段階で訴状の送達が有効でない点を争う手もあるが，翻訳文のない直接郵送の訴状送付も即無効になるわけではないとする日本の裁判例もあり，注意が必要である。

裁判管轄条項のカギ

◆ 課題設定

　アメリカのカリフォルニア州法人Ｙコーポレーションと継続的売買契約を締結する日本のＸ株式会社は，そのための英文契約に自社の本拠地で紛争を処理できるようにする条項を入れたいと考えている。何がポイントになるであろうか。

このテーマに沿った条項例

Article　○○　Jurisdiction

The parties to this agreement submit to the exclusive jurisdiction of The Tokyo District Court of Japan.

第○○条　裁判管轄

本契約の当事者は，日本の東京地方裁判所の専属裁判管轄に服する。

　国際取引に限らず，裁判や仲裁などいわゆるフォーラム（forum），すなわち紛争処理場所を本拠地に置きたいと考えるのは自然である。スポーツでもアウェイよりはホームで戦うほうが有利である。まして法律問題はなおさらである。それは，国や地域によって戦う際のルール（手続法），勝敗の判断基準（実体法）の内容が大きく異なったりするからである。

　Ｙコーポレーションの本拠地アメリカ合衆国はというと，民事訴訟にも陪審制（jury system）が採られる点や，実体私法は，判例法（case law）をもとにしたコモンローの体系によるなど日本の法律とは根本から異なる。

　そこでＸ社が，裁判はすべて同社の本拠地である東京で行いたいと考え，そのために東京地方裁判所の裁判管轄の合意を望むのは自然である。ただ，相手方は逆にその本拠地カリフォルニア州で裁判を行いたいと考えるので，それほど簡単には合意できない。

　日本の民事訴訟法は，「第一審に限り」合意によって管轄裁判所を定めることができるとしている（同法11条1項）。外国裁判所の管轄権を認める内容の国際的裁判管轄合意も有効に行うことができる。

　裁判管轄の合意は専属（exclusive），非専属（non-exclusive）の2つに分けられる。後者の合意をしたときは，民事訴訟法の規定する管轄にプラスして合意裁判所も管轄権をもつようになる。前者は，排他的に合意した裁判所以外の管轄権を原則として否

定する。

　X社としては，東京地方裁判所に管轄裁判所を絞り込めるのであればそのほうが有利になると判断して「条項例」の規定を提案したものである。

◆　**応用課題**

　Ｙコーポレーションは，カリフォルニア州にしか資産をもたないので，日本で勝訴判決を得ても結局これをカリフォルニア州に持ち込み外国判決の執行を申し立てざるをえない。また，専属裁判管轄の合意が生かされない場合もあるし，アメリカにおける陪審裁判をしない合意を含んだ条項にしたほうが現実的ではないかとの意見があり，Ｘ社はその方向で検討をはじめた。

　裁判管轄の合意は専属的に行うほうが必ず有利とは限らない。Ｘ社が東京地方裁判所で得た勝訴判決を日本国内で強制執行する対象の資産がないとなれば，カリフォルニア州の裁判所に同判決の承認・執行を申し立てなければ埒が明かないことになりかねない。

　逆のケースにつき，日本の民事訴訟法118条は外国判決を承認・執行するための要件を規定しているが，「相互の保証」（同条4号）の要件もあって一筋縄ではいかない。カリフォルニア州の民事訴訟規則は，同様のあるいはもっときびしい要件を規定しているかもしれない。それならば始めから資産のあるカリフォルニア州の裁判所に訴えを提起したほうがてっとり早い。

　また，合意管轄の規定は「訴えについて法令に専属管轄の定めがある場合には，適用しない」（民事訴訟法13条1項）とされており，特許権など知的財産権に関する訴えはこれに当たる。（同法6条1項，6条の2。）

　Ｙコーポレーションの本拠地カリフォルニア州でも，適宜裁判を起こすには，上記条項例における exclusive jurisdiction を non-exclusive jurisdiction に変えればよい。非専属の管轄合意であってもＸ社が東京地方裁判所にＹコーポレーションを訴え，管轄をとることは可能である。

　アメリカでは，刑事だけでなく民事裁判も陪審（jury）によることを原則とする。合衆国憲法修正第7条は係争金額が20ドルを超えるコモンロー上の訴訟につき，陪審裁判を受ける権利を国民の基本権として保障している。

　ただ，この権利は，当事者がその事件について陪審審理を要求しない場合には，連邦民事訴訟規則上，陪審審理を受ける権利を放棄したものとして扱う。州の民事訴訟規則上も同様の扱いになると考えられる。

　問題は，事前に契約のなかで放棄をうたっておけば有効になるかであるが，これに

第Ⅱ部　契約

よってアメリカの民事訴訟のルールを排除するわけではないのでこれも有効としてよいであろう。その場合，以下のような条項を付け加えておけばよい。

Both parties waive their rights for jury trial, which will not be held in any litigation hereunder.

「両当事者は陪審審理に対する権利を放棄するので，陪審審理はこの契約の下でのいかなる訴訟においても行われない。」

◆「用法・用語」のポイント

「submit」

submit は *sub*「下に」と *mittere*「送る」が合わさったラテン語がもとになった語である。法律英語としては，各種書類を「提出する」との意味，あるいは裁判所に対して弁護士が一歩下がって「意見を具申する，上申する」との意味で使うことが多い。

自動詞としての submit には「服従する」との意味がある。「降参する，甘受する」と訳すほうがぴったりすることも多い。ある裁判所の管轄権を認めるというときは，その「管轄に服する」との意味であって submit to the jurisdiction of ～のように前置詞 to と共に使う。

「trial」

trial は try の名詞形で，try は日本語にもなっている「試みる，試す」の意味がまず思い浮かぶ。ほかに try には「審理する，裁く」の意味があり，名詞形の trial も「裁判，公判，審理」の意味に使う。

ただ，一般の英和辞典で trial の項を引くと最初に載っているのが，裁判用語で，「試験，試し」はその次である。

日本人が試験に当たる英語としてすぐ思いつくのは test であろう。trial と test は，同じく「試験」として使うが，厳密にいうと，trial は何が役立つかどうか予め調べることをいうのに対し，test は，一定の基準に達しているかどうかを確かめることをいう。

裁判の審理は判決などの結論を導くための事実調査がメインになるので trial の語を使う。ただ，事実の審理は，アメリカでいえば陪審員の前で行うのを原則とするので，trial といっただけで jury trial を指すことがある。

10 仲裁条項

　契約当事者間で紛争が生じた場合の公権的解決の方法として裁判があり，それに関連して裁判管轄の合意が重要な意味をもつことを前の**❾**に述べた。しかし，紛争は本来当事者間の直接の話合いによって解決されるのが最も望ましい。

　かりに，当事者間だけで解決が無理だとしても，当事者が自主的に選んだ公平な第三者に解決を委ねることができるのであれば，これまた尊重すべきである。ここに，仲裁（arbitration）とか調停（conciliation）の存在意義がある。

1　国際仲裁の利点

　調停と仲裁は，次のような違いをもっている。すなわち，調停の場合は，第三者である調停人の示す調停案を当事者が了承したときにはじめて効力を生ずる。これに対し仲裁は，やはり第三者である仲裁人に紛争の解決を一任し，判断を下してもらって当事者はその裁定を最終のものとしてこれに服するというもので，その形式は民間機関が行う"裁判"である。

　次に仲裁が渉外事件において，とりわけ国際仲裁として利用されるときの利点について訴訟との対比で考えてみよう。訴訟は，被告の住所地において訴えを提起し，その地の裁判所の判決を求めるのが一般的ルールになってい

■ニューヨーク条約の適用事例

　国際取引にかかる紛争の解決に，国際仲裁は重要な役割を果たしている。しかし，外国で得られた仲裁判断を，たとえば日本で執行しようとする場合には，日本にはこれに関して実定法上直接定めた明文規定がないため，種々の問題が起こってくる。もっとも，この点については国際条約として，1923年の仲裁条項に関するジュネーブ議定書，1927年の外国仲裁判断の執行に関するジュネーブ条約，1958年に署名された外国仲裁判断の承認及び執行に関する国連条約（いわゆるニューヨーク条約）があり，日本はこれらいずれにも加入している。

る。しかし，渉外的紛争においては，当事者が遠隔地に居住することが多く，原告は外国で弁護士を選任して訴訟を追行していくための相当な費用と困難を覚悟しなければならない。そこで裁判管轄の合意によって少しでもその不利を解消しようとするわけである。

　ところが，前**9**にも述べたように，国際的裁判管轄の合意をそのまま認めるかどうかは，それぞれの国の国内法の問題として判断されるので，はなはだ不確定な要素を含んでいるといわざるをえない。

　この点仲裁では，当事者があらかじめ合意によって有効に仲裁機関を選択しておけば，ほとんど訴訟におけるような問題なしに，合意したとおりの機関の仲裁を希望する地で受けることができる。

　仲裁は，特殊な場合を除いて，上訴できない。このため，訴訟と比べて紛争解決までにかかる時間が短くてすむことが多い。費用の点でも，1審のみとして比較すれば一般に仲裁のほうが高くつくかもしれないが，上訴を含め最終結着がつくまでの比較となれば，逆に訴訟のほうが費用がかさむことになるであろう。

　訴訟は公開が原則とされるのに対し，仲裁は原則として非公開である。これは，とくにノウハウのように公開されると価値を失うものを扱うときは，当事者にとって好都合である。

　仲裁はまた，ある特定の業界の専門知識をもった人を仲裁人に選ぶことができ，この点，法律全般についてはともかく，個々の業界についての知識が豊富とはいえない裁判官よりも，迅速で適切な判断が期待できるという利点がある。

　半面，訴訟は法律に基づく公権的手続であるため，判決には必ず理由が付

　したがって，契約中の仲裁条項によって外国仲裁判断を得た当事者は，前記の条約に基づいて日本の裁判所に執行判決を求めればよいことになる。

　以下で紹介する裁判例（大阪地判昭和58（1983）年4月22日，判時1090号146頁）で原告は，ニューヨーク市で仲裁に付する旨の仲裁条項によりなされた仲裁判断について，ニューヨーク条約3条に基づいて執行判決を求める訴えを大阪地方裁判所に提起した。これに対し被告は，抗弁として，本件仲裁判断は被告に防御の機会を与えないままなされたものであるとして同条約5条のいわゆる拒否要件を主張した。判決は，原告が，(a)正当に認証された仲裁判断の原本および仲裁合意の原本，ならびに，(b)

されるのに対し，仲裁の場合には必ずしも理由が付されず，加えて，上述のように上訴が許されないという点は，仲裁に内在するリスクである。また仲裁は一方的に起こすことができず，必ず仲裁合意が必要とされる点も難点といえば難点である。

しかし，仲裁は私的紛争解決手段であるがゆえに，一定の訴訟要件も必要なく，当事者が私的に処分できるものでありさえすれば，あらゆる争いを取り上げることができる。また，後述するように，下された仲裁判断を外国で執行するのは判決よりも容易である。結局，国際取引においては，一般に仲裁によるのが有利とはいえるものの，具体的な場面において仲裁によるべきか訴訟によるべきかは，事件の性質その他種々の事情を総合して決するしかない。

しかし，こうした一般論に対し，実務家の間には，133頁下欄のような傾聴に値する意見もあることをとくに記しておきたい。

2　外国仲裁判断の承認・執行

裁判は国家統治権の一部である司法権の作用であるから，その結果下された判決を外国にもっていって当然執行できるとは考えられない。たとえば，日本で外国判決を執行しようとすれば，民事訴訟法118条の要件をみたしたうえで，民事執行法24条の執行判決を得なくてはならない。具体的には118条4号が「相互の保証あること」を要件とするなど，外国判決の承認・執行には種々の困難が存する。

これに対し，私的な紛争解決である仲裁判断（award）の場合は，外国判決を執行するよりも容易である。つまり，外国仲裁判断の承認・執行につい

英国領事館により証明を受けたこれら文書の各翻訳文を提出していることから，同条約4条の定める形式的手続的な積極的要件は充足されている。しかし，一方，実質的要件である拒否要件の立証責任はすべて被告が負うべきであるが，被告の立証は，その主張を裏づけるに十分ではないとして，原告の請求を認容した。外国仲裁判断の執行についてのこの判決は，数少ない先例として重要である。

なお，中国もニューヨーク条約を批准している。したがって，紛争の中身部分を蒸し返すことなく，ニューヨーク条約の要求する形式的要件を吟味するだけで，相互に相手国で下された仲裁判断を承認・執行できることになる。

ては国際条約として，1923年署名された仲裁条項に関するジュネーブ議定書，1927年の外国仲裁判断の執行に関するジュネーブ条約，および1958年の外国仲裁判断の承認および執行に関する国連条約（ニューヨーク条約）があるからである。日本はこれらいずれの条約にも加盟している。また，これらのほかに，通商条約のような2国間条約のなかで外国仲裁判断の承認・執行について取り決める場合があり，実際には主要国間ではこちらが適用されることの方が多い。

　前記ニューヨーク条約は，外国仲裁判断の執行を容易かつ迅速にするため，形式的な要件だけで執行判決がえられるようにしている。同条約4条によれば原告は，(a)正当に認証された仲裁判断または正当に証明されたその謄本，(b)仲裁合意の原本または正当に証明されたその謄本，(c)外交官・領事官による証明を受けたこれらの翻訳文を提出すればよい。そして，実質的要件はすべて被告が立証責任を負う拒否要件となっている。（同条約5条。同条約のもとでこの拒否要件の有無が争われた裁判例として，大阪地裁昭和58（1983）年4月22日判決，判時1090号146頁がある。）

3　仲裁条項の内容

　仲裁は，上にみてきたように，当事者の間に仲裁合意がなければ行うことができない。国際契約において仲裁条項を入れるのは，まさにこのような，あらかじめの仲裁合意の存在を示すためのものである。

　仲裁合意の内容のポイントは，(i)仲裁機関，(ii)仲裁規則，(iii)仲裁地にある。

　国際的な仲裁機関としては，国際商業会議所（ICC）や日本の一般社団法

　これまで日本で中国国際経済貿易仲裁委員会（CIETAC）が下した仲裁判断を承認・執行したケースは，すでに数件が報告されている。最初の執行判決は，平成5（1993）年7月14日，岡山地方裁判所によって下された。（判時1492号125頁。）

人日本商事仲裁協会などがあり，仲裁機関としてはこれらの常設の信頼でき
る機関を選ぶのがよい。その場合の仲裁手続は，その仲裁機関の定める仲裁
規則によることになる。仲裁地としては，仲裁判断の執行のことまで考えて，
その国が上記ニューヨーク条約などに調印しているかどうかを調査のうえ，
中立的な第三国で国際仲裁がよく行われる国を指定するか，被告となる当事
者の所在地を仲裁地とするのが妥当かつ公平である。

ICCをはじめとする各種の国際的仲裁機関では，詳細なる仲裁規則ととも
に，モデル仲裁条項《文例–15》を定めているのが通常であるから，これに
基づいて仲裁条項をドラフトすればよい。

ただ，モデル条項はこれだけで完全なものとは考えないほうが安全である。
仲裁人の資格要件・数，仲裁地などについて明確な合意を補充しておかない
とせっかくの仲裁合意が生かされない場合もありうる。(この点についての詳
細は，岩崎一生「国際契約における仲裁条項—モデル条項の有効活用のために—」国
際商事法務 Vol. 8，No. 10，482頁以下および同 No. 11，530頁以下参照。)

《文例–15》　ICCのモデル仲裁条項

All disputes arising out of or in connection with the present con-
tract shall be finally settled under the Rules of Arbitration of the In-
ternational Chamber of Commerce by one or more arbitrators ap-
pointed in accordance with the said Rules.

この契約に関連して生じるあらゆる紛争は，国際商業会議所の仲
裁規則に従って指名された1人または複数の仲裁人によって同規則
の下で最終的に解決されるものとする。

■ 紛争解決手段としての「仲裁」の限界

仲裁は裁判にくらべてメリットも大きいが，仲裁による紛争解決にも限界があるこ
とを銘じておくことである。

まず第1に，仲裁条項の有効性につき，各国の法制によって違いがみられることであ
る。その結果，せっかくとりきめた仲裁条項が無効になることも稀ではない。たと
えば，ブラジルにおいては，将来の紛争を仲裁に付託するための契約条項（仲裁条項）
には原則として強制力がないとされている。また，イタリアにおいては，仲裁条項に
ついては，「特に」「書面によって確認する」（民法1341条）ことを有効要件としている。

一般社団法人　日本商事仲裁協会（JCAA）は，仲裁手続の透明性を増しつつ，仲裁制度を企業にとって利用しやすいものにするために，仲裁規則を改正した。すなわち，従来の商事仲裁規則とUNCITRAL仲裁規則を改正するとともに，新たな仲裁規則としてインタラクティヴ仲裁規則を制定し，2019年1月1日から施行した。

とりわけ，インタラクティヴ仲裁規則は，仲裁手続過程において当事者と仲裁人との間で「対話」を行い，かつ仲裁報奨金を定額制にすることにより，当事者の予見可能性を最大限確保しつつ，迅速な紛争処理を提供するとされている。

改正に伴い，同協会が公表してきた「推薦仲裁条項」も改訂され，以下の3種類となった。

1．「UNCITRAL仲裁規則」＋「UNCITRAL仲裁管理規則」によって仲裁を行う場合の仲裁条項

"All disputes, controversies or differences arising out of or in connection with this contract shall be finally settled by arbitration in accordance with the UNCITRAL Arbitration Rules supplemented by the Administrative Rules for UNCITRAL Arbitration of The Japan Commercial Arbitration Association. The place of the arbitration shall be [city and country]."

2．「商事仲裁規則」によって仲裁を行う場合の仲裁条項

"この契約から又はこの契約に関連して生ずることがあるすべての紛争，論争又は意見の相違は，一般社団法人日本商事仲裁協会の商事仲裁規則に従って仲裁により最終的に解決されるものとする。仲裁地は（国名及び都市名）とする。"
（英文）
"All disputes, controversies or differences arising out of or in connection with this contract shall be finally settled by arbitration in accordance with the Commercial Arbitration Rules of The Japan Commercial Arbitration Association. The place of the arbitration shall be [city and country]."

3．「インタラクティヴ仲裁規則」によって仲裁を行う場合の仲裁条項

"この契約から又はこの契約に関連して生ずることがあるすべての紛争，論争又は意見の相違は，一般社団法人日本商事仲裁協会のインタラクティヴ仲裁規則に従って仲裁により最終的に解決されるものとする。仲裁地は（国名及び都市名）とする。"
（英文）
"All disputes, controversies or differences arising out of or in connection with this contract shall be finally settled by arbitration in in accordance with the Interactive Arbitration Rules of The Japan Commercial Arbitration Association. The place of the arbitration shall be [city and country]."

第2に，仲裁の場合に，果たして迅速性が全うされているかどうかは疑わしい。仲裁裁判所を構成するための仲裁人の選定手続，当事者に対する送達方法の妥当性の検討，証人喚問その他の手続きについての強制力のないことなどから，手続きの遅延を免れない場合がある。

第3に，当該紛争が仲裁条項の予定する種類の紛争であるかどうかにつき，争いが生じることがあり，さらには当該紛争がそもそも仲裁に適する種類の紛争であるか否かについても判然としない場合がある。万一，紛争が起こった場合に，ある種の請求原因は仲裁手続に，別の請求原因は訴訟へと二重の手続きをとらざるをえないことが

考えられる。

　第4に，仲裁判断が下された場合，外国において，その執行をするための手続きにつき，当該国の締結した条約ならびにその国内法の再検討が必要となり，場合によっては追行された仲裁手続に瑕疵があるとされて仲裁判断に関する執行が許されない事態が生ずる。

　第5に，弾力的解決の可能性については，仲裁は法によって行われるのでなく，衡平に従って行われるものであるという考えがその前提になっている。日本においては，仲裁は衡平に従って行われるが，欧州諸国では，友誼的仲裁人（amicable arbitrator）によって仲裁を行うという特別の取決めをしないかぎり，厳格に法律に従い仲裁が行われる国がある。（たとえば，オランダ，フランス，イタリア，ベルギー。詳しくは，田中斎治・上野幹夫『契約意識と文章表現』194頁以下を参照されたい。）

11 通知，送達代理人に関する条項

　IT（information technologies）時代といわれ，通信手段が一段と高度化している。インターネットや電子メールを使えば，低コストで，遠く海を隔てた当事者間においても，時間と距離とを超越して大量の情報を送ることができる時代になった。しかし，情報化時代が到来したからといって，国際条約における通知条項の重要性が減ずるわけではない。むしろ，多様化した通信手段のなかから，当該契約に最も適切な通知方法を選び出すという新たな難しさが加わったともいえる。

1　発信主義と到達主義

　一般に契約当事者間でなされる通知は，契約にとってきわめて重要な内容を伝達することが多い。解約の通知は，その最たるものである。そこで，通知先，方法，および効果についてはっきり契約で定めておくことがぜひとも必要になる。これが国際契約となるとなおさらである。

　国際契約の当事者は，それぞれ遠く離れているのがふつうであるから，その間で確実に情報が伝達されるようにしなくてはならない。また，隔地者間の通知の効力発生時期については，各国の立法主義が必ずしも一致していないことが問題となる。

　意思表示の効力発生時についての立法主義は，大きく発信主義と到達主義

■ エレクトロニック・バンキング

　給料は銀行振込，買物はクレジットカードでというキャッシュレス社会が進行しつつある。企業社会においても，従来から支払決済の主役であった紙幣・小切手・手形がやがて姿を消すかもしれない。エレクトロニクスが，いま経済活動の根幹をなす支払決済制度を大きく変えようとしている。

　エレクトロ（ニック）・バンキングは，支払決済をエレクトロニクスで行おうとする。この場合，支払決済の中心になると考えられているのがいわゆる EFT システム（electronic funds transfer system）である。すでに金融機関相互間では，さまざ

11 通知，送達代理人に関する条項 *137*

に分けられる。到達主義は，意思表示が相手方に到達したときをもってその効力発生時期とするもので，両当事者間の利益を最もよく調和する。しかし，迅速な取引には発信主義の方が向いている。そこで，日本の民法は原則として到達主義をとり（97条），迅速性を必要とする場合に，たとえば商法526条2項などが例外的に発信主義をとることにしている。ところがむしろ，英米法では逆に発信主義が原則とされることが多い。したがって，英米法を契約準拠法とする場合は，契約中に別段の定めをしないかぎり，通知は発信のときに効力を生ずることになる。この点を十分頭に入れておく必要がある。

2　通知条項の内容

通知条項を理解・作成するうえでのポイントは，通知方法と通知の効力発生時期の2点にある。

通知の方法にはいろいろ考えられる。口頭あるいは電話による方法もある。しかし，口頭による通知は証拠が残らないので，あとで争いのタネになりかねない。そこで，ほとんどの通知条項は，通知は書面によるべきと定めている。その場合に一番確実なのは，当該書面を直接相手方に手渡し，受取証（当該書面のコピーに署名してもらう）をもらってくるやり方である。ただ，これは確実ではあっても簡便さに欠ける。次に，国内の取引でよく使われる内容証明郵便があるが，これは英語や外国語による通知に使うことはできない。そこで，一般には航空郵便（普通または書留）が使われることが多い。

電報，テレックス，ファックスを経て，いまでは電子メールが通信手段として使われるようになってきた。これらのうち，電報やテレックスは書面による通知にはちがいないが，受信人のもとには発信人の署名のある書面が残

まなシステムが開発されているが，今後は，顧客をも含めたファーム・バンキング，ホーム・バンキングのシステムにひろがっていく。

このような新しい支払決済手段は，これまでなかったさまざまな法的問題を投げかける。たとえば，取引が電子化されると従来のように紙ベースの「証拠」が消え去るため，取引の完了・確認をどうするか，各種機器の誤操作，プログラムミスなどによる取引の遅延の責任をどう扱うかなど早急に対応がはかられなければならない。

支払決済手段のEFT化は，国際的な動向である。これを背景に国連の下部組織であるUNCITRAL（国連国際商取引法委員会）は支払決済に関する研究グループを設

るわけではない。

つまり，たしかに発信者が発信したという確実な証拠にはならない。この点，ファックスは，署名入り文書の写しを送り届けることができ都合がよい。

これらいくつかある通信方法のメリット，デメリットをよく勘案しつつ，当該取引に最も合った通知方法を定めることが重要である。通知方法の指定は明確に行う必要がある。ただ "Any notice shall be in writing." というだけでは，ファックス，電子メールなどを含む趣旨かどうかはっきりしない。"〜 shall be sent by a registered airmail, telex, telegram or the equivalent thereof." のようにしておけば，かなりひろく含むことになる。ただし，ファックス，電子メールについては，上記の難点をカバーする意味で，"if followed immediately by a confirmation letter sent by airmail." と条件をつけることもよく行われる。

通知の効力発生時期については，まず上記の発信主義，到達主義のいずれをとればよいかを考える。次に準拠法との関連でこれが明確になっているかどうかを検討する。《文例-16》(140頁) は発信主義をとっている。到達主義をとる場合には，相手方に通知が到達したか否かを確認する手段が十分とはいえない点を考慮する必要がある。(国際間の通信にも配達証明制度はあるが，国内におけるほど確実ではない。) そこで，折衷的に，

> "Such notice shall be deemed to have been duly given ten days after the envelope containing the written notice is placed in a post office."
> 「そうした通知はその書面の通知を入れて封筒が投函されてから10日後には適法になされたとみなされるものとする。」

け，国際的視野に立ったルール作りをめざしている。1984年4月，東京においてそのための会議が開催された。このような会議の成果をもとに，その後 UNCITRAL は，リーガル・ガイドの草案を採択し，広く各界のコメントを求めた。

その後，UNCITRAL は1996年に電子商取引に関するモデル法 (Model Law on Electronic Commerce) を採択し，公表し，2001年に電子署名モデル法 (Model Law on Electronic Signatures) を採択し，公表した。日本においても，「電子署名及び認証業務に関する法律」および「書面の交付等に関する情報通信の技術の利用のための関係法律の整備に関する法律」が制定され，2001年4月1日から施行になった。

のようにして、発信から10日たったら効力を生ずることとみなし、万が一通知が到達しない場合のリスクは、受信者に負わせる例もある。

3 送達代理人に関する条項

通知条項とは別に送達代理人 (agent for service of process) に関する条項を置くことがある。送達代理人というのは、本人に代わって訴状等を受け取る権限を本人から与えられた者のことである。したがって、ある当事者に対し訴訟を提起しようとする場合、直接その者に訴状・召喚状 (complaint and summons) を送達せずとも、その送達代理人に送達することにより訴訟手続を開始できることになる。《文例-17》(141頁)のようにイギリスの裁判所に裁判管轄を認めたうえで、送達代理人もその地に選任する例が多い。

外国への訴状などの送達については、送達条約や各種領事条約などによってカバーされることが多いとはいうものの、手続きに時間がかかったり翻訳文を付するなどめんどうが多い。しかし、原告が裁判を起こそうとする地に送達代理人がおかれていれば、これに訴状類を送達するだけで足りる。送達代理人を定めるのはまさにこのような目的のためである。送達代理人を選任する場合は、この点をよく認識して行う必要がある。

すなわち、事態の意味するところを理解し、責任ある処理をしてくれる人物を選任しなければならない。送達代理人の選任が有効になされている以上、かりにその者が訴状等を本人に回送することを怠った場合には、欠席判決が出されることまで覚悟しておかなければならない。

その欠席判決につき日本で執行判決が得られるかは一応問題となるが（民訴法118条2号）、みずから選んだ代理人の過失を理由に、訴状を受け取って

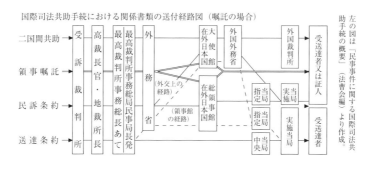

第Ⅱ部　契約

いないとして執行判決を否定することは困難である。この意味で送達代理人として一番望ましいのは，法律事務所ないし弁護士である。迅速かつ適切な処理が期待できるうえ，その過失によって訴状等が本人に送達できなかったときでも，職務上の責任を追及することも場合によって可能だからである。

《文例-16》

Any and all notices, tenders, statements and other communications mentioned in this Agreement to be given or sent to either party shall be in writing in the English language and shall be deemed to have been duly given if sent by airmail letter, or by cable or fax addressed to the following addresses:

If to ABC:_____

_____

(Fax No.:_____)

Attention:_____Department

If to XYZ:_____

_____

(Fax No.:_____)

Attention:_____Department

Unless otherwise provided herein, the time of mailing shall be the time when such notice, tender, statement or other communication is given or sent.

この契約中で一方当事者からなされるように言及されるあらゆる

■ 便宜置籍船 （べんぎちせきせん）

　船舶が，実質的には何ら関係のない国に税金などの理由から便宜的・形式的に登録される場合，これを便宜置籍船という。また，このような登録がなされる国を「自由登録制国」，「便宜置籍国」あるいは，目的に着目して「タックス・ヘイブン」（tax haven）とよぶ。これには，バハマ，バミューダ，キプロス，リベリア，パナマ，シンガポール，およびソマリアが含まれる。

　便宜置籍船の数が増加しはじめたのは，1950年以降である。これは，1949年にリベリアが船舶の自由登録を行うようになったことと密接に関連している。その後，1955

11　通知，送達代理人に関する条項

通知，申出，声明およびその他の通信は，英語で書面でなされなければならず，航空郵便または電報もしくはファックスで下記住所に宛て出されたときは適法になされたとみなされるものとする。

ABC 宛：＿＿＿＿＿＿＿＿

＿＿＿＿＿＿＿＿

（ファックス番号＿＿＿＿＿＿）

＿＿＿＿＿＿部気付

XYZ 宛：＿＿＿＿＿＿＿＿

＿＿＿＿＿＿＿＿

（ファックス番号＿＿＿＿＿＿）

＿＿＿＿＿＿部気付

本契約において別段の規定がないかぎり，投函の時が，そうした通知，申出，声明または他の通信がなされ送られた時とする。

《文例-17》

　　X submits to the non-exclusive Jurisdiction of the English Courts and hereby irrevocably designates and appoints ABC, 〔address〕, in London as its authorized agent for service of process in the English Courts.

　　Xは，イングランド裁判所の非専属的裁判管轄権に服し，ここに撤回不能でロンドン市における ABC〔住所〕を，同裁判所における権限ある送達代理人に指名する。

年には，リベリア国籍の船の数は，パナマで登録されたそれをしのぐようになり，その年これら2つの国において登録された商船は世界の船腹量の9.6%に，1965年にはさらに増加し続けて15%に達した。一時は世界の商船の過半数がこれらの自由登録制国の船籍をもつとされていた。

　実際には，これらの国にペーパー・カンパニーを設立して，これを船主として外国船籍に移籍し，これを期間傭船することによって賃金の安い外国船員を傭い入れる方法がとられ，こうした船舶をチャーター・バック（charter back）という。

通知条項のカギ

◆ 課題設定

日本企業Ｘ株式会社は，オーストラリアのＹ社と業務の一部を外部委託するための Outsourcing Agreement を締結することになった。海外とはいえ外部委託先を適切に監督するためにも通知，連絡，報告はしっかり行わせる必要があると考えている。

契約条項の作成にはどのような工夫が必要になるであろうか。

このテーマに沿った条項例

Any notice required under this Agreement shall be written in English and shall be deemed to have been duly given if sent by airmail letter or by e-mail to the following addresses :

   If to X :

   If to Y :

「本契約の下で求められるあらゆる通知は，英語で書かれ，かつ下記の住所宛に航空郵便または電子メールによって発送された場合に通知が正当に行われたものとみなされる。」

国際契約における通知条項（notice clause）の役割は大きい。一昔前まで国際通信手段はその方法とコストにおいて国内におけるのとは異なっていた。

国内であれば契約上の重要な通知（たとえば解約通知。termination notice）は内容証明郵便によるのがふつうである。同じやり方を外国向けにしようとしても難しい。ただ，現代は IT，とくにインターネットを利用した通信技術の発達によって，国内，国際を区別することなく通信ができるようになった。

問題はそうした時代にふさわしい通知条項を英文契約中にどう規定するかである。従来から迅速を旨とする商取引においては発信主義に合理性があるとしてきた。日本の民法が到達主義を総則編にうたっている（97条）のに対し，商法が商行為編において発信主義の特則を規定している（509条）のはこのためである。

上記条項例は，ビジネスの世界における迅速性の要求に応えるため発信主義によっている。通知は相手に到達してはじめてその内容を伝えることができる。にもかかわらず発信した時点で通知の効果が生じるとするのは擬制である。上記条項が「みなし」規定になっているのはそのためである。

11 通知，送達代理人に関する条項

143

◆ **応用課題**

　実際の通知は電子メールによることが多い。その場合，発信者から受信者に直接情報が送り込まれるのではなく，中間プロバイダー的事業者のシステムにいったん情報が入ってのち転送されるので，発信の時点を何時と特定すべきかが問題となった。

　電子的方法による通信においては，発信とほぼ同時に通知は相手方に到達するはずである。そのため，立法主義的には，発信主義よりも到達主義が妥当するとされている。発信主義におけるような擬制をする必要がないからである。

　ただ実際はどうかというと，いくつかのコンピュータシステムが介在し，多少のタイムラグが生じるのがふつうである。そうなると，発信主義か到達主義のいずれが適切かの選択よりは，いずれを採るにしても「発信」，「到達」の定義を明確にしておくことのほうが重要になってくる。

　国連国際商取引法委員会（UNCITRAL）が1996年に発表した電子商取引モデル法にはひとつの答えが示してある。同モデル法15条（Time and place of dispatch and receipt of data messages）は，以下のように規定する。

　⑴　Unless otherwise agreed between the originator and the addressee, the dispatch of a data message occurs when it enters an information system outside the control of the originator or of the person who sent the data message on behalf of the originator.

　「⑴　オリジネーターと名宛人の間で別段の合意がなされた場合を除き，データメッセージの発信は，それがオリジネーターの，またはオリジネーターのためにデータメッセージを送信した者による支配の及ばない情報システムに入ったときに生ずる。」

この規定を参考に，次のような通知条項にして発信の定義を明確にするのがよい。

Any noticeshall be deemed to have been duly given when the dispatch of notice was made by airmail letter or by e-mail to the following addresses:

　　　　　　〜

In case of e-mail, dispatch of notice occurs when data message enters into an information system outside the control of the sender or of the person who sent the data message on behalf of the sender.

「下記の住所への通知の送付が，航空郵便または電子メールによって行われたあらゆる通知は，正当になされたものとみなされる。

電子メールの場合，データメッセージが送信者または送信者に代わってデータメッセージを送信した者による支配の及ばない情報システムに入ったときに，通知の送付となる。」

◆「用法・用語」のポイント

「notice」

notice の語源は，to know「知ること」を意味するラテン語である。「通知，通報」が，辞書にも最初に載っている意味であるが，根底に「気付くこと」の意味がある。

そうなると，その内容を認識し，知ってはじめて notice になるのであって，相手方に到達しなければそもそも無意味である。constructive notice「擬制通知」という法律用語があるのはこのためである。通知の発信主義は擬制を前提とする。

「dispatch」

dispatch は「急がせる」を意味するイタリア語やスペイン語から生まれた。そこから，軍隊などで使者を「特派する」，通信・手紙などを「急送する」の意味になった。

ものごとを手早く処理させるのが原義であるため，「処刑する」の意味もある。辞書には a happy dispatch を「切腹（harakiri）」と訳す例も載っている。

12 Headings と Severability

1 英文契約中の一般条項

　英文契約は，分厚いものになると数百頁を超えるようなものがある。その
なかには何十，何百といったさまざまな内容の契約条項が含まれているわけ
であるが，これらを大きく一般条項とそうでない条項とに分けることができ
る。

　英文契約の理解の仕方，読み方としてはいろいろなアプローチが考えられ
るが，多数ある条項を大きく一般条項とそうでない条項とに分けてみるのは
よい方法である。こうすることによって，ただ平面的に並んでいるだけの諸
条項がやや立体的に見えるようになるはずである。

　英文契約によく出てくる一般条項中，最も"きまり文句"化しているのが，
"Headings"と"Severability"と題する2つの条項であろう。いずれも，
ほとんど実質的な内容をもたず飾りのように契約の末尾のように収まってい
たりする。

　アメリカの弁護士のドラフトする契約書にはやたら長いものが多いが，こ
うした形式的な条項の存在が理由のひとつである。なぜ，いちいちこうした
きまりきった内容の条項を入れるのであろうか。民法や商法のような法律に
規定しておけばそれですむだろうにと感じる人もいるのではなかろうか。

　ここでコモンローとよばれる英米法が慣習法・判例法のシステムであるこ

■ X，x

　x にはそれ自体でいろいろな意味があるが，「署名代用記号」という意味もある。

　これは，自分の名前を署名することができない者が，署名欄に署名の代わりに書く
記号である。

　契約などの署名欄の下には，署名をすべき人の名前のフルスペルがブロック体やタ
イプで書きこまれることがあるが，これとともに署名欄に"x"と書けばたとえ書き
こまれた名前のスペルにミスがあったり一部まちがっていたとしても署名としての効
力があるとされている。

とを思い返していただきたい。ドイツやフランスの大陸法の伝統をくみ，制定法主義をとる日本などの場合と違い，英米法のシステムのもとでは，民法や商法といった基本的法分野に制定法をもたないのが原則である。

したがって，コモンローのもとでは，法律に明文をもって規定してあれば個々の契約書中に書かなくてもよいというわけにはいかない。逆に，心配なことやあいまいなことは，すべて当事者間の規範となる契約にはっきりしておかないと，安心できないことになりがちである。

過去に争われたことのあるリーディング・ケース（主要判例）の内容なども，契約書のなかにそのつど登場し繰り返されたりするのもこうした事情による。「コモンローのもとで，契約をドラフトすることは法律をつくるのと同じである。」極言すればこのようにいえるであろう。

その証拠にというと変であるが，アメリカの法律には，契約書にあるのと同じような内容で"Headings"条項や"Severability"条項が含まれている。

各州がこれを採択するかたちで制定法化されるモデル法的内容のアメリカ統一商事法典（U.C.C.）§1-108は，"Severability"と題して以下のように規定している。

> "If any provision or clause of this Act or application thereof to any person or circumstances is held invalid, such invalidity shall not affect other provisions or applications of the Act which can be given effect without the invalid provision or application, and to this end the provisions of this Act are declared to be severable."
>
> 「本法のいかなる規定またはそのある人もしくは状況への適用が，無効

■ yellow dog contract

日本語では「黄犬契約（コウケンケイヤク）」といっている。労働組合への不加入を条件とする雇用契約のこと。アメリカでは，19世紀末から1920年代にかけて組合活動をおさえる目的でさかんに用いられた。同国の多くの州では憲法その他で黄犬契約を禁止している。合衆国連邦最高裁判所は，かつてはこれらの州法を契約自由の原則を不当に制限するものとして合衆国憲法に反すると判断していた。（1915年。）

ところが，1932年に連邦法として全国労働関係法（National Labor Relations Act，通称ノリス・ラガーディア法を含む）が制定され，平和的争議行為に対する差

と判断された場合，その無効は，その無効の規定もしくは適用がなければ効力を与えられるところの本法の他の規定もしくは適用に影響を与えるものであってはならず，この目的のために本法の規定は分離されたものと宣言される。」

このなかの Act を Agreement や Contract に置きかえれば，一般の英文契約にみられる「分離条項」と同じものであることはすぐにお分かりいただけるであろう。

同じ U.C.C. §1-109は，

  "Sections captions are parts of this Act."
  「条項の見出しは本法の一部である。」

と規定する。これは，下に説明する"Headings"条項と内容的には正反対になっているが，条項の見出しの効力について明定している点では共通している。

2 Headings

上記の U.C.C.における§1-109の内容とは逆に，通常の英文契約書には，次のような規定が入っていることが多い。

  "**Section ○ Headings**
  The headings of this Agreement are for the purpose of reference only and shall not affect the interpretation of the provisions hereof."
  「第○条　見出し

止命令を禁止し黄犬契約を連邦裁判所において強行しえない(unenforceable)ものとした。日本では黄犬契約は憲法（28条）に違反するものとして当然無効とされ，これを締結することは使用者の不当労働行為となる。

■**zero bracket amount**
　税法上の用語で，納税者に与えられる最低控除額のこと。
　この zero bracket amount 以下の所得しかなかった者については所得税が課されない。したがって，課税最低基準をあらわす数額ということになる。

本契約の条項（見出し）は，参照目的のみのためのものであり，本契約の条項の解釈には影響を与えない。」

という意味になる。

3　Severability

separability ともいうが，「分離・独立性」のことである。英文契約に入っているこの条項の内容は，上述のように，U.C.C.§1-108とほぼ変わらない。意味は，契約などの各条項はそれぞれ独立の効力を有し，仮にある条項が無効や強行できない（unenforceable）状態になっても，他の条項に影響を与えないということである。

契約を締結する時点では関係国の強行法規に違反しないように内容を定めても，その後の法令の改正や裁判例によって違法になってしまうことがありうる。このような場合に，問題となる一部の条項だけでなく，将棋倒し的に契約全体が無効になってしまうのは当事者にとって好ましくない。

そこで，こうした無効や強行不能を一部だけにとどめ，他に影響させないようにするために設けられるのが Severability Clause「分離条項」である。

契約条項の severability〔separability〕がとくに問題とされるのが，仲裁条項（Arbitration Clause）である。仲裁条項は，当事者が契約によって，あるいはこれに関連して生ずる紛争やくい違いを裁判ではなく仲裁によって解決するという合意を内容とする。紛争解決条項といわれるもののひとつである。（129頁以下参照。）

仲裁条項は，契約中の1条項として含まれることが多い。この場合，たと

■ ホワイトナイト（white knight）は敵の敵が味方？

40年近く前，筆者が留学時代のアメリカ社会は，弁護士にはうらやましい法律万能社会に見えた。テレビでは，ゴールデンアワーに弁護士が主役のドラマをやっているし，ニュースでは裁判をトップに取り上げることもしばしばであった。しかし，最近の動きを見ていると，つくづく日本も変わったと感じる。人気番組に，留学時代からの知人弁護士がタレント顔負けで登場したりするので，なおさらである。

以前，アメリカの弁護士に，日本には会社法がないそうだが本当かと聞かれ，つい「とんでもない。百年以上ある。」と答えた。ただ，明治以来，講学上の会社法はあ

12 Headings と Severability

えばある契約が契約当事者の錯誤によって無効になるとすると，契約全体が無効になり，その一部である仲裁条項（仲裁合意）も無効になってしまうおそれがある。

仲裁条項まで無効になってしまうとすると，契約の有効，無効に関する争いは仲裁にかけることができず，何のための紛争解決条項か分からないことになる。

そのため，たとえ仲裁条項は契約中に一体となって含まれていても，契約本体から別個独立の存在であって，契約本体の有効，無効については仲裁人に判断させることができるとする，仲裁条項についての "severability〔separability〕doctrine" が確立するにいたった。

ただ，このように仲裁条項自体の分離・独立性が認められるかは，上述したところの severability clause の規定があるか否かということとは一応無関係に，仲裁条項の内容次第ということになる。紛争解決条項としての仲裁条項を真に機能させようと思ったら，常設の仲裁機関〔たとえば，一般社団法人日本商事仲裁協会や ICC など〕がそれぞれすすめているモデル仲裁条項をもとに，しっかりとした内容の仲裁条項を入れておくのがよい。

ただ，アメリカにおいては，従来から同国の連邦反トラスト法などきわめて公益性の強い法律の下での契約の有効，無効が問われるような場合，仲裁合意の効力が否定されることがあった。

ところが，過去の判決（Mitsubishi Motors Corporation v. Soler Chrysler Plymouth, Inc., 1985.7.2, 9 U.S.L.W. 5069）においてアメリカ最高裁は，裁判所が管轄権を有すべき反トラスト法に関する事件につき，国際取引において仲裁による紛争解決方法をあらかじめ定めておくことの必要性に着目し，アメリカ以外の

ったが，「会社法」という名称の法律は存在しなかったことはたしかである。ドイツ流の体系の下で商法第二編「会社」，有限会社法などに散らばっていた規定を一本化する新「会社法」案が，2005年の通常国会に提出され，成立した。

法律の中身で関心を集めているのが敵対的企業買収防衛策である。企業の合併・買収（M＆A）先進国のアメリカで行われてきた防衛策を，日本の法制下でどこまで有効に使えるようにするかがポイントになる。それにしても，家庭で子供までがポイズンピル，ホワイトナイトといったM＆A用語を口にする時代が来るとは想像できなかった。

ホワイトナイトは，物語の世界では白馬でさっそうとあらわれ，窮地に陥った者を

国の仲裁裁判所（日本の国際商事仲裁協会，現一般社団法人日本商事仲裁協会）に解決を委ねることとした。注目すべき判決といってよい。

救い出す正義の味方である。だが，現実の企業社会では，それほど正義と悪がはっきりしているわけではない。現経営陣が「敵対的」であると決めているにすぎない。「敵の敵が味方」に映っただけかもしれないのである。

■コード・オブ・コンダクト（Code of Conduct）

　最近いろいろなところでコード・オブ・コンダクト（Code of Conduct）やポリシー・ステートメントの語を目にする機会が多くなった。これは企業などの行動・慣行の基準となる行動準則のことである。国の制定する法律と異なり，むしろ任意的規範であるところに特色がある。

　コード・オブ・コンダクトは，国連やOECDのような国際機関が作るものから一企業の作るものまでさまざまである。たとえば，国連では「多国籍企業に関する行動基準」を出している。また，アメリカの大企業のなかには，自主コードをもって独禁法などのきびしい規制に対応し，違反を少なくしていこうとする傾向がみられる（「アメリカ大会社の反トラスト法遵守行動基準」国際商事法務，Vol.12，No.1〜No.3参照）。

　そもそもこの種の自主コードの原型の１つは，英国の企業社会に求められる。同国では，古くギルド社会の時代から，そのメンバーを規律するためのコードが作られていた。この自治の伝統は，現在に受けつがれている。ロンドンの金融街シティにおける「企業取得と合併についてのシティ・コード」はあまりにも有名であるし，多くの業界団体がコード・オブ・プラクティス（またはコンダクト）を有している。なかには，顧客（消費者）に対するサービスを細かく規定したコードもあり，約款規制・消費者保護の観点からも注目されている。

　企業活動が国際化してくると，好むと好まざるとにかかわらず，外国の複雑な法規制に服さざるをえなくなる。違反すれば，知らなかったではすまない重大な結果を招くことは，過去に日本企業が巻きこまれたアメリカ独禁・通商法の事例が示している。これからの多国籍企業は，積極的に自主行動基準を作成・遵守していく"自主規制"と自治の時代を迎えたということができよう。

■ボイラープレート（boilerplate）条項

　ボイラープレートは，boiler「ボイラー，汽罐」の覆いをしているplate「鋼板，圧延鋼」のことである。これだけだと何のことはないが，boilerplateには，「ボイラー板」のふつうの意味のほか，契約書などで使う「定型的文言，決まり文句」の意味が

12 Headings と Severability

ある。

なぜこのような意味で使うようになったかは定かではないが，boiler は，本来の意味以外ではあまり良い意味には使わないようである。boilermaker's delight といえば，俗語で「安ウィスキー，密造酒」を指す。

また boiler room は「金融商品や不動産などの詐欺的な売込みや，取立てなどの集中的電話作戦を行う部屋」のことでもある。boiling には「煮えくり返るほどの」，「うだるように暑い」などの意味があり，boiler room の雰囲気はよく伝わる。

文書に適合する「出来合いのまたは汎用性のある文言」を意味する。もともとは，ボイラーを覆う鋼板のことだが，その後 boiler に付着した鉄板を表すようになった。

さらに，19世紀末，アメリカのある新聞社が輪転機のプレートに，ステロ版のニュース記事を刻印して地方新聞に配送した。配送を受けた地方新聞社はその他方のニュースと共に発行し，これを boilerplate と呼んだという。

私の推察するところでは，輪転機に刻印したステロ版が形状的にボイラーに付着させた鋼板に似ているからこのような呼び方をしたのではないであろうか。

なお，「ステロ版」のステロはステロタイプの略，ステロタイプはステレオタイプの訛，ステレオタイプには，「絞切り型，常套的な形式」の意味がある，と広辞苑は説明している。

これでようやく，なぜ boilerplate clause が，英文契約で使われる典型的な内容の条項を指すかが分かった。実際にどのような条項がこれに当たるかといえば，完全合意条項（entire agreement clause），分離条項（severability clause）などが入り，ほかに準拠法条項（governing law clause）や譲渡条項（assignment clause）を入れることもある。

これらの条項は，どんなタイプの契約にもほぼ共通してよく見られる一般的条項である。英米法は，慣習法，判例法の体系のため，個別の取引ごとに気になることを契約書に書かないと安心できない。

そのため，制定法主義の大陸法と異なり，契約に一般条項が多くなりがちで，英文契約に boilerplate clause が多いのはことためといってよいであろう。

boilerplate clause は，上記のとおり「定型的」文言が特徴だが，「定型性」も差があることに注意してほしい。たとえば準拠法条項の英文そのものは定型的でも，どこの国の法律が準拠法として指定されるかによって大きな差が生じる。

譲渡条項もよく内容を吟味しないと「完全子会社には相手方の承諾なくこの契約を譲渡できる」"～ may assign this contract to a wholly-owned subsidiary without any consent of the other party." などと例外が前面に出される場合もある。ちなみに，この点に関し，大きな裁判紛争になったのが有名な東京ヒルトン事件である。（101頁参照。）

13 契約の末尾文言と署名

　「終わり良ければすべて良し」ではないが，契約書にとってこの末尾・署名部分はきわめて重要である。有効な署名がなされなかったために契約書全体の効力がなくなってしまうことも考えられる。

1　末尾文言

　契約のしめくくりの部分には，通常，末尾文言として"IN WITNESS WHEREOF～"ではじまるきまり文句がくる。これは《文例–19》（156頁）のようなものが典型であるが，いくつかのバリエーションがある。WITNESS の語を使うのは，契約書の前文部分で whereas clause の前に WITNESSETH を使うのと対応している。（237頁参照。）

　すなわち，正式な契約は，全体が1つの文章のようになっていて，おおよそ「何月何日，何某と何某との間で締結された本契約は（頭書），これこれこういう経緯で（whereas clause），当事者間で以下のような合意がなされたこと（本文）を証する（witnesseth）」というような構造になっている。

　この全体をうけて，"IN WITNESS ～"の末尾文言が「上記契約の証拠として，両当事者は本契約書を作成する」としめくくるのである。《文例–19》（156頁）に"set their hands"とあるのは，契約書に署名した（executed）ことをもったいぶって表現したにすぎない。"hand"は署名を意味する。

・・・

■sign と execute の異同

　execute の最も一般的な意味は，職務や計画，命令などを「実行，遂行あるいは達成する」である。その次に法律や判決，遺言などを執行する，実施するとの意味がつづく。

　さらに，契約とは直接関係ない「刑を執行する，処刑する」との意味があって，最後のほうに「証書などの形式を完成させる」が載っている。

　sign は，「署名する」がごくふつうの意味で，この延長上に「記名・調印する」「署名して（権利・財産などを）処分する，譲り渡す」との意味がある。一方，ex-

"seal"というのは文字通り捺印することで、捺印証書とよばれる正式契約を作成することを意識している。しかし、実際には捺印がなされずに形式的にのみこの語を用いていることが多い。当事者が法人であるときは、

> "IN WITNESS WHEREOF, the parties hereto have caused this Agreement to be duly executed and delivered as of the day and year first above written by their duly authorized representatives."
> 「上記を証して、本契約の当事者は本契約を冒頭の年月日に、その適法に授権した代表者によって適法に締結し、交付した。」

のような表現をする。ここの execute and deliver という語句は、まとめて、契約書を作成するということを意味する。これも第Ⅰ部中で述べたように、捺印証書の要件が、(1)書面、(2)捺印、および(3)交付であることに関連している。

2 署名欄

契約の当事者が自然人か法人か、契約書が捺印証書として作成されるか否かで署名欄は多少異なる。自然人の場合は、末尾文言につづいて、下記のようになるのが正式な捺印契約の場合である。

《文例-18》

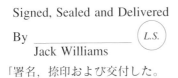

> Signed, Sealed and Delivered
> By _____ (L.S.)
>   Jack Williams
> 「署名、捺印および交付した。」

ecute は、sign をすることを含めて、契約書などの文書を法的に有効なものとするとの意味になる。

契約書を法的に拘束力をもつ有効なものにするためには、sign が必要になるが、それだけでは十分ではない。sign をした者が制限行為能力者の場合などがあるからである。

また、英文契約法の下では捺印証書（deed）という正式契約があり、書面に sign するだけでなく、seal（捺印）、deliver（交付）まで必要とする。

seal、すなわち捺印は、日本式の印鑑ではなく、ろう（これを sealing wax とい

署名者 ＿＿＿＿＿＿＿＿＿＿＿＿ 〈捺印箇所〉」
　　　　　ジャック・ウィリアムズ

　L.S. とあるのは，*locus sigilli* すなわち place of seal を意味するラテン語
の略であって，アメリカでよく用いる。単に Seal と書くこともある。実際
に押印がなされる必要はなく，当事者がこのようなシンボルを自己の印として
て使用する意図であることが表示されればよい。

　自然人法人を問わず当事者の署名欄のわきに《文例-19》(156頁) のような
証人が署名する欄がくることが多い。Attest のかわりに Witness を使うこと
もある。証人はいなければ契約が有効に成立しないというわけではないが，
実務上これが行われることが多い。とくに英米の会社の場合は，Secretary
とよばれる会社の社印や議事録・記録を保管し行使する権限を有する執行役
員（officer）が，Attest 欄に署名するのが通例である。あるいは，"in the
presence of:＿＿＿"という語句を用いることもある。

　当事者がことに法人の場合，誰がどのような立場で署名するかをはっきり
確認する必要がある。

　とくに英米会社法においては，日本の会社法におけるような代表取締役制
度が存在しないことに注意しなくてはならない。アメリカの会社の場合，そ
の業務執行権限は取締役会（board of directors）に付託されている。株主は
たとえ大多数の株式を所有していても会社業務を執行することはできない。
ただ，会社の全資産（または実質的な全資産）を売却・賃貸するような会社
の運命に重大な影響を与える特定の行為については，株主の授権ないし同意を
必要とする。

い，ふつう赤い棒状になっている。）を溶かし，刻印したものをいう。実際にはこれ
を省略することが多いが，deliver は残して，末尾文言を "～have signed and
delivered" とすることもある。それだけではなく，サイン欄のすぐ上に "Signed,
Sealed and Delivered" と記載するのが正式に近い書き方である。

　そうなると，捺印証書形式の契約書であれば，単に sign と書くのではなく，exe-
cute の語を使うほうが適切といえそうである。ただ，よく観察すると，捺印契約で
もなく，sign する者の行為能力などが問題になりそうにない場合についてまで exe-
cute を使う例がある。こうしたいわばふつうの契約の場合であれば，sign の語を使

13 契約の末尾文言と署名

　個々の取締役はこのような合議体としての取締役会の構成員であるにすぎ
ず，取締役会の議長（chairman of the Board）といえども当然に1人で会社
を代表して業務執行することはできない。会社の日常的な業務執行は誰が行
うかというと，執行役員（officer）がこれにあたる。

　役員には一般に社長（president），副社長（vice-president），秘書役
（secretary）および会計役（treasurer）がいる。役員は必ずしも取締役であ
る必要はなく，取締役会または株主総会によって任命される単独の業務執行
者を意味する。したがって，アメリカの会社においては，「社長」の肩書を
有する者といえども取締役であるとはかぎらないし，まして「代表取締役」
として，一般的に広く会社を代表する権限を有すると考えることはできない。

　明示もしくは黙示的に権限を与えられていないかぎり，当然には会社のた
めに行為する権限を有しないとする厳格な立場もありうる。しかし，最近の
判例は，社長に通常の業務過程において会社のために行為する権限を認める
傾向にある。

　つまり，社長は，特別な権限または明示的に与えられた権限がなくとも，
その執行役員の長たる地位に基づいて，会社の通常業務から生じかつこれに
関する事項について，会社を代表して契約を締結することができるとされる。
一方，副社長は，通常の場合，附随定款（by-laws）または取締役会の決議
による権限付与がないかぎり，なんら会社を代表する権限をもたない。

　日本において副社長は代表権を有することが多く，そうでない場合にも表
見代表取締役の規定（会社法354条）の適用を受けるのとは大違いである。

　実際にもアメリカの会社は何十人もの副社長を有していることがめずらし
くない。ただ，副社長のなかにも一般的な業務執行権を付与されている者も

うほうが適切であるし，もし行為能力上の懸念があったらrepresentation「事実表
明」条項中に表明させるべきであろう。

　さらに，execute には，契約上の義務の「遂行，履行」という意味がある。契約
の締結とその義務の履行とでは，「入口」と「出口」の違いがあるが，どちらの意味
に使っているのかまぎらわしいといわざるをえない。締結の意味に使う execute は，
jargon「専門語，業界用語」の1つという人もいるから，誰でも知っている sign を
使うほうが，plain English「分かりやすく平易な英語」を心がける上でも優れてい
る。

いる。これらは，executive vice-president という肩書がつけられているのがふつうである。

　いずれにしても大きな取引になるほど，署名者の肩書，および実質的にその者が当該契約書の締結につき会社のために行為する権限を与えられているかを慎重に検討するのがよい。株主総会や取締役会の承認を要するのではないかと一般的に考えられる取引のときは，その会社の設立準拠法に詳しい現地の弁護士の意見を徴し，そのうえで承認決議書を提出してもらうなどの配慮が必要である。

　署名欄の上か下に "For and on behalf of ABC Company, Ltd." のような語句がくることがある。これは代理文言である。一般に英米会社法では，社長であれ取締役であれ会社のために行為をするときは会社の agency と考えられているので，この代理文言が必要とされる。単に "For＿＿＿" とだけ書くこともある。アメリカではこれすら省くことが多いようである。

《文例-19》

IN WITNESS WHEREOF, the parties hereto have set their hands and seals the day and year first above written.

Attest:	ABC Corporation
_____	By_____
Secretary	Senior Vice President
	XYZ CO., LTD.
Attest:	By_____
_____	
General Manager,	President and

　最後に，～have signed のように現在完了形にする必要があるか否かだが，サイン欄の前に置かれる文言に完了したと書くのは，厳密にいえば矛盾している。現在進行形で，～signing とするほうがやはりベターである。こうしたときは，契約書の他の箇所，とくに冒頭部分で現在完了形を使っていることがあるので，そちらも現在進行形にそろえておかなくてはならない。

13 契約の末尾文言と署名

_____Department　　　　　Representative

Director

「上記を証して，本契約の当事者は上記冒頭の日付にその署名と捺印をした。」

立会証人：　　　　　　　　ABC コーポレーション

_____　署名者_____

秘書役　　　　　　　　　　上級副社長

立会証人：　　　　　　　　XYZ 株式会社

_____　_____

_____部部長　　　　　　　代表取締役社長

■ 白紙委任状

日本では，白紙委任状が使われることがよくある。およそ権利意識の発達した欧米人の間では考えられないような，委任事項から代理人名までブランクにしたうえに捺印まで押した委任状が多数の人の間を転々とするといった事態もめずらしくない。

白紙委任状は，委任状の一部を白紙にしておいて後に他人に補充させることを予定した委任状である。いろいろな種類のものが考えられるが，大きく分けて，① 委任する事項を白紙にするものと，② 委任する相手方を白紙にするものとがある。

よくトラブルのもとになるのは，契約の当事者の一方が，後日紛議を生じたときのために代理人名を白紙にした委任状を相手方に交付しておき，その代理人を誰にするかの決定権を相手方に任せるものである。とくに，家主があらかじめ借家人からこの種の白紙委任状をとりつけておいて，これを使って借家人の代理人を定め，家屋明渡しなどの即決和解をすることは，実際にもよくある。

このように利害の対立する相手方の代理人の決定権を握るようなやり方は，暴利行為として無効とされることがありうる。（民法90条違反）

また，代理人をブランクにした白紙委任状を交付するということは，その所持する者に一定の代理権を与えたことをひろく世間の人に表示したとされて，本人は民法109条によって表示による表見代理の責任を負わされることがある。ただ，そのような委任状の転々流通をまったく予定しないで交付された場合には，表見代理の責任を否定するのが判例の大勢である。しかし，白紙委任状を交付したときは，他の書類・印鑑などの交付といった要素とあわさって，仮に代理権授与がなくとも表見代理を成立させる可能性が格段に大きくなることを覚悟しなくてはならない。

第Ⅲ部
legal documents
文 書

1 保証状 (Guarantee) 〔1〕

　企業の国際取引には避けて通ることのできない**各種の英文文書**を，以下順次取り上げる。一般に英文契約書とよばれているもの以外に，保証状，委任状その他さまざまな種類の英文文書が企業法務で日常的に扱われている。

　ただ，これらの文書は，「契約書」にくらべると，簡単で内容的にも手軽そうに見える，あるいは使いなれていることなども手伝って，より安易に扱われることも多い。

　たった1枚の"紹介状"にサインした結果が，国際的な訴訟事件にまで発展した「東海銀行事件」（**2**，166頁以下で詳述する）のような例もある。たかが1枚のレターぐらいという気持ちで，十分その内容・法律的効果を検討することなく文書にサインすることの危険性は，あらためて強調するまでもないであろう。

　1と**2**においては，これら契約書以外の英文文書のうち，問題となることのきわめて多い保証状を取り上げてみよう。

1　保証の種類 —— 連帯保証と普通の保証

　日本では，一般に，友人や知人から連帯保証人になることを頼まれてもよほどのことがない限りこれに応ずるべきではない，連帯保証はこわいもの，という常識がある。しかし，企業取引の世界ではそうとばかりもいっていら

・・

■ 保証制度の見直しと金融実務

　民法の現代語化と保証制度の見直しを内容とする「民法の一部を改正する法律」が，2005年4月1日から施行された。（法案の成立は，2004年12月1日。）

　保証制度の見直しについては，これまで，保証人，とくに包括根保証人について判例による保護が行われてきた。その部分につき民法改正が実現された。民法の保証については，第三編第三節第四款「保証債務」に20ヵ条の規定が置かれているが，根保証についての規定はなかった。

　金融などの実務では，根保証，なかでも包括根保証が用いられることが多く，保証

れない。事実，日本の商法511条は，債務が主たる債務者の商行為によって
生じたかまたは保証が商行為であるときは，連帯保証とするとしている。企
業が行う保証のほとんどすべてが連帯保証となるのはこのためである。

　連帯保証と普通の保証の違いはどこにあるのか。最大の違いは，**催告の抗
弁権**（民法452条）および**検索の抗弁権**（民法453条）の有無にある。連帯保証
人はこれらをもたない。（民法454条。）ちなみに前者は，保証人が債権者から
債務の履行を求められたときに，まず主たる債務者に履行を催告せよとする
抗弁であり，後者は，同様の場合に，保証人がまず債務者の財産について執
行せよとする抗弁である。当然のことながら，債権者にとっては，このよう
な抗弁権の対抗を受けない連帯保証の方が有利である。

　ところで，重要なことは，英米法においては上記のような内容の**連帯保証
を示す用語が存在しない**ことである。これに最も近似したものとして，
"joint and several guaranty" という用語がある。しかしこれは，保証人が
複数いる場合に規定されるときは，全額につきどの保証人にも請求できると
いうこと，また保証人が主債務者と jointly and severally に債務を支払うと
なっていれば，保証人に対しても全額請求しうることを意味するにすぎない。
また，unconditional guaranty（*or* guarantee）という語を使うことも多いが，
これも上記のような保証人の抗弁権をすべて失わせるものとしてとらえるこ
とはできない。

　むしろ，英米法には，guaranty of collection に対する guaranty of pay-
ment という種類の保証があって，これが検索の抗弁権なしの保証に近い。
つまり，guaranty of collection は，債権者において，まず主債務者に対し債
権回収を執行する勤勉な努力をすることを要求する。

人にとって過酷になりがちなのが問題とされ，判例や学説は，包括根保証人の相続人
への承継を認めないこととするなどの保護を与えてきた。2004年の改正法は，以下の
5つの内容をもっている。
(1)　書面主義（民法446条）
　すべての保証契約は書面でしなければならないとされた。貸金等根保証契約も対象
にする。
(2)　貸金等根保証契約の極度額（民法465条の2）
　貸金等根保証契約（ただし，保証人が法人であるものを除く）は，極度額を定めな

1 保証状（Guarantee）〔1〕   *163*

　結局のところ，英文で英米法の概念を使いながら保証状を作成する場合に，日本の連帯保証のような催告の抗弁，検索の抗弁のない保証を望むのであれば，個々的にそれら抗弁権を失わせる旨を書くのが最もよい。日本法を準拠法としたある英文の保証契約で，

| 　"This guarantee shall be *rentai-hosho* under the Japanese laws."
| 　「本保証は日本法の下での<u>連帯保証</u>とする。」

のようにした例をみたことがあるが，これもひとつの方法である。

2　Guarantee, Surety および Indemnity

　英米法で一般に保証を表す用語としては，guaranty のほかに surety というのがある。両者の差異は，現在ほとんどないものと考えてさしつかえない。概念的には，surety が primary で unconditional なものであるのに対し，guarantee は secondary で conditional なものと説明されるが，実務上は同じように扱われている。とくにアメリカにおいては，いくつかの州ですでに両者の区別を廃止しており，アメリカの統一商事法典（U.C.C.）も，「"surety" は guarantor を含む」（§ 1 -201）と定義してとくに区別をしない。

　義務が primary か secondary かという観点からは，indemnity という概念とよく区別をしておく必要がある。すなわち，indemnity は，他人の債務につき直接支払いを補填することを約束する契約である。したがって，たとえば，AがBとの間で，「もしBがCに対して100万円を貸し付けるならば，私がCに代わって返済します」という約束をするのは indemnity である。これに対し，「もしBがCに対し100万円を貸し付け，Cがその返済をしなかっ

ければ効力を生じないとされた。なお，根保証契約の極度額は，根抵当権と同じように，債権極度額であり，元本極度額ではない点に注意を要する。

⑶　貸金等根保証契約の元本確定期日（民法465条の 3 ）

　貸金等根保証契約においては，元本確定期日，すなわち主たる債務の元本の確定すべき期日の定めがある場合，その期日が契約締結の日から 5 年以内のときは有効であるが， 5 年超のときはその効力を生じないものとされた。（第 1 項。）元本確定期日の定めがない場合（契約締結の日から 5 年超のため，その効力を生じないとされる場合も含む）は，契約締結の日から 3 年を経過する日となる。（第 2 項。）また，元本確定

たときは，私がCに代わって支払います」と約束するのは guarantee になる。

guarantee の語は，製品の保証についても使われることがある。しかし，これは正確には，warranty の語を使うべきである。(U.C.C.§2-212以下参照。)

3 Guarantee の成立

以上の説明から，guarantee の概念をおおよそつかんでいただけたことと思う。次に，guarantee が具体的にどのような要件でもって成立するかについて検討してみる。

guarantee は，契約であるから約因（consideration. これは英米契約法に特有の概念であるが，簡単な説明は，19頁を参照）の存在を必要とする。ただ，これには例外があって，deed「捺印証書」による場合と，written instrument「書面」による場合は，約因を記載する必要がない。後者の例外は，イギリスの1856年の Mercantile Law Amendment Act 3条によって規定されている。しかし，実務上は冒頭にこれを記載しているものが多い。

guarantee は契約であるといっても，両当事者が署名する契約書によらず，保証人から債権者へ差し入れる形の書面によることが多い。とくに金融取引ではその例が多いようである。この関係で実務上大きな問題を含むのが **comfort letter** の保証状としての役割とその効力である。次の**2**で実例をまじえて，その実務上のポイントをさぐってみたい。

期日の定めを変更する場合には，変更後の元本確定期日が変更日から5年以内は有効であるが，変更後の元本確定期日が変更日から5年超のときはその効力を生じないこととされた。（第3項。）

(4) 貸金等根保証契約の元本確定事由（民法465条の4）

改正法は，次の各場合に元本が確定することとした。

① 債権者が，主たる債務者または保証人の財産について，金銭の支払いを目的とする債権についての強制執行または担保権の実行を申し立てたとき。（ただし，強制執行または担保権の実行の手続の開始があったときに限る。）

② 主たる債務者または保証人が破産手続開始の決定を受けたとき。

③ 主たる債務者または保証人が死亡したとき。

(5) 保証人が法人である貸金等債務の根保証契約の求償権（民法465条の5）

2004年改正法は，保証人が法人である資金等債務の根保証契約で，その根保証契約

の保証人の主たる債務者に対する求償権についての保証契約（保証人が法人であるものを除く）に，極度額の定めや元本確定期日の定めなどを準用することとした。

2004年改正法には，経過措置が設けられており，施行前に締結された保証契約については，書面がなくてもよい。（附則3条。）また，2004年改正法施行前に締結された貸金等根保証契約については，極度額あるいは元本確定期日の定めがなくてもよいとされる。（同4条1項。）

改正法が施行になったことにより，金融機関は新規の与信にあたり，根保証契約の元本確定期日の到来の有無を必ずチェックすべきである。改正法によれば，金融機関の根保証契約は，支払承諾などに限定するものを除き，5年以内の期間で元本確定期日を設定しなければならなくなったため，注意を要する。

なお，保証に関しては2017年の改正民法によっても重要な改正がなされたが，その内容については22頁以下参照。

■ 連帯保証と身元保証

日本では，知らぬ間に知人の債務の連帯保証人にされていた，消費者金融の債務の連帯保証人になったためにひどい目にあったとか，連帯保証をめぐるトラブルがあとを絶たない。この連帯保証とならんでよく問題とされるのが，身元保証という名の「保証」である。

身元保証は，本来は被用者の「身元」が確かであることを保証するものであった。ところが実際は，身元が確かであることを保証するにとどまらず，雇主に迷惑をかけないように，その将来負うであろう一切の損害の賠償責任を負う内容になっている。これには，狭義のものと広義のものとがあるが，狭義には被用者の損害賠償責任（債務不履行または不法行為に基づく）を保証することをいう。この場合は，将来債務の保証契約である。広義では被用者の故意・過失に関係なく，病気などの場合を含めて一切の損害を担保することをいう。こちらは身元引受けともよばれ，主たる債務が存在しなくてもよい点で，保証ではなくその性質はむしろ損害担保契約である。

身元保証契約の内容は一般にあいまいで，「一切ご迷惑をおかけしません」というきわめて日本的な契約である。これを契約書の文言どおり責任を認めるとすると，身元保証人はほとんど無限の責任を負うことになって不都合である。そこで1933年に「身元保証ニ関スル法律」を制定し，身元保証人の責任を合理的な範囲に制限している。また判例によれば，身元保証には信用保証（継続的な商取引関係から生ずる一切を保証するもの）と同じように相続性はないとされている。

② 保証状（Guarantee）〔2〕

1では，guarantee「保証」の英米法における概念と内容について概説した。ここでは，さらに実務的な扱い上のポイントをさぐってみたい。

1 "Letter of Comfort"は気休めの手紙か

会社法務ではよく "letter of comfort" または "comfort letter" などという文書がとりかわされることがある。この語句自体は法律用語として定着しているわけではないが，comfort が「慰め」とか「安楽」という意味をもつので，その意味するところは気休めのための手紙ぐらいになるであろうか。ところが，この気休めのための手紙ぐらいに考えていた文書が，内容次第では guarantee となることもあることに注意しなくてはならない。ちなみに，この場合の comfort は「支援」と訳すのが正しい。

《文例-1》(170頁) は，1981年に発生した「東海銀行対チェース・マンハッタン銀行事件」において実際に使われた「融資紹介状」である。この事件では，チェース以下数行の外銀が《文例-1》のようなそれぞれにあてられたレターをもとに札幌トヨペットなどの北海道岩沢グループに200億円余りを融資したが，経営者岩沢氏が株式投機に失敗したことから，これが焦げついた。そこで，チェース銀行は，上記レターが法的な効力を有する「保証状」であるとして，ニューヨーク州連邦地裁にその融資額40億円の保証債務の履

■ 銀行支店長と支配人

企業が営業活動を行うにあたってその中心をなす場所が営業所である。この営業所が一個の営業について数個存する場合に，全営業を統轄する営業所を本店といい，それ以外の営業所を支店という。かりに出張所という名称であってもその場で営業上の主要な活動がなされることにより営業活動の中心をなしている実体があれば日本の会社法上は支店である。会社法上の営業所は，したがって本店か支店のいずれかということになる。支店の所在地は登記事項である。

支店における営業の主任者を一般に支店長という。銀行の支店は会社法上の営業所

行を求める訴えを提起した。（事件は1982年5月に和解成立。）

　問題は，この文書がはたしてチェース銀行のいうような保証状としての法的効力を有するものであるかという点である。まず，この点を考えるうえで基準とすべき法律，すなわち**保証の準拠法**はどこの国の法律になるであろうか。これは，具体的には事件がもち込まれた裁判所のある地の抵触法（国際私法）のルールによって決められることになる。本事件ではアメリカの抵触法（conflict of law rule）に従って裁判所が決める。

　アメリカでは一般に，保証契約の成立については契約締結地法，その履行については履行地法を適用する判例法上のルールが存在するので，日本法が適用される余地も大いにあると考えられる。日本法の下で本件レターが内容的に保証契約を裏づけるものになりうるかはそれぞれ考えていただくこととして，これが英米法の下でとくにアメリカではどのように扱われるかを次に考えてみたい。

2　アメリカの判例に認められた"保証文言"

　アメリカで形成されてきた判例法の下において，保証は債権者と保証人との間の契約で成立するので，その成立は契約一般の成立の問題と同様に扱われる。しかし，保証は主債務に対し附従する性質を有するため，主たる債務または主債務者が有効に存在していなければならない。ただ，主たる契約と保証とはそれぞれ別個の契約であるから，保証の有効性はそれ自体の文言を基準に判断される。その場合最も重要なのは，当事者の用いた文言が，主債務すなわち第三者の債務を第三者に代わって支払う意思を表しているかどうかである。これが欠けていて主債務と関係なく債務を負担するような約束は

であることはいうまでもなく，各支店には当然のことながら支店長が配されている。
　それでは銀行の支店長の権限は法律上どのようなものであろうか。一般に銀行支店長が支配人登記されている場合はさほど多くはない。支配人というのは，営業所における営業のために選任され，その営業に関する一切の裁判上・裁判外の行為をなす代理権を有する商業使用人である。（会社法10，11条。）　（したがって，債権取立のための訴訟行為などをするために，営業所の長が支配人の登記をすることがある。）支配人の代理権は包括的でひろく，営業主は自ら選任した支配人の代理権に制限を加えてもその制限を善意の第三者には対抗できない。（同11条3項。）支配人の選任は登記

保証ではない。もっとも，このような意思が示されているといえるのには，保証であることを示す guarantee のような特別な語が文書に使われていることは必要でない。逆に guarantee とか guaranty の語が使われていれば保証の意思を推断させる有力な手がかりにはなるが，これが決め手になるわけではない。重要なのはその内容である。

　判例に現われ保証の効力をもつとされた表現をみると，支払い，ローン，手形もしくは勘定の支払いを"guarantee"するとしたもの，支払いに関して自らを"security"「担保」であるとしたもの，主債務の弁済期が到来したら債権者が自分に対して支払いを"call"「要求」することができるとしたもの，弁済期が来たら主債務につき自分が"take care"「処理する」と約束したものなどがある。

　さらに微妙なケースでは，あるディーラーに商品を第三者に売ってもらうよう依頼する手紙のなかで"It will be all right."という表現をつけ加えたことで保証になるとされた例，あるいは，ある会社の社長が銀行に手形の書替えを依頼する電報のなかで，社長個人の保証がなければ書替えに応じてくれないであろうことを承知のうえで，すべて銀行に満足のいくように手配するからと確約したことで，同じく保証に当たるとされた例がある。

　他方，第三者への融資・援助を依頼する内容の手紙は，それだけでは保証状とするには足りない。さらに保証は，単に第三者が信頼できる（trustworthy *or* reliable），支払能力がある（solvent）あるいは債権者との契約を遵守する（判例上問題となったのは，"You may be assured of their complying fully with any contracts or engagements they may enter into with you." 「貴社は，彼らが貴社との間で締結するであろうあらゆる契約または約束を完全に遵守することを保

事項である。ところで，支店長という名称は付したが，支配人の実質を有さず登記もしていない場合は，その代理権を信じた第三者は保護されるであろうか。会社法は「支店長」のような本店または支店の営業の主任者であるかのような名称を付した使用人については，裁判外の行為について支配人と同一の権限を有するものとみなすことにして善意の相手方を保護することにした。（13条。）

障されるであろう。」Clarke v. Russel, 3 Dall. 415）と確約することとは区別され、これらは保証文言としては不十分であるとされている。

3　本件 Letter of Comfort の法的拘束力の見極め

　以上のようなアメリカにおける判例上の基準に照らして《文例–1》(170頁) は保証状といえるであろうか。まず、本文書が融資紹介状であることは問題なかろう。しかし、単なる融資紹介状としてよいかとなるとやや微妙な点が残る。1つには、これがすでに具体的に内容がほとんど定まった特定のローンに関していることである。抽象的に融資先を紹介するのとは趣を異にしている。そのうえで、特定の融資の条件、契約条項をよく知りつつ債務者のメインバンクの1つとして同意を与え、メインバンクとしての地位と影響力を失わないようにするとしている。(第2、第3パラグラフ。)

　さらに問題となるのは、第4パラグラフにおいて、債務者が負担する特定の (specific) 債務が約束どおり履行され追加の担保が必要ならばこれが提供されるように債務者を監督する旨を述べている点である。上記の判例の基準からみても、単に債務者がsolventであると請け合うだけにとどまらず、それを超えた部分を含んでいる。加えて、この書面が入れられる前に外銀としては正式な保証契約を望んでいたが、それを断ったところこのような手紙の差し入れを求めた背景を考えあわせると、本件は単なる融資紹介状にとどまらず、アメリカでは「保証状」の効力を有すると判断される可能性をもった“危険な”文書であったということができよう。

　第4パラグラフの冒頭部分が、be aware of 〜 の表現を用い、本件における具体的な担保提供義務を「承知している」と明記する点にも着目してほし

■ 法律英語 aware（ness）のニュアンス

　誰でも知っているが、法律英語として特別な訳し方をしないといけない英語表現がある。be aware of 〜 は、その1つといってよい。

　ふつうの英和辞典でaware の項を見ると、「……を知って」の前に「……に気付いて」の意味が載っている。be aware of 〜 で使うことが多いが、しばしばof を省略するとある。

　さらにその次には、「認識、意識のある」として、She is socially aware.「彼女は社会的意識がある。」と文例がある。このあたりに法律英語としての意味がありそ

い。letter of comfort は実務上の呼び名であるが，他に letter of awareness あるいは keep-well letter とよぶことがある。日本の実務界では「経営指導念書」と称する文書がこれらに近い。

　いずれも，親会社が子会社の負う債務の内容を十分に認識しているので，財務状態を悪化させ迷惑をかけることのないよう子会社をしっかり指導するといった内容をもつ。

　be aware of〜 の表現をよく使うので letter of awareness と呼ぶとみてよいが，aware の法律英語としてもつ特別のニュアンスに気をつけなくてはならない。（169頁下欄参照。）本件では，親会社ではないが，人的担保である保証人的責任を認められるか否か"祖上"で判定を受けることになる当事者が具体的担保提供義務をよく認識していることの意義は大きい。

　以上をまとめるならば，日本の企業が外国企業に対して本件のような comfort letter を出すときは，最終的に保証人とされてもよいのかどうかを判断のうえ，そうなるのを避けたいのであれば，特定の債務に関して，債権者に迷惑をかけないようにするといった，あるいはその意思をうかがわせるような表現は避け，なるべく抽象的表現にとどめておくのがよい。

《文例−1》

> To: ABC Bank, Tokyo Branch
>
> 　This letter is to acknowledge your loan to Sapporo Toyopet Co., Ltd. in the amount of ¥1,500,000,000.
>
> 　We concur as one of main banks of the company with the terms and conditions of your loan and, therefore, grant our full approval

---

うである。

　ただある事実を知っているというだけなら She knows 〜. のように know を使えばよさそうだが，aware は，単にある事実を知っているだけではなく，その事実を「認識，承知」しているとの意味に使う。

　「認識，承知」を法律用語として評価すると何らかの責任をともなう。日本には，「念書」と題する昔ながらの法的意味のあいまいな文書があるが，昔なら，「この件は確かに承知つかまつり候。」などと書いたであろう。

　こうした書き方をすると，単に「知っています」では済まない責任を生じさせそう

2 保証状（Guarantee）〔2〕

and consent.

We confirm that we shall maintain a controlling position in the said company while the aforementioned loan is outstanding and will continue to ensure that the financial affairs of the company is conducted in a manner which will provide the prompt payment of its obligation.

We are aware of the specific financial obligation relating to your aforementioned loan. Through our active participation in the financial affairs in the company, we will make our best efforts to ensure the company's continued financial health and ability to meet their obligations relating to your loan. We will also ensure that the company will immediately furnish to your bank additional or substitute collateral acceptable to your bank in the amount deemed sufficient by your bank in the event of a decline in the value of the collateral securities pledged with your bank.

ABC 銀行東京支店御中

このレターは，貴行の札幌トヨペット株式会社への15億円の金額のローンを承認するためのものである。

当行は，同社のメインバンクの１つとして，貴行のローンの条件に同意し，そこで，当行の全面的承認と承諾を与える。

当行は，当行が上記ローンが未返済の間は同社における支配力ある立場を維持し，同社の財務がその債務の迅速なる支払いを提供す

だとは誰でも気付くのではないだろうか。これに近い英語表現が be aware of 〜 である。

生じさせる責任で実務上最も問題になるのが，保証責任である。国内取引に関連して，経営指導念書を出した親会社が，子会社債務の保証をしたのではないかとして争われた裁判事例はいくつもある。

経営指導念書の国際取引版が letter of awareness である。letter of comfort の別称だが，文書中に aware の語をよく使うためにこのようによぶ。

awareness は aware の名詞形で，辞書には「意識，認識」のほかに，「自覚」の

第Ⅲ部　文書

るような方法で行われるように請け合うことを継続することを確認する。

　当行は，貴行の上記ローンに関連した特定の財務上の義務について承知している。その会社の財務への積極的な関与を通じて当行は，同社の継続的な財務上の健全さと貴行のローンに関連したその債務を充足させる能力とを最善努力を尽くして請け合う。当行はまた，同社が貴行に担保として差し入れた証券の価値が下落した場合には，貴行によって十分と考えられる額で貴行に受け入れられる追加または代わりの担保を，直ちに貴行に提供することを請け合う。

意味も載っている。

　letter of comfort の comfort には，「慰め」といったふつうの意味のほか「援助，救助」の意味がある。「強める，元気づける」の意味のラテン語から派生した。そこで letter of comfort を，letter of support や keep-well letter とよぶことがある。

　誰が何を support「支援」したり keep-well「（経営状態を）良好に保つ」ようにするかといえば，親会社が子会社の債務についてというシチュエーションが多い。

　経営状態を良好に保つよう支援することを通じて子会社が債務不履行を起こさないことを誓約するのが，letter of comfort などとよばれるこれらの文書である。letter of awareness では，be aware of ～ の目的部分に何を書き入れるかがポイントである。親会社であれば子会社の債務内容をよく承知しておりますと書くのがふつうだが，債務内容の具体的記述によっては，保証意思が認定されてもおかしくない。

　たとえば，"We are aware of specific obligations of the subsidiary." 「当社は子会社の特定の債務を承知している。」と述べ，obligations として「差し入れている担保物の価値が下落したときの代担保，追加担保の差し入れ義務を具体的に説明していたとする。

　保証をしたのかどうかが問題とされる者が specifically に，担保提供義務についてその内容をよく承知していると述べることは，保証も人的担保であることからすれば，その債務を履行できないときは自分が代わって履行するとの保証意思を表明したと解釈されてもおかしくないであろう。

3 委任状〔Power of Attorney〕

1 Attorney

attorney という語は，法律実務ではなじみの深い言葉である。attorney だけで使われたときはひろく代理人を意味し，そのなかで attorney-at-law と attorney-in-fact に分けられる。前者は弁護士のことであり，後者は法務以外の一定の事項を本人を代理して行うことを認められた代理人である。ここで使われた at law という言い方は，コモンロー上ということで衡平法上（in equity）に対する。

イギリスではもともとコモンロー裁判所での仕事に関与する事務弁護士のことを attorney-at-law とよび，衡平裁判所の solicitor-in-equity と区別していた。だがその後イギリスでは attorney の語を使わなくなり，solicitor に統一した。法廷に立つ弁護士は barrister である。（46頁下欄参照。）

アメリカでは attorney-at law の語を弁護士を示すものとしてひろく用いている（アメリカには事務弁護士と法廷弁護士の区別はない）。ふつうアメリカでただ attorney といったら弁護士のことを指すことが多い。なお，Attorney General という語は，国家もしくは州の法務（検察）官の長を表す。連邦政府であれば司法長官のことである。イギリスでも法務長官をこのようにいう。

attorney が代理人であるから，power of attorney（以下，P of A と略す）

■engagement letter は弁護士の委任契約か

engagement は，「婚約指輪」の関係で日本でもよく知られている。ただ，エンゲージリングというのは和製英語で，正しくはエンゲージメントリングというべきである。結婚の約束は両性の合意によって行われるが，一般に双方の合意による約束が engagement の意味である。

engage は，古いフランス語からできた英語の en と gage からなる。en は接頭辞として動詞につけて「……の中に，の内に」の意味になる。

gage は動詞では抵当質に入れる，賭ける，言質を与える，を意味する。単なる口

は"代理人の権限"を記した書面，すなわち委任状ということになる。委任状は，委任契約を証する書面になりうるのはもちろんであるが，通常の契約書と異なり，取引の相手方に提示することを主たる目的とする書面である点に特殊性がある。P of A をめぐる法律問題，その取扱上の注意点を論ずるには，いわゆる代理の三面関係が深くかかわってくる。以下では英米法のもとでの P of A に関する実務上のポイントを解説してみたい。

2　Power of Attorney の成立と解釈

P of A は，上述のように代理権限の授権を証する書面であって，本人と代理人との間で代理権限を定めるだけでなく，代理人の指定とその権限を取引の相手方に対して知らせるためのものである。P of A の要式については法律でとくに定められていない。ただ，P of A は本人が遠隔地にいるなど直接行為できない場合に使われることが多いので，その文言だけから法律上有効に執行できる程度に明確でなければならない。アメリカの判例上は，P of A の署名の時点で代理人の名前ははっきり記載されていなくてはならず，代理権限を明確にしていなければならないとされている。

このような明確性の原則は，土地の譲渡に関する委任状の場合にとくにきびしい。また，多くの州の法律は土地の譲渡に関して，P of A をその土地の所在する郡（County）の登録所（office of the register of deed）に登録することを要求している。

P of A は，契約書面の解釈に関する一般原則，代理に関する法原則（law of agency），およびこれを排除する特段の事情のないかぎり授権された行為に関する法原則に従って解釈される。文書はその内容が解釈の余地のないほ

約束ではなく裏付けを伴った約束である。

gage は，pledge と同じような意味をもつ。pledge は，名詞で固い約束，誓約，さらに質入れ，抵当を意味する。「……言質を与える」は give a pledge for 〜 となる。

pledge は質権を表すが，抵当権のことは mortgage ということがある。日本の私法の体系は大陸法に基づくので抵当権は，約定担保物権の1つに位置づけられる。これに対し mortgage は売渡抵当であって日本法の抵当権とは理論的に異なるが，実質的には同じような担保権的機能をもつ。

3 委任状 (Power of Attorney) *175*

ど精密にドラフトされていればよいが，あいまいな文言を用いていたりすれば当然解釈が必要となる。P of A についても同様である。

P of A の場合，解釈上いくつかのルールが存する。第1に，代理権限が委任された時点における当事者の意思が解釈上問題とされなくてはならない。第2に，委任状の全体が個々の条項を解釈するのに使われ，個々の条項は他の条項を解釈するために使われうる。第3に，委任状で用いられた文言は，別段の指定がないかぎり，その厳格な法律上の意味よりも，その通常で一般的な意味に従って解釈されなくてはならない。

さらに，英米法上 P of A の解釈には，厳格解釈の原則（rule of strict construction）が適用される。この原則の下では，代理権限は委任状に明記された事項に限定されて解釈される。つまり，代理人は委任状で授権された事項以外について行為することはできない。代理行為の方式が委任状に明記されているときは，代理人は厳格にそれに従わなければならない。

この原則の適用にも例外があって絶対的ではない。代理関係の目的そのものを破壊するような厳格解釈は要求されないし，委任状のなかに相矛盾する条項があっても，代理関係の目的に照らして合理的に調整されるべきとされる。また明示的に授権された行為を遂行するうえで通常必要とされ前提となる行為も権限に含まれるものと解釈される。

P of A に抽象的・一般的な表現が用いられたときは，その内容は全体の文脈から限定的に解釈される。たとえば，特定の行為のための代理人に，本人に代わって "any and every act" を行うことを授権するという内容の委任状があっても，その文言どおりすべてを含むようには解釈されず，委任状の作成された特定の目的に関連して限定して解釈される。

---

mortgage は，古いフランス語がもとになって mort＝dead と gage＝pledge の組み合わせでできた語である。直訳すると「死んだ約束」で，すぐには意味が通じない。じつは，売渡抵当の仕組みに意味が隠されている。

売渡抵当では，たとえばAが所有土地の所有権を債権者Bに担保目的のために譲渡する。AからBへの譲渡は担保目的の形式的，信託的譲渡であって，default「債務不履行」があってはじめて権利移転の効力が生じる仮の姿でしかない。その意味で「死んだ」ものである。

en＋gage＝engage が，一定以上の拘束力をもった約束，契約をすることである

3 Power of Attorney の具体的内容

　《文例－2》(177頁) は，日本の企業が作成しアメリカで実際に使われた P of A の例である。冒頭の KNOW ALL MEN BY THESE PRESENTS という表現は，アメリカでは P of A に慣行的に用いられる表現である。イギリスではあまり使わない。直訳すれば「すべての者は，本書面によって以下のことを知りなさい」という命令文になるだろうか。

　委任状が代理人の指名と代理権授権の第三者に対する宣言 (表示) であることからの表現だと思えばよい。attorney-in-fact は，上述のように弁護士でない代理人のことである。with full power of substitution (177頁) とあるのは，復代理を認める趣旨になる。

　この委任状には有効期間の定めがないが，これについては，"This power of attorney shall be irrevocable for period of one (1) month from the date hereof." 「本委任状は，本書面の日付から 1 ヵ月間は取消不能なものとする。」のように取消不能の期間を明記する書き方と，一定期間経過後は expire (失効) すると定めるものがある。

　such capacities：以下が委任事項の具体的内容になっている。ここでは，ABC Co., Ltd. の転換社債の発行に伴った契約書の調印の権限が目的になっている。委任事項の最後に "and to execute any other documents relating to such transaction" といった表現が用いられることがある。こうしても，「上記取引に関連して」という限定付きであるし，また，上述の厳格解釈の原則からしても代理人の調印できる書類がやたらにひろがる危険はないであろう。ただ，委任事項はなるべく具体的であった方がよい。

のは，上記からうかがえる。　Law Dictionary で，engagement を引くと，"A contract or agreement involving mutual promises" 「相互の約束を含む契約または合意」とあり，次に，"An agreement to marry" 「婚姻の合意」とある。特定の契約を指すとは書いてない。

　ただ，engagement letter の項には，"A document identifying the scope of a professional's services to a client and outlining the respective duties and responsibilities of both." 「専門的職業の顧客に対する役務の範囲を明らかにし，それぞれの義務と責任の概略を述べる書類」との説明がある。

3 委任状〔Power of Attorney〕

《文例-2》

POWER OF ATTORNEY

KNOW ALL MEN BY THESE PRESENTS, that I, Shoji Kokusai, President and Representative Director of ABC Co., Ltd., a Japanese corporation（the "Company"）, do hereby constitute and appoint Mr. John Williams, Secretary and Treasurer of XYZ Inc., my true and lawful attorney-in-fact and agent, with full power of substitution and revocation, to act for me individually and as such Representative Director and in such capacities:

To execute:

(a)　the Indenture, dated as of July 20, 20＿ between the Company and LMN Trust Company, as Trustee, relating to the Company' s 4.00% Convertible Debentures Due 20; and

(b)　the Paying and Conversion Agency Agreement, dated as of July 20, 20＿, among the parties named therein.

and I hereby ratify and confirm all that he shall lawfully do or cause to be done by virtue hereof.

IN WITNESS WHEREOF, the undersigned has subscribed these presents this 15th day of June, 20＿.

　　　　　　　　　　〔signature〕_____

President and

Representative Director

ABC Co., Ltd.

---

　profession「専門的職業」は，もともと神学，法学，医学の3職業を指したから，弁護士や医師は profession の代表例である。とくに企業の実務で engagement letter といえば，弁護士と依頼者との間の委任契約を指すとほぼ決まっている。

178 第Ⅲ部　文書

委任状

本書面によって以下を知らしめる。

私，日本法人 ABC 株式会社（「当社」）の代表取締役社長国際ショージは，ここに XYZ 社の秘書役・財務役のジョージ・ウィリアムズ氏を，復任権と撤回権を完全に有し私のために単独でかつ上記代表取締役として以下の権限において行動するために私の真の合法的な代理人に指定する。

記

以下の文書に調印すること

(a)　当社と LMN 信託会社との間の当社による20年満期の4.00%の転換社債に関する20＿年7月20日付信託証書，および

(b)　契約書中に名前のあがった当事者間の20＿年7月20日付支払，転換代理人契約。

そして，私はここに彼が本書面の下で合法的に行うすべての行為を批准する。

上記を証して，下記署名者は本日20＿年6月15日に本書面に署名した。

（署名）

ABC 株式会社代表取締役社長

■　留保文言としての under protest の用法

protest には「抗議」の意味がある。ただ，protestは，pro「前に」＋ test「証言する」すなわち「人前で証言する」を意味するラテン語から生まれたので，「抗議，異議」がもとの意味ではなく，「証言，確認」を表すのがもとである。ある英和辞典は protest friendship を「友情の変わらないことを誓う」としている。

法律用語としての protest は，「約束手形などの拒絶証書を作る，支払いを拒絶する」との用法が重要である。名詞では「拒絶証書」になる。海事法の分野で letter of protest は「海難報告書」である。イギリスの議会（とくに上院）では通過議案に対

4 予備的合意（Letter of Intent）

　国際契約の締結は，定型的に行われる売買のようなものを除いて，時間や手間がかかり内容も複雑になりがちである。当事者同士が遠隔地にあることや言語・法文化の違いからくるもので，ある程度仕方のないことである。

　そこで，実務では，正式な契約をとり交わす前にあらかじめ当事者間の合意事項を確認する文書を作成しておいて，その後に本契約を締結することがよく行われる。この文書のことを Letter of Intent（レター・オブ・インテント）と称し，日本語ではしばしば予備的合意とよばれる。

　Letter of Intent（LOI）という用語は，法律用語としてとくに固まっているわけではなく，実務上の呼び名である。その種類・内容もきわめて多種多様であって一様に論ずることは難しい。

　以下においては，予備的な合意を確認するための書面の典型的な場合としての LOI を取り上げ，その実務上の扱いのポイントをさぐってみたい。

1　Letter of Intent の作成される場合とその形式

　LOI は，さまざまな目的で作られるが，以下の2つの場合に大別できる。1つは，ある会社の内部的意思決定のために作られる場合である。たとえば，交渉担当者が，交渉内容がある程度固まってきたところで，LOI を作り，これを自社に持ち帰って取締役会や常務会にかけるといったことがよく行わ

する「少数意見書」を protest という。

　under protest は，一般には「いやいやながら，しぶしぶ」の意味をもつが，法律用語としては，留保文言的使い方をする。損害賠償問題で和解交渉中の相手方と賠償額について意見の対立があるような場合に，レター中で under protest を使ったら，支払債務の有効性，範囲について「異議を留保しつつ」の意味に理解すべきである。

　この用法の protest につき Black's Law Dictionary (8th Edition) は "A formal statement, usu. in writing, disputing a debt's legality or validity but agreeing to make payment while reserving the right to recover the amount at a later

れる。契約書の作成は最終的に弁護士が行うことになっている場合に，その前に基本的事項について当事者が相互に合意を確認するためにも使われる。

　他の1つは，外部の第三者にみせる場合である。たとえば，Joint Ventureで合弁会社を設立するような場合に，事業の内容，資金の必要性とその額などについて当事者間であらかじめ暫定的に合意をなす。そして，その内容をLOIに書面化し，金融機関に示して融資のコミットをとりつける。あるいは，親会社・関連会社などの了解をとりつけるというためのものである。

　このほか，当事者が行おうとする事業計画について市場調査の必要がある，あるいはその遂行が他の条件にかかっているような場合にも，LOIが使われることがある。

　LOIは，それ自体きわめて実務的な文書であるため，その形式は一定していない。ただ，大別すると関係当事者が署名のうえ事項を相互に確認する形のものと，一方当事者から相手方当事者に送付しておくだけのものとがある。両者の中間的なものとしては，レター形式で相手方のカウンター・サインを求めるものもある。

2　Letter of Intent の法的効力

　LOIに関し実務上最も問題となるのは，当の書面が**法的拘束力**を有するのか，有するとすればその程度いかんという点である。

　LOIは，内容的にきわめて多種多様であるため一概にこれを論ずることは難しいが，一般的にこれを英米契約法の枠のなかで考えてみよう。

　日本のような大陸法系の国において契約は，一定の法律効果の発生を目的とする意思表示の合致（agreement）によって成立する。しかし，英米契約

---

time. The disputed debt is described as *under protest*." 『通常は書面による正式な声明書で，債務の合法性または有効性を争うが，その全額をのちに回復させる権利を留保しつつ支払いをなすことに同意をする。争いのある債務を「異議を留めて」のように記述する。』と説明している。

　具体例で考えてみよう。XはYに対し，Yによる契約違反を原因として1億円の損害賠償を請求している。Yは，3千万円までの賠償義務があることは認めているが，残り7千万円につきギャップを埋められず交渉はデッドロックに乗り上げた。

　Yとしては，このままの状態で交渉をつづけるとXとの契約に基づいて年率14%

4 予備的合意 (Letter of Intent)   *181*

法のもとでは，「合意」(agreement) イコール「契約」とは必ずしもならない。「契約とは当事者間の合意から派生する，この法律および他の適用されるべき一切の法規範によって法的意味を付与された権利義務の総体をいう」とされるように〔アメリカの統一商事法典 (U.C.C.) § 1 -201 (11)〕，合意と契約は法的意味が付与されるか否かで区別されている。

　ここで法的意味が付与されるか否かは，**法律上・裁判上強制可能** (enforceable by law) かどうかによって決められる。この観点から，当事者の合意があまりにも具体的明確性を欠くときは，契約にはならず法的拘束力が否定されることになる。("doctrine of vagueness"「合意の明確性の原則」と呼ばれる。20頁以下参照。)

　LOI が，契約としての効力を有するかどうかは，このような**合意の明確性の原則**との関連で論ぜられることが多い。この原則の下では，まず，合意の内容は合意それ自体から客観的に確定できるものでなくてはならない。

　他の合意や文書を引用して合意がなされてもかまわないが，合意の内容を当事者間の将来の協議にかからせているようなときは，合意内容がそれ自体から明確になっているということはできない。

　また，当事者が法律的に拘束される契約を締結する明確な認識を有していなければならない。したがって，具体的に種々の契約条件の合意を列記していても，それがあくまで最終契約締結の為の予備的なものであることが確認されているならば，最終契約として当事者が拘束されることはなくなる。そこで予備合意であることの確認文言が重要になってくる。

の遅延損害金を支払わなくてはならない点が気になり出した。最終的に半年後に5千万円で和解が成立したとすると，5千万円につきこの率で少なくとも半年分の遅延損害金を支払わなくてはならない。

　Y は，争っていない3千万円分についてはこの段階で支払って"余分な"遅延利息の発生を防止することにしたとする。ただ，そうすることで残りの7千万円分について和解交渉が不利になっては元も子もないので，登場するのが，3千万円の支払いを通知するレター中の under protest 文言である。

　under protest によって disputed な7千万円分について異議を留保しているの

3 具体例の検討

《文例-3》(183頁) は，ある日本企業とアメリカ企業がアメリカで合弁で
プラントを建設することになり，そのための合弁契約締結に向けて交渉段階
で作成された LOI の実例を要約したものである。実際に使われたものでは，
合弁の条件などが具体的にかなり詳細に列記されている。形式としては，両
当事者が対等な形で末尾にそれぞれ代表者によって署名する書面の形をとっ
ている。

このなかで重要なことは，合意事項の最後〔8〕で，**予備的合意であるこ
とを明記している点**である。この文書は当事者がそれぞれの取締役会に持ち
帰り，その承認を得るためのものとして主として作られているため，その合
意自体の効力を各取締役会の承認にかからせている。さらに最終契約書の調
印，および日本側当事者の場合は日本政府の承認をも条件としている。

このような文言によって，仮に一方当事者が，取締役会の承認が得られな
いなどの事由により合意の内容どおりを実行できなかったとしても，契約履
行責任を裁判上追及されることは避けられるであろう。ただ，内容次第で将
来契約を締結する予約（contract to make contract）と解釈され，その違反
の責任を追求されることはありうる。

で，payment in full 「(賠償額はこれですべてとの意味を込めて) 全額の支払い」の
気持ちが込められており，実際にそう書く例もある。

■ 予備的合意における排他的交渉条項の効力

M＆Aの予備的合意書には，排他的交渉条項（exclusive negotiation clause）を
入れることがめずらしくない。国内でメガバンクグループ信託部門の売却をめぐって，
予備的合意書の当事者であったS信託銀行は同行以外との統合交渉の一部差止めを求
めて，2004年7月仮処分の申立てをした。事件は最高裁判所まで争われ，最高裁は
2004年8月30日，「仮処分を認めなければS信託銀行に著しい損害が生じるとはいえ
ない」として，申立てを棄却した。ただ，この判断に関連して，最高裁はS信託とU
グループが取り交わした覚書記載の独占的交渉権には法的拘束力があると認めた。

4 予備的合意（Letter of Intent） *183*

《文例 – 3 》

MEMORANDUM

On July 10, 20＿, a meeting was held at the office of X Inc., Los Angeles, California, between representatives of Y Co., Ltd. and of X Inc. The purpose of the meeting was to conclude the negotiation of the major terms of the X and Y participation in the proposed plant to be constructed in San Francisco, California. The following are the matters discussed and agreed upon:

1) X and Y will each take a 50% participation in the venture.

2) The venture will be in the form of a partnership or contractual joint venture.

……

……

8) This agreement remains subject to the approval of the respective Boards of Directors of X and Y, to the execution of final documents and, in the case of Y, to the approval of the Japanese Government.

July 15, 20＿
Los Angeles, California
X Inc. and Y Co., Ltd.

■ レピュテーショナルリスクのマネジメント

reputation が，「評判」，「世評」，「うわさ」，「名声」，「評判」などを意味するから，レピュテーショナルリスクは，これらにかかわるリスクである。

現代企業はリスク管理の良し悪しに生き残りがかかっている。ただ，対象となるリスクは，いつも同じではない。時代とともに変わるといった方がよいであろう。デジタル情報社会のリスクは，情報の大量流出，拡散であろう。顧客情報の大量流出で株価が急落した企業の例もある。

昔から悪い情報，うわさほど早く，あっという間に広がる。デジタル社会では，そのスピードと範囲がケタ違いである。秘密情報が漏れてコンピュータの画面上で，世

覚　書

　20＿年7月10日，カリフォルニア州ロサンゼルス市Ｘ社のオフィスにおいて会議が開かれた。その会議の目的は，カリフォルニア州サンフランシスコ市に建設が提案されているプラントへのＸおよびＹの出資の主要条件の交渉を煮詰めることであった。下記が討議され合意された事項である。

記

1)　ＸとＹは，本事業にそれぞれ50％ずつ出資をする。
2)　本事業はパートナーシップまたは契約によるジョイントベンチャーの形態をとる。
　……
　……
8)　本合意は，ＸおよびＹそれぞれの取締役会の承認，最終契約書の締結およびＹ社の場合は日本政府の承認を予定し条件とする。

20＿年7月15日
カリフォルニア州ロサンゼルス市
Ｘ社およびＹ株式会社

界中の何億という人がこれを見るかもしれない。
　レピュテーショナルリスクを，「風説被害」と訳すこともある。いまは，誹謗・中傷の情報があふれる"告発専用サイト"もあるので，企業の信用を失墜させ危機におとし入れることすら容易である。企業はこうした，悪意による攻撃に対応するリスク管理を日頃から考えておかなくてはならない。
　それには，レピュテーショナルリスク・マニュアルを作成しておくことである。風説が流布されて，株価が急落するといった事態に直面して経営幹部がうろたえるようだと，火に油を注ぐようなことになりかねない。また，記者会見で経営トップが，必死になって根も葉もない単なるうわさを否定するならば，かえって事実ではないかとみられ，逆効果になりかねない。

5 売買証書（Bill of Sale）

1 Bill

ここでは動産売買において使われるところの bill of sale を取り上げる。

法律英語において bill という語は，きわめて多くの場面で用いられる。まず，イギリスにおいては，衡平法裁判所（equity court）へ提出する訴状のことを bill とよんでいた。古くは王座裁判所（Court of King's Bench）への訴状もこうよんだ。

また，議会用語として用いられるときは**法案**を意味する。これが制定法になると，立法府の行為ということで Act とよばれるようになる。より一般的には，bill の 1 語で**請求書**または**手形**を意味する語として使われる。

bill という語は，単独でも以上のようにさまざまな意義を有するが，これらに共通した意味は，書面に記されたところの主張・提案ないしは報告（proposition *or* statement）ということである。

そこで，Bill of Rights は権利章典のこと（イギリスでは1689年に制定された人民の基本的人権に関する宣言を，アメリカでは合衆国憲法に付加された最初の10ヵ条の修正を指す）であり，bill of lading は船荷証券（または貨物引換証），bill of exchange は為替手形をそれぞれ意味することになる。

■ 傭船契約をなぜ charter party というのか

「ヘリコプターをチャーターする」などというくらいであるから「船をチャーターする」契約を charter agreement といってもかまわない。ただ，傭船契約の歴史は古く，沿革的な理由から charter party とよんできた。

Party はいわゆるパーティーではなく，契約などの「当事者」を表す。法律用語としては他に「共犯者」なども表し，「関係者」「党派」の意味もある。political party は「政党」である。共通するのは，party が他から分けられた人の集団，集まりを意味することである。

2 Bill of Sale

bill of sale が, 売買証書であるということは, 前述の説明からすぐお分かりいただけるであろう。それが売買を証明するための文書であることも明らかである。問題はこの文書がどのような場面で作られるかという点にある。

bill of sale は, 動産の売買において, 目的物がある当事者から他の当事者に譲渡されたことを証する書面である。通常の動産売買においては, 契約と同時に目的物の占有が移転するから, この種の証書は必要ない。ところが, 種々の理由から物の占有を売主にとどめたままで譲渡をする場合がある。この場合, 買主は売渡証書なしではその取得した所有権を証するものがなく, 不利益な状態におかれる。そこで必要になるのがこの bill of sale である。

bill of sale には 2 種類のものがある。absolute bill of sale と bill of sale by way of security である。前者は通常の売買で用いられるものと思えばよい。後者は動産の占有を債務者の手もとにとどめたままで権利移転によって担保権を設定させる売渡抵当の場合に使われる。

この権利移転形式の担保は, 不動産に用いられるとき mortgage となり, 動産の場合は bill of sale となるのである。これらは conditional bills sale ともよばれるように, 債務者が債務を弁済したときに再譲渡がなされることを条件に, 所有権を移転し, 担保とするものである。

イギリスには, 2 つの売買証書法 (Bills of Sales Act) があって bills of sale の効力を定めている。1878年法は, absolute bill of sale に関し, 1882年法は, conditional bill of sale に関する。1882年法によれば bill of sale によって担保権を取得するためには, 同法付表の定める書式に厳格にのっとった

---

party の語源は,「分けられた部分」を表すラテン語である。部屋の仕切りのことをパーティション (partition) というし, そもそも一部, 部分をパート (part) というが, 同じ語源をもつ。charter party が「傭船契約」となるについては, party の語源にある「分けられた部分」が関係する。

charter party は, ラテン語の *carta partita* から生まれたからである。charter の語源は,「1 枚の紙片」しかも古代のパピルス紙を表すラテン語で, そこから *carta* すなわちカルタ, カード (card), チャート (chart) といった語が派生した。

カルタだったら誰でも知っているが, *carta* はもともと 1 枚の紙片で, 契約書も表し

5 売買証書（Bill of Sale）

bill of sale を作成しなければならない。これに対し1878年法の下では，とくに書式は定められていない。同法によれば，書面によってなされた動産の売買で，売主がその目的物の占有を保持しつづける場合は，bill of sale が作成され同法の要求するところに従って登録されなければ，買主は破産管財人および目的物を差し押えた者にその所有権を対抗できないとされる。

　実際上はイギリスにおいても，conditional bill of sale は別として，absolute bill of sale を登録することはほとんどないようである。

3　船舶の譲渡と **Bill of Sale**

　以上のところは，通常の動産取引における bill of sale のごく簡単な解説であるが，bill of sale が国際法務において実際上重要な役割を果たすのは，船の譲渡の場合である。

　イギリスにおいては，上述したような売買証書法は船の場合には適用されず，代わりに商船法（Merchant Shipping Act, 1894）が適用される。この法律の下では，イギリス国籍の船またはその持分の処分には売買証書の作成が義務づけられ，これはその船の船籍港（port of registry）において登録されなくてはならないとされている。

　このイギリスの立法例からもわかるように，一般に船の所有権の移転には，bill of sale の作成を必要とする例が多い。同国では日本と同様に船舶を動産として扱い，動産売買法を適用するが，船舶の特殊性から売買証書法は適用せず，商船法によって一律に bill of sale の作成を義務づけるようにしたものである。

　《文例‑4》（188頁）は，日本の商社が日本の造船所で造られた船をパナマ

てきたので，*carta partita* を直訳すれば「分けられた契約書」である。問題は，これがなぜ傭船契約を表すようになったかであるが，パピルス以前の昔にまで話は遡る。

　その昔，紙ができる前は，重要な契約は羊の皮に書いたという。双務契約であれば同じ内容の署名済契約を当事者は1枚ずつもたないといけないので，大きな羊の皮を用意し，契約内容を右，左に2度書き，鋭い刃物で真ん中を切り分けた。それも真っすぐに切るのではなくわざとジグザグをつけるよう不規則に分け，後に切断面を合わせればその時の片方かどうかが分かるようにした。

　紙の時代になってからも1枚を切り分けるあるいは2枚を重ね上部を不規則に切っ

第Ⅲ部　文書

法人に売却したケースで用いられた Bill of Sale である。世界の商船の過半数は，便宜置籍国であるリベリア共和国やパナマ共和国などの船籍をもつとされているが，その船籍を取得する際の書類として，Builder's Certificate や Bill of Sale が要求される。これは，そのために作られたものである。文頭にある "KNOW ALL MEN BY THESE PRESENTS" は，本書の「Power of Attorney（委任状）」(176頁) のところで説明したきまり文句で「本書面によって以下のことをすべての人に知らしめる」という意味になる。

　内容的にはとくに難しいところはなく，売買の目的物となった KOKUSAI という船と現時点で装備している物の所有権を，買主に移転するという意味のことが書かれてあるにすぎない。

　第2パラグラフにおいては，売主は本船を売却し処分する権利を有し，本船上にはいかなる債務，担保権，船舶先取特権（maritime lien）も付着していないことを誓約（covenant）している。

　これは Non-Encumbrance 文言といって，多くの国で bill of sale のなかにこれが挿入されることを要求する。encumbrance は，一般には「邪魔物」「やっかい物」の意味を有する語であるが，法律用語としては，これが転じて「担保権」という意味になる。

《文例-4》

BILL OF SALE

KNOW ALL MEN BY THESE PRESENTS:

　That ABC Co., Ltd., having its principal office at _____ Tokyo, Japan（hereinafter called the "SELLER"）in consideration of those matters and things more particularly set forth in the Ship-

---

て，1枚ずつ当事者が保有することを行った。この場合とくに上部のギザギザが鮫の歯のように見えるため，deed indented＝indenture とよぶようになった。in＋dent で「歯型をつける」である。

　傭船契約の場合，必ず船主（owner）と傭船者（charterer）の2当事者が登場する。さすがに羊の皮に書くほど古くはないにしても，歯型捺印証書のように2通に分け1通ずつ持ち合う契約書の代表例のように傭船契約が締結されてきたことから，次第に charter party と称するようになったらしい（有名な "Scrutton on Charter-parties" という本にはそう書いてある）。

5 売買証書（Bill of Sale）

building Contract signed by and between the SELLER and XYZ Limited S.A., having its principal office at _____, Republica de Panama（hereinafter called the "BUYER"）on the 15th day of August, 20__, does hereby set over, sell, transfer and assign unto the BUYER, all its right, title and interest in and to One（1）Single Screw Motor Driven Cargo Vessel（hereinafter called the "VESSEL"）built by D Dockyard Co., Ltd., _____, Japan（hereinafter called the "BUILDER"）at E Zosen Co., Ltd., _____, Japan as the BUILDER's subcontractor（hereinafter called the "SHIPYARD"）, together with all stores and equipment now on board, the VESSEL have and hold the said property unto the BUYER and its successors, administrators and assignees forever.

The VESSEL is Known as: Builder's Hull No. _____ and
m. v. KOKUSAI

The SELLER covenants for itself, its successors and assignees that it has the lawful right to sell and dispose of the VESSEL and that it will warrant that the VESSEL and appurtenances are free and clear of all debts, encumbrances and maritime liens.

IN WITNESS WHEREOF, the undersigned has executed this Bill of Sale on this 20th day of August, 20__.

ABC CO., LTD.
BY: Shoji KOKUSAI
TITLE: ATTORNEY IN FACT

---

charter party，すなわち傭船契約には，demise（or bareboat）charter，time charter，およびvoyage（or trip）charterの3種類がある。それぞれ，「裸傭船契約」，「定期傭船契約」，「航海傭船契約」と訳している。

charterの語源は説明した通りであるが，契約書だけでなく，「憲章」の意味にも使う。Great Charterは「大憲章，マグナカルタ」のことである。法律用語としては，会社の定款をcharterと称する。イギリスの国王が植民地につくった東インド会社のような"現地法人"に与えた勅許状，特許状がもとである。会社だけでなく，自治都市などの設立，権限などを保障するために国王や国が発する勅許状をcharterとよんだ。

売渡証書

　本書面によって以下を知らしめる。

　主たる営業所を日本国東京都＿＿＿＿＿＿にもつABC株式会社（以下，「売主」という）は，売主とパナマ共和国＿＿＿＿＿＿に主たる営業所をもつXYZリミテッド社（以下，「買主」という）との間で調印された造船契約により詳しく規定された事項と物を約因として，20＿年8月15日に，本書面によって，売主に日本国＿＿＿＿＿のE造船株式会社を下請会社（以下，「造船所」という）として日本国＿＿＿＿＿＿のDドックヤード株式会社（以下，「建造者」という）によって建造された一艘の単一スクリューモーター駆動貨物船（以下，「本船」という）のあらゆる権利，権原及び利権を，現在本船が船内に有しているすべての備蓄物と装備品を共に当該資産を買主およびその承継人，管財人および譲受人に永久に譲渡し売却する。

　本船は，建造者の船体番号＿＿＿＿＿＿として識別される。

　売主は，自ら，承継人および譲受人に代わり，本船を売却，処分する合法的な権限を有することおよび本船と装備品に債務，担保権および海事先取権が付着していないことを保証することを誓約する。

　上記を証して，下記署名者は本売渡証書は20＿年8月20日に調印した。

ABC株式会社

コクサイ・ショージ

資格：代理人

6 標準取引約款 (Standard Form Contract)

1 Standard Form Contract

　企業が作成し用いる契約は，それぞれ個別の条件を反映して，さまざまな
内容を盛り込むのが通常である。しかし，同じような内容の契約が反覆して
大量に使われるようになると，自然，標準化・統一化の試みがなされるよう
になる。このような標準約款の作成の試みは，かなり以前から行われてきた。
たとえば，海運法の分野での，船荷証券 (bill of lading)，傭船契約 (chart-
er party)，保険証書 (insurance policy) などの標準化の試みの歴史は，相
当に古く国際的に行われてきた。

　上に述べた契約内容の標準化は，企業間であるいは業界と業界との話合い
と慣行によって行われてきたものであった。一方，資本主義が発達し，大量
製造・販売，大量消費の時代を迎えて，別のタイプの標準約款が多く使われ
るようになった。いわゆる**消費者約款**といわれるものがそれである。

2 消費者約款の規制

　消費者約款について，まず問題とされたのは，一部の独占的事業（電気，
ガス，水道など）において用いられる約款であった。この種の独占的事業と
の契約においては，消費者の側で契約を締結することがほとんど強制的であ
り，かつ契約内容については，自由な交渉の余地はない。そこで，この種の

■ **弁護士はなぜ悪文家か**

　アメリカはニューヨークの連邦地裁が1984年7月11日，「一般人に訳のわからぬお
役所用語を使うな」との判決を出した。（昭和59年7月12日朝日新聞。）これは，老人
医療保険の対象者の一部が起こした集団訴訟においてである。老人が医療費を政府に
申請すると，委任を受けた機関がその申請をチェックし，不合理な支払いや不必要な
診療と判断したときは，その分の払戻しをカットすることになっている。問題とされ
たのは，申請者にこの審査結果を通知する文書で，裁判所は，「文書の言葉は一般人
には意味の通じない役所用語で，英語とは言えない」との判決を下した。政府当局は，

契約においては，圧倒的な競争力を有する当事者において，差別的な取引や不当な取引拒絶をしてはならないとする規制が始まった。

さらに，標準取引約款は，多数の相手に対して反覆継続してなされる大量取引において大きな威力を発揮することから，いろいろな分野で広汎に利用されるようになる。他方，消費者運動が高まりをみせ，消費者保護政策の重要性が叫ばれるようになってくると，消費者を一方的で不当な内容の約款・契約条項から守るという観点から，**消費者約款の国家的規制が要求されてきた**。

3 諸外国の約款規制法

約款の国家的規制を積極的に推し進めているのは，ヨーロッパの主要国たるドイツ，イギリス，およびフランスである。

まず，ドイツは，1976年12月に「普通取引約款の規制に関する法律」（AGBG）を制定し，つづいて，イギリスでは，1977年不公正契約条項法（Unfair Contract Terms Act 1977）が制定され，1978年2月より施行に移された。また，フランスでも，1978年1月10日に約款規制に関連する2つの重要な法律（法第22号，23号）が成立し，同様に約款の法的規制に踏み切った。

一口に約款規制といっても，その態様にはいろいろある。上記のヨーロッパ各国の約款規制法は，個別の種類の約款（たとえば，保険約款，銀行取引約款 etc.）ではなく，ひろく包括的に各種約款を規制の対象にしている。たとえば，ドイツの AGBG には，「約款のうちに用いられた条項が信義に反し，約款利用者の利益に不当に偏るときは無効とする。」という一般条項が含まれている。

契約類型ごとの規制という観点とともに重要なのは，**不当条項の類型別の**

以後全国で年間約100万件に上るこの関連の通知文書を一般人にもよくわかる，「普通の英語」で書かなければならないことになる。

この判決は，そのまま日本の行政当局にもあてはまるのでなければ幸いであるが，古今東西を問わず役所用語はわかりにくいということらしい。だが，役所用語に負けず劣らず一般人を悩ます用語がある。いわゆる法律用語とそれを用いた法律文書というものである。アメリカの各州では，法令などに使われる用語をなるべく平易でわかりやすいものにするために "Plain English Movement" が起こり，そのための法規定までなされている。だが，なかなか事態は早急には改善されないようである。

6 標準取引約款（Standard Form Contract）

規制である。フランス，ドイツの立法例においては，通称ブラックリストとよばれる不当条項の列挙がなされている。そのリストの内容は，大なり小なりヨーロッパ評議会（Council of Europe）が1976年11月16日に発した勧告決議の影響を受けて作られている。同決議は，消費者に対する不当契約条項のうちの重要な28条項をあげている。

それらは，契約の締結，無効および解除に関する条項および当事者の権利義務に関する条項，供給者の責任を制限する条項，消費者の訴訟の権利と手段を制限する条項など6つのグループに大別される。不当な免責条項の具体例としては，供給者の責任を不当に排除・制限する条項，物の隠れた瑕疵について供給者が責任を制限する条項などがある。

イギリスの立法例には，このような不当契約条項のブラックリストは含まれていない。同国の約款規制法が対象としているのは，各種の不当契約条項のうちの免責特約に限定されているといってよい。その第2条は，過失によって生じる責任を排除・制限する契約条項のうち，生命・身体障害に対する責任の排除・制限は，いかなる場合にも絶対的に無効であり，それ以外の損害に対する責任については，当該条項・通知が合理性の要件を満たさない限り無効とする。ここにみられるように，同国の不当契約条項法は，不当な契約条項を一定の場合に私法的に無効にするというものである。

このほか，ヨーロッパには，スウェーデンのように，消費者オンブズマンが，不当な契約約款・条項の「摘発」を行う，行政的コントロールの色彩の濃い国もある。〔消費者約款規制の先駆けとなり，日本の消費者契約法にも影響を与えた1970年代後半のヨーロッパ主要国における約款規制立法の詳細を知るには，㈳経済企画協会編『ヨーロッパ消費者約款規制の現状調査報告書』（1983年）がある。

Harvard Law Review 誌1984年4月号（Vol. 97, 1389頁以下）の "Why Lawyers Can't Write" と題する短い論文が弁護士の悪文家ぶりを "糾弾" しているのでその内容をざっと紹介してみる。一般に法律関係の文章は，構造が複雑で繰り返しが多く，受身形の動詞で冗長な文句を並べたてる。どうしてこうなるのか。一般の人は，おそらく文法教育がなっていないからだと考える。もっとロースクールで「作文教育」を行えば，すべての弁護士がヘミングウェイかホームズ判事ぐらいの名文家になれるのではないかと考えがちである。事実,ハーバード・ロースクールなど一部のロースクールでは，「作文」をカリキュラムのなかに取り入れている。

また，著者もイギリスとＥＣ（現 EU）を担当して参加したこの現地調査報告を内容の一部とする『消費者取引と約款』（経済企画庁国民生活局消費者行政第一課編，1984年）が刊行されている。〕

4 Plain English Movement

一方，アメリカにおいては，"Plain English Movement" が重要である。ニューヨーク州をはじめとしていくつかの州においては，"Plain English Law" を制定し，法律文書の簡易化を目指そうとしている。これも約款規制の一環といわなくてはならない。

古今東西を問わず，法律文書は一般にはわかりにくいものというのが通り相場のようである。専門的で難解な語句がやたらに多く，センテンスの長い "悪文" がまかり通っている。日本でも，一時，裁判官の判決文が「悪文」の代表としてやり玉にあがったことがあった。

このような法律文書の "特性" が一般の契約書に現われるときに問題が起こってくる。たとえば，よく保険証書などの裏側にびっしりと細かい文字で契約条項が書かれている。ところで，これが難しい法律用語で書かれていたとしたら，よほど暇な人か変わり者でないかぎり，読んでみようという気にもなれないだろう。

しかし，契約を締結したのちに，いったんコトが起こると，このような「約款を十分読んで内容了解したうえで署名しました。」とされてしまうことが多い。加えて，よく読まなかったその内容が約款作成者に一方的に有利なものであったとしたら始末が悪い。そこで，約款はまずなによりも読みやすい文字で，一般の人にもわかる内容のものでなければならないということになる。

たしかに，このような努力によってより良い法律文章家を生み出すことはできるであろう。しかし，これが万能薬と考えてはならない。弁護士は経済上の利益のために悪文を書くのである。そもそも，弁護士が一般の人と同じような文章を書いていたら，法律の素人との区別がなくなり，ありがたみが薄れ，依頼者から報酬の請求がしづらくなるのである。さらに重要なことは，弁護士が特殊な言語を用いるのは，一般人とまったく異なった見方で世の中を見るからである。つまり，彼らにとって世の中は，先例（precedent）によって支配されている。すべての出来事は，単に過去に起こったことの延長かその変形なのである。ふつう物語において最も人の興味をひくのは，

5 約款と国際法務

　日本の企業が海外に進出してその地において事業活動を展開していく場合，現地における約款規制に十分注意しなくてはならない。外国においては，上に概観したように，さまざまな内容の約款規制が存在し，それとの関連で自分達の用いる標準約款を見直してみる必要がある。

　日本で金融取引に対個人，対事業者を問わずひろく使われている銀行取引約定書を訳したものをイギリス，ドイツ，あるいはアメリカにおいてそのまま使ったとしたらどうだろう。約款規制との関連でその一部は，効力を制限されたり無効とされる可能性がある。かりに，**期限の利益の喪失条項**（acceleration clause）を取り上げるならば，アメリカの統一商事法典（U.C.C.）§2-108は，一方当事者が任意の判断で履行期限を繰り上げることができるような内容の条項の解釈に一定の制限を課すとしている。

　欧米諸国における約款規制には，対消費者の関係において消費者保護の観点が強く，その内容も行政的で強行法規性を有するものが少なくない。現代の大企業の企業活動において標準取引約款が不可欠のものであるならば，その規制は，独禁法などとならぶ企業活動の法的規制と位置づけ，できるかぎり現地の規制に適合するような約款を作ること，すなわちこの意味での約款の"現地化"が要求されるのである。

6 改正民法による約款規制と国際契約

　「約款」取引と国際契約は，意外に深い関係を持っている。『法律学小辞典』（第5版）は「約款」を，「多数取引の画一的処理のため，あらかじめ定

事実とくに人物に関する記述であるが，法律家の文章では，これを無視して，判例におけるどの法原則が適用されるべきかばかりを書くので，自然味気ないものになる。さらに，法律文章では，客観的，合理的で公正な真実を追い求めるため，ジョーンズ氏もスミス氏も「賃借人」とか「賃貸人」とかの名の下に客観化してしまう。そして論理的分析を重視し，その分析の客観性を証明するために，無数の注をつけたりするのである。

　こうなると，法律家の悪文はより根本的な原因によるのであって，「作文教室」で簡単に改善されるようなシロモノではないらしい。何とも嘆かわしいことである。

型化された契約条項（又は条項群）」とし，代表的なものとして，「普通保険約款，運送約款，銀行取引約定書，倉庫寄託約款，建築請負約款，ホテル宿泊約款など」を挙げている。

　これらの約款には，むしろ国際取引から使われはじめたものが多くある。従来，国際取引といえば貿易取引が中心をなしてきたし，貿易取引はほぼイコール国際物品売買契約であった。

　物品の国境を越えての移動は，船による海上輸送や積荷にかける保険，積荷を入れておく倉庫，代金決済銀行が発行する荷為替信用状など，付随していくつもの契約を必要とする。それらは，ほとんどが英語で約款のかたちで行われてきた。

　これらの約款を英語でつくらなくてはならないとする条約や国際ルールはないが，何といっても近代以降，イギリスが貿易大国として，海運，保険，金融の分野で先駆者的役割を果たしてきたことが大きかったといえる。

　こうした分野では，早くから英語でもって船荷証券（bill of lading），傭船契約（charter party），保険証券（insurance policy）などの標準化，定型化がなされてきた。ほとんどが企業間で用いる約款であって，内容は長年にわたる業界間の話し合いと慣行によって定まった。

　そのため，交渉力（bargaining power）に大きな差がない企業間（B to B）で合意し設定した約款であってそれが広く使われている事実があれば，内容の不公正，不合理さが問題になることはあまりなかった。

　現代社会ではそうはいかない。企業間取引でも格差が広がり，「優越的な地位の濫用」的な不公正な契約条項の押し付けなどが増えてきた。

　他方で，大量生産・販売，大量消費の時代を迎え，B to C でコンシュー

6 標準取引約款（Standard Form Contract）

マー（消費者）との取引に約款を多く使うようになると，消費者に不利な一方的内容の約款を規制する必要が生じる。

約款を広く国際的にも使ってきたのが海運や保険の分野であることからすぐに分かるのは，伝統的な約款問題は，日本でいえばむしろ商法の分野の問題であったことである。

消費者約款規制問題の登場が，様相を一変させたといってもよいであろう。それも背景として，2017年の民法改正によって「定型約款」の新規定を導入することになったとみられる。

伝統的な約款とは別に，日本企業が今後，内容の適正化を心がけるべきなのが，新興国の企業からの原材料や部品の継続的調達契約（procurement agreement）である。

この種の取引においては，日本企業がより大きな bargaining power を相手方に対し行使するケースもよくある。日本法を準拠法と指定する governing law clause や一方的な内容の免責条項を含んだ裏面約款を "押しつけ" たといわれないようにすべきである。

アメリカにおける消費者約款規制

　日本では，2000年4月に消費者契約法が制定される以前も，消費者の利益を一方的に損なう内容の契約条項を民法90条を適用して無効にする裁判例があった。同じように，アメリカの裁判例には消費者向け契約の内容がpublic policy「公の政策」に反するから無効（void）であるとしたものがみられる。

　代表的な裁判例（leading case）を紹介してみよう。HENNINGSEN v. BLOOMFIELD MOTORS, INC.（Supreme Court of New Jersey, 1960. 32N. J. 358, 161A. 2d. 69）事件では，自動車の販売に関する保証免責の効力が争われた。

　新車を購入して10日後に運転中ハンドル装置が故障し事故になり負傷をした人が，自動車のディーラーとメーカーの双方を被告として損害賠償請求訴訟を起こしたのであるが，根拠は「商品性についての黙示の保証」（implied warranty of merchantability）違反であった。

　被告側は，購入契約書の裏面（the back of the purchase contract）に小さな字で印刷された保証違反についての責任を制限するための規定を援用し，保証は納車後90日あるいは4,000マイルの運転のいずれか早い時までの間，欠陥部品を交換するだけに限定されると主張した。

　裏面の免責約款の効力が問われたわけであるが，判決は，この約款が大量反復して使うことを意図して自動車メーカーの事業者団体が統一書式として制定したものであることにつき，次のように述べている。

　"The warranty before us is a standardized form designed for mass use. It is imposed upon the automobile consumer. He takes it or leaves it, and he must take it to buy an automobile. No bargaining engaged in with respect to it."
　「眼の前にある保証は，大量に使うことを企図された統一書式であって自動車の消費者に押し付けられる。彼はそれをのむかのまないかであり，自動車を買うためにはのまざるを得ない。それに関しては何らの干渉は行われない。」

6 標準取引約款〔Standard Form Contract〕

附合契約〔adhesion contract〕の性格をもつので, "The gross inequality of bargaining position occupied by the consumer in the automobile industry is thus apparent." 「消費者によって自動車業界で占められた交渉の地位の大きな不公平さはこのように明白である。」とも述べたうえで, 以下のように結論づけた。

"Public policy is a term not easily defined. Its significance varies as the habits and need of a people may vary. ……A contract, or a particular provision therein, valid in one era may be wholly opposed to the public policy of another ...Courts keep in mind the principle that the best interests of society demand that persons should not be unnecessarily restricted in their freedom to contract. But they do not hesitate to declare void as against public policy contractual provisions which clearly tend to the injury of the public in some way."

「公の政策は簡単には定義できない語である。その重要性は人々の習慣やニーズが変わり得るように変わる。……ある契約またはそこに含まれた条項は, ある時代には有効かもしれないが別の時代の公の政策には完全に反するかもしれない。……裁判所は, 社会の最善の利益は, 人々が契約の自由を不必要に制限されるべきでないことを要求するとの原則を念頭におく。しかし, 裁判所は何らかのかたちで明らかに公衆に害を与えるような傾向をもった契約条項を公の政策に反するとして無効であると宣言することをためらわない。」

およそ60年以上も前にアメリカでは, 裁判所が現在の日本で問題になりそうな消費者約款を無効にしているのが興味深いところである。

なお, 日本では2017年5月に成立した民法改正によって新たに「定型約款」に関する規定（548条の2～4）を設けた。

7 公証人 (Notary Public)

1 国際法務文書と公証

　文書には公証がつきものである。企業法務においても売買，消費貸借，債務確認などの契約書の作成，あるいは会社の定款や各種文書の認証などにひろく公証制度が利用されている。**文書を公証することにはどのような意味があるのだろうか。**

　およそ契約書をはじめとする文書を作成する場合にまず心がけるべきことは，その内容もさることながら，後日争いが生じたときのために（契約書はまさにその時のために作るのだが），文書の証拠力を高いものにしておくことである。とりわけ，その文書の証拠力は，どこの，どのような人物によって作成されたかを立証できるかにかかっているともいえる。（訴訟法上は，これを**文書成立の真正**といい，文書の形式的証明力の基礎となす。）そのうえで，内容の適正さまで保証されているならば，なおのことよい。

　これらの点について，公的機関の"お墨付き"が得られるならば，文書の証拠力は確実なものとなり，紛争の予防にも役立つ。このための制度が公証制度であり，これを行うのが公証人である。

　ところで，このような公証制度の果たす役割は，国際取引においてより大きなものがあるといわなくてはならない。国内取引であれば印鑑証明書を提出させればすむ場合でも，制度の異なる外国で外国人が作成した文書となる

■ 国際法務と英語

Ｉ 法律英語の盲点

　いまや企業活動の成否は，英語のもつグローバル性をどう生かすかが握っている。英語のなかでも取引などで使う法律英語がますます重要性を増してきた。

　法律英語は，法律分野で使う英語である。そのためとかく難しい専門用語を思い浮かべがちであるが，実務では誰でも知っている英語の正解な用法を身につけるほうが大切である。とくに日本人にとっては日本語化している英語が身のまわりに多くあるために，致命的な誤解につながりかねない。

7 公証人（Notary Public） *201*

と，どこの誰がいかなる資格でその文書を作成したのかを明らかにすること
はそれほど簡単なことではない。そこで，いきおい公証制度に頼らざるをえ
ない。ある公証人は，「海外向け文書に対する公証人の認証は，その文書の
パスポートである」と述べたそうであるが，上記の事情をよく表している。

2 公証制度の比較

　日本の公証人法１条によれば，「公証人は当事者等の嘱託により法律行為
その他私権に関する事実について公正証書を作成し，また私署証書や定款に
認証を与える権限をもつ者」ということになる。

　ここでは，公証人の仕事として**公正証書の作成と認証**の２つが予定されて
いる。日本に近代的公証人法が導入されたのは，1886（明治19）年の公証人
規則であり，フランスおよびオランダの公証人法をモデルにしていた。

　その後同規則は，1908年にドイツの公証人法をモデルにした公証人法にと
ってかわられ，その後若干の改正が加えられて現在にいたっている。

　ところで，英米法系の国においては，日本やラテン系の公証制度をもつ国
の公証人のように，法律行為その他私権に関する事実につき証書を作成しな
い。アメリカの公証制度は，認証につきるといってよい。アメリカで公証と
いえば，公証人の面前で証書に署名した者が真実その人に間違いないという
ことを示すステートメントに，公証人が署名をすることである。

　英語で公証人のことを notary または notary public という。その仕事は事
実の確認を主とするため，notary そのものは必ずしも法律専門職と考えら
れていない。

　これに対し，日本やフランスのようにラテン系の制度の下では，公証人は

　たとえば copy を「コピー」と訳すと意味が通じないことがある。日本語になった
コピーは，「コピー機」のように使い「コピーを取る」といえば「複写物を取る」と
訳すのがふつうである。これだけだと英和辞典に載っている clean copy をつい「き
れいに取れたコピー」と訳してしまうが，正しくは「直しの少ないきれいな原稿」で
ある。

　copy には，複写（物）のほかに，「原稿」の意味がある。copy の語源はラテン語
の *copia* で plenty「豊富」，「多数」のことであり，本のような同じ内容の印刷物を
数多く作るための原稿を copy と称する。とくに copy には「新聞種，題材」の意味

法律家公証人である。公正証書の作成を通じて，一般市民の法的な知識・能力を補い，将来の無用の紛争を防止することを主要な任務としている。この点ではフランスの公証人は，ラテン系公証人のなかでも最も優れた役割を果たしているといわれている。ただ，英米系の国の場合でも，たとえば英国の場合，弁護士がバリスターとソリシターの2種に分かれているが，ソリシターは法律上当然に notary public の職務を行うことができると定められている。（Solicitors Act 1974, 19条(1)(d)）　そこでソリシターが notary public の仕事をする場合には，フランスにおける公証人と同じように，市民のための"予防法律家"的役割を果たすともいえる。

3　国際取引における文書の認証

　すでにふれたように，文書の署名者の資格・同一性を証明する手段として，国内取引では印鑑証明，戸籍・住民票，法人の資格証明が使われる。しかし外国人の場合，印鑑を用いることがあまり一般的ではない。そこでこれに代替するものとしてひろく認められているのが，**サイン証明**（certificate of signature）である。日本から外国に向けて英文委任状を送る場合を例に考えてみよう。まず，各地の商工会議所の発行するサイン登録証明による方法がある。これは，あらかじめ登録してある本人のサインであるという英文の Certificate of Specimen Signature を発行してもらい，委任状に添付するのである。

　より一般的で，外国相手方当事者の求めるところに合致するのが，公証人によるサイン認証である。たしかに本人が公証人の面前で自ら署名しましたという内容の文書《**文例-5**》（204頁）を作成し，委任状に添付のうえ公証人

があるため，It will make good copy. は，「それはよい新聞種になるだろう」である。

　copyright は「著作権」を表すとともに「版権」も表し，原稿に基づいて同じ内容の本や映像などを多数つくることのできる権利といってよい。筆者がいま書いている原稿は copy，雑誌に印刷されたものも copy，記事をコピーした複製も copy である。単に「複写物」とのみ覚えていては誤訳になりかねない。

　身近な日本語になった英語に lease がある。lease がそのまま「リース」かというとそうではない。英和辞典を引いてもふつうの「賃貸借契約」が載っているだけであったりする。それもそのはずで，「リース会社」などとして使う「リース」は

7　公証人（Notary Public）

役場に持参して認証を受ける。この場合，日本の公証人法27条が，公証人は日本語の証書以外は作成できないと規定するため，仮に英文の場合，英文の証書そのものの認証欄に公証人がローマ字で署名押印することはできないとするのが一般である。ただ，それでは今日の国際化時代にあまりにも不便であるためか，外国文を多く扱う公証人役場においては，直接《文例-5》（204頁）のような英文文書中の認証欄にローマ字で署名したうえ，従来の日本文の認証文を添付してくれる。

　ちなみに《文例-5》（204頁）に添付された日本文の認証文言は，「嘱託人ABC株式会社取締役Xは本公証人の面前で別紙編綴の委任状に署名した」というものであった。（下線部＝不動文字。）

　通常は，上記のような公証人の英文による認証で相手方の要求するところに合致するが，場合によっては，相手方当事者の国の在日公館によるサイン証明が必要になることがある。これによるときは，当該在日公館に英文またはその他の外国語の文書を持参し，領事の面前で本人が署名すれば宣誓の形で《文例-6》（205頁）のような領事認証をとりつけることができる。本文例は，在日アメリカ大使館において行われている例である。

　ただ，こうした領事認証を行わない国もある。その場合は，上記の公証人によるサイン認証を得た後，その公証人の所属する法務局長の資格証明をとり，これを外務省にもち込んでその法務局長の職印が真正であるとの英文の公印証明をとり，さらにこれらの書類をその国の在日公館に持参し領事認証を得るというめんどうな手続きが必要となる。

　要は，相手方当事者がどの程度の認証を要求するかであり，それに応じて対応することである。逆に外国の当事者から文書を徴収する場合には，はっ

---

finance lease のことだからである。しかもファイナンスリースは本来は会計用語であるから，契約書の名称としては対象が動産の場合 equipment lease agreement，不動産の場合 net lease agreement ということが多い。

　net lease は，なぜこれがファイナンスリースを表すのかすぐに分かりにくいのであるが，貸手にあたる lessor には税，保険料，メンテナンス費用などの負担をさせず net の純利益を保証するとの意味である。この趣旨を徹底して一切の負担をさせないタイプを net-net-net lease という。

　このように net が3つまでついた語まで，Black's Law Dictionary には載ってい

第Ⅲ部　文書

きりとどの程度のサイン認証を必要とするかを伝えることである。

《文例-5》

> On the 15th day of October, 20＿ before me personally appeared Mr.X to me Known, who being by me duly sworn, did depose and say that he resides in Tokyo; that he is a director of ABC Co., Ltd., the corporation described in and which executed the annexed instrument; that he knows the seal of the said corporation; that the seal affixed to the said instrument is such corporation's seal; that it was so affixed by order of the Board of Directors of the said corporation and that he signed his name thereto by like order.
>
> OCT 15 20＿
>
> ＿＿＿＿＿＿＿＿（ローマ字による署名）　　　　職印
>
> ICHIRO DOI
>
> NOTARY PUBLIC
>
> TOKYO LEGAL AFFAIRS
>
> BUREAU
>
> ＿＿＿＿＿＿＿＿TOKYO JAPAN

> 20＿年10月15日，私の面前にX氏と知られる本人が出頭し，私に宣誓し，東京都に在住し，添付された書類に述べられその書類を調印したところの ABC 株式会社の取締役であり，同社の社印を知っており，その書類に貼布された印章は同社の社印であり，同社の取

る。入力ミスで net が多くなったわけではない。

　ほんの一部を紹介しただけだが日本語にもなっている英語をふだんと同じように使うと誤りやすい。本来の法律英語としての意味，用法まで正しく身につけておくことが求められる。

Ⅱ 法概念ギャップの大きさ

　日本語化している法律英語に法概念ギャップが絡んでくると話はさらに混み入ってくる。ここでいう法概念ギャップとは英米法と大陸法という二大法体系間の考え方の違いといってよい。

締役会の指図によって貼布され，かつ彼は同様の指図によってその
書類に署名したと述べ証言した。

20＿年10月15日

東京法務局公証人　ドイ・イチロー
日本国東京都＿＿＿＿＿＿

《文例-6》

JAPAN
CITY OF TOKYO
EMBASSY OF THE UNITED STATES 〉SS
OF AMERICA

Signature

Subscribed and sworn before me this 15th day of October 20＿.

John S. Williams
Consul of the United
States of America
duly commissioned
and qualified

　たとえばloan agreementと題する英文契約書があったとする。これを「ローン
契約書」と訳すのは正しいようで正しくない。なぜならば，住宅ローンなどというと
きの「ローン」は大陸法の概念をもって日本語化しているからである。
　loanを日本の法律用語に置き換えるならば「消費貸借」が適当であろうが，この
２つの法律用語の間には大きな法概念ギャップがある。日本民法の消費貸借は，古代
ローマ法の流れを汲む大陸法の概念をもっている。すなわち，古代ローマ法は消費貸
借に要物性を付与した。民法587条が，2017年改正民法によって要物性の修正がなさ
れるまで，消費貸借契約を原則として要物契約として規定してきたのはこのためであ

日本国東京都 ）
アメリカ合衆国 ｝ss
大使館　　　 ）

———————————————
署　　名

私の面前で本日，20＿＿年10月15日，署名し宣誓した。

———————————————
ジョン・S・ウィリアムズ

適法に任命され資格を有するアメリカ合衆

国の領事

る。

　これに対して英米法の下での loan には，要物性がとくに求められず，loan
agreement は原則諾成契約として締結される。消費貸借とは原則と例外が逆になる
のであるが，理論面だけではなく実務面で大きなギャップをもたらすことになった。

　国際ファイナンスの分野では，英米プラクティスが半ばグローバルスタンダード化
している。そのため，国際金融マーケットで組成されるシンジケートローンなどのほ
とんどは諾成的に行われる。他方で日本国内における銀行取引は伝統的に要物契約の
内容をもった約定書で行われていた。

　loan と消費貸借間の概念ギャップを浮き彫りにしたのがコミットメントフィーを
日本法の下でどう扱うかの問題であった。loan agreement の場合，諾成契約のため
契約締結時には金銭が貸し付けられるわけではなく，「貸しましょう，借ります」の
約束だけを取り交わす。それでも一定融資枠の予約を取り付けることのメリットは大
きく貸付約定の対価を要求されることがある。これをコミットメントフィー（com-
mitment fee）とよぶ。

　貸付けを行う前の段階における「対価」であるから「利息」とは異なるが，利息制
限法3条の「みなし利息」に当たらないかが問題となった。同条は「金銭を目的とす
る消費貸借に関し債権者の受ける元本以外の金銭は，礼金，割引金，手数料，調査料
その他いかなる名義をもってするかを問わず，利息とみなす。」と規定するので一見
するとコミットメントフィーも含まれそうである。

　ただ日本の場合，民法だけでなく商法や利息制限法，貸金業法（貸金業の規制等に
関する法律）などこれに付随する法律は，消費貸借を要物契約とする前提の下につく
られている。つまり根本から違うために，既存の法律の解釈問題として扱うのは無理

なので，1999年に議員立法で特定融資枠契約に関する法律を制定して対応することになった。

同法は利息制限法などの特例として，「利息制限法第3条及び第6条並びに出資の受入れ，預り金及び金利等の取締りに関する法律第5条の4第4項の規定は，特定融資枠契約に係る前条第1項の手数料については，適用しない。」と明記している。

Ⅲ　翻訳を通じて概念を置き換える努力が求められる

英語がビジネスの世界の共通語になってくると，英語で取引の交渉を行い英文で契約を締結してそのまま日本語に訳す必要はないとする意見がある。現に取締役会を英語で行う日本の会社もあるようだ。

グローバル化への対応としては望ましい傾向だとは思うが日本の会社である以上，取締役会議事録は日本語で作成しなくてはならないし，株主総会においては日本語で事業報告をしなくてはならない。一定の取引，契約は必ず日本語で概要を説明する必要がある。

たとえば，Ａ株式会社がアメリカに保有していた資産を現地で売却するためSale of Asset Agreement を締結したとする。直訳すれば「資産売却契約」であるが，これだけで国際法務の仕事は終わらない。契約の内容に照らして日本の会社法における概念のあてはめをしなくてはならないからである。

会社法362条4項は「重要な財産の処分及び譲受け」を取締役会の決定事項としている。本件 Sale of Asset Agreement がこれに当たるかどうかを会社法の解釈問題として判断しなくてはならない。asset を「資産」と訳して済む問題でないことはいうまでもない。

判例は，〔旧〕商法260条2項1号にいう重要の財産の処分に該当するかどうかは，当該財産の価額，その会社の総資産に占める割合，当該財産の保有目的，処分行為の態様および会社における従来の取扱い等の事情を総合的に考慮して判断すべきものとする。（最判平6・1・20　民集48・1・1）

判例のいう基準で取引の内容を総合的に考慮して判断しなければならないので契約書全体の正確な翻訳が望まれる。そうでなければ決定事項に当たるとして承認を求められた取締役会のメンバーも判断に苦しむことになりかねない。英文契約書を英文のまま正確に理解できる役員がそろっていたとしても，日本法の下での判断には日本法の概念への置き換えがなくては判断できないからである。

譲渡する資産の内容によっては，事業譲渡に当たり株主総会の特別決議による承認を得るべきではないかも検討しなくてはならない。「営業譲渡」と称していた旧商法時代から判例は，その概念・要件につき「営業ノ全部又ハ重要ナル一部ノ譲渡」とは，一定の営業目的のため組織化され，有機的一体として機能する財産の全部または重要

な一部を譲渡し，それにより，譲渡会社がその財産によって営んでいた営業的活動の全部または重要な一部を譲渡人に受け継がせ，譲渡会社がその譲渡の限度に応じて競業避止義務を負う結果を伴うものをいうとしてきた。(最大判昭40・9・22民集19・6・1600。)

　取締役会の決定事項に当たるかどうかの判断同様，本件英文契約書の内容を吟味し，「事業譲渡」に当たるかどうかを慎重に判断し，株主総会の承認を求めるべきか否かを決定しなくてはならない。

　会社法の重要であるが細かい解釈問題まで踏み込んであえて説明したのは，日本の法令がすべて英語で書かれない限り，英語を日本の法律用語に当てはめるいわば概念の翻訳は必ず行わなくてはならないからである。

　日本の裁判所は日本語で裁判をすることになっている。(裁判所法74条。) 判決文も含め，裁判の公用語が英語になることは当面ないであろうから，日本企業は困難な概念の翻訳作業にとり組まなくてはならない。

　この作業は国際法務の重要な仕事である。グローバル企業は海外子会社を含んだグループ内部統制システムを整備していかなくてはならないが，国や地域によって異なる法令内容を前提とした「法令遵守体制」がその主柱になる。

　日本の会社法令を遵守することはさらにその中核部分になるが，地道な概念の置き換え作業があってはじめて日本法令の遵守が可能になる。違いのわかる国際法務セクションとこれを支える弁護士が欠かせない。

8 Warrant と Warranty

1 Warrant と Warranty

　たとえば物を買う場合，買主は何に注意を払うであろうか。目的物が価格に見合うだけの品質を備えているかどうか，使用目的にかなうかどうか，さらに目的物が第三者の権利の目的でないことなどであろう。これらを売主が保証してくれるのであれば，買主は安心して取引に入れる。Warranty という語は，まずこのような場面において売主の保証の意味で用いられる。

　Warranty という語の姉妹語でよりひろい使われ方をするのが warrant である。この語は，本来，権限（authority）を意味するものであったが，権限もしくは権利を授与し，またはその授与を証する書面の意味に用いられるようになった。(高柳賢三・末延三次編『英米法辞典』有斐閣。)

　刑事法では，warrant は逮捕状・拘引状といった令状を指し，また search warrant といえば捜索差押令状のことである。さらに，後述するように会社法の分野で株式買取権を表章する書面を意味し重要な役割を果たす。

2 Implied Warranty の法理

　17，18世紀までのイギリスにおいては，売主の明示の担保約束（warranty）がある場合を除いて，買主は自らの危険において物を買うのであって，目的物の瑕疵などを理由に救済を求めることはできないとされていた。この考え

■ **represent と warrant の異同**

　representation は，represent「表す，表現する」の名詞形である。representation には，単なる「表現，表示」の意味を越えて，しばしば複数形で「陳述，説明」の意味に使うと辞書にある。

　契約の条項として使うのは，事実の陳述，表明を内容とする場合である。「保証条項」と訳されることがあるとしても，内容はあくまで事実であるから，過去または現在の事実を表明するのが中心となる。将来の事実も表明の対象に入れることは可能である。

方は，一般に *caveat emptor*「買主をして警戒せしめよ。」という法格言によって示されている。18世紀イギリスの契約自由の原則に支えられた自由放任主義経済の下で，むしろ売主には担保責任を負わせず，買主の注意力を養わせるようにした方が健全な取引社会の形成に役立つと考えられたのである。

18世紀末頃から次第に *caveat emptor* の法理の不合理性が指摘されるようになった。さらに，19世紀に入ると裁判所は明示的担保が存在しない場合にも，契約解釈の結果として黙示的担保（implied warranty）を認めるにいたった。このような推移の背景としては，取引形態と商品の複雑化をあげることができる。

つまり *caveat emptor* は，買主が売主と対等の商品知識をもち，十分な商議の後に目的物を検査する能力を有するときに，妥当する考え方である。

しかし，近代に入ってこのような前提がくずれ，製造者が製造過程を独占し，逆に買主は商品について専門的知識を有しない一般大衆にすぎないという図式が生み出された。そこで，契約自由の原則を背景に，法が売主買主の間に何の介入もせず腕をこまねいているのは妥当でなく，積極的に売主の担保責任を法定して買主を保護すべきであるとされた。

これが現代の大量生産大量消費，ハイテクノロジーの時代になると，さらにこの傾向が推し進められ消費者保護の観点から製造者責任の法理が登場する。1893年に制定されたイギリスの動産売買法（Sale of Goods Act, 1893）は，売主の法定担保を規定した画期的な立法である。同法は上に述べたような売主の黙示的担保の判例を成文法にしたもので，権原についての黙示的担保，説明売買において目的動産が説明に一致することなどを内容とする。

イギリスの1893年動産売買法は，その後，消費者保護の観点から売主の担

表明するといっても「事実」fact を表明するのであって意見（opinion）を表明するものではない。そこで，representations 条項の内容としては，"X represents as follows :"「Xは，以下のとおり事実を表明する。」のような言い方につづけて，"The Products are free from any defect."「本件製品はいかなる欠陥も有しない。」と表明したりする。過去から現在までずっと欠陥がなかったという意味で "There has been no defect in the Products."「本件製品にはこれまで欠陥がなかった。」とすることも考えられる。

ところが，売買契約の買主は目的物に欠陥がないこと，これまで欠陥が見付かって

保責任を排除・制限する不合理な免責特約を制限する規定を含んだ1973年動産供給（黙示の契約条項）法による大改正を経て1979年動産売買法に集大成された。さらに，サービス供給面での消費者保護をはかる目的で1982年動産・サービス供給法（The Supply of Goods and Services Act, 1982）が制定されている。（同法についての詳細は，長谷川俊明「英国1982年動産・サービス供給法の概要」国際商事法務 vol.11，No. 2， 94頁以下参照。）

アメリカにおいても同様に統一商事法典（U.C.C.）が売主による warranty を規定している。（§§ 2-312〜318参照。）

以上のような黙示的担保法定化の傾向のなかで，売主は担保責任を制限するのであれば"No Warranty"条項を明定しておく必要がある。逆に買主の側でも売主にどの場合にどの範囲で担保責任を負わせるのかをなるべく具体的に規定しておく方がよい。〔《文例-7》(213頁) 参照。〕

一方，不動産取引の場合にも warranty の概念が使われる。アメリカを例にとると，不動産の登記（登録）制度に全面的信頼をおけないことがあって，買主は権原保険（title insurance）や売主自身による物権証書上の約定（title covenants）にたよらざるを得ない。後者のなかで，何ら留保のない権限を保障するものを general warranty とか full warranty と呼ぶのである。

3 Bond with Warrants Attached

ところで，warrant という語は，企業法務の実務面でもう1つの重要な使われ方をする。株式買取権として社債と組み合わされて，いわゆるワラント付社債（bond with warrants attached）という株式会社の資金調達手段となる場合である。

いないことだけではなく，そうした事実に基づいて買主の物となった後もずっと欠陥が生じないことに最も強い関心を示すはずである。契約中に representations 条項を入れるのは，事実についてとくに契約後のことについて約束させるためといってもよいであろう。買主であれば物の隠れた瑕疵が顕在化したときは，売主に責任を負ってもらいたいに違いない。過去や現在の事実を表明させるのはそのための"前提"に過ぎない。

representations の表明対象に将来の事実を入れるのは可能といったが，将来における約束の意味を含ませるには represent だけでは弱いとされる。そこで"X

ここで warrant というのは，あらかじめ定められた価格でもって一定の期間内に株式を買い取ることのできる権利を表章する証書を指す。その後いかに株価が値上がりしようとも定められた価格での買取権が「保証」されているのである。

会社法の歴史上，warrant をはじめて発行したのはイングランド銀行であり1709年のことであった。warrant は単独でもいろいろな使われ方をするが，現代の実務では，これを社債と結びつけてユニットの形で発行する場合が最も重要である。

ワラント付社債とよばれるこのパッケージ・ディールを発達させたのはアメリカの投資銀行（investment banker）であった。初期の発行例としては，1911年のアメリカン・パワー・アンド・ライト社のものが知られている。

ワラント付社債は，社債に株式買取権という株式へのオプション（これをsweetener「甘味剤」という）を付加することによって，発行会社にとって，普通社債よりも有利な条件（低利率）で起債することを可能にする。

この点，株式への転換権というオプションを「甘味剤」とする転換社債と非常に似かよっている。しかし，転換社債とワラント付社債とは，株式へのオプションに独立性があるかないかの点で決定的に異なっている。

つまり，転換社債の場合，転換権が社債権に内包される形で一体となっている。これに対しワラント付社債の場合は，warrant が社債券とは別個独立の証券として存在する。ただ，これが売り出される当初は 1 枚の証書に印刷されていて，買取権を行使する際に切り離すのである。

warrant を行使の段階にいたる前に社債券から分離してこれだけを流通におくことを許す形態のものを**分離型ワラント債**とよんだ。日本では，株式会

---

represents and warrants that 〜." 「Xは……を表明し，保証する」のようにwarrant を加えることをよく行う。その場合，条項の見出しはrepresentations and warranties となる。

アメリカの統一商事法典（U.C.C.）の定義によれば，warranty は，事実の確認または約束（affirmation of fact or a promise）のいずれも内容とすることができるとされている。となると，representation よりはwarranty のほうが広い対象をもつことがわかる。

represent を将来の事実について使うことは可能だとはしても，あいまいさを避け

8 Warrant と Warranty 213

社の資金調達手段の多様化をはかるため，1980年の商法改正時に欧米のワラント付社債の導入をはかった。このなかで欧米でひろく発行されている分離型ワラントを認めたものの，warrant のみの流通を許すと株式オプション取引を認めるのと大差なくなってしまうということで，当初分離型ワラントの国内発行は行政指導で制限された。

ワラント付社債は warrant 部分が社債券から独立しているところに基本的特徴がある。こうした点にかんがみ，その後国内でも分離型ワラントが解禁された。

ちなみに，この warrant とシカゴなどで取引されている株式オプションとはともに，あらかじめ定められた価格で定められた期間内に株式を買い受けることのできるオプションである点で共通している。

しかし，以下のような差異がある。株式オプションは，会社自身ではなく証券業者によって発行され，オプションが行使された場合にも会社の財務内容に直接影響を及ぼすことはない。また，オプションの行使期間は3ヵ月から1年以内のものが多く warrant のそれよりも短い。

《文例-7》

> WARRANTIES. Seller warrants that all supplies and services delivered under an Order will be free from defects in material and workmanship will conform to applicable descriptions, specifications, and drawings and, to the extent such supplies are not manufactured pursuant to detailed designs by Buyer, will be free from defects in design and fit for the intended purposes. Seller's

るため，過去および現在についての事実表明と将来についての事実表明とで representations 項目を分けることも行う。

さらに，"The price of a given merchandise does not fall below the stated value during the effective period of the contract." 「規定の商品の価格は，契約の有効期間中は定まった価格を下回らない。」との将来の事実を represent して，暗に一定の価格を下回った時は一方当事者に解約権を生じさせると言いたい場合もある。それならば端的に termination events 「解約事由」中に書くほうが明確でよい。

warranties shall be enforceable by Buyer's customers as well as
Buyer.

　保証. 売主は，発注書の下で提供されたすべての供給品と役務は，
素材において欠陥がなく，出来映えは，適用されるべき説明書，仕
様書および設計図に合致しており，かつ，そうした供給品が買主に
よる詳細な設計に従って製造されない範囲において，設計上の欠陥
がなく，企図された目的に合致するものであることを保証する。売
主の保証は買主だけでなく買主の顧客によっても強行されうる。

■ 知的財産戦略の促進と著作権法の改正

　「知的財産戦略大綱」及び「知的財産基本法」を踏まえ，知的財産戦略を促進する
ための法整備の一環として，著作権法の一部を改正する法律が2004年1月1日から施
行になった。改正法は ①「映画の著作物」の保護の強化，② 教育機関等での著作物
活用の促進，および ③ 著作権侵害に対する司法救済の充実を主な内容とする。

　① については，映画の著作物について，保護期間を従来の公表後50年から公表後
70年に延長することにより，アニメやビデオ，映画，ゲームソフトと言ったわが国が
強い競争力を持つ著作物の保護を強化することを目的とする。② はコンピュータ教
室等での児童生徒等による複製やインターネット試験等での試験問題の送信など，い
くつかの場合に例外的な無許諾利用ができる範囲を拡大することにより，教育の情報
化等に対応して各種の著作物の活用を促進することを可能にする。③ は権利者の侵
害行為の立証負担と損害額の立証負担につき，以下のような軽減措置を定めることを
内容とする。i) 侵害行為の立証について，被告が侵害行為を否認する場合には，単純
に否認するだけでは足りず，被告自身で自らの行為の具体的態様を説明しなければな
らない。ii)「海賊版の販売数」×「正規品の単位当たりの利益」を損害額として算
定できるような新たな損害額算定制度を導入する。

　さらに，2007年から施行の改正法では，著作権等保護の実効性の確保が強化された。
改正法は輸出行為の取り締まりと罰則の強化を図るものであり，著作権等の侵害品の
輸出および輸出を目的とする所持を取り締まりの対象とするほか，著作権侵害等に係
る罰金刑を，個人については「500万円以下」から「1000万円以下」に，法人につい
ては「1億5000万円以下」から「3億円以下」に，懲役刑を「5年以下」から「10年
以下」に，それぞれ引き上げた。

8 Warrant と Warranty

ワランティ条項のカギ

◆ **課題設定**

　日本企業のX電器株式会社は，東南アジアのある国から部品を調達するための契約（Procurement Agreement）の締結を検討している。

　内容としては原料の品質保証を確保できるようにしたいと考え，そのための契約条項案を検討している。

このテーマに沿った条項例

The Seller warrants that the products supplied by the Seller are of good and merchantable quality.

　「売主は売主によって供給される製品が，良好で商品性のある品質のものであることを保証する。」

　これは「保証条項」と訳すことが多い一般的なワランティ条項（warranty clause）である。warranty は，ふつう日本語で製品の品質保証ということから「保証」と訳すものの，民法の債務保証（446条）とまぎらわしいのでワランティとそのままよぶことも多い。あえて日本法の概念をあてはめるのであれば民法565条以下の「担保」責任が近い。

　また，warranty は英米契約法の下で最も基本的な語といってもよく，判例法における黙示の保証・担保（implied warranty）の原則はとくに重要である。この原則は，売買契約の売主であれば，契約に何ら規定しなくても，売買目的物の所有権（title）移転，契約目的への適合性（fitness for purpose），商品性（merchantability）などについて保証・担保したとみなすものである。

　部品の調達契約は，メーカー間での継続的売買契約である。いわばプロ同士である以上，その目的は黙っていても分かる相手方でなければ，そもそも調達先に選ぶべきではない。となると，たとえ明示的に規定していなくても「目的への適合性」は保証・担保が表明されたのと同じことになるであろう。

　そうであるなら，条項例ではX電器の要求に十分応えているとは言いがたい。warranty clause をあえておくのであれば，黙示の保証・担保の原則がカバーする範囲を超えて具体的な内容を書いてこそ意味がある。

◆ **応用課題**

　X電器は，ある家電製品の部品についての具体的な品質基準，規格

を作り，これを調達先に順守させたいと考えている。

英文調達契約中どのように規定すればよいか。

　契約中の規定としては一般的な warranty clause ではなく，表題も Quality Control「品質管理」などとしたうえで，次のような内容にすることが考えられる。

The Seller agrees that the Products shall meet the standards and specifications of the Buyer.

「売主は本件製品が買主の製品規格，および仕様書に合致するものであることに同意する。」

　この条項は，買主にあたるＸ電器が実際に「規格」，「仕様書」を作成しないと機能しない。また，調達する部品は１つではないであろうから，最終製品を構成する調達部品それぞれについて作成する必要がある。

　部品にもよるが，図面（drawing），デザイン（design），鋳型（mold）にいたるまで調達側で作成したものを渡すこともある。というより，そこまでやらないと要求する品質は確保できない場合があるといったほうが早い。

　部品製造に使う素材の品質を含め，要求内容はいくらでも詳しくなりうる。ただ，ここで注意しなくてはならないのは，それでも欠陥製品（defective product）が出てしまった場合の製造物責任（product liability）である。

　部品の欠陥については部品製造者が責任を負うのが原則であるが，日本の製造物責任法４条２号が規定するように「その欠陥が専ら当該他の製造物の製造業者が行った設計に関する指示に従ったことにより生じ，かつ，その欠陥が生じたことにつき過失がない」ときは，部品メーカーは責任を負わない。

　上記のような「品質管理」のための特則規定をおきつつ，一般的な warranty clause を残しておいたとしても，買主側で主張できる warranty 違反の責任内容は民法（2017年改正後562〜564条）や商法（526条）の瑕疵担保責任のそれにとどまる。

　すなわち，契約の解除または代金減額もしくは損害賠償の請求ができるだけである。また，この損害賠償の範囲は，売買代金をベースとしたもので，製造物責任のように生命，身体，財産に対し，代金額をはるかに超えるであろう損害賠償額をカバーするものではない。

　Ｘがこの賠償責任リスクまで考えるのであれば warranty clause とその延長上の品質管理的規定だけでは足りず，hold harmless clause「補償条項」による売主の補償責任まで規定しなければならない。

⑨ Instrument と Securities

　現代の企業活動は有価証券ぬきではとうてい考えられない。手形，小切手，株券，社債券とあげてみても企業活動に不可欠のものばかりである。

　ところで，法律英語のなかにはこれら日本で有価証券とされている証書を指し示す用語が存在するであろうか。

1　英米における商業証券法の歴史

　人間の商業活動や貿易が盛んになった紀元前2000年頃の昔から貨幣にかえて証書を用いる慣行は行われてきた。これを，より近代的な形で商業活動に用いたのはイギリスを含む中世ヨーロッパの商人達である。彼ら商人間では取引はもっぱら商慣習や慣行に基づいて行われ，それが law merchant とよばれる商慣習法の体系を形成していった。law merchant はローマ法的色彩が強くイギリスのコモンローの伝統とは相容れないものであったが，18世紀の判事マンスフィールド卿などの力によって，しだいにコモンローに吸収同化された。その結果，イギリス法には民法と商法の分化がないとされている。

　イギリスにおいては，その後1882年に手形法（Bills of Exchange Act）が制定され，それまでの慣習法，判例を整理統合した。同法典は，同国における商法の法典化の嚆矢をなし，現在でもイギリス本国，自治領，植民地においてひろく使われている。

■ SEC（Securities and Exchange Commission）

　アメリカの連邦証券取引委員会（SEC）は，5人の委員からなり，1933年証券法および1934年証券取引所法を中心とする一連の連邦証券諸法を執行する独立委員会の1つとして，1934年6月6日創設された。SEC は，三権分立を横断する統治の「第四府」的活動をする。すなわち，委任状規則に代表されるような規則を制定するときは立法的活動をなし，不正な証券取引行為などを調査したりするときは検察官のごとくふるまう。また，審判手続を行ったり司法審査に服する命令を出すときは司法機関の地位において行動する。

イギリスの1882年手形法は，アメリカにも大きな影響を及ぼした。1896年にアメリカの統一州法委員全国会議（National Conference of Commissioners on Uniform State Laws）は，イギリスの手形法を範とする統一流通証券法（Uniform Negotiable Instruments Law, N.I.L.）を発表し，これがアメリカ全州で採択されるに至った。N.I.L.は内容的にはコモンローを継受していたが，形式はかなり異なったものである。

イギリス手形法は，ドイツ，フランス両国と同様，主として為替手形について規定を設けこれを約束手形に準用する形式をとっている。（日本の手形法も同じ。）しかし当時のアメリカでは，為替手形は欧州におけるほど用いられなかった。そこで取引の実情に合わせて，すべての流通証券に適用される諸規定を集めて総則とし，各種の流通証券については各章別に特則を設けることにしたのである。〔N.I.L.の内容については，伊澤孝平『米国商業証券法』が最良の文献である。〕

N.I.L.の制定は，アメリカにおける州法の統一の歴史の中で大きな意味をもっている。つまり，N.I.L.の制定を契機として次々と州法統一の機運が芽生え，統一売買法（1906），統一倉庫証券法（1906），統一株式譲渡法（1909），統一船荷証券法（1909），統一条件付売買法（1918），統一荷物保管証法（1933）として結実した。さらに，これらの法律を1つに統合しようとする作業が1940年代に始まり，1952年には，最初の統一商事法典（Uniform Commercial Code; U.C.C.）が発表された。N.I.L.の内容は，当時 U.C.C.の第3章「商業証券」（Article 3 "Commercial Paper"）中に整理統合された。

連邦証券法制を支えているのは，**開示主義**（disclosure philosophy）である。開示主義は，人は明るみにおいて悪をなしえないとの考え方に基づいて，投資判断に必要な情報を開示させ，もって投資家の保護をはかる。日本の証券取引法は，戦後，アメリカの開示主義にならって制定された。同時に，これを執行する機関として証券取引委員会が設置されたが，こちらは，1952年に廃止されている。

最近は，アメリカにおいても，開示主義のゆき過ぎを指摘する声が多くなり，SEC の機構改革，開示制度の簡素化を目指す動きがみられる。つまり，開示は企業に膨大な事務負担を強いその活力を失わせる一方で，SEC は投資家保護という本来

2 Instrument と Commercial Paper

法律辞典で instrument をひくと，「一般に形式的な性質の書面で，捺印証書（deed），遺言書（will）等はその典型。」（前掲『英米法辞典』）となっている。したがって，instrument は，正式な法律上の証書（formal legal document in writing）を意味するといってよい。ところで，instrument のなかで経済社会上最も重要な役割を果たすのが，手形をはじめとする流通証券（negotiable instrument）である。アメリカでは，instrument といっただけで流通証券を意味する。(U.C.C.§3-102(1)(e)参照。)

U.C.C.において流通証券として認められているものには，① 為替手形（draft or bill of exchange），② 小切手（check），③ 約束手形（note），および④ 銀行預金証書（certificate of deposit）の４種がある。(これらの成立要件等の解説については，国際商事法務 Vol.12，No.10，727頁以下，同 No.11，800頁以下「米国流通証券法」参照。)

U.C.C.の第３章のタイトルは，かつてはCommercial Paper となっていた。（現在は Negotiable Instruments。）commercial paper は商業証券と訳されるように，法律用語としては negotiable instrument よりも広い概念であるが，U.C.C.第３章の対象となっているのは流通証券であり，しかもその中心は手形および小切手である。

なお，commercial paper は，企業の資金調達の一手段を表す語としてもよく使われる。日系企業がアメリカの CP 市場で資金調達をしたというニュースが新聞紙上をにぎわすことも多い。この場合の CP は，アメリカ最古の短期金融市場のことである。その歴史は18世紀に遡ることができる。現

の任務から離れ，企業の不正支出を監視する"企業警察"になり変わったというのである。(「ロッキード事件」も，その端緒に SEC の調査があった。)

しかし，SEC によるディスクロージャーの見直し，弾力化も，その真のねらいは，形式的で複雑になりすぎた規制から企業を解放し，証券市場を活性化しようとすることにある点を見逃してはならない。

SEC は，開示主義を通して，アメリカ経済民主主義の一翼を担っているといったらいい過ぎであろうか。

在では，外国会社も参入して，優良企業のための有力な資金調達手段となっている。CP は，法律的には割引方式で発行される単名，無担保，持参人払い式の約束手形であって，U.C.C. § 3-104(2)(d)の定義する note に該当する。

3 Securities

証券を表すもう 1 つの重要な用語に securities がある。これをアメリカの Law Dictionary でひくと「株券，社債券，または担保付債務を証するもの」あるいは「株式，社債その他の契約で，それによって収入または収益を確保する目的で投資がなされるもの」となっている。

security は，元来担保を意味し，保証人のような人的担保から物的担保までひろく含む。これが転じて担保権を設定しあるいは担保を証する証書類を securities と称するようになったものである。

それでは，negotiable instrument と securities の違いはどこにあるであろうか。一般に有価証券には 2 種類ある。株券や社債券のように，もっぱら資本市場において企業資金の調達のために大量に発行されるもの（これを資本証券や大量証券とよぶ）と，手形のように個別的取引のための信用・送金・取立の用具として利用されるもの（これを個別証券という）とである。

しかし，アメリカにおける CP のように，約束手形でありながら資本市場において大量に発行され資本証券としての性格を有するものがあるのは前述のとおりである。また，U.C.C.の定める 4 種の流通証券のうち 1 つである銀行預金証書も，譲渡性 CD として大量に発行され銀行の資金調達手段として利用されている。

U.C.C.は資本証券を，その第 3 章に規定する商業証券とは「投資」とい

■ 「担保」を表す security

英文契約に出てくる「担保」を表す英語はいくつもある。いま思いつくだけでも security, collateral, charge, encumbrance, pledge, lien, mortgage, hypothecation をあげることができる。

security は最も一般的に担保を表す語とみてよい。この英語は「セキュリティ・安全」として日本語化しているが，担保の意味も secure「安全にする」から生まれた。

債権には担保付き債権と無担保債権がある。債権者の立場は担保付きであればより安全に守られているといえる。そのため，「担保付債権者」のことは secured credi-

9 Instrument と Securities

う観点から区別し，第8章に「投資証券」Investment Securities という章を
おいた。ここでは，security は，投資の手段として証券市場でひろく取引を
されるところの証券（instrument）と定義されている。（§8-102。）

　一般に証券取引法は投資家保護の観点に立って，この資本証券を主たる対
象としている。アメリカには，ディスクロージャーの精神に基づいた投資家
保護法である証券法（Securities Act of 1933）と証券取引所法（Securities
Exchange Act of 1934）という2つの法律がある。その証券法2条1号は
「証券」を定義している。そこには，株式，社債のようなものばかりではな
く，たとえば，利潤を追求する事業への投資を表章する証書のように伝統的
な「証券」の形をとっていないもの，証書の形をとらない投資契約（in-
vestment contract，コンドミニアム契約，商品オプション契約なども一定の
条件の下でこれに入る）が入るとされているのが興味をひくところである。
これら2つの法律をモデルに制定された日本国の旧証券取引法（現金融商品
取引法）の「有価証券」の定義（2条）と比較してみるのもおもしろい。

《文例-8》CP の券面

$ 100,000.00

ABC Corporation, N.Y. Oct. 6, 20__

SEVENTY DAYS AFTER DATE WE PROMISE TO PAY TO THE ORDER OR BEAR-
ER

= $ 100,000 =

PAYABLE AT THE SECOND BANK OF CHICAGO, CHICAGO, ILLINOIS

ABC Corporation

tor という。「担保付取引」は secured transaction という。「担保権」は security
interest というのが最も一般的である。なお，security は，通常，複数形で「証券」
を表す語としても使うが，これも元は「安全」から生まれた。

　日本の私法で担保（権）は，民法の規定する典型担保である留置権，先取特権，質
権および抵当権が中心になる。英米法は根本体系が異なるが，それぞれ近い概念をもっ
た英語は possessory lien, lien, pledge, mortgage となる。

　2007年の金融不況の要因にもなったサブプライムローン（低所得者層向け住宅ロー
ン）は mortgage と大きな関わりがある。ただ，mortgage は，抵当権というより

By _____ (Signature)

Senior Vice President and Treasurer

DUE Dec. 15, 20___

コマーシャルペーパーの券面

　　　20___年10月6日，ニューヨーク，ABC コーポレーション

持参人またはその指図に従って，当社が約束する支払日の70日後に

　　　10万ドルを

イリノイ州シカゴ市のシカゴ・セカンド・バンクにおいて支払う。

　　　　　ABC コーポレーション

　　　　　　　　　　　　　　　　　(署名)

　　　　　上級副社長財務担当役員

　　　　　支払期限20___年12月15日

は非典型担保権である売渡抵当に近い。いったん担保目的で形式的に所有権を移転し
ておき，万が一 default（債務不履行）になったときには，foreclosure（受戻権喪
失）によって実際に所有権を取り上げる。

　概念の比較でいうと，日本法の属する大陸法の抵当権は，hypothecation という
ほうが近いが，英米で圧倒的に多いのは mortgage の設定である。

　担保権は，所有権からみればこれを制限する権利なので，元来「邪魔物」を意味す
る encumbrance や「負担」を意味する charge を担保権の意味で使うことがある。
とくに英米法には floating charge「浮動担保」といって，企業の資産を特定せずに
広く担保に取り込む形態があり実務上重要な役割を果たす。

　collateral は，担保権というよりは担保物権を表す。この語は形容詞では「付随し
た，補足する」を意味するから，従物，付属物と訳すことがある。ただ，文脈上担保権
や見返り物件を意味するときは，そのように正しく訳さないと誤訳になりかねない。

　最後にファイナンス関連の英文契約によく使われる negative pledge clause につ
いて説明する。これは無担保でローンによる借入れをする場合に，後に登場する債権
者に担保を提供しないことを約束する内容をもつ。pledge は狭義では「質権」であ
るが，この場合，担保権を広く代表して使う。いわゆる誓約条項のなかの negative
covenants といえば negative pledge のこととされるくらい一般条項化している。

10 Policy と Title

1 保険制度

　日本に初めて保険制度を紹介したのは，かの福沢諭吉であるといわれている。『西洋旅案内』1867年の「海上請合」の項には，「ロンドンに，ロイドの仲間とて商人の組合ありて，諸国の船を請合い，其仕組甚だ洪大なり」とあり，ロイズの仕組みの簡単な説明がある。

　近代的な保険は，14世紀後半の北イタリア諸都市国家において「海上貸借」または「冒険貸借」という形で始まった。これがポルトガル，スペイン，イギリス，ドイツに伝えられ，次第に近代的な保険制度としての形を整えていった。とくに，17世紀以降ロンドンが貿易の中心地としての地位を固めるようになると，同地において海上保険が大きく発展することになった。その原因の1つにコーヒーがあったことは面白い。

　17世紀中葉にコーヒーがイギリスにもたらされ，ロンドン中にコーヒー店が生まれたが，そのうちで最も有名なのが，エドワード・ロイドという男の開いた店であった。新聞などもなく情報源に乏しかった当時，コーヒー店は最良の"情報交換サロン"と化していたが，なかでもロイドのコーヒー店は，最新の信頼できる情報を客に提供したので，人気を博した。客たちは，そこを取引所代わりにして海上保険の引受けなどの取引を行うようになった。これが有名なロイズ（Lloyd's）のはじまりである。（ちなみにロイズというのは

■policy がなぜ「保険証券」を表すようになったか

　ポリシーは日本語にもなっており，基本政策の意味でよく使う。ただ，法律用語としては，日本語になって誰でも知っている英語ほど要注意である。

　policy の語源は，古代ギリシア語らしいが，都市のことを polis というのと元は共通している。古代ギリシアの都市国家は城壁で囲まれ，その治安を担当する部隊を police「警察」というようになった。

　国家や政党の政策を policy という一方で，かつては政治形態，国家形態を polity と称していた。policy と polity は二重語で，政治や政治学を politics というのは，

会社の名前ではなく，「ロンドンにあるアンダーライター組合」というのが正しい。）

2 Policy

アンダーライターは保険を引き受けたことを証して証書を発行する。これを一般に policy とよんでいる。underwriter の語は，保険証書の下部に引き受けた旨の署名をなしたことからきている。したがって，policy は，保険契約の内容（条件・条項）を記載し，契約成立の証しとなる証券である。保険契約者（policy holder）は，その交付を保険会社に請求することができ，これによって契約の成立および内容を容易に証明することができる。一方，保険会社にとって policy は，各種免責条項（exclusion clause, *or* exemption clause）を含んだ免責証券としての意味をもっている。

保険はリスクを引き受けることを内容とする。このリスクがどの程度大きいものとなり得るかによって，保険がビジネスとして成り立つかどうかが左右される。保険業務が確率計算によって運営されるのはこのためである。しかし，保険会社は，policy 中の免責約款によっても字句上の解釈などから生じるさまざまなリスクを軽減するようにつとめる。そこで，前回取り上げた warranty の語も保険契約中に使われるときは違った意味をもってくる。

すなわち，warranty が一般の契約書中に使われたときは，約束や保証の意味で，その違反は condition の場合と異なり，相手方当事者に損害賠償請求権を生じさせるにすぎず，履行義務そのものを免除するものではない。他方，保険契約では，warranty の違反は保険会社をして保険金支払義務そのものを免除する効果をもたらすのである。たとえば，海上保険の policy に，船が "warranted free of capture"「だ捕されないことを保証されている」と

ここからくる。policy には，もう１つの意味がある。やはり元はギリシア語で「証明」を表し，後にラテン語になりイタリア語でも使うようになった。この「証明」から保険証書の意味が生まれたと考えられる。

保険のなかでも損害保険の起源は古く，古代バビロニアのハムラビ法典には損害保険の考え方が示されている。この時代の商人による貿易は，暴風雨などの自然災害だけではなく，いつ海賊に襲われるかもしれない危険に満ちたものであった。

そこで，船主や荷主が資金を借り入れ，船を出して貿易を行うのであるが，船が無事帰港できれば元利金を支払い，海賊に遭うなどして帰港できないときは支払い義務

あったら，これは一般的意味での保険契約者の約束・保証ではない。

　万が一，実際に船がだ捕された場合には，その損害について保険会社は責任を負わないということを単に意味するにすぎない。ということは，これから生ずるリスクは保険の対象外であることを示している。

　かように保険契約には解釈上特別な点も多く，また標準約款化したものでは証書の裏面には細かい字でびっしり書かれている。これがとくに消費者との間では，消費者保護の観点から約款規制の対象となることが多い。

　ドイツでは，保険会社は連邦保険監督局のきびしい監督のもとにおかれ，その作成する保険契約の一般条項は，事前の審査承認を受けなければならないとされている。ベルギーでも同様に保険標準約款は，保険監督庁の事前審査に服する。また，EC（現 EU）はヨーロッパ各国の保険契約の規制を調和するための指令案を，1979年7月28日付で発表した。そこでは，他の契約にくらべ保険契約においてはとくに消費者保護の要請が大きいことが指摘され，保険証書に必ず記載すべき事項を例示した。

3　Title

　ここでのもう1つのテーマである title と保険とはどんな関係にあるのだろうか。

　title は一般に所有権と訳されることもあるが，法律専門書をみると「権原」と訳すものが多い。この訳語からみても，単なる所有権（ownership）とは異なるより根源的なものであることがわかる。

　『英米法辞典』（前掲）によれば，「財産（ことに不動産）について，それを享有しうる権利，又はその権利の生じた原因，又はそれが立証される手段

を免れるという冒険貸借がギリシアの地中海商人の間で行われるようになった。こうした危険分担の仕組みは，現在の損害保険の基礎になっている。

　保険証券（insurance policy）は，保険契約の成立と内容を証するために保険者が発行する証券である。保険契約は，要式契約ではなく諾成契約であるから，保険証券の発行によって保険契約上の権利義務が生じるわけではない。

　設権証券ではなく，契約書でもない。証券の所持がなければ保険金請求権が認められないわけでもないから有価証券ということもできず，結局，実体法というよりは手続法的な「証明」のための文書が保険証券であるといえる。

となるべきものをいう」とされている。

title は，そのような不動産権の根源をなすものだけに，不動産を譲渡する場合においては，title の移転を対象にすることになる。すなわち不動産の売主は，不動産について marketable title を有していなければならない。不動産の売買契約において売主は，とくに排除しないかぎり，黙示的に market-able title を保証しているものとされる。

この"市場性のある権原の保証"とは，具体的には，売主が目的不動産について譲渡する権原を現実に有し，その不動産には何ら担保権などの負担がなく，かつ，これらを満たしていることに合理的な疑いの余地のないことの保証をいう。

また，このように何らの瑕疵なく，その有効性や商品性（merchantability）に疑念のない権原を **good title** とよんで bad title と対比している。

marketable title を売主に保証する手段としては，通常，① 売主による約定（title covenants），② 登記制度，および ③ 権原保険（title insurance）がある。最後の権原保険というのがここで主役となるものである。

これは登記制度の不備を補うべく，買主の権利を守るために考案された保険で，一般に土地の買主がその土地の権原について後日明らかになった瑕疵または負担のためこうむることのありうる損害を填補することを目的とする。

権原保険は，アメリカ西部諸州を中心に発達したユニークな制度である。保険証書の内容どおりの title が得られないときは，民間の title insurance company が損害を支払う。用途に応じて貸主用 lender's policy と所有者用証券 owner's policy の 2 種がある。

2008年の通常国会で保険法が成立し同年 6 月 6 日に公布された。保険法は，商法第 2 編第10章に収められた「保険契約に関する規定」を全面的に見直して独立した法律にしたものである。

保険法は第 1 章「総則」，第 2 章「損害保険」，第 3 章「生命保険」，第 4 章「傷害疾病定額保険」，および第 5 章「雑則」からなる。第 2 章から第 4 章までの各保険契約に共通して保険契約の成立関係の規定が置かれ，「契約締結時の書面交付」が insurance policy を扱っている。

商法（649条，679条，683条 1 項）は，保険契約者から請求があった場合に保険者

10 Policy と Title

　保険は，考えられるリスクを計算し尽くしたうえでの西洋合理主義によって立つ制度であるが，土地登記(録)制度の不備からくるリスクさえも保険制度の対象にくみ入れてしまうところにアメリカ的合理精神が表れているように思う。

　《文例-9》は，アメリカにおける不動産取引契約に使われた good title の保証文言である。

《文例-9》

　　GOOD TITLE.

　　X represents and warrants that it has good and marketable title to so much of the Mortgaged Property as is commonly referred to as 111 East Fourteenth Street and 9-13 Irving Place, subject to no lien, charge or encumbrance other than the leases referred to in Section 4 hereof, and has made no contract, agreement or arrangement of any kind, other than such leases, the performance of which would create any such lien, charge or encumbrance.

　　良性権原

　　Xは，東14番街・アービングプレイス9-13と一般によばれている担保不動産につき，良性かつ市場性のある権原を保有し，同不動産は本契約書の第4項に言及された賃借権以外何ら担保権，制限物権が付着せず，同賃借権を除けば，その履行がそうした担保権，制限物権を生じさせるようないかなる契約，合意，または協定も行っていないことを表明し，その正しいことを保証する。

は保険証券を交付しなければならないとしている。新しい保険法は，保険契約者からの請求の有無にかかわらず，保険契約を締結したときは遅滞なく，保険者は保険契約者に対し保険事故などを記載した書面を交付しなければならないとした。(6条，40条，69条)

　なお，共済契約では共済証書とよぶのが一般的なので保険法は保険証券とはいっていないが英語ではやはり policy であろう。

第IV部

key points by contract type

契約類型ごとの英文契約のポイント

1 リスク管理の対象としての英文契約

1 国際契約としての英文契約

契約に関連して相手方と訴訟トラブルになるのは，契約リスクが顕在化したからである。訴訟になれば，最大の証拠は契約書である。リスクマネジメントとしての契約書づくりは，訴訟リスクに対応するためといってもよい。

国際契約に際して，一般に欧米企業は最終正式契約の締結にいたる交渉段階でいくつもの文書をつくる。会議の議事録や予備的合意書であったりするわけだが，これらにはすべての訴訟リスクにそなえた証拠としての文書づくりの意味がある。契約交渉がすべて実を結んで最終契約にたどりつくわけではない。契約のタイプによっては途中で交渉決裂になるケースのほうが多かったりする。M＆A（企業買収）のための交渉などがそうであるが，交渉段階ごとに文章の記録をのこしておくことで，なるべく「言った言わない」のトラブルリスクを小さくしようとする。

こうしたリスクマネジメントと訴訟リスクにそなえた証拠としての契約書づくりの考え方は日本人（企業）には薄い。その契約観は，いざとなったら契約書に書いてあることを基準に紛争を解決しようというのではなく，「何かあっても話せばわかる」式のものである。しかもこの考え方は，契約書のなかに別途協議条項などとして書き込まれている。

日本企業の国際取引を取り上げるならば，これが英語でなされることはき

■ 日本人の法的リスク観

法的リスクといってもぴんとこない人が多いかもしれないが，たとえば製造業の会社が大きな製造物責任訴訟で敗訴して一気に倒産の危機に直面するといったケースでは，法的リスクが顕在化して，その会社にふりかかったとみることができる。法的リスクは，訴訟を原因とするなど法律的なところから生じるものであるから，これをどのようにとらえるかを知ることは，法意識をさぐるための手掛りにもなる。

リスクには，大きく分けて自然災害のようなものと，人間の経済活動や社会生活のなかで対人的に生じるものとの2通りのものがある。大地震や台風のような自然災害

わめて多いはずである。しかも，国際取引は，国内取引よりも文書化する必要性が大きい。というのも，国際取引は，遠く隔たった外国企業同士，しかもそれぞれ異なる言語，商習慣，法律を有する者の間でなされるのがふつうだからである。思わぬ誤解やくいちがいを避けるためにも，取引を文書としてかたちに残しておかないとあぶない。

こうして国際取引は，文書化されることが多く，その際使われる言語としては「国際ビジネスの共通語」である英語が圧倒的に幅をきかせる。

このようにして，企業活動が国際化すると企業がどうしても扱わざるをえないものに英文ビジネス文書が含まれてくる。英文ビジネス文書は，ビジネスで使う英文文書のことであるから対象はきわめてひろい。これを法的効力（legal effect）をもつかどうかで分けると下図のようになる。

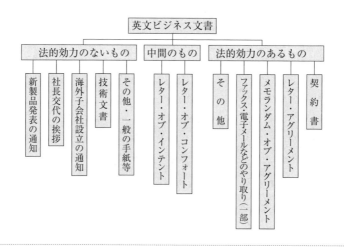

に対して古くから日本人はおそれをいだいてきたが，半面そうした人間の力ではどうしようもない大きなリスクに対しては，一種のあきらめ，諦観をいだいているふしもみられる。西洋人のように自然を切り拓き都市を築き，これと対決姿勢をみせるのではなく，雪花風月を愛し，むしろ自然の大きな懐のなかでこれと調和しながら生きることを理想としてきたからかもしれない。

法的リスクについても欧米人と日本人とでは，そのとらえ方が異なるものといわなくてはならない。何事にも人との対決を避け和を重んじる日本人は，他人の非や責任を徹底して追及することをあまりしないかわりに，他人も自分に対してそんなにきび

2　英文法律文書の管理

　文書管理というのはいまに始まったことではない。しかし，国際化社会といわれるなかで，企業に英文ビジネス文書が氾濫するようになると，これをいかに効率よく管理していくかがビジネス戦略上も大きな役割を占めるようになる。

　英文ビジネス文書のなかでもとくに重要なのは，「法的効力のある」ものである。

　法的効力をもったビジネス文書の代表的なものが契約書である。契約書が，契約当事者間の権利・義務を書いた文書であることからすれば当然のことといってよい。ただ，契約はもともと口頭でも成立することに注意してほしい。

　英米法には，Statute of Frauds（詐欺法）からくる書面性の要求があるものの，原則は，あくまで口頭でも契約は成立させることができるというところにある。

　英文契約書というと，古めかしい英語を使った一定のスタイルのものを思い浮かべがちである。また，従来からある英文契約書のテキスト類もそうしたものを中心に扱ってきた。だが，口頭でも契約は成立するということであれば，まして当事者間の合意（agreement）を記録したメモや議事録（minutes）のようなものから覚書（memorandum）といったものも，場合によっては契約書になりうることに注意をする必要がある。電子メールやファックスのやりとりのなかで，合意が成立したとされることもありうる。

　こうみてくると，ごく日常的な英文ビジネス文書の作成，やりとりから本格的な何百頁もあるような英文契約書まで，企業は絶えずこれを効率的に管

しく責め立てることはあるまいと高をくくっているところがみられる。いってみれば，ぬるま湯のような同質社会のなかで甘え合って生活しているわけである。

　法的リスクマネジメントにおいては，契約の果たす役割の大きさを見逃せない。ただ，ここでもいわゆる契約観の違いから日本人と欧米人の考え方には法的リスク観に違いがみられる。

　われわれが弁護士として仕事をしていてよく経験することに次のようなことがある。たとえば，日本企業同士がある契約の交渉をすすめているとする。その交渉のための会議にいきなり弁護士として同席すると，その場の雰囲気は，それまでのものと

理していかなければならないことになる。

　法的効力をもったビジネス文書の管理を重視することは，法的リスクマネ
ジメントということに直結する。

　法的リスクとは，具体的にいえば訴訟に代表される法的コンフリクトに巻
き込まれることである。アメリカを例にとるならば，「訴訟社会」とよばれ
るほどに企業が他企業を裁判に訴えることが日常茶飯事となっている。

　とくに，PL（製造物責任），知的財産権，M＆Aなどをめぐる企業間の
争いは件数が目立って増えてきているだけではなく，内容も高度化・複雑化
しているといってよい。アメリカでビジネス展開をしようとするからには，
こうした法的リスクにとらわれないように常に気をつけなくてはならない。

　そうした法的リスクマネジメントのための，有力なきめ手のひとつが英文
法律文書の管理である。本書の第Ⅳ部は，こうした観点から，法的リスクマ
ネジメントの一環として，新しい型の英文契約書を中心に本格的な契約書を
取り上げ，その扱い方のポイントを解説していくことをねらいとしている。

はうって変わる。緊張感がただよい，話す内容にも慎重さが見られるようになるのは
まだよいが，「いままでせっかく和気あいあいと交渉をつづけてきたのに，弁護士なん
かつれてきて，われわれとの取引をぶちこわそうとするのか」といった反応が相手
から出たりすることがある。

　これがアメリカ企業同士であったらどうであろう。取引のための交渉や会議の場に
弁護士が同席することじたいめずらしくも何ともないだけでなく，弁護士を同席させ
ることはそれだけその取引・契約を重視していることのあらわれとして相手方にそれ
ほど悪く受け取られることはないであろう。相手方も，より慎重にはなるであろうし，
自分たちも弁護士を依頼し同席させて同じように真剣に取り組む姿勢を見せようとす
るに違いない。

　たとえば，会社と会社が販売店契約に入るための交渉をするとする。販売店契約は，
ある程度長期的な基本売買契約の性格をもつから，契約締結がそうした契約関係には
欠かすことのできない相互の信頼のスタートになることはまちがいない。

　しかし，これがアメリカの企業が相手方になるとすると，紛争解決条項を含めて悪
くなったときのことを徹底して想定したような，現実的でさめた内容の規定を契約中
に入れようとする。「これから信頼関係を築いてやっていこうというのに，何も裁判
になったときのことまでこまごまと規定しなくても……。」と考える人がいるとした
ら，まだリスクマネジメントの一環として契約をとらえる態度に徹していないものと
いわざるをえない。

② 英文契約を扱うための基本

　レター・アグリーメントや，ファックスなどのやりとりから発生する契約を除く，いわゆる標準的な英文契約書には，一定のスタイル・構成がある。

　WITNESSETH のような古い英語の表現でおなじみの英文契約の一般的構成を考えてみると，およそ次の６つの部分からなっていることがわかる。

　① 表題（title）

　② 頭書（premises）

　③ 前文（whereas clause, etc.）

　④ 本体部分（operative part）

　⑤ 最終部（signatures, etc.）

　⑥ その他（schedules, exhibits, annexes, etc.）

　これを実際の英文契約でもって簡略化してみよう。（次頁図参照。）

　すべての英文契約がこうしたスタイルをとるわけではないが，これがクラシックな１つの標準タイプであることはたしかである。

　タイトル部①はともかくとして，全体は大きな２つの文書からなっている。すなわち，冒頭の This Agreement ②が主語で，WITNESSETH が動詞，前文③と本体部分④が目的語になるところのＳ＋Ｖ＋Ｏの構文がひとつで，末尾文言がまた別の一文である。

　②の頭書部分には，This Agreement につづいて契約締結の日，当事者の

■国際法務によるグローバルリスク管理

　為替リスクは，国や地域によって通貨が異なるから生じる。すべての通貨を共通にしてしまえばこのリスクはなくなる。国際化，グローバル化に伴う法的リスクにも同じようなことがいえる。すべての国の法律を共通化してしまえば国際化に伴うかなりの法的リスクはなくなるはずである。しかしながら，現実にはこれは不可能であるから，とくに海外進出をする際は進出国の法律や裁判制度をよく知り，これを遵守することに心がけなくてはならない。

　海外進出先には，いわゆるカントリーリスクを抱えている国や地域も多い。カント

① {

AGREEMENT

② {

This Agreement, made on this 4th day of July, 2014 between A B C, Inc. ～
and X Y Z Co., Ltd. ～

WITNESSETH:

③ {

WHEREAS, ～
WHEREAS, ～
WHEREAS, ～
WHEREAS, ～

Now, THERERFORE, in consideration of the mutual covenants hereinafter set
forth, the parties hereto agree as follows:

④ {

Article 1. ［Definition］
Article 2. ［Grant of Licence］
〜
Article 20. ［Xxxxxxxx］

IN WITNESS WHEREOF, the parties hereto have executed this Agreement the
day and year first above written.

for A B C, Inc.

⑤ {

_____

for X Y Z Co., Ltd.

_____

リーリスクは，① 天災，② 戦争・クーデター・政情不安，テロ・誘拐，③ 為替市場
の混乱・通貨切下げなどによる経済政策の変更 —— などに大別することができる。
カントリーリスクそのものが法的リスクになるわけではないが，カントリーリスクを
もとに法令違反，契約違反などの法的リスクに発展することがある。

　1990年代に，東南アジアでは通貨下落に伴う経済危機があり，これがもとで引き揚
げてきた日系企業が少なくない。また，現地にとどまった企業も減産体制を余儀なく
された。そこにはまた，レイオフなどの雇用契約問題が発生した。関連した通貨危機
においては，次のようなケースも問題となった。

2 英文契約を扱うための基本

表示などが書かれるのがふつうである。これらの記述によって主語である「本契約」を修飾している。

WITNESSETH という語は、あまり見かけない英語にちがいない。辞書をひいてもこのままのかたちでは出ていないであろう。かなり古い英語の接尾辞である eth が使われているからである。

現在の英語では，witness-es であり，三人称単数現在形の es が以前は eth と綴られていた。It does. は It doeth., He goes. は He goeth. であった。

WITNESSETH は，したがって「証する」という意味であり，その目的語がコロン（:）以下にあらわされている。その目的語部分の最初にある WHEREAS も古い英語である。「……なので」という意味であるが，訳すときは契約書らしくややもったいぶって「……に鑑み」などとすることも多い。

この部分には，現在では契約を締結することになった背景や動機を書くならわしになっている。「現在では」とことわったのは，WHEREAS CLAUSE とよばれるこの部分には，かつては約因・対価（consideration）の内容が書かれていたからである。

約因・対価は，英米契約法に特有な概念である。英米法のもとでは，契約（contract）とは，相互に約因をとりかわすこと，と端的にいい表すことができる。伝統的には WHEREAS にみちびかれたこの部分に，それぞれが相手方に対して提供する consideration を記し，それを受けて，NOW, THEREFORE 以下にいわゆる「約因文言」がくる。

ここに書かれるのは，上の例でいえば，「そこで，したがって，本契約中以下に規定された相互の約束を約因・対価として，本契約の当事者は以下のとおり合意する」といった決まり文句である。

現地通貨の切下げが急に決定されたことで，調達していた原材料価格が高騰し，当初契約のレートでは貿易差損が出てしまうといった場合，契約変更を申し出ても相手側は容易には応じないだろう。インドネシアでは通貨切下げの影響から国民がその痛みを負う形で生活苦に陥り，1998年5月には民衆が暴徒化し，スハルト政権は事態の悪化を食い止めるため，大統領は職を辞することとなった。

暴動の直後，「危険」とみなした日系企業のスタッフが，日本親会社の判断の下に一時帰国する動きがみられたが，こうした行動は，ビジネス・契約上では問題化するおそれがある。というのも，日本人（企業）が認識する危険度と現地人（企業）が考

末尾文言には,「上記を証して,本契約の当事者は冒頭の日に本契約を締結・署名した」と書かれてある。ここのWITNESSは,名詞でありWHEREOFというやはり古い英語とともにひとつの決まり文句をつくっている。これが第2センテンスということになるがWITNESSという語で第1センテンスに呼応している。

つまり,第1センテンスは,「___年___月___日に___と___との間に締結されたこの契約は,___と___という事実に鑑み,両当事者がここに書かれていることを互いに約因・対価として,以下のとおり合意することを証する」として,場合によっては何十頁にもなるような長い目的語(本体部分)をしたがえる。これにつづけて,末尾文言が「上記を証して……」となるのである。

こうしたクラシックなスタイルのなかで,WITNESSETH や WHEREAS のようにすべて大文字になっている部分がみられる。これらの多くは,形骸化した決まり文句だからそうなっていると考えることができる。正確に意味を知らなくとも必ずしも大勢に影響はない。ただ,英文契約を扱うからには一定のルールのようなものとして覚えておいたほうがよい。

1 契約の本体部分 —— 一般条項と固有の条項

本体部分は,Section, Article, Clause のような「第__条」にあたる語ではじまることもあるが,これらをいっさいつけず数字だけのことも多い。見出し(headings, captions)はあったりなかったりする。

内容として,契約の本体部分により重要なことが書かれるのは当然のことである。本体部分をいかに正確に理解しドラフトするかが英文契約管理のポ

える危険度にギャップがあることが多いからである。

これはインドネシアのケースだけにあてはまることではないが,日本人は事態の早期の段階で「危険」と判断して,引き揚げることが多い。だが,当事国の人たちは,「こんな事態は10年に1度あるかないかのことであるが,なぜ,日本人はこの程度のことで契約を反故にして引き揚げるのか」という思いを抱き,これを理由に契約不履行を唱えられる可能性がある。とくに,建設請負契約などでは,引き揚げたがために「工期遅れ」(契約不履行)を招く可能性が高い。

これらはいずれもカントリーリスクの問題であり,リスクヘッジとしては,契約書

2 英文契約を扱うための基本 239

イントにならざるをえないが，この部分を「平面的」に見ていたのではよくない。少なくとも並んでいる諸条項を一般条項とそうでない条項に分けて，そのうえで一般条項から理解していくようにするのが，アプローチとしてはよいであろう。(37頁以下参照。)

のなかに，「不可抗力条項」ないし「ハードシップ（履行困難）条項」を設け，契約履行を妨げる（困難にする）事由を列挙し，「当該事由に当たるケースでは，契約内容を見直し，再交渉ができる」という特約を一文加えておくとよいであろう。

　過去に日本企業がカントリーリスクに直面した例は少なくない。A社は愛知県で自動車部品を製作する優良中堅企業で，製品は大手メーカーに納入されている。同社は1974年，フィリピンに進出したが，84年に撤退した。原因は同国の政情不安である。進出時はマルコス政権の時代で，戒厳令は敷かれていたものの，政権は基盤を堅持しており，社会全般は安定し経済活動も正常に機能していた。

　1983年8月のアキノ上院議員暗殺事件以降，マルコス政権の国際信用は急速に失墜し，同国の保有外資不足は極限に近い最悪の状態に陥り，これがA社には原材料素材の輸入のための外貨手当もままならぬという深刻な事態となった。さらに，これに追い討ちをかけるように所要部品の輸入制限令の発令，輸出志向企業に対する優遇措置の停止と悪材料が重なり，良質品の生産続行はもちろん，派遣社員の身辺の危険も配慮せねばならぬ状況にまで社会不安が広がり，ついに撤退を決意した。

　カントリーリスクの多くは，不可抗力的に企業に襲いかかるため，リスクマネジメントは難しい。進出する前に，そうしたカントリーリスクがあること，あるいは顕在化のおそれを十分に研究したうえで対処する以外にない。ただ，レベルの差はあっても，カントリーリスクがゼロの国・地域はない。問題は進出先にどのようなカントリーリスクが潜んでいるかを知り，情報収集につとめることである。

　A社が直面したカントリーリスクは，政情不安で，ある意味で企業としては最も対処がしづらいものである。撤退にあたり同社は，派遣社員の安全確保と現地従業員の再就職斡旋，生活擁護を最優先方針とした。同社は販売をCOD（代金引替え渡し）方式によっていたため，当時同様に撤退を余儀なくされた他社のケースでみられるような売掛金の回収不能はなかったが，工事設備の売却処分などによる回収額は，前述の方針に沿い積極的に現地従業員のための支出に充当した。

　その結果，出資金に比してみるべき資金の回収はできなかったが，困難な状況のなかで同社の立派な姿勢に対しては，後日フィリピン現地の労働組合から公式の感謝状と記念の盾が贈られたという。

　一撃のもとに巨大企業も倒すグローバルな法的リスクを管理するのが国際法務である。リスク管理は，基本的に以下のような流れで行われる。(1)リスクの発見・確認，

(2)リスクの分析・評価，(3)リスクの処理・制御，(4)再評価，実施。(1)では，損失発生要因の発見と確認を行い，企業活動のどこにどのようなリスクがどのような形で存在するかを把握する。(2)では，リスクの発生頻度，損失の大きさ，形態を検討し，リスクの性格，大きさを検討し，そのリスクによる損失の大きさを推測する。(3)では，リスクの企業経営に及ぼす影響を制御するための最適の方法を選択，実施し，リスクの軽減（回避，分散，改善），転嫁（保険），保有（自己負担）を行う。(4)では，リスクの発見・確認，分析・評価，処理・制御の各手順に見落とし，誤りはないかどうかをチェック，全体的な総合調整，実施ならびにフォローを行う。最後の(4)は，再評価，見直し段階であるから，その結果は不断に(1)，(2)または(3)にフィードバックされなくてはならない。

　国際法務においてもこうしたリスク管理の基本があてはまる。とくに(1)の段階で，国ごとに異なる法的リスクを洗い出し，その特質を見極めるための情報収集を中心とした作業は欠かせない。たとえば，アメリカ，中国いずれも法的リスクは高い国といわなくてはならないが，その意味あいは異なる。アメリカには法律万能社会あるいは訴訟社会といわれるなかで巨額の損害賠償の支払いを求めるクラスアクション（集団訴訟）に見舞われる法的リスクがある。かたや中国は「人治から法治へ」というスローガンにも象徴されるように法律が執行面まで含めて整備途上にあり，知的財産権の侵害に対して有効な対抗措置を執れないなどの法的リスクに満ちている。

　2005年には，中国では反日デモが繰り返される事態が生じ，あらためて「カントリーリスク」が浮き彫りになった。

❸ 国際調達と売買契約

1 国際調達時代

　円高を背景にして，日本企業が海外から原材料や部品を調達することが多くなった。日本の製造業は，一時さかんに製造拠点を海外に移す動きをみせた。賃金をはじめとする製造コストの低さが要因であることはいうまでもない。また，通商摩擦を回避，軽減するという目的もある。

　日本企業による国際（資材）調達といっても，大別して2種のものを考えることができる。ひとつは，日本企業が東南アジア諸国などの外国・地域から資材を調達する場合であり，他は，日本企業の外国における生産拠点（現地法人，合弁会社など）が現地あるいは周辺地域から資材を調達する場合である。後者の場合には，形式上，進出先現地での「国内契約」ということもあるが，実質は日本企業と外国企業間の国際契約といってもよいであろう。

　国際調達契約は，従来からあったとはいえ，海外生産・水平分業時代にあって新たな脚光を浴びつつある。ただ，国際調達契約といってもその本質は売買契約にほかならない。売買契約が資材調達という特別な目的によって修正を受けて調達契約になるものと考えればよい。その意味で，まず国際売買契約のポイントにつき，とくに**基本売買契約，販売店契約，調達契約**との相互の違いを明らかにしながら解説してみよう。

■ 異文化ギャップ・本音と建前

　日本の会社における「終身雇用制」は，今では海外でもよく知られている。ところが，これを外国人は，会社と社員とのあいだの契約関係ととらえ，「終身雇用契約」がとり交わされると考える人がいる。何もそれらしい契約がとり交わされるのではないが，契約意識の発達した外国人からみると，終身雇用といいながら，なんの裏付けもなく，よく安心していられるものだと不思議に思えるようである。

　日本と欧米社会を『黙約の社会』対『契約の社会』で対比させた人がいるが，たしかに日本では，暗黙のうちに分かり合える人間関係というものが多くあり，それを契

2 国際売買契約

　国際契約にもいろいろな類型のものがあるが，なかでも国際売買契約は最もポピュラーで基本的なものである。それは，売買契約が，一般の商取引のうちで最も典型的であるということからみちびかれる。日本の民法は，いわゆる典型契約のうちのひとつとして売買をかかげており，他の契約よりも多くの規定をおいている。アメリカ統一商事法典（U.C.C.）の第2編が"Sales"と題して100ヵ条を超える規定をもち，U.C.C.の中心的部分をなしていることもよく知られている。

　国際契約としての売買は，まず貿易取引として行われてきた。貿易取引は，古くからある国際取引の代表的なものである。また，海外販売店契約は海外の一定地域において，販売店にある製品を販売する権限を与えるものである。販売権を与える製造者（manufacturer）と販売店（distributor）とのあいだには，反覆して継続的に売買契約が行われる。販売店がその販売地域において顧客とのあいだで行うのも売買契約である。さらに，その顧客が小売店であって最終ユーザーに対して製品・商品を売りさばいていくなら，これが売買契約であることはいうまでもないであろう。したがって，製造者にとってきわめて重要な国際的な販売網は，いくつもの売買契約が組み合わさったものということができる。

　売買は，契約のなかでも基本的なものであるため，あらゆるところでその応用が考えられる。たとえば，ノウハウや特許などのライセンス契約は，技術という目に見えないものの売買契約的な要素をもっているし，プラント輸出契約は，機械，ノウハウ，サービスなどをひとまとめにしたひとつの売買

約のような形で顕在化しようとすると，社会で疎んじられたりする。

　私も仕事で契約を作成，あるいはその締結に立ち会うことがよくある。とくにそれが，日本人と欧米人との契約であったりすると，契約に対する考え方の違いを見せつけられることが少なくない。日本の社会は「ムラ社会」であって，義理，人情，誠意，体面などが重んじられるとはよくいわれるところである。これに対し「契約社会」といわれる欧米，とりわけアメリカでは社会を成り立たせる基盤に法律があり契約がある。契約は，いざというときにそなえて締結すると考えるため，いざという時の問題解決の基準となりうるような内容を，きわめて現実的なさめた眼で書こうとする。

契約とみることができる。他にも，双務有償契約の基本となる売買の考え方が準用される場面は多い。

3　貿易条件 —— Trade Terms

国際売買契約は，貿易取引の中心をなすものである。貿易取引の世界では，商慣習が大きな意味をもつが，各国それぞれ異なることが多く，自由な通商を阻害する要因になってきた。

そこで，比較的早くから貿易関係者や商業団体によって価格条件と引渡条件を中心とする定型化がすすめられている。とくに ICC（International Chamber of Commerce: 国際商業会議所）が作成した International Commercial Terms（INCOTERMS；インコタームズ）は有名で国際的にひろく使われている。

INCOTERMS は，ICC が1936年に International Rules for the Interpretation of Trade Terms（定型取引条件の解釈に関する国際規則）として制定したものがもとになっており，その後1953年の大改正をはじめ数次の改正がなされている。2000年版には，Ex Works, Free Carrier, F. A. S., F. O. B., C. F. R., C. I. F., Carriage Paid to, Carriage and Insurance Paid to など13種類の貿易条件が定義されている。さらにその後，2010年改訂版が出された。（245頁表参照。）

いずれも基本的な貿易条件であり，国際的に統一的な定義がなされていることは大きな意味をもつ。当事者は，これらの貿易条件を上記のような略語でもって引用することによって，価格条件や引渡条件を明らかにすることができる。

ところが，日本人の場合，契約は内容そのものよりもむしろ，契約をとり交わしたという「形」のほうが重視される。たがいに信頼し合ったからこそ印判を押し，そのことによって安心してその後の取引などをすすめていけるのだ，と考えがちである。

いってみれば日本人は，契約を「信頼の証し」として結ぶが，欧米人の場合，契約は「不信の象徴」である。相手が100％信頼でき，約束したこともすべてそのとおり守ってくれるのであれば，契約など必要ないと考える傾向が，彼らにはみられる。

よく使われる「本音と建前」でいうと，日本の契約は建前＝形でしかなく，欧米人のそれは本音＝中身のぶつけ合った産物といってもよいであろう。

INCOTERMS は，ICC という私的な国際団体の作成したものであって法律ではない。しかし，以下のように契約中に規定したときは，あたかも契約条項中で定義条項を設けたと同じような契約内容の一部となって当事者を拘束する。

> "The trade terms used in this agreement, such as C.I.F., C. & F. and F.O.B. shall be interpreted in accordance with INCOTERMS（2010 Edition）, International Chamber of Commerce, Publication No. ＿＿＿, as amended."
>
> 「本契約中に使われている C.I.F., C. & F. および F.O.B. のような貿易条件は，改正を経た国際商業会議所，刊行物番号＿＿＿号のインコタームズ（2010年版）に従って解釈される。」

INCOTERMS はよく知られ幅広く使われているが，アメリカには独自の貿易慣習があるので注意を要する。アメリカには，まず全米貿易協会（National Foreign Trade Commercial Inc.）が1919年に制定した米国貿易定義（American Foreign Trade Definitions）を基礎にして，1941年に合衆国商業会議所，全米輸入業者協会および上記全米貿易協会が合同でつくった委員会の作成にかかる改正米国貿易定義（Revised American Foreign Trade Definitions, 1941）がある。ここには，Ex Point of Origin, F.O.B, F.A.S., C. & F., Ex Dock が定義されているが，F.O.B. はさらに6種類のものを含むなど，INCOTERMS よりも全般に意味するところが広いといわれている。

アメリカの場合は，これだけではなく，アメリカの統一商事法典（U.C.C.）が，§2-319から§2-322において，F.O.B., F.A.S., C.I.F., C. &

実際の契約交渉の場面でも，日本人がこうした本音と建前の使い分けをすることが，往々にしてアメリカ人などをとまどわせることになる。会議の場ではにこにこと微笑を絶やさず，ただうなずいているので，すっかり合意をしてくれたとばかり思っていたら，あとでそうではなく本心は "NO" であることが判明した。いったい日本人は何を考えているのか，真意はさっぱり読めないと彼らはよくぼやく。

アラブの人々も本音と建前を使い分けるそうであるが，それぞれ社会の成り立ちが違い文化が違うため，契約や取引を通じてなされるビジネスの世界でも，その根底にある契約感の違いが重要な意味をもつことがよくある。

F. および Ex Ship の定義をしている。その内容は INCOTERMS と必ずしも一致していない。このため、とくにアメリカ企業と売買契約を締結するような場合には、いくつかある貿易条件のうちのいずれを用いるかについて明らかにするよう注意が必要である。

　国際売買契約は、このように貿易条件を中心として一部国際的な統一がはかられているところに特色がある。国連国際商取引法委員会（UNCITRAL）が1980年にウィーンで国際物品売買条約（The United Nations Convention on Contracts for the International Sale of Goods; CISG）を採択したのは、国際的統一ルールづくりの動きを象徴するものである。

　通称ウィーン条約とよばれるこの条約は、従来のハーグ統一法（Uniform Law on the International Sale of Goods）が大陸法の影響を強くうけているのに対して、国際貿易実務をふまえ英米法とりわけ U.C.C. の考え方を多く

INCOTERMS（インコタームズ）2010の取引条件

Rules for any mode or modes of transport （あらゆる輸送手段に適した規則）		
EXW	Ex Works（named place of delivery）	工場渡（指定引渡地）
FCA	Free Carrier（named place of delivery）	運送人渡（指定引渡地）
CPT	Carriage Paid To（named place of destination）	輸送費込（指定仕向地）
CIP	Carriage and Insurance Paid To（named place of destination）	輸送費保険料込（指定仕向地）
DAT	Delivered at Terminal（named terminal at port or place of destination）	ターミナル持込渡（仕向港または仕向地における指定ターミナル）
DAP	Delivered at Place（named place of destination）	仕向地持込渡（指定仕向地）
DDP	Delivered Duty Paid（named place of destination）	関税込持込渡（指定仕向地）
Rules for sea and inland waterway transport （海上および内陸水路輸送のための規則）		
FAS	Free Alongside Ship（named port of shipment）	船側渡（指定船積港）
FOB	Free on Board（named port of shipment）	本船渡（指定船積港）
CFR	Cost and Freight（named port of destination）	運賃込（指定仕向港）
CIF	Cost, Insurance and Freight（named port of destination）	運賃保険料込（指定仕向港）

■ 安全意識と PL 法

　製造物責任法（PL 法）がどういった内容の法律であるかについて、詳細は省くが、一種の無過失責任法理によって、欠陥製品をつくったメーカーの被害者に対する賠償責任を認めようというものである。PL 法理は、大量生産、大量販売、大量消費の現代社会のリード役となってきたアメリカ合衆国で発達をみた。

　1960年代初め、学者によって唱えられた厳格責任（strict liability）という考え方が62年にはカリフォルニア州の裁判所の採用するところとなり、その後はほぼ全州において採用されるにいたった。

取り入れている点が特徴となっている。

4　国際調達契約のポイント

　たとえばメーカーが，ある製品をつくるための原材料や部品を国際調達する場合を想定してみよう。メーカーとしては，つくられた最終製品について責任を負わなくてはならないことは当然であり，国際調達契約はそのための重要な役割を担っている。

　メーカーにとって最も気になるのは，一定の品質をそなえた原材料や部品を，決められた時期に決められた量だけ調達できるかどうかである。調達のための契約においては，おのずからこれらの点がポイントにならざるをえない。

　調達契約は，先に説明したところの売買契約の一種である。売買契約といっても，長期・継続的な物の供給を目的とする基本売買契約であり，その内容は，上記のような一定のポイントが強調されたものになっている。また，買主の側から設計図や仕様書をあらかじめ交付しておき，それに忠実にのっとって部品をつくるといった場合には，請負契約的要素も入りこんでくる。したがって，調達契約は売買契約をもとにした請負契約的性格をももち合わせた混合契約ということができよう。

5　品質管理に関する規定

　品質管理（quality control）が調達契約にとってきわめて大きな意味をもつことは前述のとおりである。（215頁。）この目的のためには調達契約中にどのような規定を設けたらよいかを考えてみよう。

　PL法は，州法が基本のアメリカで各州の判例法が支配する不法行為法の分野で，製造者がつくった製品に欠陥があり，それが原因で事故が起こったことを証明しさえすれば製造者にきびしい賠償責任を課そうというものである。したがって，PL法に「補償」効果があることはすぐにうなずけるところである。またPL法によるきびしい賠償責任を免れようと製造者が努力する結果，欠陥製品による事故を「抑止」するであろう。さらに，1970年代に入って全米で急増したPL訴訟は，ひろく世間に対して製品の安全性についての情報を与え関心を呼び起こす。

　PL法によって「情報公開」の効果が生み出されることもたしかなようである。そ

3　国際調達と売買契約　　　*247*

　品質管理のための規定には，品質，規格の維持に関するものと検査に関するものとの2通りがある。品質管理については，たとえばQuality あるいはQuality Control の表題のもとに以下のような規定をおく。

　　"The Supplier agrees that the supplies provided hereunder shall be of good quality and shall meet the standards and specifications of the Buyer and shall be in accordance with all drawings, specifications, designs and other informations furnished by the Buyer under this Agreement."
　　「供給者は本契約の下で提供される供給品が良好な品質のもので，かつ買主の製品規格および仕様書に合致し，買主が本契約の下で提供するすべての図面，仕様書，デザインその他の情報に従ったものであることを約束する。」

　また，買主（調達者）の示す一定の品質基準への適合性をより明確にするため，次のような規定例もある。

　　"Seller shall provide and maintain a Quality Control System in compliance with Buyer's Quality Procurement Specification series that is identified as a part of an Order."
　　「売主は，発注書の一部となっている買主の品質調達仕様書シリーズに従った品質管理システムを提供し維持しなくてはならない。」

　こうした品質保持義務を売主や製造者に課すとともに買主（調達者）の検査権をあわせて規定することが多い。その場合，以下のように，やや抽象的に検査権を規定するだけのこともある。

れではPL法による「安全思想の高揚」というのは何を意味するのであろうか。
　PL法によって無過失的に責任を課されるとすれば，製造業者も安全思想を徹底させ「ゼロディフェクト運動」（無欠点運動）などを展開するようになる。これもたしかに「安全思想の高揚」には違いないのであるが，より重要なのは消費者サイドにおける「意識」の問題である。
　日本では，製品の安全性を消費者サイドでチェックし，また消費者みずからこれを管理していくという点で，アメリカなどと比較した場合，まだ立ち遅れているようである。また，車検制度にみられるように，ある物が安全であるかどうかの基準および

> "The Buyer is entitled to inspect whether the products manufactured and supplied by the Seller hereunder are of required quality."
> 「買主は，本契約のもとで売主によって製造され供給された製品が要求された品質のものであるかどうかを検査する権利を有する。」

　検査権を納入・引渡地と生産地の双方において行使できるようにする例としては，次のようなものがある。

> "All supplies are subject to final inspection and acceptance by Buyer at destination notwithstanding any payment or prior inspection at source."
> 「すべての供給品は，いかなる支払いまたは原産地における事前の検査にもかかわらず，最終目的地における買主による検査に服する。」

　また，単なる検査だけでなく，次の例のように工場などへの立入検査権をあわせて規定することもある。

> "Seller shall permit Buyer or its authorized agents or representatives, at all reasonable times, to enter into Seller's premises for the purpose of inspecting products to which the said quality standard is applied or intended to be applied and the method of manufacturing the same."
> 「売主は，いつでも適切な時期に，買主またはその授権を受けた代理人もしくは代表者に，上記品質基準が適用されるもしくは適用される予定の製品およびその製造方法を検査するため，売主の施設に立ち入ることを許可する。」

それに基づく検査も，「官主導」でなされている分野が多い。そうした傾向は，各種の基準認証制度にもみられるようである。

　われわれ日本人は，いつの間にか，物が安全か否かを決めることも"他人まかせ"で国家や自治体がやってくれるものと考える傾向が身についてしまっているように思える。

　PL法が制定されると，製造者の側で安全に注意を払うようになり，その分消費者の「安全意識」は低くてもよくなるかというと必ずしもそうではない。むしろ消費者の側に，何が安全で何が危険かということを自ら判断できるだけの「意識」の高さが

6 納入時期に関する規定

きまった時期にきまった量の原材料や部品を入手できるということが調達契約のポイントである。時期について，履行期をきびしく守ってもらわなくてはならない種類の契約には，Time of shipment and delivery is of essence of this Contract.「船積および引渡しの時期は，本契約の要素である」のような規定をおくことがある。

これは，コモンローとともに英米法を支えるもう一本の柱であるエクイティ（衡平法）によるならば，契約の履行期にわずかばかり遅れたとしてもただちに債務不履行（default）にはならず grace period「猶予期間」が認められる可能性があるため，こうした法原則の適用を排除し履行期を厳格に運用しようとするためである。

調達契約においてこうした規定を設けることには，もちろん意味がないわけではないが，より具体的に債務不履行条項（Default Clause）の内容でこれを明確にすることが必要となる。次の規定はそうした例のひとつである。

> "The whole or any part of an individual contract may be terminated by Buyer:
> (i) if Seller fails to make delivery of the supplies within the time specified herein or any extension thereof; or...."
>
> 「(i) もし売主が本契約中に明記された期限内あるいはその延長された期限内に供給品の引渡しをしなかったとき，または……のときは，買主は各個別契約の全部または一部を解約することができる。」

要求されるようになる。

日本の製造物責任法は，1994年に制定され翌1995年7月1日から施行に移された。しかし，同法の施行後 PL 訴訟が目立って増加したわけではない。

250 第Ⅳ部 契約類型ごとの英文契約のポイント

このように，契約事由のうちに，定められた履行を endanger「危うくする」ことまで含めることによって買主（調達者）側の利益を守ることがある。

ただ，これだけにとどまらず，解約したときは他の供給者を手配してでも生産に支障のないようにしなくてはならない。そうした場合までも含めて，以下のように規定しておくならば周到である。

> "In the event Buyer terminates this contract, Buyer may procure supplies or services similar to those so terminated; and Seller shall be liable to Buyer for any excess costs."
>
> 「買主がこの契約を解約したときは，解約されたときと同等の供給品または労務を調達することができ，売主は超過費用について責任を負わなくてはならない。」

7 ウィーン国際物品売買条約の適用

通称ウィーン条約は，正式名称を国際物品売買契約に関する国際連合条約（United Nations Convention on Contracts for the International Sale of Goods）という。これは，国際売買契約の当事者間の権利義務について統一法を創設するための条約で，国連国際商取引法委員会（UNCITRAL）が起草を担当し，1980年のウィーン外交会議において採択され1988年に発効した。2018年時点で，同条約の締約国は，89ヵ国である。世界の主要な貿易国はほとんど入っており，日本は2008年7月に批准し，2009年8月1日から発効した。

ウィーン条約は，売買契約の成立や売主と買主の権利，義務を規律する実

■ 電子商取引と基本契約

一般に基本契約には，Master Agreement, General Terms and Conditions, Standard Terms and Conditions for Sales といったタイトルをつける。terms and conditions は同義語重複であるから，「（標準）取引条件」のように訳しておけばよいであろう。

こうした基本契約を5年，10年のような中・長期で取り交わしておいて，その下でたとえば原料の安定的調達を継続的に受けることはよく行われる。

ところで，この場合，中・長期で取り交わすところの基本売買契約と称するが，売

3 国際調達と売買契約

体法的な内容に特徴をもつ。売買契約自体の効力や同契約によって与えられる対象商品上の所有権などについてふれていない。また，契約自由・私的自治原則に基づいているから，本条約の規定は，売買契約に定めがないときに適用される任意法規である。

国際売買契約の準拠法と本条約の関係を考えてみよう。仮に，日本法を準拠法とするこの種の契約があったとする。日本は，本条約を批准したので，条約の内容が国内法化され，任意法規である本条約の規定が合意の内容になって，準拠法である日本の実体私法と共に適用される。

ただ，ウィーン条約の適用，国内法との優先関係は事項によって異なる。

まず，適用対象は，営業所が異なる国に所在する当事者間の物品売買契約（国際物品売買契約）であるが，（条約1条(1)(a)），消費者売買は適用除外とされている。(同2条(a)。)

ウィーン条約発効後は，日本と他の締約国との間で行われる貿易取引には，国際私法のルールによらずに本条約が適用されることになった。締約国と非締約国間の貿易取引であっても，国際私法のルールによれば締約国法の適用が導かれる場合には，その締約国法に代えて本条約が適用される（同1条(1)(b)）　ただし，この場合当事者は，締約国法適用の留保宣言ができる。(同12条。)

ウィーン条約は全101ヵ条が，第1部「適用範囲および総則」(1条～13条)，第2部「契約の成立」(14条～24条)，第3部「物品の売買」(25条～88条)，および第4部「最終規定」(89条～101条)の4部を構成している。規律する事項は，①「売買契約の成立」および②「売買契約から生ずる当事者の権利義務」だけであり，その他の事項（たとえば「契約・条項・慣習の有効性」「所

買契約そのものではない。なぜかというと，具体的な対象物を，売ります買いますとの約束をして，その対象物をいつまでにどこで引渡し，見返りに代金いくらを支払うとする売買の「要素」に関する合意は書かれていないからである。

多くの場合，この基本売買契約の下で個別の契約（individual contract）をしてはじめて物品が送られてくる。毎月（今月は5トン，来月は7トン）のように調達を継続的に繰り返す場合であると，個別契約は上記の「要素」だけを書き込むorder sheet（発注書）式にするのがふつうである。

かつては，order sheetをファックス（fax）で送付することが多かったが，いま

有権の移転」等）については国内法に委ねられる。（4条。）本条約の規定の大部分は任意規定であるから，また当事者の合意によって本条約の適用を排除することができる。（同6条。）

　たとえば，条約31条は，「売主が物品を特定の場所で引き渡すことを要しない場合には，その引渡義務は，次のとおりとする。」として，「(a)売買契約が物品の運送を伴う場合──買主に移送のため物品を最初の運送人に交付する。」などを規定している。この内容は，民法や商法における関連規定とは明らかに異なっている。

　そこで契約当事者が契約書中にウィーン条約によらないことを明記しておけば，異なる内容の国内法が適用されることになるが，確実に実現するには，個々的に異なる内容を具体的に契約条項として書いておくのがよいであろう。

はeメールに添付したり，EDI（electronic data interchange：電子的データ交換システム）によることが増えた。いわばデジタル式に契約を行うわけである。

　個別契約を電子契約で行うのは良いとしても，基本契約まで電子化するのはあまりおすすめできない。それは基本契約には一般条項，それも不測の事態が起こったときの処理に関する条項が多く含まれているからである。

　紛争処理条項の一種である裁判管轄の合意をするための条項（Jurisdiction Clause）を例に考えてみる。日本の民事訴訟法11条は，「当事者は第一審に限り，合意により管轄裁判所を定めることができる」（1項）とし，「前項の合意は，……書面でしなければ，その効力を生じない」（2項）と規定している。

　裁判手続に関するので，この「書面」は文字通り，アナログ的ペーパーを意味するものと長い間厳格に解釈されてきた。ただ，これではデジタル化の大きな流れに逆行しかねないので，2004年の法改正で同条に3項を加え「電磁的記録によってされた……合意は，書面によってされたものとみなし」て扱うことになった。
日本で行われる裁判に関してはデジタル合意でもよくなったのだが，国際裁判管轄の合意を日本以外の国・地域で行うとした場合は，その国・地域の民事訴訟（手続）法によって有効性を判断しなくてはならない。「手続法は法廷地法による」のが慣行である。

　グローバルに比較すれば，日本は電子書面を有効とする立法化対応で欧米法治先進国と並んでトップランナーを走っている。新興国のなかには，電子化対応がはるかに遅れたままの状態のところが多くある。これが基本契約まで電子化しないほうがよいとする理由である。

3 国際調達と売買契約

個別取引条項のカギ

◆ **課題設定**

日本の化学メーカーXは，オーストラリアの企業と契約を結び継続的に原料の供給を受けようと考えている。

毎月量を決めて発注する個別契約をどのような形式にすべきか，そのための条項の内容をどうすべきか検討している。

このテーマに沿った条項例

Seller shall submit a written firm purchase order stating the order numbers, the model numbers, the unit prices, the total amount and the required date of shipment, to Buyer for Products and Buyer shall confirm each of such purchase order by fax. Each individual sales contract shall be a separate and independent transaction.

「売主は，本件製品について，注文数，モデル番号，ユニット価格，総価額，および出荷希望日を記載した購入注文確認書を買主に提出するものとし，買主はファックスによりかかる購入注文の各々について確認を行う。個々の売買契約は，個別かつ独立の取引とする。」

原料や部品の継続的な供給を受けるための契約を procurement agreement ということがある。訳せば「調達契約」である。この種の契約は，ある品質を備えた目的物の安定的な供給を受け続けることを可能にするものでなくてはならない。

調達契約は，基本売買契約であってこれは売買契約そのものではない。目的物の量，代金額，目的物の引渡場所，納期など売買契約の要素となる内容について合意をしてはじめて売買契約が成立し目的物が送られてくる。

こうした具体的売買契約のことを基本契約に対して個別取引・契約という。継続的基本契約には必ず，Individual Contract と題し，基本契約と個別契約との関係，個別契約の取り交わし方を書く条項を入れるべきである。

◆ **応用課題**

X社は，電子商取引で本件原料の調達を行えないかどうかと考えている。ただ，基本契約および個別契約の双方共，EDI（electronic data interchange）などによることができるのか，それとも個別契約

> のみを EDI などにするのがよいのか判断がつかないでいる。

　結論的にいうと基本契約は電子化しないほうがよいであろう。個別契約は，電子化しても問題はない。理由は，両契約の性格上の違いによる。

　調達のための基本契約自体は売買契約ではないが，契約についての一般条項を含んでいる。一般条項は，売買契約に限らず，どのようなタイプの英文契約にもほぼ共通して見られる条項のことであって，免責条項や保証条項，裁判管轄条項などを含む。

　裁判管轄条項には，管轄合意を記載するのがふつうである。日本の民事訴訟法は2005年の改正で11条に3項を追加してデジタル合意でもよいとしたが，それまでは，書面でしなければ合意の効力を生じないとしていた。基本契約における裁判管轄条項の有効性は，紛争解決にあたる地の民事訴訟法（規則）によるので，その国の法律によっては「書面」を要求するかもしれない。

　また，B to C（企業対消費者）の売買契約などにあってはとくに，企業の責任を制限したりする条項は書面でわかりやすく示さないと有効にならないとする法律もある。

　こうした一般条項を多く含む基本契約は電子文書化しないほうが安全である。日本では2004年11月に，包括的な内容をもったe‐文書法（民間事業者等が行う書面の保存等における情報通信の技術の利用に関する法律）が制定されたが，デジタル化対応立法が遅れている新興国地域もあるからである。

　他方，個別取引は電子商取引にし，EDI などで行うことに問題はない。「ネット取引に国境がない」とよくいうが，電子商取引はとくに貿易取引に向いている。

　ただ，Individual Contract 条項中に，"Individual contract may be made by EDI." のように明記し，念のため Notice 条項における通知手段としても電子メールなどデジタル式によることもできるとしておくべきであろう。

4 海外販売・代理店契約

1 はじめに

　海外販売・代理店契約は,国際契約としては比較的古いタイプの契約といってよい。メーカーの海外進出形態を考えてみよう。

　まず,単発的な輸出というかたちで製品を外国に流出しはじめるのが第1段階であるとすると,第2段階では,海外に販売店や代理店を置いて,一定のテリトリー内で継続的,組織的に製品を流通させる機構をつくる。さらに,第3段階になると,自らの子会社を海外に設立してこれを販売店や代理店として物を流通させるようになる。

　このように,海外の一定地域において特定の製品・商品を拡販するための海外特約店を,販売代理店ということが多い。海外販売・代理店契約は,とりわけ製造業の海外進出のプロセスのなかに組み込まれている基本的な契約ということができる。

2 販売店と代理店の違い

　実際には海外販売代理店と一括してよぶことがよくあるし,また代理店契約（agency agreement）と称して,販売店（distributor）と代理店（agent）の区別をしないこともある。しかし,法律的には,販売店と代理店は区別して考えなくてはならない。

■ 国際契約と独占禁止法

　国際契約と独占禁止法はきわめて深い関係がある。とくにある種の国際契約は,その内容が独占禁止法に違反することのないように十分な注意が必要となる。

　それは,国際契約には競争制限的効果をもたらすからである。代表的なものは,国際カルテル,技術導入契約,および輸入販売・代理店契約である。順に説明する。

　1972年に公正取引委員会の勧告審決が下された「化学繊維国際カルテル事件」では,日本のメーカー3社が,国外で西欧事業者らとの間で輸出地域,輸出限度量,最低販売価格を決定したことは,当該地域向け輸出取引の分野における競争を実質的に制限

販売店は，メーカーや輸出者から自己の計算とリスクで商品を買い取り一定地域内で再販売（resale）する。輸出者・売主とのあいだでは，売り切り，買い切りの関係に立つのが販売店であり，これを置くための契約がdistributorship agreement である。

これに対し代理店は，より厳格な法的意味を付与されたものである。つまり，本人（principal）から代理権限を付与されてその授権に基づいて代理店は行動する。代理店契約（agency agreement）は，そうした本人と代理店とのあいだの授権・内部関係を規定したものであって，本人と代理店（人）のあいだで商品の売買が行われるわけではない。

本来の代理店の任務は，売主に代わって商品を売り込むサービスを行い，その対価としてコミッション（報酬）を受け取る。代理店は，輸出者・売主のいわば手足としてはたらくものであって，自己のリスクで商品を在庫として抱えこむといったことはない。

このように販売店と代理店とは法律的には明確に区別されるので，販売店に指定するのかそれとも代理店に指定するのかを契約上明確にしておく必要がある。販売店と代理店両方の地位を併せもたせるようで，はっきりと区別しない契約をよく見かけるが，販売店のつもりでいたら代理店としての法的効果を主張されることになるようなくい違いが生じないようにすることが重要である。

以下においては，まず販売店契約を中心に，その内容上のポイントを検討する。

するものであって，不当な取引制限（独禁法3条）に該当する事項を内容とする国際的協定であるとされた。

日本の企業が外国企業からライセンス契約（license agreement）によって技術を導入する際にも，その技術を使って製造した製品の輸出地域や輸出価格を制限したりすることがある。あるいは，製品の原材料・部品の購入先を制限したりすることも考えられるが，いずれも独占禁止法の禁止する不公正な取引方法（19条）に当たるおそれがある。

輸入総代理店契約に関しては，1970年に公正取引委員会の勧告審決が下された事件

3 販売店の地位

代理店との区別という意味もあって，販売店を置く場合には，その地位（status）を明確に示さなくてはならない。これに関しては，① 代理関係その他からの区別，および ② 独占・一手販売権を与えるかどうかという 2 つのポイントがある。

販売店契約には，Privity「契約関係」と題して以下のような規定を置くことが多い。

> "The relationship hereby established between Manufacturer and Distributor shall be solely that of seller and buyer and Distributor shall be in no way representative or agent of Manufacturer."
>
> 「本契約によって製造者と販売店とのあいだに設定された〔法律〕関係は，もっぱら売主と買主とのあいだのものであり，いかなる意味でも販売店は製造者の代表または代理人ではない。」

ここでは，明確に代理関係を否定しているのであるが，そのことがいかなる法的意味をもつかを考えてみる。代理店の場合は，上述したように本人から授権を受け代理人として行動するわけで，その代理行為の効果は本人に帰属することになる。

したがって，あいまいなかたちにしておいて，本人が直接顧客に対し，その意に反して責任を負うといったことは避けなくてはならない。

また，このように代理店との区別を明確にしておくことは，代理店（保護）法の適用という点からみると大きな意味をもつ。とりわけ，新興国・地域に

があり，日本の輸入総代理店が国際的契約終了後，当該契約対象商品と競合する商品の取扱い及び製造を禁止され，また，当該商品の国内における再販売価格を維持するように義務づけられたのは，不公正な取引方法に該当する事項の内容とする国際的契約であるとされた。

このように国際契約は，競争制限的効果をもたらさないか否かの検討が欠かせない。独占禁止法 6 条は「事業者は，不当な取引制限又は不公正な取引方法に該当する事項を内容とする国際的協定又は国際的契約をしてはならない。」と規定している。

1997年の改正時に廃止されたが，同条には，2 項，3 項があった。同条 1 項の禁止

おいては，国益や国内産業の保護を目的として特別法の代理店（保護）法を制定している国が数多く存在する。そうした法律には，代理店（保護）法といいながら，代理店と販売店を判然と区別せず一括した保護を与えている例もあるが，代理店のみを明確に保護の対象とする立法例が多い。

代理店（保護）法は，一般的にいって契約の成立認定，契約の終了・解約の条件，補償金の支払いなどについて規定しており，これが適用されるかどうかは，製造者・輸出者側の法的責任を論ずるうえで大きな影響をもたらす。

さらに，国際的な販売店や代理店の契約では，進出先において損害賠償請求訴訟などを提起された場合に，その裁判管轄権が製造者・輸出者のもとにまで及ぶかどうかを考えておく必要がある。その点，販売店は製造者・輸出者の手足としてはたらいているわけではなく，“独立の”買主であることから，法的責任の追及からのがれやすいということができる。

販売店を指定する場合，これに独占・一手販売権（exclusive selling right）を与えるかどうかを決定しなくてはならない。規定としては，Appointment「指名」という表題のもとに，以下のような内容になることが多い。

> "Manufacturer hereby grants to Distributor the exclusive right to sell or distribute Products in Territory and Distributor accepts such appointment."
>
> 「製造者は，本契約により販売店に，本地域において本製品を売却または販売する権利を付与し，販売店はその指名を受け入れる。」

exclusive は，独占的・排他的ということであるが，具体的には，一定の販売地域内で契約期間中は他の販売店を選任し商品の販売をさせてはならな

規定の実効性を確保するのが目的で，公正取引委員会が不当な取引制限または不公正な取引方法に該当する事項を内容とするおそれがあるとして規則で定める種類の国際契約について，契約成立の日から30日以内に公正取引委員会に届け出る義務を課していた。

対象となる国際契約は届出義務が廃止されるまでずっと同じだったわけではないが，以下のような種類が含まれていた。①技術提携にかかわるもの，②継続的売買にかかわるもの，③商標権，著作権にかかわるもの，④共同購入，共同販売にかかわるもの，および，⑤輸出入の制限にかかわるものである。これらの国際契約につ

いことを意味する。

　ただ，製造者・輸出者自身が販売地域内で直接販売することまで禁止されるかについては，解釈上争いがある。アメリカでは exclusive な販売店を指名したら，指名者自らも販売してはならないと一般に解釈されているというが，定説はないようである。

　したがって，とくに直接の販売を禁ずるときは，契約には必ずこの点を明記しておかなくてはならない。

　また，exclusive な地位を与えられた distributor の側においても，exclusive だから競合製品（competitive products）を扱ってはならないという効果が当然もたらされるわけではない。契約中には，競業他社の製品の取扱禁止や最低購入量の保証についてはっきり規定しておくのがよい。

　exclusive な地位を与えるということは一定地域への製品の流入パイプを一本化することにつながる。したがって，そのパイプに一定の太さを確保しておかないと販売政策上好ましくないことになる。また，販売成績の上がらない販売店との契約を解約しようとする際の解約事由として，この minimum purchase guarantee「最低購入量保証」違反が大きな意味をもつことが多い。

4　販売店契約と個々の売買契約の関係

　販売店契約（distributorship agreement）は，通常，製造者・売主と販売店とのあいだで，特定の製品について，特定の地域における継続的取引関係を規定する基本契約である。販売店契約は，あくまで基本契約であるから，売買の対象になる個々の製品の種類，数量，船積条件，支払条件などについ

いては，届出義務がなくなったいまも，独占禁止法の規定にふれるおそれがあるので，十分な注意が必要となる。

　その内容チェックに手がかりを与えるのが，公正取引委員会が発する「ガイドライン」である。1991年7月に出された「流通・取引慣行に関する独占禁止法上の指針」（平成3年7月11日　公正取引委員会事務局　平成17年11月1日平成22年1月1日，平成23年6月23日，平成27年3月30日，平成28年5月27日，平成29年6月16日各改正）（流通・取引ガイドライン）の第3部「総代理」は，輸入総代理店契約を検討するさいは，必ず見ておかなくてはならない。

て具体的に述べているわけではない。個々の売買契約は，販売店契約に基づきつつ別個締結される。そこで，販売店契約においては，基本契約と個々の契約との関係を明らかにするための条項が入ることが多い。たとえば，

> "Each individual contract under this Agreement shall be subject to this Agreement."
> 「本契約の下での各個別の契約は，本契約に服する。」

のように書いてあったら，個別契約がすべて基本契約の適用をうけることを示す。ただ，これだけではなく，個別契約締結の方式について書くことがよくある。その場合には以下のようになる。

> "Distributor shall submit a written firm purchase order stating the order number, the model numbers, the unit prices, the total amount and the required date of shipment, to Manufacturer for Products and Manufacturer shall confirm each of such purchase order by fax."
> 「販売店は，注文番号，モデル番号，ユニット価格，価格合計および要求される船積日を記載した確定的買い注文書を本製品について製造者に提出しなければならず，製造者はそうした買い注文の一つひとつについて，ファックスにより確認しなければならない。」

契約は，当事者間における申込（offer）と承諾（acceptance）という意思表示の合致（agreement）によって成立するものであり，そのための手続きをここに書く。契約によっては，承諾（acceptance）の手続きを次のように書くこともある。

同第3部は冒頭近くに，「総代理店契約は一般的に競争促進に寄与しうるものであるが，契約対象商品や契約当事者の市場における地位又は行動いかんによっては，市場における競争を阻害することがある。」と述べている。

以上が，国際契約と日本の独占禁止法とのかかわりだが，ほかに，アメリカの連邦反トラスト法や，EU独禁法など，各国・地域の独占禁止法の下でも検討が必要となることがある。

"Seller's commencement of performance, delivery of supplies or ac-knowledgment of the Order shall conclusively evidence acceptance."

「売主の履行着手，供給品の引渡し，または発注書の受領確認は，確定的に承認の証拠になるものとする。」

これは，日本の民法527条（改正前526条2項）が意思の実現による契約の成立を認め，また商法509条2項が，商人による承諾の不発信を申込の承諾とみなすとしている趣旨と通ずる。

5 最低購入量の保証（minimum purchase guarantee）

先に，販売店に排他的・独占的（exclusive）な地位を付与する半面，契約中には競合他社の製品の取扱禁止や最低購入量の保証について，はっきり書いておくのがよいと述べた。ここでは，最低購入量の保証（最低保証条項）について，具体的に内容を考えてみよう。

最低購入保証量を決めることの意味は以下にある。いったん独占的な地位を与えると販売実績が上がらなくとも，製造者としては，通常，自らあるいは他の販売店を通じて対象製品を販売することは契約上許されない。

一定地域において一定量の販売をどうしても確保したかったらその地域に1社しか置いていない販売店にたよるしかない。いいかえれば，独占的な販売店に指定しておきながら最低購入量を規定し要求しないのは，当然要求すべき製造者の権利を放棄したものとみられても仕方のないことがある。

最低保証の規定のしかたには，1年間いくらと定めるやり方と1年目はいくら2年目はいくらのように定めるやり方とがある。

■ コンテンツ・ビジネス

content には，書物，文書などの内容という意味があり，通常は，複数形で，「中身」，「内容物」の意味になる。本や英文契約書などに"Table of Contents"として，目次がついているものをよく見かける。

IT 社会の，いま最も注目を集めている「中身」が，デジタルコンテンツである。コンテンツ・ビジネスの成功などというときのコンテンツは，映画，アニメ，ゲームソフトなど，知的財産権の中身を指す。

2003年7月に政府の知的財産戦略本部が公表した「知的財産戦略推進計画」は，日

最も簡単な内容としては，以下のような例がある。

> "Distributor guarantees annual minimum purchase of the Products from Manufacturer not less than U.S. $ 100,000."
> 「販売店は，製造者から年間最低10万米ドル以上の本製品購入を保証する。」

　ただ，この表現だと10万ドルという金額がいかなる基準で最低とされるのかその算定基準があいまいになるおそれがあるので金額表示につづけて，"on a FOB New York Port basis"「ニューヨーク港 FOB 価格に基づいて」のように明確にしておくのがよい。

　契約期間を通じての総量で，以下のように書くこともある。

> "During the term of this Agreement, Distributor warrants to purchase from Manufacturer Products in the minimum sum of Fifty Million Japanese Yen （¥50,000,000） in total."
> 「本契約の有効期間中，販売店は製造者から，本件製品を総額で最低5千万円購入することを保証する。」

　この例文で guarantee ではなく warrant をつかっているのは，この文脈では，それほど両者間で差異はないのでとくに問題にならない。問題は，「契約期間中の総額で」というかたちの保証になっている点である。minimum guarantee clause「最低保証条項」は，製造者側からすると重大かつ当然の要求であり，これに違反することは即重大な違反（material breach）にあたるというかたちで解約を根拠づけるものにしておきたいところである。

本の知財立国に向けた戦略の１つに，コンテンツ・ビジネスの飛躍的拡大を掲げた。
　また，2018年６月の「知的財産戦略ビジョン」では，「技術・データ・コンテンツ等知的資産の柔軟な交流や共有を促し，価値を拡大する仕組みの構築」を提案している。

半年や1年ごとの保証になっていれば，その不達成を理由に中途解約が考えられるが，この例では契約の期間が満了する時点にならなければ判断できないことになる。

また，最低購入保証不達成を理由とする解約を有効になしうるようにするためには，guarantee や warrant を best efforts basis でするというように"努力目標"化するのは好ましくない。明確な表現を心がけるとともに，その違反がただちに契約の material breach になると規定しておくのがよい。

6 取引制限と独占禁止法

一定の地域にあくまで1社の販売店しか認めない独占的地位を与えるからといって，論理必然的に最低保証や競争製品の取扱いを禁止する条項が入るわけではない。ただ，独占的・排他的地位を認めるからには，最低保証をとりつけるのが製造者側の当然の権利とみられることは上述のとおりであるし，加えて競争品取扱禁止条項を契約中にもりこむこともよくある。

典型的なのは以下のような規定である。

> "Distributor shall not deal in or distribute the same as competitive with or similar to the Products in the Territory."
> 「販売店は，本地域内で本製品と同じ競争製品もしくは類似製品の取扱いまたは販売をしてはならない。」

この種の条項は，独占禁止法にふれる競争制限的なものとみなされるおそれがある。

たとえばかなり広い地域に強力な販売網をもつ販売店が一社の製品しか扱

■ 世界の販売代理店関係法

上欄で述べたように，各国には，販売店・代理店を保護したり規制したりする法律があるが，その態様はさまざまである。

一例をあげると，たとえば，台湾では，外国法人は国内取引や国際取引を行う商社および外国企業の支店を含む登録企業をその外国法人に代って商行為を行う代理店として指定することができる。ボリビアでは，本人と代理店との関係は，1977年3月29日に制定された商法典1248条ないし1259条に規定されている。契約当事者は，商法典の規定内で，自由に契約条件を合意することができる。

わないとするならば，その競争制限的な効果はきわめて大きいからである。

　もともとマーケット・シェアが高く力のある製造者が，販売店を一社に限定するならば，購買者が他の販売店から製品を購入する機会は大きく損なわれる。また，力の強い製造者は，販売店に対して再販売価格の維持，販売地域の分割などを押しつけることがあり，この場合には，より競争制限的な効果が生まれやすい。

　そこで，これらの契約内容については，独占禁止法にふれることのないように十分な注意が必要である。独占禁止法制は，国によってはこれをまったくもたないところもある。問題となるのは，当該販売地域に適用される進出国の独占禁止法である。その内容を十分に吟味しておかなくてはならない。

7　販売店契約と warranty

　売買契約の売主は，買主に対して一定の保証・担保責任を負っている。これは，19世紀のイギリスで判例によって発達してきた黙示的保証・担保（implied warranty）の法理によって，売主が目的物に瑕疵のないことや売買の目的に適合していることなどを黙示的に保証したことにされてしまうことと関連している。

　したがって，売買契約においては売主がそうした保証をしないか，あるいは制限するのであれば，契約中に"No Warranty"条項を入れるなどしてそのことを明確にしておく必要がある。基本売買契約の性格をも有している販売店契約においても事情は変わらない。

　逆に，製造者の側で保証・担保の範囲を明確にする意味で，次のように規定することがある。

　ブラジルでは，本人と代理店との関係は，1966年12月10日に施行された法律第4886号によって規律されている。契約当事者は，自由に代理店契約の条件を合意することができるが，代理権の条件と一般的要件，代理権の対象となる製品の特定，代理権の存続期間を定めるか定めないか，定めるとすればその期間，代理行為に対する支払条件，代理行為が行われる地域等，さらに本人が予告なしに契約を解除する場合，代理店に支払うべき補償額の規定等は，契約に含めなければならない。

　アブダビでは，本人と代理人との関係は1973年の代理店法によって規律されている。アラビア語の使用がすべての契約と取引において要求される。代理店と販売店は，商

> "Manufacturer warrants that Products shall conform to the specification agreed upon between the parties."
> 「製造者は，本件製品が両当事者の合意した仕様書に適合するものであることを保証する。」

また，次のように規定することもある。

> "Seller hereby warrants to Buyer that Products shall be free from defects in design, material and workmanship for a one (1) year period from the date Buyer has resold Products to its customers in Territory and in any case at least six (6) months from the date of the shipment of Products."
> 「売主は買主に対し，本製品が設計，素材，製造工程について欠陥のないものであることを，本件地域内において買主が製品を顧客に対して再販売した日から1年間，およびいかなる場合においても製品の船積の日から少なくとも6ヵ月間保証する。」

　上記の例にも示されているように，販売店契約は，買主が一定の地域内において製品を販売（再販売）することを前提としている。そのために，売主と買主とのあいだの保証だけでなく，その先の最終買主（消費者）に対する保証・担保ということを考えておかなくてはならない。

　製造者からみると，これら最終買主とは契約関係にはないので，いわゆる製造物責任（product liability）の問題が生じる。

　そのため，販売店契約においては，顧客（消費者）からのクレームに対していずれがどのように対処し責任を負うかを，以下のように規定することが

業登記簿に登録することが要求される。アブダビ国民または同国民によって51％所有されている企業だけが外国企業を代理することができる。

　バーレーンでは，代理店および販売店業は，1975年10月のアミール政令によって規律される。この政令のもとに，すべての商業代理人または代理店は，商業・農業・経済省に登録されなければならない。代理店または販売店として活動する法人は，バーレーン法人として登録され，その資本の50％以上がバーレーン国民によって所有され，かつその本店をバーレーン国内に置かなければならない。

　クウェートでは，商業代理店は，1964年の管理令第36号により補足された1961年の

ある。

> "If Manufacturer receives a complaint as to Product from any dealer or customer in Territory, Manufacturer shall convey such complaint to Distributor, who shall immediately make investigation and take proper action."
>
> 「もし製造者から本製品についての苦情を本地域内のディーラーまたは顧客から受け取った場合には，製造者はその苦情を販売店に連絡し，販売店はただちに調査をし適切な措置をとらなくてはならない。」

この場合，製造者のもとに寄せられたクレームについても販売店が責任を負うことになる。

8　販売店・代理店保護法

世界の多くの国に販売店や代理店を保護する特別の法律や法規制が存在する。海外に販売店や代理店を置いてビジネス活動を展開する企業にとっては，なによりもまず進出国にそうした保護法がないかどうか，あるとしたらその内容はどのようなものであるかについて，あらかじめよく調べておく必要がある。

なぜ多くの国がこうした保護法を設けて販売店・代理店を保護するかについては，以下のような理由が考えられる。

(1)　弱い立場にある販売店・代理店の保護

販売店や代理店は，販売・代理店契約の相手方（多くの場合製造者）に従

商法第2号により規律される。

イスラエルでは，本人と代理店との関係は，オットマン民法典の残存規定により補足された 1965 年の代理店法によって規律されている。

イラクでは，コミッションエージェントは，イラク革命指令委員会により制定された 1976 年 1 月15日付法律第 8 号により規律されている。1976 年 3 月 1 日付代理店規則第 1 号は，法律第 8 号の施行に関する規則を規定している。

レバノンでは，1975 年 2 月 6 日付法令第 9639 号（発効日：1975 年 2 月17日）により修正された 1967 年 8 月 5 日付法律第34号によって規制されている。総代理店は，

属する弱い立場にある。製造者の側から製品の供給をストップされてしまうと販売店・代理店としてのビジネス活動を止めざるをえないばかりでなく，企業としての存続をあやうくされることさえある。

販売店・代理店保護法は，こうした“弱者”を保護する立場によっている。

(2)　国内産業の保護

これは，先進国よりは，発展途上国に多くみられる目的である。国内産業がまだ十分に競争力をたくわえていない場合に，外国からの優秀な製品が自由に流入するならば，国内産業の保護・育成に有害になるとの考え方に基づく。そのため，外国製品の輸入窓口を一本化し秩序ある輸入政策をとろうとしている国が多い。こうした国々では，その国の該当地域に一社の販売店・代理店しか置かせず，販売店契約や代理店契約を関係官庁に登録させるシステムになっているところが少なくない。

9　販売店・代理店保護法の内容

販売店と代理店とが法的にみて区別されるものであることおよびその違いについてはすでに述べたところであるが，保護法を考えるうえでも両者の違いに気を付ける必要がある。

保護法にもいろいろあるが，ヨーロッパの多くの国の場合，代理店保護法として代理店契約の解約から生ずる不利益から代理店をまもる内容の法律になっている。この場合代理店保護法となっているので販売店には適用がないかというとそうではなく，規定を販売店にも類推適用できるようになっていることがある。ただ，ベルギーには，代理店ではなく販売店を保護するため

その権利の法的保護を得るためには，商業登記簿に登録しなければならない。

サウジアラビアでは，1962 年 7 月23日サウジ政令によって規律されている。

以上，販売代理店の規律・規則等についてそのごく一部を紹介した。

なお，世界各国の販売代理店関係法に関しては，Foreign Tax Law Association 発行の Bi-weekly Bulletin に解説が掲載され，その翻訳が JCA ジャーナル391号（1990 年 4 月）より連載されていた。本稿もそれを参考にした。その後の法令の改廃については，同誌などに随時掲載されているので参照してほしい。

の「期間の定めのない一手販売契約の一方的解除に関する法律」があり、販売店契約の解約の際の販売店への補償などについて規定している。

ドイツの場合、代理店については商法に保護規定があり、解除事由、契約関係終了後の相当なる補償請求権などについて規定している。販売店については特別の立法がなされていないが、判例は代理店に関する規定を一部販売店にも類推適用しようとする。

フランスでは、1958年の政令が、代理店契約の打切りにかかる代理店の補償請求権について規定している。販売店に関する特別の立法はないが、判例によって保護が与えられている。

その他、中東や中南米諸国にもかなり強力な代理店・販売店保護法がある。とくに中東における代理店保護法制は、内国民（法人）保護を前面にうち出しており、販売店や代理店などの名称や機能のいかんを問わず規制しているところに特色があるといわれており、販売店・代理店の解約・打切りに関連して困難が生ずることが多いようである。

このように国によって代理店・販売店保護法の内容はそれぞれ異なっている。進出先の法制をよく調査しておく必要が強調されるゆえんである。また、これら保護法規は一般に強行法規であり、準拠法を別の国の法律にしたからといって回避はできない。ベルギーの法律の場合、販売店の打切りなどに関連する紛争についての専属裁判管轄権をベルギーの裁判所がもつと規定されており、いわゆるフォーラム・ショッピング (*forum* shopping)「裁判管轄漁り」も効かないことになる。

また、販売・代理店契約には次のように規定することがあるが、PL（製造物責任）訴訟のことを考えれば、この規定のもつ意味はお分かりいただけ

■ ファイナンスのグローバル化と法律英語

金融を表す finance は、「（お金を払って）事件を終わりにすること」を意味する古期フランス語から生まれた。finance の語源は、final や finish と同じくラテン語の finis である。

フランス語で、Ce qui fini est fini.（ス・キ・エ・フィニ・エ・フィニ）といえば、「すんでしまったことだもの」「すんだことは仕方がないさ」といった意味になる。この fini は英語の finish と同じ語源をもつが、英語の fine も元をただせば、「終り」という意味である。fine は、「最終の」、「究極的」という意味から「立派な」「細かい」

4 海外販売・代理店契約

るであろう。

> "Seller is not liable for any consequential or indirect damages in any circumstances."
> 「売主は，いかなる状況のもとにおいても，いかなる派生的または間接損害についても責任を負わない。」

とくにアメリカ法の下で派生的あるいは間接的損害賠償は，非常に大きな額に上るおそれがある。このリスクを回避するのが本条項の目的である。

別の書き方として，損害賠償責任が直接損害（direct damages）に限定されるとすることも多い。

「洗練された」となる。「罰金」，「罰則を課す」という意味もある。いずれも，ラテン語の end を意味するところに由来するが，「貸借を終らせる」「勘定を清算する」から finance（金融）という言葉ができたことは興味深い。金融の基本は finance の語源からもわかるように貸借関係にある。この貸借関係で最も基本的な英語が loan であり，「貸付け」，「貸すこと」，「貸付金」，「借款」を広く表す。

loan は，「貸す」を意味する lend と同じ古期北欧語を語源とする。『Black's Law Dictionary』（Third Pocket Edition）で loan の項を引くと，最初に "An act of lending; a grant of something for temporary use." 「貸付行為；何かの一時的な使用許諾」とある。

5 国際合弁・パートナーシップ契約

1 国際合弁の意義

　合弁のもつ一般的な意義は，共同事業を経営することである。国際ビジネス社会にあっては，この共同事業形態が海外進出のための有力な手段としてとらえられている。

　たとえば，ある会社が海外への進出を企てるとする。この場合，単独で進出するかあるいは現地の会社をパートナーに選んで共同のかたちをとるかについて選択が必要になる。合弁は後者のためのものである。つまり，合弁はパートナーと共同することにより，相互のもっている諸資源，たとえば一方の販売力と他方の技術力を組み合わせ補い合うことによって最適なものを生み出そうとする。

　合弁にはさらに，① 1社だけでは達成できない大きな資金調達を可能にする，② 事業に伴うリスクを相手方パートナーとのあいだで分散することができる，③ 現地パートナーの協力によりいわゆる現地化政策を推進し摩擦の緩和を期待できる —— などのメリットがある。半面，合弁方式による進出にはデメリットもある。最大のデメリットは，単独進出の場合と違い合弁事業を自分たちだけで自由にコントロールできない点にある。国際合弁事業がパートナー間の意見のくい違いから挫折するケースはきわめて多い。

　合弁のことを英語では，アメリカを中心に joint venture（J.V.）と称する。

■ 国際合弁の心がけ

　国際的な合弁については，合弁の相手企業について十分知ることはもちろんであるが，進出先国の文化や国民の性格についても熟知しておくことが肝要である。そうした観点にたって，合弁の可能性や合弁後の対策を勘案すべきであろう。

　たとえば，具体的な例として給与体系。集団主義の風土のなかでチームワークを重視する日本企業においては，厳密な個人別の年俸制はなかなかなじみにくい。アメリカなどでは，それぞれのエグゼクティブやマネージャーごとに職務記述が明確で，それぞれの年俸がきまる。日本でも，すでに多くの企業が，外部からの人材を導入して

5 国際合弁・パートナーシップ契約 *271*

一般に合弁（J.V.）の形態としては，会社を設立する場合とそうでない場合とに分けられる。会社がつくられるときは，これを合弁会社（joint venture corporation）という。日本であれば，会社として合名，合資，株式，および合同の4種類のものが法律上みとめられるが，圧倒的に株式会社による例が多い。

　合弁会社をつくることなく契約だけで共同事業であるJ.V.を行うこともある。その際，アメリカの場合であれば，パートナーシップを組成しこれによることがある。パートナーシップ合弁契約のポイントについては，280頁以下に解説してあるが，合弁において踏むべき最初のステップのひとつは，進出先の法的企業形態をよく知り，その知識をもとに現に行おうとしている合弁事業に最も適したものを選び出すことである。

2　合弁契約の特徴

　新たに会社を設立して合弁事業を行う場合であっても，新会社設立と共同経営について当事者間で基本契約を締結することが必要になる。これが合弁契約（joint venture agreement）である。

　合弁契約は，会社成立を伴う場合，①合弁契約の設立に関する発起人契約および②合弁会社の運営についての主要株主間契約（major shareholders' agreement）という2つの性格をあわせもつものである。

　合弁契約には共同事業のための基本精神を書くといっても，現地法人を合弁会社としてつくる以上，進出先現地の会社法のもとでの設立ということになる。したがって，合弁契約の内容もそうした会社法の枠のなかで考えなくてはならないという制約をうける。このことを念頭においたうえで，合弁契

開発力の増強を計ろうとしている。そうした場合，従来型の，平等主義ともいうべき年功序列の給与体系が障壁になる。まして，国際合弁においては，さまざまな文化を背景とする社員を抱えることになり，Joint Venture自体が，合弁当事者である会社の，あるいは，進出先の具体的制度や人的環境を十分把握して，すべての社員が納得する人事のルールを策定することは，Joint Venture成功のカギである。

約の特徴をかかげるならば以下のようになる。

　合弁契約も契約である以上，契約自由の原則が支配し共同事業の目的，当事者の役割分担など精神規定的な内容をはじめとして，原則として何を取り決めてもかまわない。しかし，合弁会社の内容が設立準拠法の制約をうけるのは上述のとおりである。

　合弁契約はその性格上，通常の有償・双務契約とは異なり，会社の設立とその運営という協同行為・合同行為のための契約である。合弁契約はまた，多くの場合，主要株主間契約であって新会社を契約当事者とするものではない。ただ，事項によっては，合弁契約に定めたことを会社の定款に記載することで合弁契約の第三者である新会社に対して効力をもたせることができる。

　その場合には，合弁契約中に以下のような規定を入れる必要がある。

> "The Articles of Incorporation of the JV Corporation shall contain and be identical in form and substance with the provisions and terms set forth in this Agreement."
>
> 「合弁会社の定款は，形式および実質において本契約の条項および条件を含み，これと一致していなくてはならない。」

　定款は会社にとって憲法ともいうべき基本的な取決めであるが，合弁契約は主要株主間契約であって定款とはレベルの異なる債権契約であることを忘れてはならない。ただ，定款は合弁契約の内容を，設立準拠法という一定の制約内で，最大限忠実に反映すべきものであることから，両者のあいだに矛盾やくい違いのないようにするための規定である。

■ 海外進出の法的諸形態

　一般に海外進出という場合，進出の目的にしたがって進出形態を考えることになる。その際，考慮されるべき要素には，以下のようなものがある。

① 事業規模の大小

② 単独事業体として進出するのがよいか，共同事業体にするのがよいか

③ （単独事業体で進出する場合）いかなる形態がよいか（社員出向，駐在員事務所，支店など）

④ （共同事業体の場合）いわゆるエクイティ・タイプの合弁企業にするか，それ

また，新会社の設立後，ただちにその代表者に合弁契約にサインさせ，内容を確認することも行われる。

3 合弁契約と付随する諸契約

合弁契約は，主要株主間の合弁事業についての合意であって基本となるものであるが，新会社を当事者とするものではないため，合弁事業を遂行するには別に新会社とのあいだでいくつかの契約を結ばなくてはならない。

いま，Xという日本の会社（メーカー）がアメリカのカリフォルニア州に進出するに際して現地のY会社との合弁会社［ＸＹ］社の設立（50％ずつ出資）によることにしたとする。X社は，その製品のアメリカでの現地生産のための拠点・工場としてこの合弁会社を活かそうと考えている。

そこで合弁パートナーの役割分担としては，(イ)工場の建設，プラント，設備，工場用地の確保，(ロ)原材料，部品の供給・調達，および(ハ)製品のアメリカ市場における販売についてはY社が担当し，一方，(ニ)製品製造上のノウハウの技術援助・ライセンス，および(ホ)製品に使用する商標のライセンスについてはX社が担当することになった。

この場合，次図のようにX社，Y社それぞれと［ＸＹ］社（合弁会社）とのあいだには，合弁契約とは別に技術援助契約，販売代理店契約，商標ライセンス契約，部品供給契約などが締結されるのがふつうである。

これらの契約のことは，合弁契約中に書けばそれでもよさそうな気がするが，合弁契約とこれらの契約とではまず当事者が異なる。たとえばX社と［ＸＹ］社とのあいだの商標ライセンス契約は，Y社と直接関係がない。X社からみれば［ＸＹ］社は子会社であるが，Y社の子会社でもありうる。い

ともノン・エクイティ・タイプにするか
⑤ エクイティ・タイプの場合，いかなる事業形態にするか（株式会社か有限会社かその他の形態かなど）
⑥ ノン・エクイティ・タイプの場合，いかなる共同事業形態をとればよいか（ゼネラル・パートナーシップかリミテッド・パートナーシップかなど）
⑦ 進出パートナーは単独か，それともコンソーシアム方式をとるか
以上のような選択肢が，進出国の法律によっては，意味のないものであることに注意する必要がある。②に関していえば，ほとんどの国で合弁企業形態による進出を

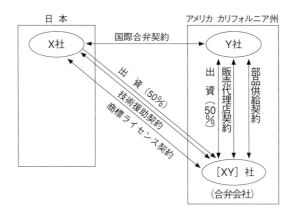

かに親子会社間であっても、このように第三者の利害も深くかかわってくるときには、一般的にいって、きちんとした契約を別途作成するようにしたほうがよい。

　さらに合弁では、株式を相手方パートナーやそれ以外の者に売却して合弁から撤退する場合のことをよく考えておかなくてはならない。つまり、対子会社だからということでついつい契約関係を不明確にすると、合弁から撤退はしたものの、たとえば商標権の使用関係が、合弁会社とのあいだで、あいまいなまま残存してしまうことすらありうるからである。

　別途の契約にする場合の合弁契約中の条項例としては以下のようなものがある。

> "X grants authorization to ［X Y］ to use the trademark of ＿＿＿ on the following conditions that〜; the details of which are to be concluded

---

認める。旧ソ連の場合、合弁法は1987年に制定されている。その後外国企業の単独進出も認めるようになった。合弁法にしても、制定当初、外資は49％までしか出資できなかったが、現在ではそうした制約は取り去られた。
　単独事業体の進出においても、新たに会社を設立するのか、それとも既存の企業をM＆Aによって手に入れるのか、という2通りが考えられる。近時は、ハンガリーなどを中心に外国企業による国内企業の株式取得を行うケースが増えてきた。M＆Aには、たしかに会社を設立してから資材、工場用地、労働者などを確保していく必要がない点有利な投資形態である。反面、旧ソ連・東欧圏でのM＆Aには、以下のよ

separately between X and [X Y]."

「Xは［XＹ］が_____という商標を以下の……という条件のもとで使用する権限を授権する。その詳細は，Xおよび［XＹ］とのあいだで別途取り決められるものとする。」

　会社設立による国際合弁契約の内容は，大きく分けると，⑴会社の設立，⑵会社の運営，⑶当事者（合弁会社の親会社）の役割，および⑷その他の一般条項から成る。合弁契約の本体部分といえば，⑴〜⑶であるが，それぞれポイントがあるので以下に検討してみよう。

4　会社の設立に関する規定

　会社の設立に関する部分には，新会社としてどのような形態によるのかをまず書く。

"Upon obtaining the necessary authorization, the parties hereto shall form a company with liability limited by shares."

「必要な認可が得られると同時に，本契約の当事者は株式会社を設立しなくてはならない。」

　この条項例では，株式会社を設立することとしているが，当然のこととして合弁会社を設立する現地の法律に株式会社の企業形態があることが前提となる。極端な話が，株式会社という企業形態がなければこうした条項も無意味である。

　それから，設立の形態として，日本であれば募集設立か発起設立によるか

うなデメリットがあったことに注意すべきである。

　a）対象企業の資産，運営についての評価がむずかしい。

　b）東側諸国で "売りに出される" 企業の多くは，設備が老朽化しており，しかも人的資質面でも西側の予想をはるかに下回ることが多い。

　c）M＆Aにかかる法整備がなされていないため，仮に買収に成功しても，西側企業は，いつも潜在的，将来的な法的リスクに悩まされるおそれがある。

　しかしながら，1990年10月には旧ソ連で外国投資家によるソ連株式その他債権の取得を認める大統領令が公布され，ブルガリア，旧チェコスロバキア，旧ユーゴスラビ

の別を明らかにする。また，出資の形態として以下の条項例のように現金による出資か現物出資かを明記する。

> "At the time of the incorporation of NEW COMPANY, the parties will subscribe to ____ shares in exchange for cash as follows:"
> 「新会社設立時に，当事者は____株を以下のとおり引き受け，現金で払い込む。」

次の条項例は，一部現金一部現物による払込みを認めるものである。

> "X shall subscribe for fifty percent（50%）of the shares and pay for such shares in cash or one portion of them in cash form and the other portion in material form."
> 「Xは株式の50%を引き受け現金で払い込むか，あるいは一部を現金で他を現物で払い込まなくてはならない。」

　現金で出資する場合，**単純設立**と**クロージング設立**がある。前者は，日本側パートナーと外国側パートナーがはじめから共同で出資し合弁会社を設立する方法である。後者では，まず一方の当事者のみで出資して合弁会社を設立し，その後，予め定めたクロージングの日に増資をして新株を他方当事者に割り当てる。クロージング設立を行うためには，クロージングで新株配当をなしうるだけの授権資本をもっていなければならず，合弁契約中にはクロージングの手続きをより詳細に書くことが必要になる。

　次に，新会社の概要として，会社の目的，商号，本店所在地など，定款における主要記載事項を書く。これとともに，新会社の資本金，当事者の出資

アにおいても外国人による株式などの取得が相次いで認められるようになった。以上述べたような，かつて東西合弁と筆者がよんだ政治・経済体制の異なる国の企業との国際合弁のノウハウは，いま中国における日中合弁事業に最も生かされる。（長谷川・斎藤『東西合弁の法律実務』，中央経済社刊参照。）

　なお，422頁以下に書式例として掲げた合弁契約は，中国のように国家体制が日本と異なる国に日本企業が進出する場合に用いる，かつての「東西合弁」用契約書サンプルである。

5 国際合弁・パートナーシップ契約　　*277*

比率，授権株式数，一株の金額，引受株式数と払込金の支払方法，株式の種類と株券発行の有無なども書く。なかでも重要なのは，当事者間の出資比率であって，これによって合弁当事者の力関係はもちろんのこと合弁契約の内容が大きく変わってくる。

多いのが，両当事者が対等の出資をする50：50の場合（いわゆるイコールパートナー型）であるが，契約内容はすべて当事者の対等な関係を前提としてつくられる。この場合，たとえ１％持株比率が変動しても，さまざまな点に影響が出てくることは避けられず契約全体を見直さなければならない。

そこで，合弁契約には出資比率の変動をもたらすような事項について規定がおかれる。ポイントになるのは，① 新株引受権の付与と増資・減資の手続，および，② 株式の譲渡制限である。① の新株引受権については，通常 Preemptive Rights の表題のもとに，以下のような規定を置いて新株引受権を確保しておく必要がある。

> "Each party hereto shall have preemptive rights to subscribe to all shares to be newly issued by COMPANY as shareholder in COMPANY."
>
> 「本契約の各当事者は，当〔合弁〕会社の株主として当会社が新たに発行するすべての株式を取得する新株引受権を有する」

5　新会社の運営に関する条項

ここでは，① 株主総会，② 取締役会，③ 役員，④ 会計監査などに関する規定が問題になる。株主総会は株式会社における最高の意思決定機関である

■ 「修正」契約書を何というか

法律用語としての「修正」で最もよく使うのは amend の名詞形 amendment であろう。amend は，「正す」を表すラテン語 *emendo* の変形で，*mendo* は *menda*＝fault であり，誤りをなくすとの意味になる。そこで，amend には，「（欠点などを取り除いて行いなどを）改める」との一般的な意味がある一方で，憲法や法律を改正，修正するといった公式的な意味がある。

契約を修正する覚書に Amendment のタイトルを付けることがある。他に Amendment Letter, Memorandum of Amendment など状況に応じて使い分ける。

し，取締役会は業務執行上の意思決定をする機関として，ともに会社をコントロールするうえでは重要な地位を占める。

株主総会は，法律で定められた事項のほか定款に定められた事項についても決議する権限をもつことが多く，新会社の事業方針の変更など合弁事業者に重大な影響を及ぼすと思われる事項は，具体的に合弁契約中で規定するのがよい。同様に取締役会についても，重要な決議事項で，特別多数の同意を必要とするような事項を明確にしておくとよい。

日本では，代表取締役が会社の日常的な業務につき会社の業務を執行するが，会社の執行役員（officers）に関する法の内容は，英米法と大陸法とのあいだで異なるので合弁会社の設立準拠法に沿って考えなくてはならない。

業務上のコントロールを行うためには，合弁当事者間での子会社運営についての意見調整上，取締役会とは別に経営委員会（managing committee）のような組織を設けることもある。

一方，会計上のコントロールには内部の機関によるものと会計監査法人のように外部の者によるものとの2通りがある。ここでも，たとえば日本やドイツの会社法にみられる監査役（statutory auditor）制度がどこの国の会社にもあるかというと，英米法系の国にはないのが一般である。

外部の監査としては，国際合弁であれば，ある程度国際的な監査基準に従った監査を行うことのできる会計士事務所の監査によるとすることが考えられる。以下の条項は，そうしたもののひとつである。

"The COMPANY'S financial books shall be audited annually at the
COMPANY'S expense by an internationally recognized firm of certified

---

correct にも，「訂正する」の意味がある。語源は「まっすぐにする」を表すラテン語で，amend と比べると correct は「誤りを直す」比較的小さな対象について使う。名詞形の correction を改訂合意のタイトルに使うことはほとんどなく，せいぜい「正誤一覧表」のタイトルに使う程度である。

revise は，「再び見る」を意味するラテン語 reviso が語源である。「修正する，改訂する」との意味もあるが，「見直した上で改める」が正確なようである。契約書の発効後何年か経過して内容を見直し改訂を加えたものであれば，revised version あるいは単に revision とよんでもおかしくない。ただ慣行的に amendment あるいは

public accountants."

「当会社の会計帳簿は，毎年当会社の費用でもって国際的に認められた
公認会計士事務所による監査を受けるものとする。」

6　合弁当事者の役割

　合弁会社を設立しただけで合弁当事者の役割が終了するわけではないこと
はもちろんである。合弁会社は，合弁当事者の意思に沿って合弁事業を遂行
していく。その過程で合弁当事者は継続的に一定の役割を果たしていかなく
てはならない。そうした役割として契約中に規定される事項としては，①
資金調達，② 工場用地の確保，工場・プラントの建設，③ 原材料・部品の
調達，④ 製品の販売・商標使用，⑤ 技術援助・ライセンスなどがある。

　これらの事項中，たとえば③，④，および⑤に関して合弁当事者と合弁
会社とのあいだで個々的な契約を締結することについては，先に説明したと
おりである。ここではとくに資金調達について述べておくことにしよう。合
弁会社の資金調達方法には，親会社からの借入れ，外部のたとえば金融機関
からの借入れ，新株発行などが考えられる。

　最後の新株発行は，合弁当事者の出資比率に直接影響を与えるのでとくに
慎重な配慮が必要になる。他の場合にもたとえば金融機関からの借入れにつ
いては，次のように，当事者の役割の内容を明記しておくのがよい。

"If, as a condition to grant any such loan, the lender requires guarantees,
the parties hereto undertake to provide the guarantees, each in propor-
tion to its shareholding in the COMPANY."

次に説明する modification ほどは使わない。
　modify は，ラテン語の *modifico*「適応させる，変える」から生まれた。ラテン語
で「尺度」を表す *modus* も語源で，modify は，「（何らかの基準に照らして）加減
する，変更する」が元の意味である。最も一般的な使い方は，「（計画や意見などを）
変更する」で，別の英語では，adapt「適合させる」が近いニュアンスをもっている。
　結局，契約書を正式に修正するのであれば，Amendment Agreement にするの
が最も適切であろう。

「もし借入条件のひとつとして貸主が保証を要求するときは，本件契約の当事者はそれぞれ当〔合弁〕会社における株式保有率に応じて保証をなすことを約束する。」

7 パートナーシップとは何か

合弁の形態は，会社を設立する場合のみにかぎられないことは271頁に述べたとおりである。合弁事業といえば会社，とりわけ株式会社を設立して行うことが多いが，アメリカなどにおける国際合弁ではパートナーシップ合弁が少なくない。

パートナーシップは，ローマ法に起源を見いだすことのできる古い企業形態である。中世イタリアを経てイギリスにも比較的早くから入りこみ，次第にコモンローのなかに同化した。アメリカでは，はじめ各州がそれぞれ州法でパートナーシップを規律していたが，1914年，統一州法委員会全国会議（National Conference of Commissioners on Uniform State Laws）が，統一パートナーシップ法（Uniform Partnership Act, UPA）を発表して州法の統一をはかった。現在，ほとんどの州で UPA を採択している。

パートナーシップには，リミテッド・パートナーシップ（limited partnership）とよばれる種類がある。これに対し普通のパートナーシップのことは，ゼネラル・パートナーシップ（general partnership）とよんで区別する。リミテッド・パートナーシップについても，1916年，同様に「統一リミテッド・パートナーシップ法」（ULPA）が発表され，ほとんどの州で採択されている。

パートナーシップには，法人格が認められない。この点を除けば，実体は

■ パートナーシップ（Partnership）

パートナーシップは，2人以上の者が共同して行う事業形態の1つで，その関係もしくは契約を指す。パートナーシップの起源は，よく分かっていない。その形態のあるものは，人間が集団で社会生活を開始した頃から存在していたといわれる。英米法におけるパートナーシップもその源流は，ローマ法であり，あるいは law merchant とよばれる商慣習法であって，いずれにしても非常に古い。

アメリカにおいてパートナーシップは，イギリスにおけると同様，長いこと各州の判例法によって支配されてきた。ところが，20世紀に入って1914年，統一パートナー

ゼネラル・パートナーシップが日本の民法上の組合,会社法上の合名会社に,リミテッド・パートナーシップが投資事業有限責任組合契約法(ファンド法)上の投資事業有限責任組合,会社法上の合資会社にそれぞれ類似している。

パートナーシップは,後述するように税務面で大きなメリットがあり,損失が生じたときにも一面でこれを"有効に利用"することができるため,石油・ガスの採掘やベンチャー・キャピタルのように,失敗に終わる確率のほうが高いハイリスクの事業に多く使われる。

リミテッド・パートナーの出資分を細分化・小口化して広く投資家に売り出すこともあり,「不動産の証券化」のなかでこれが用いられることもある。

8　パートナーシップ合弁の損失

パートナーシップで合弁事業を行うことのメリットはどこにあるのだろうか。パートナーシップには法人格が認められないことと関連して,まず,税法上いくつかのメリットが考えられる。つまり,パートナーシップ自体が課税の対象になるわけではないので,合弁事業のパートナーになる親会社にパートナーシップの利益および損失が直接配賦されることになる。このことは,損失に関してより大きな意味をもつものといってよい。

とくにパートナーが多くの黒字をかかえる会社の場合,パートナーシップによる合弁事業の開始時に予想される損失や市場開拓費を親会社の利益と相殺することで"黒字減らし"に役立たせることができる。

また,一部の国では investment tax credit(投資税額控除)を親会社において即時に利用できること,創業当初の加速償却の親会社段階での利用ができることなどの節税メリットがある。

シップ法(UPA)が,統一州法委員会全国会議によって発表され,現在ではほとんどの州でこれを採択している。

パートナーシップには,通常のもののほかにリミテッド・パートナーシップ(limited partnership)というものがある。これは英米コモンロー上は知られていない概念であったが,1882年にニューヨーク州がフランス法にならってこれを採用して以来多くの州が追随した。1916年には「統一リミテッド・パートナーシップ法」が発表されて,やはりほとんどの州によって採用されている。リミテッド・パートナーシップは,法人格がない点を除けば日本の合資会社に似ている。業務を執行し,かつ

パートナーシップ合弁には，法律手続面でのメリットもある。いずれの国においても株式会社を設立するには一定の設立手続や場合によって認可が必要になる。パートナーシップであれば，契約による合弁事業であるから，株式会社設立に要求されるような面倒な手続きはいらない。

また，一般に会社の組織や運営は，設立準拠法の会社法に従わなくてはならないが，パートナーシップの場合には，合弁契約＝パートナーシップ契約のなかで，自由に組織・運営面のことを規定することができる。

半面，海外でのパートナーシップ合弁には日本企業にとってのデメリットもある。現地パートナーで黒字をかかえる会社にとって上記税務面でのメリットは十分に享受可能であるが，進出する側の日本企業は，子会社を通じての出資ということから，"相殺"に供すべき利益をそれほどもたないことが多い。

法律手続面についても，日本では株式会社はなじみがあるもののパートナーシップという事業形態についてはそれほど知られていない。そのため，とくにゼネラル・パートナーとして合弁事業に参加する際の無限責任に対する不安感などがマイナスに作用することもある。

9　パートナーシップ合弁契約のポイント

パートナーシップ契約は，内容的には日本の民法のもとでの組合契約に似ている。ただ，パートナーシップの名称・主たる事業の場所・目的などを書く条項，各パートナーの出資額および割合を書く条項が入る点は，かえって会社設立合弁の場合に似てくる。

だが，パートナーの役割について規定する部分となると変わってこざるを

無限責任を負うgeneral partnerと，業務執行に関与せず，利益の配当は受けるが責任が限定であるところのlimited partnerとからなるからである。1986年8月，当時の住友銀行がアメリカの大手証券会社ゴールドマン・サックス社（Goldman Sachs & Co.）へ資本参加することが大々的に報道されたが，この出資は，limited partnerとして参加する形態であった。

リミテッド・パートナーシップはあまり利用されていないが，ブロードウェイのミュージカルは，これによって制作されることが多い。また，税法上パートナーシップの損益は各パートナーに帰属するという点を利用して，各パートナーにパートナー

えない。つまり，パートナーといっても，ゼネラル・パートナー（GP）と
リミテッド・パートナー（LP）では，その役割と責任において大きな違い
が生ずる。GPは無限責任を負うのに対し，LPは有限責任しか負わないこ
とがその権限に反映するといってよい。

　そのため，GPについては次のように規定される。

> "The general partners shall respectively have an equal voice in the
> management and conduct of the partnership business."
> 「GPはそれぞれ，パートナーシップの事業の運営と遂行につき対等な
> 発言権をもつ。」

のような規定がなされるのに対し，LPについては，

> "The limited partners shall not take part in the management of the busi-
> ness or transact any business for the partnership."
> 「LPはパートナーシップの運営に参画し，あるいはこのために（代理
> して）取引をしてはならない。」

　それというのも，LPは有限責任しか負わないので，経営に参画する権利
がないのである。パートナーシップ契約には何を規定してもよいとはいって
も，LPのこうした基本的性格を逸脱するような規定を置くことはできない。
　いいかえれば，そうした経営に参画できる旨の規定をするならば，たとえ
ば賠償責任が問題となるようなケースがいざ起こったときには，裁判で有限
責任の前提が否定されることがありうる。
　GPは，パートナーシップの運営を任されるが，何をやってもよいという

シップの減価償却を利用させる目的で石油・ガスの採掘などに利用されることも多
い。

■ 日本における LLP（Limited Liability Partnership）

　2005年4月27日，「有限責任事業組合契約に関する法律」が国会で可決・成立した。
いわば，日本版LLPを民法上の組合の特例として導入しようとするものである。有
限責任制，内部自治原則および構成員課税の3点を特徴とする。

のではなく，一定の重要事項については LP の承諾がなくてはなしえないとすることはできる。その場合にも，GP と LP の性格を根本からひっくり返すような規定をすると，上記と同じ問題が生じる。

パートナー間の基本的な権利義務については，パートナーシップが組織される現地にパートナーシップ法があればそれに従うことになる。アメリカの場合，各州で採択している上述の UPA，ULPA によることになるが，その点を明らかにしたうえで LP の有限責任を次のように規定する例もある。

"In accordance with and subject to the Uniform Limited Partnership Act of the State of New York, no limited partner shall be bound by, or be personally liable for the expenses, liabilities, contracts or obligations of the partnership or the general partner."

「ニューヨーク州の統一リミテッド・パートナーシップ法に従い，そのもとで，いかなる LP も個人的にパートナーシップまたは GP の費用，責任，契約もしくは義務について責任を負わない。」

収益（profit）と損失（loss）の分配は，上述したとおり，パートナーシップ合弁を行う根本的なメリットとかかわるので，慎重に規定されなくてはならない。ただ，ふつうであれば，次のように規定されることになろう。

"Losses shall be borne by the partners in the same proportion as their respective share of capital contribution."

「損失は，その出資の割合に応じてパートナーによって負担される。」

パートナーシップは，組合契約と同じように人的色彩の濃いものである。

■ 英文合弁契約とデッドロック条項

まずは deadlock の説明からしておこう。lock はだれでも知っている「錠」である。雇い主が労働者を工場閉鎖して締め出すことをロックアウトというのが分かりやすい。

deadlock を直訳すれば「死んだ錠」になるがこれだけではよく分からない。ただ，鍵がかかった状態で「死んでしまう」と，鍵でも開かない膠着状態になってしまう。この解決の道筋が見えない「行き詰まり」がまさに deadlock なのである。

ちなみに，deadlock には，外側から鍵では内側からはひねり金具を操作して開閉する「本締まり錠」との意味が辞書には載っている。これならばわが家にもあるが，

5 国際合弁・パートナーシップ契約

したがって，パートナーによる解散決議などのほか，GP の退任，死亡など
を終了（termination）の事由に加えることがよくある。

どうしてこれが「行き詰まり」なのかが理解できなかった。

　契約に関連して何が行き詰まるかといえば圧倒的に多いのが，交渉が行き詰まり，
暗礁に乗り上げるケースである。ここでまた横道にそれるが，暗礁だったら dead-
lock だと思い込んでいる人がいるが，この単語は大きめの英和辞典のどこにもない。

　本題に戻り，合弁契約（joint venture agreement）で deadlock 条項が必要とな
るのはなぜかを考えてみよう。

　合弁契約は，外国市場に進出する「手段」としてよく使う。現地パートナーと手を
組むことで互いの足りないところを補い合い，外国企業からすれば慣れない現地市場
によりスムーズに浸透することを可能にしてくれるメリットがある。

　国際合弁で多いのは，有限責任に基づく株式会社などの企業組織を投資の「受け皿」
とする場合である。

　この場合，出資比率は70：30であろうと40：60であろうと契約だから原則として当
事者が自由に決めることができる。

　ただ，外国企業は，49％までしか出資できないとする外資規制を行う国もある。そ
うした規制がないとすると，意外に多いのが50：50のいわゆる equal partner 型の
会社設立合弁である。

　なぜ半分ずつにするかといえば，外国企業による出資を最大化しつつ外国企業に経
営支配権を渡さないためといってよい。取締役の数も複数にして 3 人ずつ出し合い，
計 6 人のようにしたりする。

　equal partner 型の JV corporation「合弁会社」において当事者の経営方針がく
い違うと，いずれも株主総会や取締役会の決議を通すことができない deadlock 状態
に陥る。

　つまり，前に進むことのできない「行き詰まり」である。

　昔から国際合弁が失敗に終わり合弁が解消に追い込まれる原因の第 1 位は，「経営
方針のくい違い」であるから，こうした deadlock 状態は，このタイプの合弁の場合
容易に起こり得ると考えておかなくてはならない。

　deadlock clause は，「膠着状態」を打開するために置く。取締役会とは別に設け
て Steering Committee，JV Board などと称するいわば「調整委員会」の裁断を仰
ぐこととし，それでもだめなときは合弁契約の解除もやむなしとすることが多い。

　なんとか当事者の公平を保ちつつ合弁解消を避けようとするのである。そのため，
「委員会」の構成メンバーに独立性の高い第三者的外部の委員を入れるようにするか
否かがポイントになる。

⑥ M&Aと契約

1　M&Aの法的諸形態と契約

　M&Aが merger and acquisition の略であり，いわゆる企業買収をあらわすことは，いまではよく知られている。M&Aは，それがどこで行われるかによって，適用される法律を考えなくてはならない。たとえば，日本の企業がアメリカにおいて現地の企業を買収するのであれば，相手企業の設立準拠法である州会社法だけでなく，連邦の反トラスト法や証券諸法の適用について慎重な検討が必要になる。

　ただ，アメリカ各州の会社法，日本の会社法のいずれのもとにおいても，おおよそM&Aの法的形態は，(i) 吸収合併（merger），(ii) 事業譲渡（sale of assets），および(iii) 株式の買取り（purchase of stock）の3つに分かれる。それぞれに特徴をもっており，問題となるM&Aにふさわしい形態が選ばれなくてはならない。

　簡単にこれらの諸形態のそれぞれについて説明しておこう。まず，merger は，2つ以上の会社が契約によって合体してひとつになることをいう。当事者の一方が解散して他の会社に吸収される吸収合併と，当事会社の全部が解散して新会社を設立する新設合併の2種類があるが，merger は前者をあらわす。一方が他を"呑みこむ"かたちの企業買収に使われることを考えればすぐ納得がいくであろう。

■ 外国企業に買収されやすい会社とは

　コーポレートガバナンスが悪く，敵対的買収に対する"備え"をまったくしていない会社があぶないといえる。敵対的な（hostile）買収の方法は，株式取得（stock purchase）である。M&Aの他の方法である合併（merger）や事業譲渡（sale of asset）は，会社による契約であるから，現経営陣との合意で，形の上では友好的に（friendly）しか行えないからである。市場外で一気に大量の株式の取得を可能にしうるTOB（公開買付け）は，敵対的企業買収の常とう手段といってよい。

　外国企業によるか否かを問わず，敵対的に買収されやすい会社は，TOBをかけれ

6 M & A と契約

sale of assets は，日本の会社法でいう事業譲渡に近いものと考えてよい。有機的一体として営業を構成する財産を，契約によって他に移転すること，あるいはそのための契約を意味する。1980年代以降アメリカで起こった M & A ブームには，不採算部門の切り捨て，合理化などのリストラクチュアリングといわれる動きに特徴があるが，企業の一部門や事業を一括して他に譲渡・処分するような場合に，この sale of assets を用いることが多い。

purchase of stock は，M & A の対象となる会社の株主から株式を買い取ることをいう。典型的には，対象会社の株式を50％超保有する親会社から一括して株式を譲り受け，新たな親会社として対象会社を支配下におさめることである。対象会社が公開会社であって不特定多数の株主がいるときには，株式公開買付（takeover bid, TOB; tender offer）によって，証券取引所外で大量の株式を一気に買い集めようとすることも行われる。

これら M & A の法的諸形態と契約との関連を考えてみよう。合併および事業譲渡はともに契約によって行われる。ただ，法的性質でいうと，合併は団体法上の契約であるのに対し，事業譲渡は通常の取引上の契約である。その結果，合併においては，被合併会社の全財産が包括的に合併会社に引き継がれ，営業財産の一部のみを対象にするといったことはできないのに対し，事業譲渡ではこれが可能である。

合併および事業譲渡と同じように株式の取得も契約で行われるが，その間には大きな違いがある。合併および事業譲渡の契約は，少なくとも最終的には，被買収会社の経営陣の同意がなくては成り立たない。一方，株式の取得はたとえ大株主から株式を譲り受ける場合であっても，被買収会社の経営陣の意に反して行うことができる。会社との取引ではなく，あくまでその株

ば簡単に株式が集められる会社である。逆にいうと，買付けオファー（アメリカでは，TOB のことを tender offer とよぶ）に応じて株式を売ってくれる株主が少ない会社は敵対的買収にあいにくい。安定株主が多い会社がこれにあたる。

株式の相互持ち合いや安定株主工作にはあまり良いイメージはないかもしれないが，日頃からコーポレートガバナンスを重視し，株主や従業員を大事にする経営を心がけるのが「最善の敵対的買収防衛策である」といわれるのはこのためである。

外国企業あるいはその日本法人の TOB で敵対的に買収される（されかかる）ケースが目立つようになったのは，2003年頃からである。2003年12月，アメリカ投資ファ

主との取引だからである。そのため、株式の取得は、敵対的なM＆Aを成り立たせるためには不可欠の手段ということができる。

日本にも敵対的M＆Aという言葉が一般的になるずっと以前から株の買占めによる"乗っ取り"のケースがあった。対象会社が買収されることをのぞまないところをむりやり敵対的に買収しようとしたら、株主にアプローチし、会社の支配権を獲得するまで株式を集めるのがもっとも適切であるし、唯一の方法であることも多い。

2　M＆A契約の流れ

M＆Aは、いってみれば会社という対象物の"購入"である。前記3つの形態のいずれによるにしても、M＆Aのための契約には、一定の流れがある。これを一般的なケースについて時間的経過を図示するならば、次のようになる。

M＆Aは会社の"購入"であるから、買収する前に対象会社の"値ぶみ"をしなくてはならない。一般に友好的な買収であれば、対象となる会社から非公開資料を提供してもらう、あるいは工場や研究所を見せてもらうなどして、evaluation「評価」という作業を行うことになる。ただ、非公開資料を提供する側としては、買収が達成されることなく途中で終わったときのこと

ンド・スティール・パートナーズ・ジャパン・ストラテジック・ファンド（オフショア）、エル・ピー（SPJSF）の設立したファンド（SP）がソトー、ユシロ化学両社の株式に対してTOBを開始した。

両社とも最終的には大幅増配を実施して株主分配を強化すると発表し、配当利回りを大幅に上昇させ、1株当たりの配当を13円、14円から200円に上げた。ソトーの場合、大和證券グループのベンチャーキャピタル、NIFベンチャーズ株式会社の100％子会社、NIFバイアウトマネージメント株式会社（NIF）がホワイトナイトとして対抗的TOBをかけた。結局、両社とも敵対的買収はのがれた。

6 M&Aと契約

を考えると，非公開情報を何らの手当てもなく提供するわけにはいかない。そこで，秘密情報の提供者（被買収予定会社）と被提供者（買収予定会社）とのあいだで秘密保持契約を結ぶことが多い。（図中①。）この契約のことを，Secrecy Agreement, Confidentiality Agreement, あるいは Non-disclosure Agreement という。（秘密保持契約の具体的内容については，351頁以下参照。）

evaluation がすすみ，当事者間で，ある程度買収についての基本的な合意がまとまってきた段階で，予備的合意書という仮契約書的なものをとり交わす。（図中②。）これを Letter of Intent という。M&Aや合弁のように当事者にとって大きな契約であればあるほど，1回の正式契約ですべてを完成させるという，ある意味でリスキーなことはしづらい。

合意をすこしずつ積み重ねていって最終ゴールへというのが通常のステップであろう。（「予備的合意」については，179頁以下参照。）

最終的に買収の合意ができ上がれば，いよいよ正式契約（Formal Agreement）の締結である。（図中③。）ただ，ここでも注意すべきことがある。正式な最終契約の締結といっても，これはあくまで契約書の調印（Signing）にとどまり，たとえば現金の交付とひきかえに株券の授受がなされるわけではない。契約は諾成的に行われ，実際に取引が完成するのは，清算結了（Closing）のときをまたなくてはならない。（図中④。）

契約の時点と実際の取引の実行とが時間的にずれるのは，やはりリスクを軽減するという考えに基づくものと思われる。

ファイナンスに関連して，たとえば国際ローン契約，リース契約，証券発行による資金調達の契約など，比較的大きな契約にはこのように諾成的になされるものが多い。契約が諾成的であるということは，取引実行までに時間

こうした事例からもいえるのは，業績が良く，配当可能原資となる内部留保が潤沢であるにもかかわらず配当率が低く，株価が実際より低く評価されている会社は狙われやすいことある。とくに，株価純資産倍率（PBR）が1.0を下回る会社は，株価が解散価値よりも低いわけであるから，株式取得によるかぎり "お買い得" である。

ところで，TOB に応じ株式を売ってくれる株主が多くあらわれたとしても，株式数が大きくなれば，巨額の買付け資金を用意しなければならない。株価が低いほうが狙われやすいのはこのためであるが，トータルの買収資金としてみても日本企業には，一般に外国企業と比べ株式の時価総額が低いところが多く，外国企業からは手軽な

的間隔があることを意味する。契約内容としても，その間隔を利用して一定の条件（conditions）が満たされることを要求するなど，これによって大きな影響を受ける。

なお，288頁の図は典型的な時間的経過と締結される契約類を示したものであって，すべてのM＆Aがこのような流れになるわけではない。敵対的M＆Aでは，上記のところから分かるように，買収対象会社とのあいだでこうした契約はとり交わさないであろう。

また友好的なM＆Aでも，Confidentiality Agreement を Letter of Intent のなかに組み込ませたり，双方とも省略したりすることはありうる。

3 株式買取契約の意味

M＆Aの法的諸形態との関連で，M＆Aに必要とされる契約について検討したが，ここでは，M＆Aに必要とされる契約のうちでも，株式買取契約（stock purchase agreement）における内容上のポイントをみてみよう。

M＆Aの法的形態のなかでも，株式を大量に所有する者からまとめて買い取ることはよく行われる。ある会社の株式を100％もつ者からそっくり保有株式を譲り受けるなら，その会社を子会社として完全に支配することができることはいうまでもない。

株式の売買といえば，株式を譲り渡して（受けて）代金を受け取れ（支払え）ばよいと考えがちであるが，M＆Aにおける株式の売買は会社の支配権の移転を目的とするものであることを忘れてはならない。株式を売買することが，即会社の支配権の移転を意味する。

ターゲットにみられがちである。トップ企業の時価総額を比べても日本企業は外国企業の10分の1以下という業界，業種もある。会社法の下で，合併，交換の対価に外国親会社の株式を使えれば買収はずっと容易になる。

"究極"の安定株主工作が株式の非公開化（going private）である。完全子会社になってしまえばその親会社が"裏切らない"かぎり買収されることはない。2005年，イトーヨーカ堂，セブンイレブン，デニーズ・ジャパンが持ち株会社を設立してその傘下に完全子会社となる計画が発表されたが，各子会社を買収しようとしたら，持ち株会社ごと買収する必要があり，買収資金はより多く必要になる。

4 内容上のポイント

英文契約には，本文に入る前に WHEREAS Clauses とよばれる前文がくることが多い。ここには，契約そのものの前提となる事実やその背景・目的が書かれることになっている。

ここにたとえば，以下のように書かれてあったとする。

> "WHEREAS Sellers are the owners of all the issued and outstanding shares of ABC, Inc;"
> 「売主らは，ABC 株式会社のすべての発行済株式の所有者であるので，」

売主は複数で，ABC, Inc. の株式を100%保有していることがここからわかるが，同じように50%，60%の株式保有にとどまる場合にもこれを明記するのがのぞましい。株式保有率がその会社の支配権を左右するからにほかならない。

株式の売買といっても，契約書の調印および株券と代金の授受を一度で済ませてしまうことはまれである。他の形態による M & A の場合と同様，まず契約を諾成的に締結し，その後しばらく時間的間隔をおいてからクロージング（清算結了）になるという経過をたどる。契約の時点と実際の金銭の貸付がずれて要物性をもたない英米式のローン・アグリーメントと構造が似てくる。いずれもリスク分散に目的があるといってよいであろう。

クロージング（Closing）に関する規定には，日時，場所を明記して以下のように書く。

■ 株式買取による M & A 契約における "collectibility" 条項の役割

collectibility を直訳すれば，「回収可能性」である。債権の "不良債権度合い" を表すとみることもできる。いま，ある会社が10億円の貸出債権をもっていたとする。ただ，債務者が経営破綻をして不良債権化し，1割しか回収できなければ，1億円の価値しかない。無担保・無保証の貸出しで回収不能であれば，価値はゼロである。

株式買取（stock purchase）は，形は株式の売買であるが，実質はまとまった割合の株式取得によって，株式発行会社の支配権獲得を目的とすることがある。これが merger「吸収合併」や sale of assets「事業譲渡」と並ぶ M & A の一形態として

第Ⅳ部　契約類型ごとの英文契約のポイント

> "The sale and purchase provided in this Agreement shall be consummated at a closing to be held at the office of Purchaser at _____ in Los Angeles, California."
>
> 「本契約に規定された売買は，カリフォルニア州ロサンゼルス＿＿におけ る買主のオフィスにおいて完了させられるものとする。」

また，クロージングにおける手段としては，上記規定に続けて以下のような規定をおく。

> "On the Closing Date, Sellers shall deliver to Purchaser certificates evidencing and representing all of the issued and outstanding capital stock of the Company, all of which is being sold hereunder."
>
> 「クロージングの日に，売主らは買主に対し，本契約の下で売却される会社の発行済株式のすべてを証し表章する株券を渡さなくてはならない。」

株券が発行されているときは，株券を引き渡すことによって，株式の所有権が移転する。（会社法128条1項参照。）そのため，会社の100%の株式にあたる株券のすべてを交付するという表現はどうしても必要になる。

株券の交付，引渡しが済んでも，会社との関係で権利者となったことを対抗できるわけではない。いわゆる名義書換えなどの手続きが必要になることがある。（会社法130条1項参照。）ところが，株式の売買において会社自身は契約当事者ではない。そこで，会社をコントロールしている当事者が，以下のように，会社をして必要な手続きをさせるように約束することがある。

の株式買取である。

　親会社からまとめて保有株式の譲渡を受けその地位をとって代わるのが典型例である。完全親会社から100%の株式を譲り受ける場合がわかりやすいと思うが，子会社のすべての資産，負債からその価値を割り出し売買代金を決めていくdue diligenceが重要な作業になる。

　ただ，会社の買収代金を交渉したり決めたりすることは，眼に見えない資産，負債などがあるために簡単ではない。とくに評価がむずかしいのが，intangible property「無体財産権」で技術ノウハウなど知的財産権を含む。また，債権，債務の評価も

6　M＆Aと契約

"Sellers agree to cause the duly authorized representatives of the Company to be present at the Closing on the Closing Date in order that the stock of the Company being sold hereunder may be immediately transferred and reissued in the name of Purchaser."

「売主は，会社の正当な権限を有する代表者をして，会社の本契約のもとで売られる株式が，ただちに買主に移転され，買主の名で再発行されるように清算日におけるクロージングに出席させることとする。」

　また，売主の側で会社の全取締役，役員の辞任届をとりまとめて買主に手交することも，支配権の移転を伴うこの種の契約においては重要なポイントである。以下のような規定が入ることがある。

"At the Closing on the Closing Date, Seller shall deliver to Purchaser written resignations of all of the directors and officers."

「クロージングの日のクロージング時に，売主は買主に対し，全取締役および全役員の書面による辞表を交付しなくてはならない。」

　諾成的に締結されるこの種の契約では，契約締結時点における「事実の表明とその（正しいことの）保証」を意味する Representations and Warranties というタイトルの条項およびクロージングのために充足されなくてはならない先行条件を意味する Conditions Precedent というタイトルの条項が重要な役割を果たす。前者の内容については，検討すべき点も多いので，296頁以下に説明する。ここでは，先行条件条項について説明しよう。

　契約調印とクロージングを一度にやってしまうことなく時間的にずらすの

やっかいである。債務には，まだ顕在化していない contingent liability「偶発債務」などもある。

　債権の場合，債務者の信用度にもよるため正確な評価はさらにむずかしいといわなくてはならない。そこで，M＆A のための株式買取契約ではたとえば10億円の額面で債権を評価しておいて，もし不良債権であったときは後で調達することがよく行われる。そのための英文契約の条項が "collectibility clause" である。

　典型文例を掲げる。

"The Seller shall indemnify and hold the Buyer harmless from all losses arising to

は，一種のリスク分散が目的だが，最終決済までに，買主はいくつかの事柄を行わなくてはならない。加えて，抽象的には，以下のような条件を規定することがよくある。

> "The obligations of Sellers under this Agreement are subject to the conditions that, on or before the Closing Date, all the terms, conditions, and covenants of this Agreement to be complied with and performed by Purchaser on or before the Closing Date shall have been duly complied with and performed."
>
> 「本契約のもとでの売主の義務は，清算日以前に買主によって遵守されかつ履行されるべき本契約のすべての条項，条件および約束事項が，買主によって清算日以前に正式に遵守され履行されることを条件とする。」

それとともに，会社の買収契約は，会社の従業員など労働者の引き継ぎも含むので，クロージングのときまでに，雇用契約（employment agreement），および特定の人間とのあいだで，いわゆる "Keyperson Agreement" を締結しなくてはならないことが多い。

契約締結時とクロージングまでの時間があくことは，段階的に会社の支配権が売主から買主に移転することを意味する。

そのため，次の条項のように，契約締結までは開示しなかった情報や場所へのアクセスを認めることもよくある。

> "From and after the date of this Agreement, Seller shall cause the Company to afford to the officers, attorneys, accountants, and other autho-

---

> the Buyer or the Target, by reason of failure of debtors of the Target, as appearing from the accounts of the Target at the Closing, to make full payment to the Target within thirty (30) days of the due date for payment."
>
> 「売主は，クロージング時点で対象会社の計算書に表れたところに照らして，支払期日の30日以内に対象会社に完全に支払いが対象会社の債務者によってなされないことによって買主または対象会社に生じるあらゆる損失から，買主を免責し補償するものとする。」

この条項は，一種の損失補償条項すなわち，indemnification clause である。別

6 M&Aと契約

rized representatives of Purchaser free and full access to the plants, properties, books and records of the Company."

「本契約締結の日以降，売主は会社をして買主の役員，弁護士，会計士および正当な権限をもったその他代理人に，会社のプラント，資産，帳簿および記録に対する制約のない完全なアクセスを，認めなければならない。」

この規定の目的が，会社の evaluation「評価」のためであることはすぐにわかるであろう。

5 契約によるリスクヘッジ

M&Aは，会社という大きな対象物の"購入"である。そのため，予備的合意書（letter of intent）をとり交わすだけでなく，本契約（final and formal contract）も諾成的に締結することによって，リスクを分散・軽減しようとする。

諾成的な売買契約では，契約時と清算結了が時間的にずれるために，そのあいだに成就されるべき条件を課すことができる。それと同時に，契約締結時の現状における「事実の表明とその（正しいことの）保証」（Representations and Warranties）と一般に題する条項が入る。

この「表明・保証」条項は，M&Aのリスクヘッジのためにはかなり大きな役割を果たす。

名 hold harmless clause ともいい，all losses から harmless「無害」に hold「守る」というのであるから損失は売主（現親会社）側で補償しますとの内容になる。

この種の条項は売主の瑕疵担保責任を類推的に規定したものとみることもできる。株式そのものの瑕疵ではないが実際上の売買目的物である会社資産の一部に瑕疵があるからである。

2000年2月，国有化されていた日本長期信用銀行の株式売買契約が，預金保険機構，海外の投資組合，および同銀行の間で締結された。この契約の正本は日本語だが，金融庁が英文の "Tentative Translation"（Summary of the Conditions for the Ac-

6 表明・保証条項と他の条項との関係

representation は「表現，表明，陳述」を表す。何かを表明，陳述するといっても，意見や見解などを表明するのと事実を表明するのと 2 通りが考えられるが，この場合は後者ということができる。

国際契約としての英文のリース契約，ローン契約，スワップ契約などの契約には，ほとんどの場合，この表明・保証条項が入っている。それは，これらの契約が諾成的なものであることにかかわっている。つまり，あくまで契約締結時におけるさまざまな事実を表明させ，かつそれらが正しく真実であることを表明者自身に warranty「保証」させるのである。

事実表明をした者自身が保証するので，あまり実効性がないのではないかと考えられがちである。だが，契約中の他のさまざまな条項と有機的に結びついており，そのうえで機能するようになっているのがこの条項である。

まず，第 1 に「保証」事項のうち法律にかかわる内容のものについては，外部の独立した法律事務所の意見書（legal opinion letter）をとる。同じように財務・会計上の内容については，会計士事務所の意見書を提出してもらうようにする。いずれも独立した外部の専門家の意見書であってこそ意味がある。「保証」事項の内容が日本の会社法，あるいは税法，外為法（外国為替及び貿易管理法）にかかわるなど日本法についてであれば，日本の弁護士ないしは法律事務所でなくてはならない。

そのうえで，これら意見書の提出は，クロージング（清算結了）がなされるための先行条件（conditions precedent）の 1 つとみなされる。意見書の内容は，契約の相手方から要求されたものについて交渉の結果を，契約書の

---

quisition of LTCB by New LTCB Partners-September 28, 1999）をネット上で公開した。

本契約は英文訳のほうが実態をよく表しているように株式売買の形を取った長銀の買収契約であった。その第 8 条には「貸出関連資産の瑕疵担保」（'Assurance against Defect of Loan-Related Assets'）が入っており，クロージング時から 3 年以内に，当該資産に瑕疵があり，2 割以上の減価が認められた時は，新生長銀は当該資産の譲渡を債務者ごとのすべてについて一括して解除することができるなどと規定していた（8・1・1。)

6 M&Aと契約

添付書類（exhibits）にしてあらかじめ定めることもよく行われる。

次に、やはりクロージングのための先行条件の1つとして、「保証」事項の内容がクロージングの時点においても真実で正しいことが要求される。たとえば、以下のようにする例がある。

> "The representations and warranties of Sellers set forth in Section ○ hereof shall be true on and as of the Closing Date with the same force and effect as if such representations and warranties had been made on and as of the Closing Date."
>
> 「本契約第○条に規定された売主の表明および保証は、クロージング日においても、あたかもそれらがクロージング日になされたかのように同じ効力を有するものとする。」

7 表明・保証条項の内容

M&Aの契約のなかで現状表明・保証条項が大きな役割を果たすのは、買収の対象となる会社そのものまたはその資産に関する一定の事実が内容になるからである。

買収をする際、買主側は対象となる会社の資産（無体財産も含めて）を調査し、会社の評価（evaluation）を下す。しかしながら、将来に生じるかもしれない責任、買収完了後に買収対象会社あるいはその資産に対する買主の利用を制約する可能性のある事項については、売主に一定の保証をさせる必要がある。いわば売主による瑕疵担保責任である。

具体的な買収案件によってwarranty「保証」の内容が異なってくるのは

■買収防衛策としての "Change of Control Clause"「支配権条項」

敵対的（hostile）な企業買収の動きに抵抗する策には、"事前"と"事後"がある。実際にTOB（take-over bid）がはじまるとか、敵対的買収（希望）者が登場する前か後かの違いである。事前の防衛策に属するのが、poison pill（毒薬条項）であり、Change of Control Clause（支配権条項）である。

change of controlは「支配権の変更」である。典型的には、ある会社（X）の親会社（A）がB社にX社の株式を売却しXの議決権を移転し併せて、会社支配権（control）を実質的に取得させればB社は、議決権の過半数まで保有しなくても、

当然であるが，株式の買取りによる買収であれば，以下のようなものが考えられる。

まず，それぞれの売主が契約時だけでなくクロージングの時点においても契約中に明記された数の株式の所有者であることを，以下のように示すことがある。

> "Each Seller severally represents and warrants unto Purchaser that as of the date hereof he is, and on the Closing Date shall be, the owner of the number of shares of common stock of the Company set opposite his name in Section 1 hereof."
>
> 「各売主は，それぞれ買主に対し，本書面の日付時点で，本契約第１条におけるその名前の反対側に記載された数の普通株式の所有者であり，クロージングの時点においてもそうであることを表明し保証する。」

そのうえでさらに，売主は，まず会社自身について，次のように事実の表明をする。

> "The Company is a corporation duly organized and in good standing under the laws of State of New York and it has the power to own its properties and assets～."
>
> 「本件（買収対象）会社はニューヨーク州法のもとで正式に設立され良好な常態にあり，かつ自身の財産および資産を保有する権能を有し……」。

あるいは，以下のようにすることもある。

役員派遣など他の要素も勘案したうえで control を得る。

　Change of Control「支配権の変更」のタイトルで，各種契約にこの条項を入れておくのだが，内容面でポイントになるのが control の定め方である。「ある者が，新たに３分の１を超えて株式の議決権を保有するようになったとき」と定めるのは，ひとつのやり方である。日本では，合併や事業譲渡には「３分の２」以上の賛成で特別決議を要する。そこで，３分の１を超えて議決権を保有すれば，常に企業結合のための議案を否決する拒否権，すなわち"逆支配権"をもつのと変わらないことになる。

　この条項は，「change of control が起こったときには，契約の相手方は解約権

"Pursuant to its Articles of Incorporation, the Company is authorized to issue 10,000 shares of common stock, 8,000 shares of which are issued and outstanding."

「その定款に基づいて，本件会社は普通株式1万株を発行する権限を有しているが，そのうちの8千株は発行され流通している。」

この事実の表明が株式買取りによる企業買収でどのような意味をもつかは，説明を要しないであろう。また，"The Company has no subsidiary." 「本件会社は，子会社をもたない。」といったことも，会社自身に関することとして欠かせない。

次にくるのは，会社の財務内容およびより詳細な資産の説明である。これについては，表などを利用しながら添付書類（Exhibits, Schedules など）でもって表明を行うことが多い。内容は，たとえば，「会社の所有している不動産は，別紙 Exhibit B に記載のとおりである」のような書き方をする。

この種の事項その他に関して，添付書類は，ある買収契約の場合についていえば，項目だけを列挙すると以下のようになっていた。

A．Financial Statements（財務諸表）

B．Real Property（不動産）

C．Personal Property（動産）

D．Liens（担保権）

E．Leases（賃貸借契約）

F．Contracts（契約）

G．Insurances（保険）

（right of termination）をもつ」との内容になる。解約条項（termination clause）に規定された解約事由（events of termination）の1つが「支配権の変更」である。

なぜ，この規定が敵対的買収の防衛策になるのかであろうか。主要な取引先との継続的契約（原材料供給契約，基本売買契約など）のなかにこの支配権条項が入っていたとしよう。「支配権」をどう定義するかはポイントになるが，いずれにしても支配権の変更，移転が生じたときは，契約の相手方に解約権が生じる。

いまXの株式を TOB などによって買い集め，議決権の3分の1を超えて保有しようかという敵対的買収者（B）があらわれたとする。Xは，主要な取引先との契約中

H．Bonus and Profit-Sharing Plans（賞与および利益分配計画）

I．Notes Payable（支払手形）

J．Notes Receivable（受取手形）

K．Accounts Receivable（受取勘定）

L．Litigation（訴訟）

M．Trademarks（商標）

以上の項目が，会社の資産評価にどういった影響を与えるものであるかは，おのずから分かってもらえることであろう。

これらのほかに，事実表明の対象となるものとしては，買主サイドの将来のリスクになりうることはすべて売主に表明させるようにすべきである。売主としては，逆になるべく事実表明は抽象的に少ない範囲にとどめたいと考えることになろう。

具体的に問題となりうるのは，製造物責任（PL）や環境保護に関する事項である。過去にこれらの問題を起こしたことがない，あるいは，たとえば連邦法や州法におけるいわゆる環境法のもとで要求されているすべての許可などをとり，それらを遵守していることなどを表明させることが多い。

表明・保証がなされた事実のうちあるものが事実でないことが判明し，買主に損害が生じたときは，買主は契約違反による損害賠償請求が可能になる。これが表明・保証条項によるリスクヘッジの主な内容である。

に支配権条項を規定してあるから，主要取引先はいっせいに解約権を行使できるようになる。ということは，BがXを新たに支配したとしても，Xは主要取引先から基本契約を解約された"もぬけの殻"となってしまうおそれがある。

同じ発想の防衛策にクラウン・ジュエル（crown jewel）がある。王冠（crown）には宝石（jewel）が散りばめてある。もし王冠から宝石を取り去れば，残りには価値がほとんどなくなってしまう。一種の「焦土化作戦」で，重要な資産や子会社を売却することによって，狙われた会社をあまり魅力のないものにし敵対的買収者の意欲をなくすのがねらいである。

クラウン・ジュエルとの違いは，支配権条項が事前の予防策である点にある。敵対的買収（希望者）は，必ずターゲットとして狙う会社にポイズン・ピルや支配権条項の"仕掛け"があるかどうかを事前に調査する。これらがあると買収をあきらめ，別の会社に向かったりする。

■ "高すぎる買物" を避けるための earn out 条項

　海外子会社をつくるために，「時間を買う」メリットを生かし現地企業のM＆Aを敢行する日本企業が増えている。

　ただ，日本企業による海外M＆Aは，失敗に終わるケースが少なくない。最大の失敗要因は，"高すぎる買物"である。M＆Aは，いってみれば企業を丸ごと支配下に収める大きな"買物"である。最大の交渉ポイントとなるのが，いくらで買うかの点である。

　ふつうの商品と異なり，企業を"値踏み"するのはそう簡単ではない。企業価値を生み出す資産の最大のものは経営者をはじめとする「人財」であるし，いまは知的財産を含む無体財産の比重が高くなってきた。土地や建物などに比べ，これら眼に見えない資産は，評価がはるかに難しい。

　海外M＆Aとなると，この困難さは国内M＆Aの比ではない。企業を買収するには，慎重なデューデリジェンス（due diligence）を行わなくてはならない。いまにも潰れそうな"ボロ会社"を高い金額で買うのは愚の骨頂であり，会計・財務面の買収デューデリは昔から必須であった。

　いま，会計面でのデューデリよりも難しく重要性を増しているのが，「経営者」と「法務」面でのデューデリである。いずれについても，新興国・地域でのM＆Aにおいて課題が大きい。

　新興国・地域には，独特の商慣習やビジネス活動に必要な人的な"絆"があったりする。許認可権限をもつ担当者によって判断基準が異なり，「人治から法治へ」の移行が済んでいない国や地域も多い。賄賂を横行させる素地もそこにある。

　そうした特異な環境下でビジネスをうまく回すノウハウをもった経営者ごと現地企業を買収するケースが自然多くなる。だが，そうした経営者が同企業を創業し育て上げた場合などはとくに，買収後，日本親会社と，企業文化面での融合が難しく，ポストマージャー最大の課題になりかねない。

　新興国・地域企業の法務デューデリは，さらに難問である。たとえば，大統領として君臨していた者が，汚職の科で強制捜査を受けて権力の座を追われ，一転犯罪者に転落することはよくある。

　その結果，元大統領の友人，親戚，いわゆる取り巻き企業まで一斉に賄賂を疑われ摘発され，そこに買収した企業が入っていると，日本親会社まで容疑をかけられたりする。

　買収前のデューデリで，コンプライアンス上問題をかかえる企業であることを見抜くのはかなり困難である。権力者が失脚するまでは，合法的とみられあるいは違法を見逃されるからである。そうなると，買収後のポストマージャー・デューデリで善後

策を講じるしかない。

　新興国・地域では，外国企業が撤退をするにも現地当局の許認可を要するのがふつうなので，これに関連した規制リスクが大きい。現地企業を買収するに当たっては，経営者を含めコンプライアンス意識が高く，コンプライアンス体制がしっかりしている企業かどうかを，デューデリで見抜けるかが重要である。

　新興国・地域では，分野によって法が未整備であったり，法令があっても朝令暮改的にすぐ変わる，あるいは形だけで執行が追いつかない，同じ行為が今日は合法でも明日は一転違法になるかもしれないなど法的安定性の欠如が著しい。

　そのため，法令遵守を柱とするコンプライアンス体制の構築はきわめて難しいが，規制違反，コンプライアンス違反のリスクはとてつもなく大きくなって買収した企業にも及ぶことがあり，結局は"高すぎる買物"になってしまう。

　"高すぎる買物"になりがちな別の原因は，日本企業が払う高額すぎる買収プレミアムに求められる。

　ある調査では，2005年から2016年の500億円以上の海外M＆A案件のうち，プレミアムの判明する34件の最大値，最小値，平均値がそれぞれ123.0%，15%，48.5%となっていた。

　日本企業はなぜこのように高いプレミアム付きで海外企業を買収するのかといえば，M＆Aは，「時間を買う」ほか，対象会社（ターゲット）との買収後のシナジー（相乗効果）に期待するのがふつうだからである。

　シナジーを発揮させるには，海外子会社のガバナンス体制をしっかりさせないといけないが，シナジーに期待が大きいほどプレミアムを膨らませがちである。

　過大なプレミアムを生む他の要因が，競合企業との競り合いを通じた，買収価額の"吊り上げ"にある，との指摘もある。

　このプレミアム部分は，会計上はのれんとして扱われる。のれん（goodwill）は，企業が有する超過収益力の要因のことで，ブランドや技術水準など企業に平均以上の利益をもたらすものを含む。企業がもつ営業権のことと考えてよく，M＆Aの買収金額がターゲットの純資産価値を上回る場合はその差額を指し，のれん代と称する。

　日本の会計基準では，のれん代は貸借対照表上の無形固定資産として計上し，それを一定の年数で償却する手法で処理することになる。

　ところが，近時の海外M＆Aブームのなかで巨額ののれん代が財務諸表に出るようになったため，その価値の適正評価が求められるようになり，のれん代を減損し，一括して費用計上する会社も多くなった。

　こうなる事態を避けたければ，海外子会社を通じて行う海外事業を成功させるしかない。決め手になるのが，シナジー効果を生みだす海外子会社のガバナンス体制構築

6　Ｍ＆Ａと契約

である。

　同構築に失敗して会社不祥事を招く例は少なくない。

　"高すぎる"買収代価を避けるために，Ｍ＆Ａ契約中にearn out（アーンアウト）の合意（条項）を入れることを検討すべきである。

　アーンアウトは，買収契約に規定される買収代金の支払方法に関する。すなわち，アーンアウト方式によるときは，Ｍ＆Ａ取引のクロージング（清算結了）時に支払う金額に加え，ターゲット企業がクロージング後に一定の収益目標額を達成した場合に，追加分の支払が約束される。

　買収代金の一部延べ払いといってもよいが，どのようなケースでこの支払い方式を用いるかといえば，買収金額が過去の業績よりも今後の成長に期待しこれを織り込んで決定しようとする場合，あるいは買収後の業績向上について，買収ターゲット企業の経営陣にインセンティブを与えたい場合などにおいてである。

　いずれの場合でも，アーンアウトは買収後のシナジー発揮に大きな役割を期待できる。「高すぎる買物」をしないためにも，買収後に業績を上げられないのであれば追加代金を支払わなくてもよいので，合理的な支払方法ということができる。

　ただ，こうしたメリットを生かせるかどうかは，アーンアウトの「内容」次第でもあるので，この点慎重な検討を要する。

　追加支払は，さまざまな目標達成に連動させることができるが，多いのは財務上の目標値との連動である。

　たとえば，Ｍ＆Ａクロージング後最初の年度におけるターゲット企業のEBITDA（金利・税・償却前利益）が，その前の年度におけるEBITDAに比べて20％以上増加したときは，売主が超過額の10％を受け取れるとするといった内容の規定を入れることがある。アーンアウトの対象期間は，ケースによってまちまちである。

　加えて，アーンアウト方式は，目標数値を設定したとしても，目標値の計算をめぐっての争いが少なくない。計算に使う会計手法の選択をどうするかについての意見の不一致は争いの原因の第1である。Ｍ＆Ａ後の事業を従前のやり方で続けて業績向上をはかりたい売主側と企業文化と融合させるなかでのシナジーを狙う買主側の思惑が完全に一致しないためのトラブルもよく起こる。

　なお，アーンアウトの合意（earn out agreement）をBlack's Law Dictionary（Fifth Pocket Edition）は，次のように説明している。

　"An agreement for the sale of a business whereby the buyer first pays an agreed amount up front, leaving the final purchase price to be determined by the business's future profit."

■ 新興国でのM＆Aと「表明保証保険」

　表明・保証保険は，M＆Aのための契約，（典型的には株式買収契約（stock purchase agreement）中の表明・保証違反があった場合になされる損害賠償などをカバーするためのものである。

　表明・保証は，英文契約ではrepresentations and warranties条項において売主によって事実についてなされるのがふつうである。表明する（represent）事実が正しいことを，表明者（seller）自身が保証する（warrant）内容をもつ。

　この保険は，売主，買主いずれも利用できるが，買主が購入した場合は売主による詐欺，隠ぺいによって買主に生じた損失もカバーする点に違いがある。

　M＆A契約で最も大きな交渉ポイントになるのが，買収代金などの条件面を除けば，表明・保証の内容である。買主側で，交渉中のM＆A取引に潜むリスクを，デューデリジェンス（due diligence 買収監査）を通じて洗い出し，売主側に表明・保証してほしい事項として突きつける。

　売主側では，それに対してたとえば「コンプライアンス上の問題は抱えていません」，「大きな訴訟はありません」などの事実表明ができるかどうかを検討する。

　同契約に一般的な表明・保証条項の"ひな型"的なものはあるが，事案ごとにリスクは異なる。売主側は，基本的に，求められていない事実についてすすんで表明してはくれない。新興国におけるM＆Aでは，コンプライアンス関連の表明・保証違反が，とりわけ贈収賄規制法などの下で発生しやすい特殊事情がある。

　新興国型M＆Aでよくあるのが，独特の"人治経営"によって一から会社を大きくしてきた創業者から，まとまった量の株式を買取り子会社化するケースである。"独特の"経営手腕に期待してM＆A後も経営をまかせることも少なくない。

　この場合，株式買取契約（SPA）の売主は個人であるから，表明・保証違反があったとしても賠償資力には限度がある。このような場合に表明保証保険を利用するメリットが最も大きいといえよう。

　また，新興国におけるM＆Aにおいては，デューデリジェンスが難しく，表明を求める事項および違反の場合の補償請求の額，期間などに関して交渉が長引くおそれがある。表明保証保険を利用している当事者が売主，買主のいずれかにいるだけで，M＆A契約の交渉がよりスムーズに進むかもしれない。

　とくにM＆A後も売主側に経営をまかせるようなケースでは，契約後に表明・保証違反が表面化しただけで買収した現地法人の経営が行き詰まるおそれがある。

　表明保証保険は，保険会社によって担保内容に大きな差が生じ得る。その案件に固有のリスクを免責事由とするかどうかの点が最も大きいので，よく保険会社と相談するしかない。

6　Ｍ＆Ａと契約

■ 表明・保証条項の解釈と民法（債権法）改正

　表明・保証条項は，Representations and Warranties のタイトルで，英文のＭ＆Ａやライセンス契約，業務委託契約などに定番的に入る条項である。もともと英米法の下，プラクティスで使われてきたもので，日本の民法や商法に根拠があるわけではない。

　そのため，表明・保証条項が日本私法の下でどのような法的性質をもつかについては，従来，解釈論が展開されてきた。

　① 表明・保証によって生まれる法的責任は，瑕疵担保責任の一種とする考え方
　② 表明・保証の責任を債務不履行責任として構成する考え方
　③ 表明・保証条項による補償条項を入れることで一種の損害担保契約が成立するとみる考え方

　実務界では第３の考え方が有力なようだが，これは表明・保証違反を担保事故と捉えた上で金銭による損害担保の履行責任を定めたものとする。問題は，これらの現行民法を前提とした解釈が，2017年の民法改正によってどう影響を受けるかである。

　改正内容を検討する過程で作られた「中間試案」は，不実表示による意思表示に取消権を認める条項を提案した。結局，成立した改正法には，相手方の不実表示による誤認を理由とする動機の錯誤で取消ができるとする明文規定は置かなかった。

　表明・保証違反は，不実表示（misrepresentation）となる。相手方の不実表示があると「法律行為の基礎とした事情」についての当事者の認識が形成され，これに基づいて意思表示がなされたことになる。

　改正法は，改正前民法の錯誤に関する95条について改正を加え，錯誤を表示の錯誤と動機の錯誤に区別し，動機の錯誤については，「その事情が法律行為の基礎とされていることが表示されていたとき」にだけ取消せる旨規定した。表明・保証違反の不実表示の場合に改正法を当てはめると，改正95条の下で，表意者に「その事情が法律行為の基礎とされていること」が黙示に「表示されていた」（同条２項）と解釈できることになるであろう。したがって，改正法の下では，表明・保証違反に対し，錯誤による取消をより主張しやすくしたものと考えてよい。

　改正前民法の下で，表明・保証責任が争われた裁判例が少なくなかった。同責任を肯定した裁判例もあれば否定した裁判例もあるが，ここでは後者の例として東京地裁平成23年４月19日判決（判時2129号82頁）を紹介しておこう。

　同判決は，不実の情報開示があったとは認められないとして表明・保証責任を否定した。その理由は，株式売買契約上の表明保証の対象事項について，契約を実行するか否かの判断に必要な情報が提供されていた以上，不実の情報開示には当たらないからというものであった。

　また，改正法は改正前民法の瑕疵担保責任の規定を大きく変え，「契約の内容に適合しないものである場合」における債務不履行責任の特則と位置づけた。

7 国際技術移転とライセンス契約

1 国際技術移転とは

技術はこれを他人に伝達し利用させることができる。これを別々の国の当事者間で行うのが国際的技術移転である。移転の対象となる技術的知識には，特許権や実用新案権のような権利の対象となって一般に公開されているもの，およびノウハウのように，一般に公開されず情報の保有者によって秘密に守られているものとがある。

前者の特許や実用新案権は公開されるので内容を知ることは誰にとっても容易であるが，権利者の同意を得なければこれを実施することは許されない。同意を得ないで実施すれば，権利侵害になってしまう。

これを避けるためには，権利そのものの譲渡を受けるか，権利者と実施許諾契約を結ばなくてはならない。後者が，ライセンス契約（license agreement）である。license という英語には，「許可」，「免許」とならんで「許諾」という意味がある。

これら技術移転のための契約を総称して技術援助契約［technical assistance (*or* collaboration) agreement］ということがある。技術援助契約の対象は，個々の特許権や実用新案権というよりは，これにノウハウをプラスして一体となった技術的知識であることが多い。

■ 日本とアメリカの特許思想の相違

われわれの暮らしは，さまざまな発明品に囲まれている。こうしたものの発明者の権利を保護するのが特許制度だが，特許制度は他にもいろいろな目的をもっている。過去には，日米通商摩擦の一環として，あるいは日米構造協議のテーマとして特許制度が取り上げられた。いわゆる知的財産権のうち最も古い権利のひとつである特許の歴史と，これについての考え方の変遷をたどってみることにしよう。

特許制度が生まれたのは，古く西洋の中世時代である。ルネサンス以降，北部イタリアに発達した商業都市において，各種の商業上の特権を発明者に与えたところから

2　技術ライセンス契約の内容

　技術援助契約の最も一般的な内容は，特許などの工業所有権とノウハウを組み合わせた一定の技術的知識をライセンスするものである。以下においては，そうした技術援助契約の典型としての国際ライセンス契約を念頭において，内容上のポイントを述べる。

⑴　**royalty**

　ライセンス契約は，一定の技術情報を一方から相手方に移転し，その対価（consideration）を受け取る契約である。この対価のことをロイヤリティー（royalty）という。royalty の決め方，支払方法に関する規定は，ライセンス契約のなかで最も重要な規定であるといってよい。

　royalty の決め方には，一定額による方式と licensee「被許諾者」の利益の一定率による方式の2通りが考えられる。いずれが licensor「許諾者」にとって有利かは一概にはいえない。たとえば，政情不安定な発展途上国への技術移転の場合は，定額一括前払いによるほうが licensor にとって有利であるとされている。このように全部または一部を前払いで支払う royalty のことを advance royalty という。

　advance royalty と同じように，ライセンス契約成立時に支払われるものに **initial payment** および **down payment** がある。前者は，royalty とは別に licensee から licensor に支払われるもので，一般的にノウハウ開示料の意味をもつ。したがって，実際にノウハウを使用しての製造・販売が開始される前の，ノウハウ開示時に支払われる。後者は，契約の効力が発生した時

特許制度が始まった。その後，ヨーロッパ各地において，専売的な特許状を付与することで，諸侯や王室が収入を増やす手段にしようとした。とくに16世紀，17世紀のイギリスでは，このようなかたちで特許制度が大きく成長した。

　アメリカ合衆国における特許制度は，イギリスの植民地であった時代にはじまっている。その当時は，各州がそれぞれ特許状を発行していたが，独立後1787年に制定された合衆国憲法には，著作者および発明者に一定の独占的権利を保障することによって学術および技術の進歩を促進する権限を与える旨が規定された。これに基づいて，連邦議会は1790年，特許法を制定するが，この法律は，出願者を発明者に限り，か

点で licensee から licensor に支払われるものであるが，契約期間中ひきつづき分割払い（installment payment）がなされる点で advance royalty や initial payment と異なる。

定率方式の royalty の計算方法には，販売価格の何％と定める方法（料率法）と，製品1個あたり（あるいは1キログラムあたり）いくらというように定める方法（従量法）とがある。

次の条項例は，down payment を規定するものである。

"Within thirty（30）days after the effective date hereof, Licensee shall pay to Licensor the sum of Two Hundred Thousand United States Dollars（US\$ 200,000.00）."

「本契約の効力発生日から30日以内に，被許諾者は許諾者に対して，20万米ドルの金額を支払わなくてはならない。」

(2) 改良技術（improvements）の扱い

ライセンス契約が対象となる技術情報をもとに，その後改良技術が生まれたら，これをどう扱うか，という問題である。改良技術は，licensor，licensee いずれにも生ずる可能性がある。

licensor に改良技術が生じたときは，これを，現にライセンス契約の対象となっている技術情報に加えるかどうか，加えるとしたら，royalty の追加支払いを認めるかどうかがポイントになる。いずれも royalty の金額などを勘案しつつ当初のライセンス契約のなかであらかじめ定めておくべき事項である。royalty の追加支払いを求めることなく契約の対象に含めるときは，

つ先発明主義を採用していた点に特徴があった。現在アメリカを除くほとんどの国では先願主義といい，出願の先後によって権利者を決める制度を採用しており，ガット（現・WTO）のウルグアイ・ラウンドにおいても対立した。

特許制度は，「特許」という名称からもわかるように，発明者に独占的な権利を認めるかわりに発明内容を公開させ，学問研究の発展に役立てようとするものである。ところが，この独占的権利を欲することなく，新規技術や発明は社会共通の財産であって，1人のものではないとする考えが昔からある。創作者自身こうした考え方をもっていることもまれではない。たとえば，電信の発明者といえばモールスが有名である

次のような表現になる。

> "All improvements relating to the Technologies developed or acquired by Licensor during the term of this Agreement shall be added to Technologies without further payment to Licensor by Licensee."
>
> 「本契約の期間中に許諾者によって，本件技術に関連して開発され，または取得された改良技術は，被許諾者から許諾者に対する追加の支払いなしに，本件技術につけ加えられるものとする。」

　ここで「改良技術」が何を指すかについては，"improvements"と表現されているだけで明らかではない。「基本」となるある技術があってはじめてその改良があるわけであるが，その基本技術とは関係のない技術から派生したか，あるいはまったく新規の技術であるかは，技術的な観点から専門的に判断するしかなく，簡単に決することは困難である。また，将来の技術革新の問題であるから，すでに内容がわかっており定義も明確にできるようなものは，「改良」技術の名に値しないことになるであろう。

　他方，licensee の側にこの改良技術が生じたときはどうすべきであろうか。これも契約中であらかじめ決めておくのがよいが，基本的に 2 通りの考え方がある。ひとつは，改良技術はあくまで「基本技術」を改良，開発したものであるから，あたかも樹木に果実がなったようなもので，それは樹木（基本技術）を所有する licensor に帰属させるべきであるとの考え方である。

　他のひとつは，licensee が改良，開発した技術は licensee みずからに帰属させるべきとする考え方である。

　これらの考え方のいずれをとっても，契約の条件としてはかまわないが，

が，彼が 1837 年電磁石を用いて最初の実用的な電信機を発明したとき，すでにチャールズ・ペイジにより音声の伝達について先駆的な研究がなされており，さらにそれをもとに，物理学者ジョセフ・ヘンリーが電信に関する原理を論文にして発表していた。それだけでなく，ヘンリーは電信の実験を成功させ，伝送の距離を伸ばすために 1835 年にはリレー（継電器）を発明していながら特許は取得しなかった。ヘンリーが，発明は人類の共有財産であり，発明者 1 人がこれを独占すべきものではないとする信念の持ち主だったからといわれている。

　逆に特許権をフルに活用し，これをビジネスの基盤にして大成功を収めた人もいる。

基本となる技術の性格，改良技術が生まれる可能性（どのようなものがいずれの当事者にどのようなかたちで生ずるか）について，ある程度の予見をして条件を考えるべきである。

　licensee 側に改良技術を帰属させることをみとめたときには，解決しなければならないより多くの問題が生じる。つまり，① licensee はその改良技術を licensee の権利として特許を取得できるかどうか，もしできるとすれば，② licensee から licensor への特許の実施許諾が必要になるが，その条件は何か，③ 基本となるライセンス契約が，期間満了あるいは解約によって効力を失ったときに改良技術の実施許諾をどう扱うか —— などをあらかじめ定めておく必要が生じるからである。

　下記は，licensee から licensor への一定条件での逆 license を規定する条項例である。

> "All improvements relating to the Technologies developed or acquired by Licensee during the term of this Agreement shall be deemed to be licensed to Licensor permanently on a free, non-exclusive, non-transferrable and non-sublicensable basis for all territories outside the territory of Japan."
>
> 「本件技術に関連したあらゆる改良技術で被許諾者により本契約の有効期間中に開発または取得されたものは，許諾者に対し無期限，無償，非独占，譲渡不可，再実施不可の条件でもって日本以外のあらゆる領域につき実施許諾されたものとみなされるものとする。」

　ここで一定条件というのは，「無期限，無償，非独占，譲渡不可，および

同じ電気通信分野で電話の発明者として有名なグラハム・ベルである。ベルは，1876年3月，人間の音声を電気によって伝える実験に初めて成功し，その約1ヵ月前には電話機の特許を申請した。たまたま同じ日の2時間遅れでほとんど同じ内容の特許を，発明家エリシャー・グレイが申請したが，"タッチの差"でベルは，のちのちまで電話の発明者として名を残すことになった。ベルは，このときに取得した特許をもとにベル電話会社を設立する。のちに世界最大の電話会社になった AT＆T（アメリカ電話電信会社）である。AT＆T は，特許を武器に成長していった会社といわれている。会社設立後の10年間でなんと600件以上の特許侵害訴訟をたたかい，そのいずれにも

再実施不可」である。

(3) 保証条項

　ライセンス契約は，技術情報を移転することによって相手方から royalty とよばれる対価（consideration）を受け取る契約であることは307頁に述べたところである。売買契約の売り主にあたる licensor は，買い主にあたる licensee に対し一定の保証をすることを求められる。売り主は，契約書には何も書かなくても，目的物の所有権をもっていること，目的物が瑕疵のないものであることなどを保証しなくてはならないことがある。

　これを黙示の保証・担保（implied warranty）というが，同じように licensor も licensee に対し一定の保証をすることが期待される。たとえば，licensee としては特許の場合，特許の有効であることを licensor に期待するであろう。

　このほか，物の製法のノウハウを license したような場合には，その製法ノウハウを実施して製造した物の品質まで保証しなくてはならないのかも問題となる。準拠法によって多少の違いは生まれるが，こうした場合の licensor の責任について明確な基準はないものといってもよい。

　それだけに，ライセンス契約のなかで licensor の責任の範囲を明確にしておかなくてはならない。なるべく責任の範囲を限定したい licensor にとっては，とくに契約の内容が大きな意味をもってくる。

　契約条項に，No Warranty という表題のもとに以下のような規定を置く例がある。

勝訴したといわれている。発明王エジソンの炭素型送話器を武器に電話事業へのり出したウェスタン・ユニオン社を特許侵害で訴え，和解を成立させて，ベル電話会社が電話事業を，ウェスタン・ユニオン社が電信を担当するようにたがいの事業分野を分けることにも成功している。

　知的財産権をめぐる法制度のハーモナイゼーションをもたらそうとして，前に述べたガットのウルグアイ・ラウンドなどを舞台にさまざまな試みがなされてきた。そうした場においても，しばしば問題となるのが，知的財産権についての基本的な考え方の相違である。

"The Licensor makes no warranty regarding the results to be expected from the application of the Technical Information under this Agreement."

「許諾者は，本契約のもとで本件技術情報の適用から期待される結果について何ら保証しない。」

この「期待される結果」が製品を意味することがあるのはすぐわかる。製品となると，その欠陥（defect）がもとできびしい製造物責任（product liability）を追及されるおそれがある。

そのため，次のように周到な規定をする例がある。

"Licensor shall not be liable to Licensee, to Licensee's employees or to customers of Licensee for any losses, damages, claims or demands including those for consequential or indirect damages, arising out of or resulting from Licensee's exericise of the licenses granted hereunder."

「許諾者は，本契約に認められた許諾権の実施の結果生ずるあらゆる損失，損害，請求，要求につき，派生的あるいは間接的な損害を含めて，被許諾者，被許諾者の従業員，またはその顧客に対して責任を負うものではない。」

派生損害，間接損害まで licensor が責任を負うことになった場合，そのリスクがどれだけ大きなものになりうるかは説明を要しないであろう。

licensor としては，さらに第三者の特許権を侵害しないことの無保証を次のように規定する例が多い。

知的財産権制度については，そもそも新しい技術やアイデアを生み出した創作者の利益を保護するためにあるのか，それとも，そうした技術やアイデアを利用する立場にある競争者ひいては社会全体の利益のためにあるのか，立場の違いでその制度に対する考え方が大いに異なる。特許に代表される知的財産権は，社会全体の利益のためにあるので創作者の権利保護を制限してもよいとする立場は，コンピュータ・プログラムやトレード・シークレットなどにつき新たな法的保護が問題とされるたびに繰り返し主張されてきた。

現在は，創作者の利益保護が前面に強く押し出されているといってもよい。その動

7　国際技術移転とライセンス契約 *313*

> "Licensor does not warrant to Licensee and its customers that Licensee's exercise of the licenses granted hereunder is free of infringement of Letters Patent owned by third parties."
>
> 「許諾者は，被許諾者およびその顧客に対し，本契約の下で許諾された
> ライセンスの被許諾者による実施が，第三者の所有する特許権を侵害し
> ないことを保証するものではない。」

warranty ではなく以下の例のように hold harmless という表現で，licensor と licensee の責任の振り分けを明らかにすることもよくある。

> "The Licensee shall hold the Licensor harmless from any and all claims and liability for damages, losses or costs arising out of any patent or trademark infringement."
>
> 「被許諾者は，あらゆる特許または商標の侵害から生ずる損害，損失ま
> たは費用についてのいかなる請求および責任からも許諾者を免責する。」

　この条項の意味するところは，licensor の側でここに書かれたような責任を負わない，すなわち保証をしないというのと同じである。ただ，hold harmless は，indemnify「補償する」というのと同じで，licensor が上記責任を負うことになったとしても，その分は最終的に licensee が負担することまで含んでいる。

　つまり，実際にたとえば製造物責任で直接に製法ノウハウを license した当事者に対し訴訟が起こされ，licensor から被害者に対し直接損害賠償がなされることになったとする。この場合にも licensor は，licensee に本規定を

きの背後には，アメリカ合衆国の思惑が動いている。すなわち，モノの背後にある知的所有権の保護を強化することによって，モノじたいの生産力では日本などに対し優位を保てなくなった同国を「強いアメリカ」に再生しようというのである。知的財産権摩擦の背後には，こうした知的財産権制度の存在意義についての考え方の違いがあることを見逃すことができない。

314 第Ⅳ部 契約類型ごとの英文契約のポイント

根拠にその分を求償できる。

(4) 秘密保持条項

　ライセンス契約のうちでもノウハウを対象とするものの場合，秘密保持を義務づける条項が不可欠である。というのもノウハウは，いまだ特許になっていない発明，製造方法，販売方法，その他営業の秘密とされるような情報をひろく指すが，これについては法的な保護が決して十分とはいえないところがあり，そのため秘密を保持しなければ財産的価値は保てないからである。

　秘密保持条項のことは，secrecy clause という。secrecy のかわりに confidentiality もしくは non-disclosure を使うこともある。ノウハウのライセンス契約におけるこうした条項には，以下のようなものがある。

> "All the Technologies received from Licensor hereunder shall not be disclosed to any third parties, and Licensee shall at all times maintain in strict confidence all the Technologies and shall take all action, reasonable or necessary including, without limitation, instituting legal action, to compel compliance with the provisions hereof by its directors, officers, employees and representatives."
>
> 「本契約のもとで許諾者から受領したすべての本件技術はあらゆる第三者に対し開示してはならず，被許諾者はつねにすべての本件技術を極秘に保たなければならず，その取締役，役員，従業員および代理人によって本契約の諸規定を遵守させるために，訴訟手続を開始することを含めこれに限定されないところの，あらゆる合理的もしくは必要な行動をと

■ 民法（債権法）改正とライセンス契約

　2017年に成立した民法（債権法）改正は，ライセンス契約にはある程度の影響が避けられない。

　同改正法案は，2015年3月31日に国会に提出されたが，同法案作成過程においては，ライセンス契約を民法に明文規定を置く「典型契約」の1つに入れるべきかが検討された。

　法制審議会民法（債権関係）部会が2013年3月に公表した改正の「中間試案」は，ライセンス契約やファイナンスリース契約について，賃貸借の規定を準用するかたち

らなくてはならない。」

「必要な行動や措置」の具体的内容はここには示されていないが，契約によっては，就業規則中に明記すること，あるいは従業員との間で個別的に秘密保持契約を結ぶことが義務づけられる。

秘密保持条項あるいは秘密保持契約のポイントとしては，このほか，秘密保持義務の時間的範囲をどのように規定するか，秘密保持義務の対象となる技術情報に適用除外をどのように規定するかなどのポイントがあるが，いずれも秘密保持契約については別にとりあげ，そこで詳しく述べる予定である。（351頁以下参照。）

(5) 法規・規制

ライセンス契約は技術を対象とするので，とくにそれが先端技術を扱うものであるときにはCOCOM（現ワッセナー条約）あるいはこれを国内法化した法律とのかかわりが問題になることがある。アメリカ合衆国から技術導入をはかる契約でいえば，許諾者側から以下のような規定を入れることを求められることがある。

"Licensee agrees to comply with all applicable Export Control Regulations of the United States Department of Commerce, as amended from time to time."
「被許諾者は，すべての適用あるアメリカ合衆国商務省の輸出管理規則でそのつど改正されたものを遵守することに合意する。」

で規定を新設することを提案した。

ところが，2014年8月に同部会が公表した改正「要綱仮案」は，両契約について規定を設ける提案を見送った。改正案も取り上げていなかった。

そもそもライセンス契約を民法の典型契約に加えるべきだとする意見は，債権法が想定していなかった新しいタイプの契約として，その定義規定を置き，賃貸借の規定のうち準用する規定を明らかにすることを内容とした。

ライセンス契約は，通常，いわゆる知的財産の使用を第三者に許諾することによって対価を得る契約とされている。もう少し法的に厳密な定義をするならば，知的財産

316 第Ⅳ部 契約類型ごとの英文契約のポイント

なぜアメリカ合衆国の企業や市民ではないのに同国の法規を守らなければ
ならないかといえば，同国の輸出統制法（Export Control Act）およびその
もとでの規則は域外適用されることがあり，licensee にとっても直接かかわ
りのある問題だからである。

⑹ 「改良技術」のライセンス条項

ノウハウのライセンス契約には，よく "Improvements" と題する条項を
入れる。この場合の improvements は，単なる改良や改善ではなく，改良技
術，応用技術を意味する。

ある基本となる技術について license「実施許諾」を受けた licensee「被
許諾者」が基本技術を発展させて improvements をつくり上げることがある。

かつて欧米企業から技術導入を受けた日本企業が，基本技術よりはるかに
実用的価値のある改良技術を生み出す現象はしばしばみられる。

improvements は，licensee の側に生じるばかりではない。licensor「許諾
者」の側でもその後の研究開発によって基本技術を改良していくことがある。

licensor，licensee それぞれに生じ得る improvements の扱いを規定する
のが，ライセンス契約の Improvements 条項である。

次の条項はその典型例であるが，Licensor に改良技術が生じた場合と
Licensee に改良技術が生じた場合とを分けて規定している。

> "**Article X. Improvements by Licensor**
>
> All improvements relating to the Technologies developed or acquired
> by Licensor during the term of this Agreement which Licensor is free to

を licensee「被許諾者」が使用することを licensor「許諾者」が受忍することの対
価として，licensor に金銭その他の物を給付する義務を負うことを内容とする契約
といえる。

「受忍する」の部分は，知的財産権に基づいて損害賠償請求権や差止請求権を行使
しないと約束することと言い換えられる。

このような「定義」で現代ビジネス社会において使われるさまざまなタイプのライ
センス契約を大きく一括りでまとめられるかというと，疑問が残る。

ライセンス契約の対象となる知的財産は多様化複雑化する一方であるし，licen-

7 国際技術移転とライセンス契約

disclose and license to Licensee without payment of royalties and without other contractual obligations to third parties shall, promptly after such development or acquisition, be fully disclosed to Licensee and shall be added to the Technologies licensed to Licensee."

「**第 X 条　許諾者による改良技術**

　本契約の期間中に許諾者が開発，取得し許諾者が第三者に実施許諾料を支払うことなくまた他の契約上の義務を負うことなく自由に被許諾者に開示し実施許諾することのできる，本件技術に関連したすべての改良技術は，その開発，取得の後速やかに，完全に被許諾者に開示されなくてはならず被許諾者に実施許諾された本件技術に加えられるものとする。」

"**Article Y. Improvements by Licensee**

All improvements relating to the Technologies developed or acquired by Licensee during the term of this Agreement which Licensee is free to disclose and license to Licensor without payment of royalties and without other contractual obligations to third parties shall, promptly after such development or acquisition, be fully disclosed to Licensor and shall be deemed to be licensed to Licensor permanently on a free, nonexclusive, nontransferable and nonsublicensable basis for all territories outside the territory of Japan."

「**第 Y 条　被許諾者による改良技術**

　本契約の期間中に被許諾者が開発，取得し被許諾者が第三者に実施許

---

see に与えられる権利も，特許法，商標法，著作権法などの下で内容が異なる。

　「金銭その他の物の給付」の部分についても，実務上無償のライセンス契約が行われるし，相互に使用許諾するクロスライセンス（cross license）においては，同「給付」を認めるのは難しいであろう。

　以上の問題点を勘案した結果，改正でライセンス契約についての規定を入れることは見送られたものと思われる。

　他方，東南アジアには，知的財産保護法制の整備が遅れている国や地域が少なくない。契約準拠法として日本法を指定できたとしても，現地の知財関連法規の適用すべ

諾料を支払うことなくまた他の契約上の義務を負うことなく自由に許諾者に開示し実施許諾することのできる，本件技術に関連したすべての改良技術は，その開発，取得後速やかに，完全に許諾者に開示されなくてはならず，かつ無償，非独占的，譲渡不可および再実施許諾不可の条件で，日本国の領土を除くすべての地域において実施許諾されたとみなされるものとする。」

　改良技術についての両規定を見比べると，途中までは同じであるが最後の部分が異なっている。licensor に改良技術が生じたときには，royalty（実施許諾料）を増額することなく元のライセンス契約の対象技術に加えるとしているが，licensee に改良技術が生じたときは，逆に licensee から licensor にそれを実施許諾したようにみなすとしている。

　しかも，無償で全世界を実施許諾対象地域とするなど条件はかなり licensor に有利になっている。improvements 条項のポイントは，この「逆 license」の条件にあるといえる。

　生み出される価値の高い応用技術がほとんど丸ごととられてしまうような結果にならないよう，何年か先のことも考えてライセンス契約の本条項を検討しておかなくてはならない。

(7)　ライセンス契約における hold harmless clause

　hold harmless clause は，免責・補償を内容とするところに特徴があり，同じく免責・補償のための indemnity clause と同列に扱われる。

　典型的な文例は，以下のようなものである。

てを排除できるわけではない。頼りの日本民法はライセンス契約について明文規定をおいていないし，当分おかれないだろう。

　そうなると，結局，ライセンス契約の内容を充実させて"法の不備"を補う以外ない。日本では2011年の特許法改正によって通常実施権について当然対抗制度を導入した。

　そのため，権利不行使（non-assertion）だけを合意する契約について，当然対抗を認めてよいかが論じられている。契約中でしっかり規定しておくべきであろう。

7 国際技術移転とライセンス契約

> "Seller holds harmless and indemnifies Buyer from and against any loss or damages arising from the defects of the goods."
>
> 「売主は本件商品の欠陥から生じるあらゆる損失，損害賠償から買主を補償し免責する。」

　この文例は売買目的物の欠陥によって，買主がたとえば消費者から製造物責任の追及を受けたとしても，これから生じるあらゆる損失，損害から売主が免責・補償するとしている点に意味がある。

　国際的売買でもって買主が外国の製造者から製品を輸入し日本で販売したとする。

　この場合，目的物に欠陥があって消費者に被害が生じれば，輸入者が製造物責任を負わなくてはならない。日本の製造物責任法は責任主体となる「製造者」の定義に輸入者を含めているからである。そこで，買主＝輸入者は自らのリスクを売主に転嫁するために，その hold harmless をとりつけようとする。

　ライセンス契約にも，ほとんど同じ理由で，licensor が licensee を免責・補償するといった内容の条項が入ることがある。ライセンス契約は，いわば技術情報を売って対価（royalty）を得る性格をもっているからである。

　被害者は，外国の製造者に対し直接製造物責任を追及することもできるが，外国での国際訴訟になると被害者には大きな負担になる。それが「輸入者」を「製造者」に入れて国内で被害回復ができるようにした理由といってよいであろう。

　外国の製造者としては，直接輸入先の被害者から訴えられ賠償責任を負う

■ FRAND 宣言をした企業との royalty 交渉

　FRAND は "fair, reasonable and non-discriminatory" の頭文字を組み合わせた言葉で「公正，合理的でかつ非差別的な」を意味する。近年，社会的に有用な特許につき，他社からの申請があれば合理的な条件で license「実施許諾」に応じる意思を表明し，FRAND 宣言をする企業が増えてきた。

　同宣言がよく使われてきたのは，情報通信分野である。この分野で幅広く使う標準化技術に多く含まれる特許につき高額の特許実施許諾料を求めるならば，標準化技術普及を妨げかねないからである。

リスクを回避するため，逆に買主＝輸入者から hold harmless をとりつけることもある。すなわち，hold harmless による免責・補償は，いずれの当事者から行われてもよいのである。

上記の例で，売主が輸出先の日本の消費者から日本あるいはその本拠地で訴えられ損害賠償責任を課され支払ったとする。売主がもし買主から hold harmless による免責・補償をとりつけていれば，支払った賠償金を買主に対し請求することができる。

言い換えれば，買主は売主からの求償に応じると約束したのと同じことになる。

売主（あるいは licensor）が買主（あるいは licensee）を免責するか逆に買主が売主を免責するかは，契約自由の原則の支配するところであって，いずれでもよいわけである。

ただ，売主が買主を免責する場合，売主による warranty「保証」とどう違うのであろうか。

免責や賠償の対象範囲が異なるといってよいであろう。warranty は，日本の民法でいえば売主による担保責任に似たものであるから，対象物の価額を基準にして代金の減額や瑕疵あるものの修理，取替えなどを内容とする。

ところが，製造物責任に基づく賠償責任は対象物の価額を基準にするわけではない。数百円の食品でもこれに有毒物質が含まれていて死亡事故が起これば，何億円もの賠償責任が製造者に課されるかもしれない。

それだけに，hold harmless clause のポイントは，免責・補償する対象にどれだけのものを含ませるかにある。319頁の文例でいえば from and against に続く部分である。ここに any loss or damages とあるから，欠陥を

通信規格などを定める標準化団体では，標準仕様に準拠するための必須特許についてその保有者が自発的に申告して登録するルールを「IPR（intellectual property rights）ポリシー」として定めている。同ポリシーの下で，必要な特許を公正に license しようと，FRAND 条件を設けるのがふつうである。

FRAND 宣言をすると，ある分野で有力な特許をもつ企業がその特許を利用して競合他社に法外な license 料を請求できなくなくする効果をもたらす。

そうなると，FRAND 宣言をした企業を相手に license 料＝royalty の交渉をする企業の例は俄然勢いづくかというと，そう簡単にはいかない。FRAND を構成する

原因とする製造物責任による賠償も対象に含むことになる。

　ただ，漠然とした表現をしているために，あらゆる損失・損害を含むといっても間接損害（indirect damages）や特別損害（special damages）を含むかどうか，弁護士費用（attorney's fee）を含むかどうかなどにつき，解釈上争いになり得る。

　さらに，損害に対する買主の寄与があったとすると，寄与割合をどの程度のものと評価するかについて，第三者機関によって判定する仕組みを書いておくこともある。

⑻ 「最善知る限り」保証することの意味

　ライセンス契約の warranty「保証」条項には，第三者の知的財産権の侵害（infringement of intellectual property right）をしていないとの内容がよくみられる。

　ただ，この保証をする licensor の側では，何をどこまで保証できるかをよく検討しておかないといけない。

　warranty の対象になるのは，ほとんどが事実関係の事項である。

　たとえば，民事訴訟は一切かかえていないと "no litigation" の表題の下に warranty し，後になって訴訟で訴えられていたことが判明したときは warranty 違反，すなわち債務不履行（default）になってしまう。その訴訟が契約の履行に直接影響を与えるものであれば，損害賠償責任も生じかねない。

　そこで，warranty する当事者は，事実を断定的にいい切るのではなく，「最善知るところでは」といった制約文言を入れたがる。これに当たる英語の表現が to the best of one's knowledge である。

　"fair"，"reasonable" および "non-discriminatory" の語は，内容があいまいで，どの程度の royalty だったら「公正」，「合理的」で「非差別的」であるかは決め難いからである。

　とりわけ，法律英語としての reasonable が，royalty の交渉上も決め手になるキーワードとなる。

　大まかにいえば，FRAND 宣言をした必須特許保有者は，reasonable な条件でその license を受けようとする者に license を拒絶できなくなる。独占禁止法の「不公正な取引方法」のうち不当な「取引拒絶」に当たりえる。

"To the best of our knowledge, the Products do not infringe intellectual property right of any third party."

「当社の最善知る限り，本件製品はいかなる第三者の知的財産権も侵害していない。」

のようにする。

こうした制約文言を入れることによって，実際上どの程度の違いが生じるのであろうか。まず，best の語がもつあいまいさに着目することである。

best efforts「最善努力」を尽くしましたといわれても，どの程度で best といえるのかは人によって異なる。A さんにとっての best は B さんにとっての best の半分以下といったこともあり得るのである。

知的財産権には登録や公開されるものばかりではなく，ノウハウのように秘密を保たれているものがある。

また，特許（patent）は公開されるが，近時のように，つかみどころのないビジネスモデル特許（英語では business method patent ということが多い）が次々と成立するようになると，どこで・誰の・どのような知的財産権を侵害しないとも限らない。

まして外国のこととなると，その国の専門家を使っての徹底的な調査後でなければ侵害がない旨の保証を安易にすることはできない。

保証する側としては，to the best of one's knowledge と入れておけばひとまず安心ということになる。それでも best の文字が入っている以上，何らの調査もせずに，後で「こんな権利者がいたとは知らなかった」では済まないであろう。

知的財産高等裁判所の平成26年5月16日判決は，FRAND 宣言をした必須特許に関し，FRAND 条件で license を受ける意思を有する者に対しては，差止請求権の行使が権利の濫用（民法1条3項）に当たるため，許されるべきではないとした。

その際，「FRAND 条件で license を受ける意思」を有しないとの認定は厳格になされるべきであるとの判断も同判決は示している。必須特許を license する際の「公正，合理的かつ非差別的な」条件は，ライセンス契約の条件そのものである。したがって必須特許について FRAND 宣言をした者が FRAND 宣言に反して権利行使を行うことは許されない。

(9) royalty の決定と移転価格税制

ライセンス契約は，技術情報などの実施許諾をする見返りに，対価（consideration）として royalty「実施許諾料」を受け取る契約である。

royalty の内容は，原則として契約当事者が自由に決めてよいのであるが，まったく制約がないかというとそうではない。とくに，海外の子会社に技術を供与するライセンス契約で，royalty を第三者に技術供与する場合よりもかなり低く設定したりすると，税法上の問題になりかねない。

具体的にいうと，日本の移転価格税制（租税特別措置法66条の4，同施行令39条の12）に抵触するおそれがある。

移転価格税制としてよく知られているのがアメリカ1954年内国歳入法（Internal Revenue Code of 1954）482条の規定であるが，日本でもこうした外国の立法例を参考に1986年に移転価格税制を導入した。

「移転価格」（transfer price）とは，海外子会社など国外の関連企業との間で商品などの移転に伴って設定される価格のことをいう。

なぜこれが問題になるかというと，親子会社など特殊な関係にある企業間の国際取引においては，取引価格を通常の場合よりも高くすることも低くすることも操作ができるからである。

100%の株式を保有している完全子会社を取引の相手とする場合はなおさらである。

親会社が通常より低い価格で商品を子会社に売って親会社の利益を少なくし，国内での納税額を低くすることも可能であるし，タックス・ヘイブン（tax haven）にある子会社に利益を集中して，グループ全体として "税金逃れ" をすることだってできるかもしれない。

たとえば，広く普及している規格を採用した製品の研究開発，生産または販売を行う者がFRAND 条件で license を受けたいと希望しているにもかかわらず，必須特許の保有者が license を拒絶する，あるいは license の拒絶と同視できるくらいの高額 license 料を要求することは，同製品の研究開発，生産または販売を困難にするので認められない。

とはいえ，相手は外国企業の場合で，どのようなかたちで FRAND 宣言をしているのかもよく確かめなくてはならない。米国の裁判所で争われると処理内容が変わりえる。

こうした価格操作を封ずるためにつくられたのが移転価格税制で、通常は関連のない独立した企業間の取引価格や製造コストなどから計算した商品価格を参考に、系列会社間でも通常価格で取引したものとみなして課税する方法による。

日本の移転価格税制は、おおよそ次のような内容となっている。

「国内の企業（外国法人の支店を含む）が特殊の関係にある国外の企業と取引を行う際に独立企業間価格と異なる価格を用いたことにより当該国内の企業の所得が減少している場合に、その取引が独立企業間価格で行われたものとして課税所得を増額する。また、独立企業間価格については、比較対象との取引価格、非関連者への再販売価格、製造等の原価等から算定することとする。」

移転価格税制の考え方およびその基礎になる独立企業原則は、国際的にも広く認められたものとなっている。ただ、技術情報など眼にみえない無形財産（intangible asset）やサービスの取引の場合、対象になる資産の評価が困難で、独立企業間価格の算定がむずかしいという問題点がある。

そこで、子会社から徴収する実施許諾料（royalty）については、内容が「適正」なものとなるよう注意する必要がある。

royaltyの適正さは、実施許諾者（licensor）のもっている技術ノウハウなどの内容によって決まる。そのノウハウが極めて独創的であって、これを使うことで製品に高い競争上の有利さが生まれるのであればroyaltyは高くなる。

そのほか、代替技術の有無、対象には特許権のように登録された権利を含むかそれとも非公開のノウハウだけか、技術の開発コスト、被許諾者

■ フィンテックの国際・英文契約実務

フィンテックは、financeとtechnologyを組み合わせた造語で、ITを活用した新しい金融サービスやこれを提供するベンチャー企業などを指す。

金融サービスのうち融資や資産運用、決済など多くの分野で普及しつつあるが、なかでも先行しているのが決済分野である。

すでにアメリカでは、シリコンバレー発の新興企業がスマートフォンなどを使った電子マネーによる決済を普及させているという。中国では電子商取引（electronic commerce）最大手のアリババ集団が「支付宝（アリペイ）」と呼ぶ、モノから公共

7 国際技術移転とライセンス契約

（licensee）の側において節約できる研究開発コスト，市場に早期に参入できることによる見込利益額，節約できる追加投資，許諾者・被許諾者間の競合関係の有無とその継続性，license の有効・実施期間，独占（exclusive）か非独占（non-exclusive）か，許諾者による技術指導は必要か，royalty 率の計算方式，業界における平均 royalty 率などのファクターを適正 royalty の決定にあたり考慮すべきであろう。

料金までさまざまな支払いができる決済サービスを展開している。

　海外送金においても「仮想通貨」を使ったフィンテックが急速に普及しつつある。インバウンドで増加する外国人観光客などが日本でもっとも不便と感じるのは，海外送金手数料の高さだという。日本でもビットコインやリップルなどを用いた決済と送金ができるようになると状況は一変することであろう。

　このような仮想通貨による決済は，日本の資金決済法などによる規制の対象にはなっていない。ただ，今後，決済・送金だけでなく多様に行われるフィンテックのサービスをどう規制したらよいかが課題になった。従来の規制を受けないフィンテック企業に対抗するため，銀行や金融機関からする IT ベンチャー企業の買収，子会社化の動きも出ている。

　そこで金融庁・金融審議会では，銀行・金融機関に対する過剰な規制を緩和する方向で銀行法その他の法改正を検討してきた。具体的には，銀行グループが電子商取引や IT を利用した決済サービスへ参入できるようにするために銀行法上の銀行持株会社制度を活用することなどにおいてである。

　一般消費者の生活にも深く入り込む電子マネーを含む決済関連のフィンテックビジネスを規制する法律には，銀行法だけでなく貸金業法，出資の受入れ，預り金及び金利等の取締りに関する法律，資金決済に関する法律，外国為替及び外国貿易法，犯罪による収益の移転防止に関する法律などがある。

　総理大臣の諮問機関である金融審議会の作業部会は，2015年12月16日，フィンテックの広がりを受け，金融機関による IT 関連企業への出資制限を緩和し，地方銀行の再編・統合を念頭にグループ内の銀行間で資金を融通しやすくする措置などを盛り込んだ報告書をまとめた。これに沿って金融庁は，2016年1月から始まった通常国会に銀行法改正案を提出した。

　ひるがえって，フィンテック金融サービスの利用者の立場で注意点を考えてみる。上述したように，利用者保護を含めたフィンテック関連の法令は未整備である。その分，契約で補う考えが求められる。海外送金や国際物品売買の決済を，フィンテックで行ったけれども，資金が送金先に不着になったなど不測の事態にどういった救済を

受けられるかである。

　2014年2月には，ビットコイン取引所の「マウントゴックス」の運営会社が倒産し，同年8月には同社の社長が逮捕される事件が起こった。この事件はビットコインを現金に換える取引所の不正であって「ブロックチェーン」に裏付けられたビットコイン自体の取引の信頼性を失わせるものではない。

　いずれにしても，取引・契約の仕組みや内容をよく理解することが必要で，国際契約・英文契約を扱う力が試される。

補償条項のカギ

◆ 課題設定

　部品メーカーのX株式会社は，その製品を北米，欧州の各市場に輸出している。いずれの市場においても，同部品を組み込んだ最終製品が製造物責任（PL）問題などを引き起こした場合に備え，国際売買契約中に輸入者に免責・補償をさせる条項を入れることになった。

このテーマに沿った条項例

Importer shall defend, indemnify and hold Exporter, Exporter's customers and users of the products, harmless against any
liability, loss, damages or personal injury, death or property damages as a result of any claim or dispute caused by the products.

「輸入者は，輸出者，輸出者の顧客および本件製品のユーザーを，本件製品を原因として引き起こされたあらゆるクレームまたは紛争の結果としてのあらゆる責任，損失，損害賠償または人身被害，死亡もしくは財産損害から免責し，補償する。」

　最終製品に欠陥があって消費者の生命，身体，財産に被害が生じた場合，部品メーカーも製造物責任（product liability）の追及を受ける可能性がある。その部品の欠陥が直接損害の原因である場合はもちろんのこと，そうではないかと疑われる場合にもPL訴訟の共同被告として，最終メーカーと共に訴えられるおそれがある。

　こうしたリスクに対応するための方策の1つが，輸出入のための国際売買契約中に上記のような免責，補償条項を入れることである。輸入者（Importer）が，輸出者（Exporter）だけでなく，その顧客，製品ユーザーまでも含めてPLに基づく損害賠償請求から免責，補償すると約束してくれれば，X株式会社としてはひとまず安心である。

　ただ，輸入者もPL訴訟の被告となりうる。日本の製造物責任法は，輸入者は「製造業者」として責任主体になると明記している。（同法2条3項1号。）そこで，逆に，輸入者から輸出者に対しPLリスクにつき免責・補償を求めるかもしれない。契約交渉でどちらかの側が相手方を説得できるか，bargaining power「交渉力」次第ということができる。

> ◆ **応用課題**
>
> 　Ｘ株式会社では，輸入者による免責・補償の約束を取り付けるのでなければリスクの大きさに鑑みて本部品の輸出はできないと考えている。ただ，免責・補償の対象にＸ社の顧客，製品ユーザーを入れたとしても，契約当事者ではないことから，回収コストを顧客・ユーザーにいったん立替払いをしたような場合に，対応はできているかを検討すべきとの声があがっている。

　「免責・補償する」には，indemnify あるいは hold harmless の語を用いる。この2つの語はほぼ同義なので重複使用することが多い。条項では ABC holds harmless and indemnifies XYZ against （or from） any damages 〜．「ABC は，あらゆる損害賠償……から XYZ を免責・補償する。」が基本文型である。

　免責・補償条項の大きなポイントは2つある。① 誰を ② どの範囲で免責・補償するかである。① の関連で上記の例文でいえば XYZ に加えて，その顧客・ユーザーまで免責・補償することに意味はあるのであろうか。顧客・ユーザーは本件契約の当事者ではないので直接的効果はなさそうである。

　ただ，たとえばその部品を使って完成品を製造する自動車メーカーが PL 訴訟で最終消費者に対して負うかもしれない損害賠償責任を輸入者が免責・補償する点に大きな意味がある。輸入者と自動車メーカーは，部品の売買契約における当事者であると想定される。

　それだけではない。海外市場の消費者から直接Ｘが訴えられて，賠償金を支払ったとすると，Ｘは，この免責・補償規定に基づいてその分Ｙに求償することができる。免責・補償の内容は，この求償に応じることを含むとみられる。

　そこで，本件製品を原因とする誰からの，またいかなる形態の責任追及についても免責・補償し，いわば一切「ご迷惑をおかけしない」との趣旨を徹底するために，「条項例」のように defend，さらに compensate，reimburse などを加えることがある。

　defend は，「防御する，弁護する」との意味をもつ。そこで，裁判で訴えられた当事者のために弁護士費用も負担しての防御活動まで要求する場合もある。防御費用は compensate の対象に入れるケースが多い。

◆「用法・用語」のポイント

「damage(s)」「loss」

　共に損害や損失を表すが，damage は加えられた損害のことであり，loss は失うことによる損害・損失を意味する。いってみれば方向性が違うのである。

　法律用語としてみた場合，damage と damages は違う。後者は，前者の複数形であるが，損害賠償あるいは判決などで支払いを命じられる損害賠償金（額）を意味するからである。

「injury」

　傷害や損傷を表すのに用い，personal injury といえば人身被害である。ただ injury の語源をたどるとラテン語の *in*+*jur* で，「不正，不法」を意味した。そこで法律用語として権利侵害，違法行為，なかでも名誉毀損を表すのに用いる。

「harm」

　harm の語源は，「（深い）悲しみ」を表す古期英語 *hearm* である。そこから「害，危害，損害，傷害，不都合」の意味で広く用いるが，injury よりも意味が強いとされる。

「claim」

　claim は，*clamo* すなわち to call out「叫び求めること」を表すラテン語が語源である。日本語では「苦情・クレーム処理」の語から受けるネガティブなイメージが先行しがちだが，むしろ正当な「権利主張，要求」を元来意味するといってよい。

「dispute」

　dispute は，*dis*「別々に」＋*pute*「考える」を表すラテン語が語源である。ここから，「議論をする，意見を闘わせる」との意味が生まれ，「紛争」にもなる。

8 コンピュータと契約

1 コンピュータと知的財産権

現代がコンピュータを使った情報社会であることに異論をはさむ人はいないであろう。コンピュータには，機械本体部分（ハード）とこれを動かすソフトウェアを考えることができる。コンピュータは，機械装置であるから，これを動かすためにはデータ処理システムの動作に関するプログラム，手順および関連する書類が必要になる。

これらを総称してソフトウェアとよぶが，なかでもプログラムが中心的役割を果たす。プログラムを含むソフトウェアの重要性と価値が高まるにつれ，その法的保護をどのようにはかればよいかが問題となってきた。方策としては，特許法（patent law），著作権法（copyright law），不正競争防止法（anti-unfair competition law）あるいはトレード・シークレット法（trade secret law）などによる保護を考えることができる。

ただ，ソフトウェアに対する投資がハードウェアに対するそれを大きく上回り，ソフトウェアそのものが大切な財産として各種取引の対象になってくると，もはやこれをトレード・シークレットの1つとして保護すれば足りるというわけにはいかなくなる。

そこで，これを特許権や著作権のような旧来からの代表的知的財産権によって保護しようとする考え方が生まれてくるが，大勢は著作権法のもとでの保

■ シュリンクラップ契約（Shrink-Wrap License Agreement）の効力

〔事案〕　STEP-SAVER DATA SYSTEMS, INC.（控訴人，以下「SDS」）は，マイクロ・コンピュータ技術を利用したマルチユーザーシステムを開発し，販売をしてきた。このシステムは，1つのメインコンピュータに端末装置を接続するものである。メインコンピュータにはIBM社の"IBM AT"が，OS（基本ソフト）としては，THE SOFTWARE LINK, INC.（以下「TSL」）の"Multilink Advanced"が，そして端末装置にはWYSE TECHNOLOGY（以下「WT」）がそれぞれ選ばれた。さらにアプリケーション・ソフトとして，SDS社自身によって書かれたいくつかのプ

8 コンピュータと契約 331

護に固まった経緯がある。日本でも1985年の著作権法改正によってコンピュータ・プログラムを著作物に加えることとした。

2 ソフトウェアのライセンス

技術移転（technology transfer）とライセンス契約の関係については、**7**においてすでに述べた。知的所有権の対象となる知的財産の1つであるソフトウェアについても license「許諾」ということがよく行われる。

とはいえ、コンピュータ・プログラムの license の場合は、特許やノウハウをふつうに許諾を受けて license 生産をするというのとは異なる。

つまり、プログラムの場合、license を受けたといっても、そのプログラムを指定されたコンピュータ・システム（ハード）に使用し実行することだけを認める内容のものが含まれるからである。

これに対して、プログラムの複製を許諾する内容のソフトウェア・ライセンス契約も存在する。コンピュータ・プログラムは、複製することがきわめて簡単であり、複製による品質の低下もない。そこで、もとのプログラムの著作権を譲渡することなくプログラムの複製を許諾するタイプのライセンス契約が行われることになる。したがって、ソフトウェアの「使用」を目的とするライセンス契約においては、上記2種類のうちのいずれのタイプの契約であるかをはっきりさせる必要がある。

なお、ソフトウェアを売買契約などによって譲渡する契約もよくあるが、複製のためのライセンス契約との違いは以下の点にある。譲渡契約の場合、譲渡人の有するプログラム上のすべての権利とこれに関するドキュメントを譲受人に移転するものであるため、ライセンス契約でいう独占・非独占の区

ログラムのほか、Microsoft's Disk Operating System（"MSDOS"）のもとで稼働するようにつくられた Off-the-shelf プログラムも組み込まれていた。

SDS は、これらハードとソフトの一緒になったパッケージとして、1986 年から販売しはじめ、1987 年 3 月までの間、142 のシステムを法律事務所、医院などに販売した。ところが、システムの納入後間もなく、SDS はいくつかの顧客から苦情を受けるようになったことから、独自に調査をすると同時に、WT および TSL にこれら苦情内容を知らせ問題を解決するために技術上の援助を求めた。しかし、3 社は問題を解決することができず、責任の所在をめぐって 3 社間で紛争が起こった。一方で、12

別やテリトリーを定める必要はない。

また，licensee「被許諾者」の権利は債権的なものであるため，第三者の
プログラムの複製行為に対して著作権に基づく差止請求権の行使をすること
は一般に許されないのに対し，譲渡契約によって権利を譲り受けた者は，著
作権に基づいて直接，侵害を行った第三者に対し差止請求権を行使すること
ができる。

3 ソフトウェア・ライセンスの種類・形態

ソフトウェアは，パッケージソフトとして広く販売されたり，ネットから
ダウンロードされたり，あるいは特定のコンピューターにインストールされ
るなどの方法によって license に供される。

その取引形態はさまざまである。なかには，royalty「対価」を支払う必
要なく使えるフリーソフトウェア（free software）もある。この場合，free
は「無償」だけでなく，licensor が著作権を放棄してソースコードを公開し
さらなる発展をマーケットに委ねるとの意味を持つという。

また，どのパソコン何台で使用できるかについて，ボリュームライセンス
契約とフローティングライセンス契約がある。前者の volume license では，
1 つの契約で複数台数のパソコンでの使用を許諾する。後者の floating
license では，パソコンを限定せずに使用を許諾する。

なお，ソフトウェアには家電量販店や身近なコンビニエンスストアでも購
入できるものがある。この場合，「購入」と一般にいうが，正確には「ライ
センスを受ける」というべきである。

しかも，license の内容は，契約によって異なる。いわゆるパッケージソ

の顧客がシステムの欠陥を理由に TSL に対して訴訟を起こした。SDS は，3 社間で
友好的な解決ができないことが明白になったので，WT，TSL のいずれかあるいは
双方から，顧客との訴訟の防御費用等の補償を認める宣言的判決を求めて訴えを起こ
したが，連邦地方裁判所は，司法判断に機が熟していないことを理由に訴えを却下し
た。この判断は，控訴審においても支持されている。（912 F. 2d 643, 3rd Cir.
1990.）SDS は，次に TSL と WT による warranty（保証・担保責任）違反および
TSL による故意の虚偽表示（misrepresentation）を主張して，両社に対する別の
訴えを提起した。これが本件訴訟である。

8 コンピュータと契約 *333*

フトの場合，購入者は自己のコンピューターにソフトウェアを複製すること
ができる。

これに対し，指定されたコンピューターでプログラムを実行しなくてはな
らないライセンス契約の場合，ソフトウェアの複製を認めない。

ソフトウェアのライセンス契約は，契約形態によっても分類することがで
きる。

パッケージソフトの包装（wrap）フィルムやシールを開封したときに許
諾条件に同意があったとみなすのが，シュリンクラップ契約（shrink-wrap
agreement）である。

これに対し，クリックラップ契約（click-wrap agreement）の場合，パッ
ケージからソフトを取り出しコンピューターに装着すると，画面上に契約条
件（terms）が offer され，これに「同意する（agree）」をクリックすると
acceptance の意思表示になる。offer「申込」と acceptance「承諾」の意思
表示が合致し，agreement「合意」を形成するのである。

この形態にも，インターネット上でのオンライン契約（on-line agree-
ment）およびソフトウェアを装着するだけで画面上に契約条件が示され
「同意」が可能になるオフライン契約（off-line agreement）の2種類があ
る。

これらの通常とは異なる契約形態においては，契約成立の有効性に関する
法律問題があり，343頁以下に詳述する。

第1審裁判所（ペンシルベニア州東部地区連邦地方裁判所）は，Multilink Ad-
vanced プログラムのパッケージにあらかじめ印刷された契約文言（ボックス・トッ
プ・ライセンス，すなわちシュリンクラップ契約）は，SDS と TSL 間の完全で排
他的な（complete and exclusive）契約になる，という TSL の主張を認めた。そ
のうえで，同地裁はこのボックス・トップ・ライセンス契約に基づき，TSL はあら
ゆる明示・黙示の保証責任を放棄しこれから免責されることになる，と判示した。

TSL による虚偽表示については，同社の故意と SDS による正当な理由による信
頼（reasonable reliance）の要件についての立証が不十分であるとして，TSL を

4 英文ソフトウェア・ライセンス契約のポイント

(1) license の内容

ライセンス契約には，どのような権利をどのような条件で license するのかを必ず規定しなくてはならない。以下のような例文をもとに考えてみよう。

"X hereby grants to Y a non-transferable and non-exclusive right to use NON-SUBLICENSABLE SOFTWARE AND MATERIALS for the purposes described herein."

「Xは本契約によってYに対し，譲渡不可で非独占的な，『再実施許諾不可のソフトウェアとマテリアル』を，本契約に規定された目的のために使用する権利を許諾する。」

この条項中でnon-transferable とあるのは，license の対象となった権利ごと第三者に譲り渡すことができないことを意味する。non-exclusive は，XによるYへの license の許諾が独占的，排他的ではないことを意味するため，Xが同一テリトリー内で他の licensee に対し，本件ソフトウェアを実施許諾することが許される。

NON-SUBLICENSABLE SOFTWARE AND MATERIALS は，契約中の別の個所に定義され特定されているところのものを指すが，ここでは再実施許諾が認められていない。ソフトウェアの場合，licensee が自ら使用することよりも，ユーザーに対し再使用をライセンスできることのほうが大きな意味をもつことが多く，sublicensable であるかどうかは契約上重要なポイントである。

勝たせる指図評決が認められた。また，WT による売買目的物についての商品性の黙示の保証違反を裏付ける十分な証拠はないとして，SDS の主張は認められなかった。SDS は，以下の4点に基づいて控訴した。①SDS は，ボックス・トップ・ライセンス条項を TSL との正式契約とする意思はなかった。②TSL による故意の虚偽表示には十分な証拠がある。③WT 社による黙示の保証についても十分な証拠がある。④第1審裁判所は証拠の採否につき裁量権を濫用した

〔裁判の内容〕 控訴審の第3巡回区連邦控訴裁判所は，1991年7月29日，以下のように判示して,ボックス・トップ・ライセンスに関する第1審裁判所の判断を覆し,

8 コンピュータと契約 335

"No right is granted for the use of the SOFTWARE directly by any third party and nothing in this Agreements grants to Licensee rights to sell, lease, or otherwise transfer or dispose of the SOFTWARE in whole or in part."

「いかなる第三者による本件ソフトウェアを直接使用する権利も付与されていないし，本契約は，本件ソフトウェアの全部または一部を売却，賃貸その他移転もしくは処分をする権利を被許諾者に与えるものではない。」

この条項は license の内容をより明確にするために設けられている。

再実施許諾を求める場合，以下のような条項にすることがある。

"X grants Y worldwide rights to sublicense the SOFTWARE, sublicensable rights specifically include the right to copy, print, manufacture, and sublicense all aspects of the SOFTWARE."

「XはYに対し本件ソフトウェアを全世界において再実施許諾をすることのできる権利を許諾する。再実施許諾権はとりわけ，本件ソフトウェアのあらゆる面につき，複製をつくり，印刷し，製造し，再実施許諾する権利を含む。」

⑵　ソフトウェアの保護・保全

ソフトウェアは，上述のとおり1個の財産的価値を有するものであり，知的財産権性を認められている。この点を確認するとともに機密保持の点も含めて，以下のように規定することがある。

この点につき破棄差し戻しをした。その他の点については，第1審の判断が認容された。(939 F. 2d 91。)

　「SDS とTSL 間の契約は，電話によって購入する商品，数量，価格が伝えられていたが，保証についての具体的な内容は明らかになっていなかった。しかし，本件プログラムの各パッケージには，ボックス・トップ・ライセンスとして次のような条件が書かれていた。

　⑴　顧客はソフトウェアそのものを購入したわけではないが，その一身専属，譲渡不可の使用許諾権を与えられたものである。

"It is expressly understood by Licensee that the SOFTWARE in all of its forms is proprietary to Licensor. Licensee agrees that the SOFTWARE in all its forms constitutes trade secrets of Licensor and agrees not to disclose or make available in any form the SOFTWARE to any third party without the expressed written consent of Licensor."

「被許諾者により，本件ソフトウェアはそのすべての形態において許諾者の財産であることが明示的に了解されている。被許諾者は，本件ソフトウェアがライセンサーの営業秘密であることに合意し，本件ソフトウェアをいかなるかたちにおいても明示の書面による許諾者の同意なくしていかなる第三者にも開示し提供しないことに同意する。」

proprietary というのは，intellectual property「知的財産権」の property と同じ語源であり，「知的財産権を構成する」という意味である。

(3) 保証とメインテナンス

通常の技術移転のためのライセンス契約（306頁以下参照）と同じように，ソフトウェアのライセンス契約にも保証条項（warranty clause）を入れることが多い。その根本趣旨は通常の場合と異なることはないが，コンピュータのプログラムを開発するには多大の資本，労力および時間が費やされるのがふつうであり，licensor の知りえない瑕疵（バグ）が発生することも少なくない。licensee の当該ソフトウェアの使い方にも照らして仕様の適合性を考える必要があるといわれるゆえんである。

また，そうしたソフトウェアの特質に照らし，補修やメインテナンスとい

⑵　このボックス中に入れられたディスクが瑕疵のないものであることを保証する以外の明示・黙示の保証を破棄する。

⑶　瑕疵のあるディスクについて購入者に認められる救済方法は，瑕疵のないものと交換することであり，本ライセンスは本プログラムの使用から生ずる直接または間接を問わず損害賠償責任を含まない。

⑷　本ライセンスは，完全合意（統合）条項を含んでおり，ボックス・トップ・ライセンスは当事者間の最終かつ完全な契約である。

⑸　「このパッケージを開披することは，ここに書かれてある契約条件を承諾した

8 コンピュータと契約

ったことも重要なポイントになってくる。次のような条項例がある。

"X warrants for a period of twelve（12）months that the SOFTWARE meets its published specifications and is free from defects in workmanship."

「Xは，12ヵ月間は本件ソフトウェアがその公表された仕様に適合し，かつ出来映えにおいて瑕疵のないものであることを保証する。」

この保証条項の場合は，公表された一定の仕様を基礎にし，それへの適合を一定期間保証するところに特徴がある。ソフトウェアの場合，瑕疵があるかないかは一定の仕様との関連でいわなければならないことも多い。そのため，修正も以下のようになることがある。

"X agrees to use its best efforts to correct any defect or deviation from published specification that is documented and properly communicated to X by LICENSEE."

「Xは，最善努力でもって，あらゆる瑕疵あるいは公表された仕様からの逸脱のうち書面化され被許諾者によりXに対し適切に通知されたものを修正することに同意する。」

ただし，「修正」といっても，ソフトウェアの場合，以下のような制限付きになることもある。

"Corrections under this warranty shall consist solely of supplying to LICENSEE updated versions of the SOFTWARE."

ことを意味します。もしこれらの条件に同意しないのであれば，購入の日から15日以内に開披しない状態で購入者に返還すべきです。そうすれば代金は返されるでしょう。」との文言を本ライセンスは含んでいる。

SDSは，各プログラムについての契約は電話によって行われたので，ボックス・トップ・ライセンスはそうした当事者間の契約内容の重大な変更であり，統一商事法典（U.C.C.）2-207条のもとで，当事者の契約の一部となりえないと主張した。また，SDSは，当事者はボックス・トップ・ライセンスを最終かつ完全な契約とすることを意図していなかったので，U.C.C.2-202条の口頭証拠の法則は適用されない

「本保証のもとにおける修正は，被許諾者に対し最新版の本件ソフトウェアを提供することのみを内容とする。」

⑷ 実施許諾料

royalty「対価」のライセンス契約における意義・種類については，307頁以下に述べたので繰り返さない。ただ，そこでも述べたように，ソフトウェアの場合，再実施許諾（sublicense）が認められるかどうかが大きな意味をもってくるので，royaltyの計算も再実施許諾をベースにして決められることがある。

"Royalty payments due as a result of sublicensing the SOFTWARE are first accrued by the LICENSEE and applied against any advanced license fee payment then paid to LICENSOR."

「本件ソフトウェアを再実施許諾する結果として支払われるべき再実施許諾料の支払いは，最初に被許諾者によって生じ，その時点で許諾者に支払済の前払い使用料の支払いにあてられる。」

この場合，再実施許諾についての使用料はまずlicenseeのもとに生じるが，そのためにlicenseeはlicensorに対して前払いで一定の使用料を支払っており，そこから引かれるかたちになるのである。

再実施許諾をもとにroyaltyを計算することになると，再実施許諾の数について正確に把握できないと計算ができず，ひいてはlicensorに不利益が及ぶことになりかねない。そこで，以下のような条項を入れる。

とも主張した。

　TSLは，ボックス・トップ・ライセンスが，U.C.C.2-207条⑴のもとで条件付き承諾になると主張するが，条件付き承諾になるためには，① もっぱら申込者の不利益になるよう重大に条件を変更すること，② 承諾には一定の様式の書面による確認を必要とするといったキーワードやキーフレーズを用いていること，または ③ 承諾者において，追加条項や変更条項が契約に含まれていなければ取引を進めないとの意思を示すよう申込者に求めること，の3つのうちいずれかが必要である。第1の要件は，ペンシルベニア州U.C.C.が採用していないのでとれない。第2，第3の要件が

8 コンピュータと契約

"LICENSEE will maintain complete records of all its sublicenses sufficient to determine the number of such sublicenses."

「被許諾者は，その実施許諾の件数を決定するに十分なだけ再実施許諾のすべてについての完全な記録をつけるものとする。」

"LICENSOR requires that report of the number of sublicenses of the SOFTWARE sublicensed by the LICENSEE be certified by the LICENSEE's auditing firm and delivered to LICENSOR on at least an annual basis."

「許諾者は，被許諾者によって再実施許諾された件数の報告書が被許諾者の監査法人によって証明され，毎年少なくとも1回は許諾者に交付されることを要求する。」

(5) 権原，特許，著作権などについての保証

licensorは一般に，対象となるソフトウェアなどについて権利を許諾することのできる法的根拠をもっていることを，licensee に対して保証しなくてはならない。それとともに，以下のように，他者の trade secret や秘密情報を侵害することなく独自に創造したものであることを表明する。

"X represents that it has the right to license the SOFTWARE and that it developed the SOFTWARE independently and that to the best of LICENSOR's knowledge it constitutes original concepts and ideas not derived from the use of any other party's trade secrets or other proprietary information."

「Xは本件ソフトウェアを実施許諾する権利を有していること，本件ソ

どのような違いをもたらすかは明らかではないが，当裁判所は3番目の要件に従って考えることにする。

この要件のもとでは，完全合意条項や開披による同意文言は，TSL の承諾を条件付きとするには不十分である。購入後15日以内の払い戻しの条項も，TSL がSDS からこの条項への同意が得られなければSDS 社への販売を差し控えたというほど重要なものではなかったといえる。SDS 社長の証言によると，「TSL は，SDS がエンドユーザーではないのでSDS にはボックス・トップ・ライセンスが適用されないと確約し，2回にわたって同 license に含まれていた保証放棄・救済制限と同じ内容を

第Ⅳ部　契約類型ごとの英文契約のポイント

フトウェアを独自に開発したこと，およびライセンサーの最善知るかぎ
りそれがいかなる他人の営業秘密または他の財産的情報の使用から生ま
れるのではない創造的概念・思想をも構成することを表明する。」

さらに，第三者からの特許や著作権侵害のクレームから licensee を守り
補償するための，以下のような規定も重要である。

"LICENSOR will indemnify and save harmless the LICENSEE against any
claims that any SOFTWARE furnished under and used within the scope of
this Agreement infringes a U. S. patent or copyright."
「許諾者は，本契約のもとで提供され本契約の範囲内で使用された本件
ソフトウェアのすべてが合衆国特許または著作権を侵害するとのあらゆ
るクレームに対し，被許諾者を補償し無害に守る。」

つづけて，訴訟になった場合の弁護士費用などについてふれることがある。

"LICENSOR will pay resulting costs, damages, and attorney's fees in-
curred by LICENSEE: provided that（1）LICENSEE promptly notifies
LICENSOR in writing of the claim, and（2）LICENSOR has sole control
of the conduct of the defense and all related negotiations."
「許諾者は，その結果生ずる被許諾者の負担した費用，損害，および弁
護士費用を支払うものとする。ただし，以下のことを条件とする。(1)被
許諾者がすみやかに許諾者に対し書面でもってクレームにつき通知をな
し，かつ(2)許諾者が単独でその防御活動および関連する交渉をコント
ロールすること。」

含む別の契約書へのサインを求め，SDS がこれを拒否したにもかかわらず TSL は
プログラムの販売を継続した。従って，本件 license を TSL の条件付き承諾とみる
ことはできない。」
　〔解説〕　シュリンクラップ契約とは，本件でボックス・トップ契約といわれてい
るものと同様であるが，一般に著作権者が直接の契約関係にないエンドユーザーとの
間において，ライセンスの契約内容を当該プログラムが搭載されている記憶媒体（ディ
スクなど）のパッケージ表部に記載し透明なビニールでラップし，このラップを破る
ことによって，使用許諾のライセンス契約を成立させるものをいう。

8 コンピュータと契約 341

さらに，以下のようなことまで規定することがある。

"LICENSOR shall have the right at its expense to participate in such defense."

「許諾者は，その出費でもってそうした防御行為に参加する権利をもつ。」

ソフトウェアの性格上，licensee を守り補償する義務についても以下のような制約もありうる。

"LICENSOR will have no obligation to defend LICENSEE or to pay costs, damages or attorney's fees for any claim based upon the use of SOFTWARE improved or modified by LICENSEE."

「許諾者は，被許諾者により改良または修正された本件ソフトウェアの使用に基づくいかなるクレームについても被許諾者を防御したり，経費，損害または弁護士費用を支払う義務を負うものではない。」

⑹　ライセンス契約におけるエスクロー条項

最近新しいタイプのネット取引やソフトウェアライセンスの契約などにエスクロー（escrow）の語をよくみかけるようになった。escrow は，古くから英米の不動産取引などにおいて用いられてきたもので，それが電子商取引時代にあらためて注目されるようになったといえる。

escrow は，もともと巻物を意味する scroll から生まれた。そこから転じて，deed などにつくられた条件付捺印証書を意味するようになった。

条件付捺印証書は，作成者が一定の条件の成就によって捺印証書としての

同契約について法律上最も問題となるのは，ラップを破ることで契約の承諾になるのかという点である。契約は，申し込みと承諾という意思表示の合致によって成立する。この点，いわゆる英米法のもとでもofferとacceptanceの一致が合意（agreement）を形成し，これが契約（contract）の基礎をなすのであり，根本は変わらないと考えてよい。

本件では，結論としてシュリンクラップ契約の成立が否定されている。アメリカでこうした契約関係の成否をカバーするのは，とくに本件のような有償的双務契約の場合，各州の採択している統一商事法典（U.C.C.）第2編（Article 2）の諸規定であ

効力を生じさせる意図のもとで第三者または相手方に交付する証書のことである。第三者に交付する場合, この第三者のことを escrow agent という。

escrow はもともとイギリスで土地の譲渡に際して使われる譲渡証書として使われてきたが, アメリカでは不動産取引の最終決済（closing）のために利用されるようになり一般化した。とくに, アメリカ西部の諸州では escrow を使う傾向が強く escrow の専門業者が多くいる。

不動産取引は, 取引金額が大きく, しかもそれまで面識のない当事者間でなされることも少なくない。

そこで, 互いに確実に代金の支払いと権利の移転がなされるようにするため, escrow agent を決済代行業者として介在させ, その者に書類などを預けるのである。

escrow agent は, 取引を完結するために必要とされる条件が整うのを待って, 預かった書類を譲受人などに引き渡す。escrow agent に預けた後は depositor（寄託者）は対象物に対するコントロールを失う。

インターネットを使ったネットオークションなどが増えているが, それに伴って「お金を支払ったのに商品が届かない」あるいは「商品は送ったのに入金がない」といったトラブルが相次ぎ, 社会問題にもなっている。

そうした契約当事者の不安を解消する新しいやり方として広がりをみせているのが「エスクローサービス」である。

エスクローサービスの仕組みは次のとおりである。まず, 売り手（出品者）と買い手（落札者）の間に第三者である専門の仲介業者が入り, 買い手から代金を預かる。

売り手が買い手に商品を配送したことが確認できたら, 業者は預かってい

る。その2-207条は, 申し込みに対する承諾条件付き承諾, および追加的申し込みとなる場合のそれぞれの要件を規定している。そして同条項に照らして, 本件では上記のとおりの理由で, シュリンクラップ契約が TSL の条件付き承諾にはならないと結論付けられた。

た代金を売り手に送金する。売り手は業者に入金されたことを確認してから配送するので、何度催促しても代金が支払われないといった金銭トラブルの心配はない。

一方、買い手も商品が届かなかったり、届いた商品が買ったものと違う、不良品であった、あるいは壊れているといった場合に、商品を送り返して業者から返金を受けられるので安心である。

日本ではすでに宅配便のエスクローサービス会社などがこの仲介サービスを行っている。サービスの利用や仲介手数料の負担方法は売り手・買い手双方の合意が前提で、手数料も業者によってさまざまである。

さらに、ソフトウェア・エスクローというサービスも、一部で提供されている。

これはソフトウェア取引を開始するにあたって、licensor・licenseeがそのソースコードや技術情報等を第三者（escrow agent）に預託しておき、licensorに倒産などの事故があった場合、escrow agentがあらかじめ定められている一定の条件（開示条件）の下でそのソースコード等をlicenseeに開示することにより、licenseeの保護をはかる制度である。

⑺ **クリック・オン・ライセンス契約（Click-on-License Agreement）**

電子商取引においては、業者側の示すウェブサイト上の契約内容をそのまま一方的にのまされる附合契約（adhesion contract）が多くなりがちである。

たとえば、ウェブサイト上に売買のための契約条項を売り主が示し、買い主側がその内容を受けるか否かの選択しかできないケースがある。これが対消費者であれば、2001年4月1日から施行になった消費者契約法の問題を生

■ **クラウドコンピューティングの法律問題**

クラウドコンピューティング（cloud computing）は、利用者が手元で利用していたソフトウェアなどを、サーバーなどを共有化しネットワークを通じて必要に応じて提供できるようにする。一般に「クラウド」と呼んでいる。

クラウドとは何かにつき、統一的な定義らしいものはない。経済産業省他による「クラウドコンピューティングと日本の競争力に関する研究会」報告書は、「ネットワークを通じて、情報処理サービスを、必要に応じて提供／利用する形の情報処理の仕組み（アーキテクチャ）をいう」としている。

じさせるであろう。

　附合契約においては，当事者間で契約内容について交渉がなされることはなく，一方的につくられた約款が押し付けられるかたちになる。電子商取引になると普通の契約の場合よりも附合契約が多くなる。

　ウェブサイト上のバーチャルモール（仮想店舗）で物を買い入れるケースを考えてみよう。ある商品を選び出し，そのための契約条件に画面上で目を通したとする。

　ただ，そのなかに納得がいかない条項があったとしても，削除を要求して交渉しようとする人はまれである。ウェブサイト上の契約条件をのむかのまないかの選択しかなく，しかも1回クリックするだけで契約が成立する。

　アメリカではこうした契約のことをポイント・アンド・クリック契約（point and click contract）という。その問題性は，従来から日本で附合契約について論じられてきたところと共通する。

　すなわち，とくに消費者に対して一方的に不利な内容を押し付けるような場合は，契約が公序良俗違反で無効になり得る。アメリカでも public policy に反するので無効であると考える。

　2000年に，アメリカでポイント・アンド・クリック契約について，UCITA（Uniform Computer Information Transactions Act）が制定された。同法は，過失なく画面上のボタンをクリックして「同意します」と意思表示した場合には，たとえ契約内容をすべて読んでいなくても契約が成立するとした。

　もちろん，デジタル式でも有効に申込と承諾の意思表示を合致させ契約できることを前提としている。

　アメリカの公的機関（National Institute of Standards and Technology）は，"Cloud computing is a model for enabling ubiquitous, convenient, on-demand network access to a shared pool of configurable computing resources (e.g. networks, servers, storage, applications, and services) ……"「クラウドコンピューティングは，どこからでも，便利に，すぐにネットワークからコンピューティングリソース（たとえばネットワーク，サーバー，アプリケーションおよびサービスへのアクセスを可能にするモデルであり，……）」と定義している。

　クラウド（cloud）のもとの意味は「雲」である。空に浮かぶ雲のように，データ

8 コンピュータと契約 *345*

ただ，ポイント・アンド・クリック契約においては，ワンクリックでよいため，よく考えることなくついうっかり誤って承諾の意思表示をしてしまうことも起こりがちである。

そこで，消費者が契約条件を知ったうえで過失なく同意をしたといえるような"工夫"が必要になる。

たとえば，契約条件をはっきり示すためにスクロール画面をいくつも使い，少なくとも一通り目を通した後でなければ「同意」できないようにすることが考えられる。

また，後で契約をする意思がなかった，あるいはこのように不利な条件に気付いていたら契約しなかったとする無効の主張を避けるためには，ワンクリックではなく複数回クリックするようにしたりすることも考えるべきであろう。

具体的には，1頁にまとめてスクロールできる契約内容の表示ではなく，何頁かに分け，頁ごとにクリックしなければ次の頁に進めないようにしておくことである。

契約に合意するかどうかを最終決定する際にも，このクリックによって，契約が成立すること，その前に契約内容を読んだことを確認する注意書きを，目立つように入れておくこともよいであろう。

日本の消費者契約法は，契約締結過程において不公正な行為があったときは消費者の側で契約を取り消せるとするとともに消費者側に一方的に不利益な条項などは無効にすることを規定する。

さらに，2001年12月25日に施行された「電子消費者契約及び電子承諾通知に関する民法の特例に関する法律」（電子消費者契約法〔改正民法の施行で

などをサイバー空間に集めサーバーなどを共有化し，ネットワークを通じ要求に応じて適宜利用できるようにする情報処理のシステムである。

そこで，共有化したサーバーなどを収めたデータセンターが日本国外に所在する場合には，その所在国の法律が適用されることのリスクが生じる。

具体的には，アメリカのパトリオット（愛国者）法に基づくデータの押収などが最も大きな法的リスクになりえる。パトリオット法（Patriot Act）というのは通称で，2001年10月，同時多発テロの直後に成立した "Uniting and Strengthening America by Providing Appropriate Tools Required to Intercept and Obstruct Ter-

名称は変わる〕）において，電子商取引における消費者の操作ミスの救済や契約の成立時期などに関し，2つの民法の特則を設けている。

1つ目は民法95条の錯誤に関するものである。民法95条は，法律行為の目的および取引上の社会通念に照らして重要なものについて錯誤があったときは，法律行為を取り消せるとしている。（95条1項。）ただし，表意者に重大な過失があった場合には，法律行為を取り消せないとしている。（95条3項。）電子消費者契約法3条は，民法95条3項につき，以下の場合には適用しないこととした。

① 消費者がその使用する電子計算機を用いて送信したときに当該事業者との間で電子消費者契約の申込またはその承諾の意思表示を行う意思がなかったとき
② 消費者がその使用する電子計算機を用いて送信したときに当該電子消費者契約の申込またはその承諾の意思表示と異なる内容の意思表示を行う意思があったとき

上記規定によれば，いわゆるポイント・アンド・クリック契約において，よく検討することなくうっかり承諾の意思表示をしてしまった場合でも民法95条により錯誤の主張ができることになる。

2つ目として，電子消費者契約法4条は，「民法第526条第1項及び第527条の規定は，隔地者間の契約において電子承諾通知を発する場合については，適用しない」と規定していた。

これは，電子取引においては契約の成立につき発信主義よりは到達主義に合理性があると指摘されてきたことに応えたものである。インターネットなどを使った電子取引では，発信の時がほとんど同時に到達の時となるので発

---

rorism Act of 2001"「テロリズムを妨害，阻害するために求められる適切な道具を提供することによってアメリカを団結させ強くする2001年法」が正式名称である。

要するにテロ対策としてつくられた法律であるから，テロリズムに関連して通信傍受する権限や，一定の場合には裁判所の命令なしに電子メールやボイスメールを押え，令状なしにデータセンターなどを家宅捜索できる権限を規定している。

クラウドの場合，1つのデータセンターのサーバー機器に多数の会社のデータがまとまって保存されており，自社のデータも含めて「一網打尽」的に押えられかねない。

EU 一般データ保護規則（EU General Data Protection Regulation）の法的リ

信主義をとる合理性は薄れるためである。

電子商取引においては，両法の下で取消し・無効にならないような契約コンプライアンス（法令などのルール遵守）が求められる。

⑻　**シュリンクラップ・ライセンス契約**（**Shrink-Wrap License Agreement**）

シュリンクラップ・ライセンス契約は，開封契約ともよばれる。それはユーザー（user）がパッケージになったソフトウエアの製品を手にし，包装用ラップ（shrink-wrap）を開封した時点で，パッケージの箱あるいは同封の使用許諾契約書に書かれた内容のライセンス契約が成立するからである。

クリックラップ・ライセンス契約という言い方もある。契約条項はインストール画面に表示されることもある。

これらに対しクリック・オン・ライセンス契約においては，ユーザーが申込のボタンをクリックすることで契約が成立する。しかもシュリンクラップ契約と異なり，このタイプの契約は制作者（web開設者）とユーザーとの間で直接契約が成立する。

前者においては，制作者とユーザーは直接やりとりすることなく小売店，販売店を通じて間接的に契約が成立するにすぎない。

これら2つのタイプの契約に共通した問題点は，ユーザーの明確な意思表示がないため契約が有効に成立したといえないのではという点である。

この点はシュリンクラップ契約において比較的早くから論じられはじめ，当初アメリカでシュリンクラップ契約の有効性は学説上否定されていた。

その後，1996年のProCD事件判決（ProCD v. Zeidenberg, 86 F. 3d 1447, 7th Cir.）が，それまでの考え方の地裁判決を覆し契約を有効であるとした。

スクも忘れるわけにはいかない。GDPRは，EU域外に個人データを移転する場合，移転先の国や地域が同指令の要求する個人データ保護の水準を有すべきとしている。

したがってEU域内にクラウドデータセンターがあるときは，そこから日本へ個人データを移転できなくなるおそれがある。

問題はアメリカやEUだけではない。より「情報統制」が厳しい社会主義国なども対象に，ハブ法務によってクラウドによる法的リスクを国や地域ごとに洗い出し検討すべきである。

クリック・オン・ライセンス契約においては，シュリンクラップ契約よりもさらに一方的にユーザーに不利な内容で成立するおそれがあることから，公の政策（public policy）に反して無効とされるべき場合があるのではないかと論じられている。

そのため，ある文献は，クリック・オン・ライセンス契約が無効にならないようにするための注意点を紹介している。(岡村久道・近藤剛史『インターネット法律実務　新版』206頁。)

① 電子商取引も含めて，商品が最初に使用される前（または，支払義務が生じる前）に，詳細なライセンス条項を買主またはユーザーに開示すること，たとえばハイパーリンクでライセンス条項の文言を表示できるようにしておくこと。

② もし買主がライセンス条項への同意を拒絶する場合には，代金（およびその他の経費）を返還するように申し出ておくこと。

■ オープンイノベーションとライセンス契約

オープンイノベーション（open innovation）の意味は，「開かれた技術革新」である。これだけではわかりにくいが，知的財産（intellectual property；IP）を，いわばひとり占めすることなく，他者にも広く開放していくことが，主な内容である。

もう少し詳しく説明すると，オープンイノベーションにおいては，他者との協力，共同，相互補完を通じて，知的資産の集合，集大成，融合をはかろうとする。

そのやり方には，「外向き」のライセンシングアウト（licensing out），「内向き」のライセンシングイン（licensing in），「相互」のクロスライセンシング（cross licensing）がある。いずれの場合においても，ライセンス契約の締結が重要な役割を果たす。

licensing out では licensor として，licensing in では licensee として，企業はオープンイノベーションに取り組むことになる。「相互」型では共同研究開発契約などのクロスライセンス条項に基づき，licensor と licensee，双方の立場を兼ねて関わる。

なぜオープンイノベーションがいま世界的な流れになっているのかを考えてみよう。一昔前まで，企業による技術革新は自社内において，せいぜい広げてもグループ内でもっぱら行われる傾向があった。

しかし技術レベルが高度化，専門化してくると，人的，物的資源には限りがあるから，一企業だけで技術革新に取り組むのは得策ではない。自然，他企業のもつ資源を

利用したり，これと連携するなどの道を探るようになる。

　こうして登場したオープンイノベーションの動きは，まず欧米企業や日本企業からはじまる。それは，技術の研究開発をリードしてきたからにほかならない。しかしながら，「水と技術は高いところから低いところに流れる」といわれるように，いまは欧米や日本の企業から新興国の企業に，ライセンス契約などによって技術が流入しつづけている。

　他方，技術をさかんに導入する立場であった新興国のうち，中国やインドにおいては，知的財産に対する国民や企業の意識が高まりを見せ，特許の出願件数も急増するようになった。

　とくに中国やインドは巨大な消費市場を抱えているので，いってみれば"居ながらにして"オープンイノベーションが，自国において自国企業の手で行われるに至る。

　新興国において欧米や日本の企業が"入り乱れ"て国際ライセンス契約が締結されることも多くなる。そして，この種の国際契約は，英文契約が大半を占める。

　技術情報の大元の出所が欧米ということが多く，ほとんどの新興国・地域の現地語にはグローバルな通用性がないからである。

　この点，英語は「グローバルビジネスの共通語」とされるほどグローバル性が高い。とくにIT関連分野では，コンピューターの基本言語は英語であるし，英語のもつ「共通語」としての優位性が一段と高くなり，英文契約の果たす役割は増大する。

■ システム開発委託契約の締結交渉における RFI，RFP の作成

　RFI は，Request for Information，RFP は Request for Proposal の略でそれぞれ文書のタイトル（題名）として使う。あえて訳せば「情報（提供）要求（書）」，「提案書要求（書）」となろう。

　契約は，offer「申込」と acceptance「承諾」の合致した agreement「合意」を前提とする。offer は，いきなりなされるわけではなく，相手の提供する商品やサービス内容を照会したりすることからはじまって，申込の誘因にあたる行為を経て offer に至るのがふつうである。

　RFI は，開発委託契約でいえば発注者が受託先候補者に，要求するシステムとそれに対する開発業務の概要の説明を要求するためのものである。

　RFP は，RFI を受けさらに具体的にシステム開発の提案を求めるための書類である。これらは正式な開発委託契約の締結前のいわば交渉段階に用いる文書といってよい。

　問題はなぜ交渉段階においてこれら「文書化」を徹底して行うプラクティスを日本の企業社会で要求するようになったかである。背景には，いわゆる「日本版SOX法」

の制定がある。

「日本版SOX法」は，2007年9月30日に全面施行となった金融商品取引法の一部（ほんの数ヵ条）をそのように呼んでいるにすぎない。財務報告の適正を確保するための内部統制を上場企業等に求める内容が，アメリカが2002年7月に制定した通称サーベンス・オスクリー（SOXと略す）法をモデルにしている。

SOX法の求める内部統制は，「文書化」にポイントがある。「文書化」には，2つの対象が含まれる。1つは，統制のためのマニュアル的な統制文書である。他の1つは，統制の対象になる意思決定や業務プロセスを記録化した文書である。

システムに関する外部委託のなかには，財務報告に影響を与える内容のものがかなりあり，その分リスクが大きいといえる。そこで，こうした契約に関しては，交渉段階から「文書化」による「取引プロセスの可視化」をとくに要求するようになった。

たとえば，経済産業省の「情報システムの信頼性向上のための取引慣行・契約に関する研究会」が，2007年4月に公表した「情報システム・モデル取引・契約書～（受託開発（一部企画を含む），保守運用）〈第一版〉」は，「いわゆる『日本版SOX法』への対応，オープン化，モジュール化の進展への対応等を基本的な視点として，情報システムの信頼性の向上・取引可視化に資する理想的な取引・契約モデルをめざす。」としたうえで，RFIとRFPの関係を次のように説明している。

「……ユーザーは，RFPの作成に先だって，情報提供依頼書（Request For Information：RFI）をベンダに提示し，必要な情報の提供を求める場合がある。なお，ベンダ選定上の留意点については，本契約モデルの対象外であるが，単に入札価格の安いベンダを採用するということではなく，履行体制等にも配慮の上，TCO（Total Cost of Ownership）に基づいて判断を行うべきである。とくに，極端な安値の場合には注意が必要である。」

同報告書はRFIおよびRFPの「概要と記載項目」を，それぞれにつき説明している。詳しい内容はインターネットで確認できるが，正式契約だけでなく，交渉段階すなわちベンダ選定段階における各文書の作成が内容まで具体的に求められることに注目すべきである。

契約・取引における管理・内部統制に日本企業も慣れていく必要がある。

⑨ 秘密保持契約

1 トレード・シークレット（trade secret；営業秘密）の保護

1990年6月22日，日本の不正競争防止法が改正されて，トレード・シークレット（trade secret，以下"TS"と略す）に一定の保護が与えられることになった（1991年6月15日より施行）。ポイントは，TS を不正に入手した企業や個人に対して利用差止めを請求できるようにするところにある。

立法にあたって改正案の作成に携わった通産省（現 経産省）は，立法化の背景として以下の3点を指摘している。（「不正競争防止法の一部を改正する法律案について」より。）

「① わが国経済の技術水準の高度化，サービス化の進展に伴う技術上または営業上のノウハウの重要性の高まり

② ノウハウ等の情報化取引の活発化，雇用形態の流動化を背景とした営業秘密をめぐるトラブルが発生する虞の高まり

③ 知的財産に関する国際的なハーモニゼーションの必要性の高まり」

このうち②にみられる「情報取引の活発化」という現代社会の流れは，情報管理の重要性をいっそう高める。不正競争防止法において，保護の対象になるためには，(i)秘密として管理されていること，(ii)生産方法，販売方法等の事業活用に有用な技術上，営業上の情報であること，および(iii)公然と知られていないこと —— が要件となっている。

■ トレード・シークレット（trade secret；TS）

営業秘密のことは英語で trade secret という。trade secret の法的保護は，アメリカで最も進んでいる。同国で trade secret は，いわゆる知的財産権の1つとして，長いあいだ判例法その他で保護されてきた。

しかし，日本人にはまだこの trade secret の"権利性"にぴんとこないところがある。たとえば，古くからアメリカで trade secret の対象になるといわれてきた代表例に，コカ・コーラの原液の成分やケンタッキー・フライドチキンのスパイスのレシピがある。これらの会社は，間違ってもライバル会社から秘密を盗まれたりしない

（i）で「管理」が問題とされるように，法的保護が与えられるようになったといっても，何もしないで法律が TS を守ってくれるわけではない。有効な情報管理体制が求められる。

2 秘密保持契約の役割

情報管理意識の高揚が求められるなかで，情報管理の方策のひとつとして秘密保持契約の果たす役割がますます大きくなってきた。

秘密保持契約には，大別して第三者と締結する場合および従業員などと会社内部で締結する場合とがある。前者の場合，その契約だけを独立して締結するというよりは，共同研究開発契約（joint research and development agreement）あるいは企業買収（M & A）などの契約に入るための交渉段階において締結することが多い。

M & A 契約に関連して**⑥**（286頁以下）でふれたが，まず，秘密保持契約を締結して，企業買収の前提となる企業の評価（evaluation）に必要な資料を提供し，その後，LOI（letter of intent）を取り交わし，本契約に入るという流れをたどることが多い。

ライセンス契約を締結するについても，まず相手方がどのような技術をもっていて，同契約に入るだけの価値があるかないかを見きわめてから本格的にライセンス契約の交渉に入るということもあるであろう。

合弁契約（joint venture agreement）や販売・代理店契約（distributorship *or* agency agreement）のような継続的な性格をもつ契約においても秘密保持が問題になるが，これらの契約の場合には契約の条項の1つとして秘密保持条項（secrecy clause, confidentiality provision）を設けるのみで対応するこ

ように細心の注意を払っている。製法を記したレシピが本社の金庫の奥深くにしまってあり，ほんの一握りの会社上層部の人間しか開け方は知らないらしい。

日本にもこの手のトレード・シークレットだったらたくさんある。たとえば，何百年も続いたうなぎ屋であれば，先祖伝来のタレの製法を門外不出の秘伝として守ってきたはずである。つぼのなかに入っていて，つけては焼いてを繰り返すうちに当然少なくなっていくので，その都度つけ足していくうちに100年以上も続いていたという気の長い話もある。関東大震災や空襲のときはタレの入ったつぼをまっ先に安全な場所に，"避難"させた店主もいたらしい。

とが多い。

　後者の，会社内部の従業員との間に結ぶ秘密保持契約にも2通りのものが考えられる。会社が自らの秘密情報を守るために，研究開発職員との間で秘密保持契約を取り交わすような場合と，第三者とのライセンス契約のなかの秘密保持条項の内容として従業員との秘密保持契約の締結を義務づけられているために，その履行として締結する場合とである。

　いずれの場合においても，会社内部の者との取決めということで，誓約書の形式をとったり，就業規則に盛り込むなどして，正式な契約書のかたちをとらないことも多い。

　前述のように，日本における不正競争防止法の改正の背景には，終身雇用制が次第に崩れ，日本でも転職がさかんに行われるようになってきたこと（「雇用形態の流動化」）がある。企業がTS自衛のためにすすんで秘密保持契約を結ぶ例は，これからますます多くなるであろう。

　アメリカ企業並みに，研究開発に従事する職員と，(i)入社時，(ii)特定の研究開発プロジェクトを開始する時点，および(iii)退職時，の3つの時点それぞれで，誓約書あるいは，秘密保持契約を取り交わす例もある。

3　秘密保持契約のポイント

　ここで，第三者（外国法人）と共同研究契約のような契約を結ぶ前提として英文で秘密保持契約を結ぶ場合を想定して，英文秘密保持契約のポイントを考えてみよう。秘密保持契約のことは，英語では secrecy agreement あるいは confidentiality agreement のようにいうことが多い。non-disclosure agreement ということもある。

　鮨職人にしてもフランス料理のコックにしても，名人といわれるような人たちは，それぞれ自分たちの高度なノウハウをもっている。たとえ弟子に対してでもなかなかそのノウハウを教えようとしない。弟子たちは，鍋の底に残ったソースをなめて，"ノウハウ"を盗もうとするという話も聞いた。

　こうした人々は，先祖代々，あるいは先輩から後輩に，技術だけではなく，それが外部に漏れないようにするための，いわば秘密の管理方法を受け継いでいる。彼らは，営業秘密が法的に一層保護されることになったといっても，さほど喜びはしないであろう。営業秘密が盗み出されたりしたら，それが使われるまえに差止請求ができると

(1) 秘密に扱われるべき情報の範囲

最初のポイントは，秘密保持の対象・範囲である。対象となる情報のことは，一般に Proprietary Information のような語で定義するのがふつうである。Proprietary は，property「財産（権）」と同じ語源の単語であり，財産権の対象になるような情報，すなわち，知的財産権あるいは知的所有権（intellectual property）の一部をなすような情報を意味する。TS などは，これにあたるといってよいであろう。

情報には財産権の対象にならないような情報もあるのでこうした言い方が必要になるのであるが，前提として以下のような規定を置くこともある。

> "The information to be disclosed by X to Y is considered by X to be proprietary."
> 「XによってYに開示される情報は，Xによって財産権の対象になるものと考えられている。」

秘密情報の内容は，以下のようになるべく具体的に，定義条項のなかなどで明らかにしておくのがよい。

> "For the purpose of this agreement, "Proprietary Information" shall mean all information relating to the production of 〔name of the products〕."
> 「本契約の目的のために "財産的情報" は，〔製品名（が入る）〕の製造に関連するあらゆる情報を意味する。」

秘密情報の範囲について実務上重要な意味をもつものは，例外をなす部分

聞いても，盗まれたこと自体を恥と考えるであろう。そして，より一層技術に磨きをかけ，2度と盗まれたりすることのないように心がけるに違いない。

営業秘密の保護は，その内容が高度になればなるほど，保護者自らの自覚と秘密管理体制がポイントになる。法律ができたからこれで安心と考えるうなぎ屋の主人がいたとしたら，やや考えが甘すぎる。職人気質という点からみても，たよりない感じを否定できない。

営業秘密保護は，法律とモラルの境界に横たわる問題である。法律による保護をここまで広げることが果たして科学技術の進歩にプラスになるかというと，必ずしもそ

である。もっとも一般的な例外としては、"the information which is in the public domain"「公知になった情報」あるいは "the information which is known to the recipient of information prior to the time it is disclosed"「情報の受領者にそれが開示される以前から知らされていた情報」を掲げることが多い。

その他、"the information which is later disclosed by a third party rightfully in possession of the same and under no obligation of secrecy to either party"「（契約締結の）後になって、それを合法的に保有しいずれの当事者に対しても守秘義務を負うことのない第三者が開示した情報」を加えたり、政府や法令によって情報が求められた場合を例外に加えることがある。

こうした例外を明確に規定しておくことは、あとあと知的財産権をめぐる争いに巻き込まれることを未然に防止することに役立つ。たとえば、Ｍ＆Ａのために買収対象になるような会社Ｂ社からＡ社が非公開資料を受けevaluationを行ったが、結局買収は断念したケースを考えてみよう。

のちになってＡ社が買収対象になるはずであったＢ社の作っている製品と同じような製品を第三者から技術情報のライセンスを受け開発し売り出したとしよう。Ｂ社は、自分たちが提供した情報を利用してその製品を開発したと主張するかもしれない。その際、上記のような例外がしっかり規定されていなければ、やっかいなことになる。

(2) 使用目的の限定

秘密保持契約は、共同研究開発契約やライセンス契約あるいはＭ＆Ａのための契約などの前提として締結されるのが多いことは、すでに指摘したと

うではなさそうである。

ダーウィンやミケランジェロが偉大な発見や発明をした時代には、営業秘密保護どころか特許制度も整備されていなかった。モーツァルトやベートーベンが名曲をつくった時代には、著作権は十分に認められていなかった。

だからといって、天才たちの発明や創作に対する意欲がそがれることはなかったに違いない。かえって、当時特許権や著作権が整備されていて、彼らが一躍大金持ちになったとしたら、その後は堕落していたかもしれないのである。

不正競争防止法によって、営業秘密として保護されるためには、３つの要件を満た

おりである。(352頁参照。) とくにそうした場面で用いられる秘密保持契約を
念頭において，重要なポイントを説明してきたわけであるが，秘密情報など
の使途を限定することは重要である。漠然と守秘義務を課すというのではな
く，対象となる秘密情報の範囲を例外とともに明示し，一方では開示する情
報の使途を以下のようにしっかり書いておくのがよい。

"Neither party to this Agreement may use any Proprietary Information
for purpose other than those for which was disclosed without prior writ-
ten consent of the other party."
「この契約のいずれの当事者も，本件財産的情報をそれが開示された以
外の目的には，他方当事者の事前の書面による同意なくして，用いては
ならない。」

このように使途を指定することによって，情報受領者がその秘密情報を，
物の製造，販売などの商業的目的に使用することを防げるのが趣旨である。
そのために，契約書中には，"～ to determine its interests in entering into
formal business relationship."「……正式なビジネス関係に入るについての
権益を決定するため」のような目的を明記しておくのがよい。
次のように書くこともある。

"The Recipient will not make commercial use of the information and the
samples."
「情報受領者は，情報およびサンプルの商業的使用をしないものとする。」

目的の限定とともに，"No license is hereby granted, directly or indirectly,

---

さなければならない。① 秘密として管理されていること，② 技術上または営業上の
有用な情報であること，および ③ 公然と知られていないこと，である。とくに ① の
要件からは，営業秘密を適切に管理していることが求められる。
　具体的には，就業規則などで営業秘密の取り扱い者やこれにアクセスできる者を限
定する。書類に「部外秘」と記載することなどが考えられる。法的保護が整備される
ことになったといっても，何にでも「極秘」のゴム印を押せばよいわけではない。過
ぎたるは及ばざるが如しである。秘密情報の種類内容に応じて適切になされて初めて
「管理」が行われたことになる。

under any patent." 「いかなる特許権のもとでも，直接，間接を問わず，本契約によって何らの実施許諾がなされるものではない」と規定することもよく行われる。とくに特許権の実施許諾を含まない旨を確認することがよくあるのは，特許の内容そのものは公開されているため，これについてわざわざ契約を結ぶことが実施許諾のためとみなされるのを避けるためである。

(3) 別契約への移行

秘密保持契約が，後に締結される別の契約に対する前段階のものだとすると，後に予定された契約との関係についてふれることがある。この場合，別の契約を締結する義務はいっさいないと表明することもあるが，以下の例のように一定の期間後に契約に入る意思があるかないかだけは知らせるようにすることも多い。

> "Within 60 days from the date of this Agreement, X shall notify Y whether it is interested in entering into a Joint Development Agreement."
> 「本契約締結の日から60日以内に，XはYに対し，共同開発契約を結ぶことに関心があるか否かを知らせなくてはならない。」

> "If we are interested in entering into a license agreement, you agree to enter into a good faith negotiation with us for such agreement."
> 「もし当社がライセンス契約に入ることに関心のあるときは，貴社はその契約のために当社と誠意ある交渉に入ることに同意する。」

②の有用性は，たとえば人事のうわさや社長のスキャンダルのように，その企業がいかに秘密に保ちたい情報であっても，営業上有用な情報ではないものがある。これを排除するための要件である。

IT（information technologies）社会では，結局のところ，情報を分析し漏えい防止など適切にコントロールできるかどうかに企業の浮沈がかかっているのである。

として，交渉までを義務づけることがある。"Such agreement shall provide as follows：～,"「そうした契約は以下のような規定をしていなくてはならない」として将来の契約の内容まで規定しておく例もある。交渉も含めてどの程度の拘束力を認めるのがよいかは，ケースによって異なる。しかし，どの程度の拘束力が規定されているかは正確に理解しておく必要がある。

(4) 人的範囲の限定

秘密保持契約においては，どの範囲の人間に秘密を守らせるべきかが問題となる。会社が契約当事者である場合には，何も規定がないかぎり，その会社の役員や従業員は原則として秘密情報を開示される対象者になるものと考えられる。ただ，以下のように従業員のなかでも特定の者だけに開示をさせるようにすることがある。

> "X may disclose the Information only to the employees as X deems necessary to complete its evaluation of the Product."
> 「Xは，本件情報を，本件製品の評価を完了するのに必要とXが考える従業員に対してのみ，開示することができる。」

これだけでなく，これらの従業員が「雇用契約その他で守秘義務を遵守することを約したときのみ」という限定をつけ，"～only when the employees have undertaken by employment agreement or otherwise to comply with the obligation hereunder."のようにすることもある。これをさらに「秘密契約を結んだ従業員」"employees from whom secrecy agreements have been obtained"のように限定することもある。

■ AI（人工知能）と英文契約の和訳

AIといっても，機能レベルに応じて分類がなされる。総務省の「平成28年版情報通信白書」によると，AIは「第三次人工知能ブーム」の真只中にある。1990年頃からインターネットの普及によって集めた大量のデータを使ってAIに機械学習をさせられるようになったことが大きい。

とくに近時は，人間の脳の神経伝達メカニズムモデルとしたニューラルネットワークを用いた機械学習の一手法であるディープラーニングによって，データからコンピューターに学習させられるようになった。

9 秘密保持契約 *359*

製品の evaluation「評価」をすることが予定されるような場合，契約当事者たる会社以外の研究所や専門家など第三者に情報を開示しなくてはならないことがよくある。役員や従業員だけならば，何も規定しなくてもその会社が秘密保持について責任を負わなくてはならなくなるであろうが，第三者が対象に入ってくるときは，必ずその範囲を明確にし，かつ同様の守秘義務を負わせることを確認しておかなくてはいけない。

> "It is understood that X may disclose Proprietary Information to Affiliates subject to the condition that each such Affiliate that receives Proprietary Information shall agree to be bound by all of the terms of this Agreement."
>
> 「本件財産的情報を受領する関連会社が本契約のすべての条項により拘束されることに同意することを条件として，Xは，本件財産的情報を関連会社に開示することができることが了解されている。」

この例では，Affiliates「関連会社」に開示できることになっているが，その範囲がひろくなりすぎないように定義条項をおくなどして対象を明確にしておくのがよい。子会社（subsidiaries）ということばを使用したときにも同じようなことがいえる。

(5) 契約の期間と終了

秘密保持契約には，通常の契約と同じように有効期間を設けることが多い。期間は，契約の目的によって適切な長さが決まってくる。何ら期間を設けないこともある。その場合は，無期限で守秘義務を負いつづけることになるが，

その結果，AI による画像認識，音声処理，自然言語処理などが飛躍的に容易になり，さまざまなビジネスの取組みが実用化されつつある。

言語理解技術の向上は，英文契約など外国語資料の翻訳を可能にする。いわゆる機械翻訳だったら，これまでも実用化，商品化されたものがあり，英文契約にも使われてきたが，実際に使ってみて，いまひとつ精度面で満足できなかった人も多いのではないだろうか。

今後は，英文契約を含めた翻訳の精度は格段に向上するとみられる。2016年11月，大手プラットフォーマーG社は，従来の機械翻訳にニューラルネットワークを導入し

技術の進歩の早さからすると，無期限の守秘義務が果たして現実的かどうか疑問となることもある。情報がすでに陳腐化して公知（public domain）の状態になってしまったにもかかわらず，守秘義務を負うことは適当ではない。期間の設定のない契約の場合は，守秘義務の対象となる情報の例外をしっかり規定しておくことがとくに重要になる。(354・355頁参照。)

　契約の目的が達成された時点で，情報開示のために提供された情報，データ，サンプルなどがあればそれを返却すべきことを規定する例が多い。これらの物の所有権は，提供者に帰属しているからであり，目的が終了しなくとも，"At the request of X, Y shall return all tangible information." 「Xに要求があったときは，Yはすべての有体情報を返却しなくてはならない。」とすることすらある。

　返却する際に，"except one copy which may be retained for record purpose by X's Legal Department" 「Xの法務部によって記録のために保持される一部を除き」のような条件をつけることもある。一部だけの保存を認めるのは，全部返却してしまうならば将来紛争が起こったときに守秘義務の対象を示す証拠がなくなってしまうからである。

4　顧客情報流出を防ぐための委託契約上のポイント

　個人情報を含む顧客情報の大量流出事故は，国内で頻繁に起こっている。デジタル時代の新たなリスクとして，企業は対応を迫られている。アナログ時代であれば，何十万件，何百万件もの情報を一度にもち出すことは至難のわざであった。

　いまは，誰でも簡単に大量の情報を操れるデジタル時代である。最近の顧

たと発表した。日本語，英訳，フランス語など8ヵ国語の翻訳に実用化されている。

　従来の自動翻訳では，文章をパーツごとに分け（形態素解析），単語ごとに翻訳して文章としてつなげていた。これだと，各単語としては翻訳されていても，文章としては意味が通らないことが起こりがちであった。

　ニューラルネットワークを使ったディープラーニングによる機械翻訳の場合，文脈（context）を把握するので，自然に読める文章として翻訳できる。また，機械学習で精度を高めさせ，フィードバックによってさらに学習して精度を向上させていけるとされる。

客情報大量流出事故には，委託先から情報が漏れたケースが多いが，2004年の2月，およそ450万人分とされる個人情報が漏れた事故は，海外で流出したのではないかとみられている。顧客情報の処理を外部に委託するに際しては，委託先が外国の企業である場合を含め，委託契約の内容に十分な注意が必要だ。

　ポイントは，委託元，委託先間の責任分担規定にある。個人情報が委託先から大量に漏れたとする。委託元は，被害者の個人から直接損害賠償請求を受ける可能性がある。漏らした"犯人"が委託先の従業員であったとしても，委託元の監督責任が問われるからである。この理は，2005年4月1日から本格施行になった日本の個人情報保護法22条が，委託元による委託先の「必要かつ適切な監督」と義務づけているところからも根拠づけられる。

　要するに，委託元は委託先，再委託先から情報が漏れた場合に，直接，多数の被害者に対して巨額の損害賠償責任を負わなくてはならないのである。その賠償責任を果たしたのちに，委託先に賠償分を求償できるかどうかは，委託契約の規定次第になる。

　委託元（X）にとって最も有利な規定は，委託先（Y）から hold harmless の約束をとりつけることである。文例としては，以下がある。

> "Y holds X harmless against any damages or losses caused by performance of Y's duties under this agreement."
> 「本契約の下におけるXの義務履行によって生じる一切の損害・損失から，YはXを免責，補償する。」

hold harmless は，indemnify と同義で，ひらたくいえば一切ご迷惑をお

　とはいえ，法律専門用語=法律英語が多い英文契約を正確に日本語に訳すのは AI といえども簡単ではない。難しいのは，「概念の翻訳」で，法律英語と日本の法律用語との間には，英米法と大陸法の概念ギャップが潜むからである。

　よく例に出すのは，statute of limitation である。これを「制限の法」と訳したのでは意味が通じないので「出訴制限法」と訳すのが一般的だが，これでもピンとこない人は多いであろう。

　実質的な意義を捉えて訳すのであれば民法の「消滅時効」とすべきである。原語からはかけ離れた訳になるのは，英米法が「訴訟から生まれた判例法システム」といわ

かけしませんというようなものである。もう少し理論的にいうと，補償するのは，一切の求償に応じますというのと変わらない。

hold harmless は，逆にX（委託元）がY（委託先）に対して行っても，おかしくない。その場合，XはYに求償をしませんと約束することになる。

どちらか一方の当事者が全面的に責任を負うとしても，上記文例の"any damages or losses"の範囲をめぐって争いが生じることはありえる。というのは，委託元が被害者に対して行う損害賠償，補償は，委託元が被る損害の一部にすぎないからである。過去の事例でも，流出があった会社の株価が急落するなど，いわゆるレピュテーショナル・リスク（reputational risk）が生じた。

そこで，damages のあとに"including consequential or indirect damages"「派生的または間接的損害を含む」との文言を付加したりする。これによって，求償に応じる側のリスクは，格段に増大する。情報流出リスクは，どこまでといった明確な境界線がなく，尾ヒレがついて広がる。個人情報の部分も，プライバシー侵害に基づく精神的損害となると，noneconomic なため，損害額をいくらにするかの尺度はないようなものである。

こうした算定上の困難さを考慮して，"liquidated damages"と題する条項を入れることがある。民法でいう「損害賠償額の予定」条項である。実際問題として，情報流出の場合，損害額の目安をつけ，合理的な「予定額」を入れるのはかなり困難である。現実の損害額からかけ離れすぎた金額を入れると，英米法の下では，"penalty"（違約罰）と解されて無効（void）とされることもある。

れるように訴訟を中心に消滅時効を捉えるからである。法律（statute）により，たとえば5年経ったらこれに基づく出訴ができなくなる，と考える。

これに対し大陸法では，実体法的な債権の消滅事由と捉えるのが一般である。

9　秘密保持契約 　*363*

定義条項のカギ

◆　**課題設定**

　　X製薬株式会社は，共同開発契約（joint development agreement）
の締結をスイスのY社と交渉している。共同開発を効率よく進めるに
は事前の情報交換，研究開発成果の開示が欠かせないのでしっかりし
た内容の秘密保持条項を入れることにした。ただ，秘密保持義務の対
象となる情報を明確にする必要があるので定義条項を置くことに
した。

このテーマに沿った条項例

　"Confidential Information" means any information and technology which
is to be disclosed under this agreement, excluding information :

(a)　which was known to the receiving party at the time of disclosure ; or

(b)　which is or becomes of public knowledge without any involvement on
　　the part of the receiving party.

「秘密情報」は，本契約の下で開示されるべきいかなる情報，技術も含むが以
下の情報を除く。

(a)　開示の時点で情報受領者が知っていた情報，または

(b)　情報受領者の側による何らの関与なく公知である，もしくは公知になる情
　　報。

　共同開発契約のように技術情報など秘密情報の開示を多く想定する契約において
は，秘密保持条項が欠かせない。秘密保持に実効性をもたせるためには，漠然と情報
守秘を義務づけるのではなく，対象情報をできるだけ特定することがのぞましい。

　一般には定義条項を置いてその契約中で使う用語の定義（definition）をすることが
多い。契約中の重要語句を定義するのには，定義条項を置かず，その語句が最初に出
る箇所に，～ manufacturing equipment（hereinafter called the "Equipment"）「……製造
装置（以下，本件「装置」とよぶ）」のように書くこともできる。このやり方では，
最初に登場した箇所に定義をしなくてはならないし，あとで定義が契約中のどこにあ
るか捜すことにもなりかねない。

　重要な語句であればあるほど独立した定義条項を置き，過不足のないように定義を
する必要がある。

　共同開発契約の場合，共同開発に着手する前と後の両方の段階で技術情報の開示を

行う必要がある。共同開発の強みを生かすには，開発段階ごとにパートナーの到達レベルを知り，重複開発を避けなければならない。情報の秘密保持をしっかり義務づけなければ互いの情報開示は進まない。

◆ **応用課題**
　X製薬内部では，開示すべき情報を Confidential Information「秘密情報」として定義するために，条項例のように除外情報を定義中に書くならば，開示すべき情報からそもそも外すことになってしまわないかとの指摘がなされた。

　定義条項に重要語句の定義をする際に心がけるべき点は，正確に記述することである。

　たしかにX製薬内部で指摘があったように，「情報」を定義するなかに除外例も書くならば論理矛盾をもたらすおそれがある。開発段階ごとに開示すべき情報に，はじめから情報受領者に既知の情報，公知情報などを含まないことになるからである。

　共同開発の場合，新たな独自開発をするたびに技術情報を相手方に開示すべしとする内容の契約も多く，開示すべき当事者が開示の時点で，たとえば公知情報と判断して開示をしない事態も起こりうる。

　ある情報が共同開発契約締結時点では公知ではなかったがその後に公知になるケースはまれではない。この場合に開示者側の判断で開示対象からその情報を外す扱いにするのでよいかどうかが問題にされなくてはならない。

　そこで，これらの情報は守秘義務の対象から外すのみで開示の対象から外すわけではない旨を次のような書き方で明示すべきである。

The secrecy obligation under this agreement shall not apply to any information：
　(1)　which was known to the receiving party　～；or
　(2)　which is or becomes of public knowledge　～.

本契約の下での秘密保持義務は，以下のいかなる情報にも適用されないものとする。
　(1)　情報受領者が……知っていた情報，または
　(2)　……で公知であり公知になる情報。

　public knowledge は，文字通り広く一般国民に知れわたる状態を意味するわけではない。研究者が公開されている専門雑誌で見ようと思えばいつでも見られる状態でよい。public domain ということも多く，その定義を置く場合もある。

9 秘密保持契約

◆「用法・用語」のポイント

「confidential」と「secret」

　「内密の，内々の」を意味する confidential は confidence「信任，信頼」の形容詞であり，元は「すっかり信頼する」を意味するラテン語の con＋*fidere* である。したがって，秘密情報を confidential にしてもらうのは，個人的な信頼関係をベースにすることが多い。手紙を「親展」と記した封筒に入れることがあるが，英語では "confidential" と封筒の左下か右上に書くのがならわしである。

　secret の語源は，「分離された」を意味するラテン語である。現代企業社会でもいわゆるチャイニーズウォールによってインサイダー情報などを隔離し管理する体制が求められたりするが，プライバシー的秘密情報というよりは組織の機密情報などに使うことが多い。secret agent といえば「（政府所属の）諜報部員」のことである。

「domain」

　domain は，「領地，領域」を表すが，元は「所有権，支配」を意味するラテン語である。法律用語として「完全土地所有権」を表すとともに domain of use は「土地使用権，地上権」となる。

　domain は，さらに学問，思想などの領域，分野を表すことがあり，専門知識や技術情報が public domain に帰したといえば，一種の公有状態になったことを意味する。誰でも知ることのできる状態になったことだけでなく，著作権や特許権の保護期間が切れて誰でも使えるようになることもいう。

　domain はドメイン名でおなじみのインターネット用語でもある。これは，インターネットやコンピュータネットワークで，サーバーを中心に構成された，アドレス文字列に見られる各階層，すなわちネットワークのひとまとまりを表す。

10 データ取引契約

1 データ取引のための英文契約

「データ取引には国境はない」というように，インターネットを使ったデータ取引契約の多くは，クロスボーダーのデータ流通を想定している。そもそもコンピューターの基本言語は英語であるから，自然，英文契約が多くなる。

データ取引契約は，概略，次のように分類できる。

a．データ売買契約（data sales agreement）

b．データ利用許諾契約（data license agreement）

c．データ移転契約（data transfer agreement）

これらは，データ譲渡型（transfer type）と利用許諾型（license type）に2分することもできる。およそデータを対象とする取引は，データを①「収集」（collect）し，これを②「分析/処理」（analyse/process）し，③「利活用，譲渡」（utilize/transfer）する各段階（phase）で行われる。①，②においては，業務委託（business entrustment）契約の締結も多くなる。

英文契約としてのデータ取引契約の内容は，どの類型であるかによって異なる。ここでは，2018年5月25日に施行のEU・GDPR（一般データ保護規則）がひな型的標準約款（standard clauses）として求めるData Transfer Agreement（以下，「DTA」という。）をもとに内容上のキーポイントを考えてみよう。

■「データポータビリティ」の意義

「データポータビリティ」は，「AI・IoT時代」に生まれた合成語のようだが，portability自体は，「携帯できること，軽便さ」を表す一般的な英語である。

portabilityの元になっているportableは，「携帯可能な」の意味のほか，「コンピュータープログラムなどが異なるシステム間で移動可能な」の意味がコンピューター社会の進展のなか生まれた。data portabilityは，データ（の入ったディスクなど）を物理的に「携帯する」ではなく，「システム間でデータを移行できる」の意味で使う。

10　データ取引契約

　本 DTA は，データ輸出者（data exporter）と輸入者（data importer）間の輸出入契約となっており，全部で以下の11か条から成る。

　第1条 Definitions「定義」，第2条 Details of the Transfer「移転の詳細」，第3条 Third-party beneficiary clause「第三受益者条項」，第4条 Obligations of the data exporter「データ輸出者の義務」，第5条 Obligations of the data importer「データ輸入者の義務」，第6条 Liability「責任」，第7条 Mediation and jurisdiction「調停と裁判管轄」，第8条 Co-operation with supervisory authorities「監督当局との協調」，第9条 Governing law「準拠法」，第10条 Variation of the contract「契約の変更」，および第11条 Obligation after the termination of personal data processing services「個人データ処理業務終了後の義務」である。

　とくに第1条における「データ」の定義は重要である。本 DTA「ひな型」の場合，personal data「個人データ」その他の定義につき EC 指令（Directive 95/46 EC）を引用しているが，「個人データ」と産業データ（industrial data）の区別もしっかり書いておくほうがよい。

　「移転の詳細」（第2条）は，「ひな型」では，付属書類 Appendix に譲ることとしている。ポイントは，"transfer" といっても，個人データの場合，個々人の持つ権利を譲り渡すのではなく，使用許諾の license にすぎないことが多い点である。

　「仮名化/匿名加工」したうえでデータを transfer するのか否かも明確にしておくべきである。

　GDPR 4 条⑸は，「仮名化」とは，追加の情報が分離して保管され，識別された又は識別され得る自然人に個人データが帰属しないことを保証する技

---

　port には，ラテン語で「港」を表す portur から生まれた「（コンピューター）プログラムの移行」といった意味がある。

　IT 用語としてデータポータビリティを使うときは，データを「携帯あるいは，持ち運びできる」との意味よりは，「データを移行できる」の意味で使うといったのは，port の語源がラテン語の porto だからである。

　ただ，近時は，「携帯する」に近い個人データの「持ち運び権」としての意味を与えてデータポータビリティを使うようになった。きっかけは，EU の一般データ保護規則（GDPR）である。

術的及び組織的措置をとることによって，当該追加の情報を利用せずに個人
データがもはや特定のデータ主体に帰属しないような方法で，個人データを
処理することをいうとして，以下のように定めている。

'pseudonymisation' means the processing of personal data in such a
manner that the personal data can no longer be attributed to a specific data
subject without the use of additional information, provided that such addi-
tional information is kept separately and is subject to technical and or-
ganisational measures to ensure that the personal data are not attributed to
an identified or identifiable natural person;

このほかのＤＴＡ他の主な条項とそのポイント解説は，第3節（370頁以
下）に収めた。

2 GDPR の法律英語一覧

EU・GDPR（一般データ保護規則）の法律英語
・adequacy decision：「十分性決定」
・appropriate safeguards：「適切な保護措置」
・binding corporate rules：「拘束的企業準則」
・certification：「認証」
・codes of conduct：「行動規範」
・controller：「（個人データの）管理者」
・cross-border processing：「越境的取扱い」，最も問題になるのは，EEA
　域外の加工業者（processor）に向けてデータ移転をする場合である。
・data protection impact assessment：「データ保護影響評価」

同規則は，名称を "Regulation of the European Parliament and of the Council on
the protection of natural persons with regard to processing of personal data and on
the free movement of such data" という。
　訳すと「個人データの取扱いに関する自然人の保護及び同データの自由な移転に関
する欧州会議と欧州理事会の規則」である。同規則の上記名称中の movement は
「移動」または「移転」であるし，port と置き換えられる。
　同規則は，全11章，99ヵ条から成る。その第3章 データ主体の権利（Chapter Ⅲ
Rights of the Data Subject），「第2節情報と個人データへのアクセス」（Section 2 In-

　　　　　　　　　　10　データ取引契約　　　　　　　　　　　*369*

- data protection officer：「データ保護オフィサー」。情報管理内部統制の一
  環として配置が求められる。
- data subject：「データ主体」。個人データにつき識別された，あるいは識
  別され得る自然人。個情法における「本人」に当たる。
- data transfer：「データ移転」
- encryption：「暗号化」
- identification of a data subject：「本人の識別」
- notification obligation：「通知義務」
- personal data：「個人データ」。日本において定義された「個人データ」よ
  り広く，「個人情報」に近い。(個人情報保護法 2 条。)
- prior consultation：「事前協議」
- processing：「処理」，「取扱い」と訳す例もあるが，「加工」のほうが当た
  っている。
- processor：「取扱者」。「加工者」というべきか。
- profiling：「プロファイリング」。一定の個人的な側面を評価するためにな
  される，個人データの利用から成る個人データのあらゆる形態の自動的な
  処理。
- pseudonymisation：「仮名化」。日本の個人情報保護法は，2017年 5 月施
  行の改正で，定義とともに「匿名加工情報」と「匿名加工情報取扱事業者」
  についての規定を置いた。
- right to access：「アクセス権」
- right to data portability：「データポータビリティ権」。データ主体（本人）
  が個人データを自由に他に移す権利をいう。「持ち運び権」と訳すのは，

formation and Access to Personal Data)，「第13条　データ主体から個人データを収
集する場合に提供されるべき情報」（Article 13 Information to be provided where
personal data and collected from the data subject）の第 2 項(b)は，データ主体に提供
すべき追加的情報として，個人データへのアクセス権などとともに，データポータビ
リティ権（right to the portability）があること（existence）を掲げている。
　このようにして right to data portability は，正式な法律英語として認められるに至
ったといえ，これを「持ち運び権」と訳し紹介する動きがある。
　たしかに portability には「携帯可能性」の意味があって外れてはいないのだが，

あまり正確ではない。

・right to erasure（right to be forgotten）：「消去権（忘れられる権利)」

・right to lodge a complaint with ～：「……に不服を申し立てる権利」

・standard data protection clauses：「標準データ保護条項(群)」。GDPR は,
これを標準契約書式として示している。

・transparent information：「透明性のある情報」

3　EU・一般データ保護規則（GDPR）と日本企業の契約実務

　2018年5月25日から施行の EU・一般データ保護規則（EU General Data
Protection Regulation; GDPR）は, EU・基本権憲章（European Union
Charter of Fundamental Rights）8条1項が規定する個人データの保護につ
いての権利を具体化している。

　本規則は, 全11章, 99ヵ条, 前文173項から成る。日本の個人情報保護法
と比べ, 保護の対象が広く, 日本にはないデータ保護責任者の配置などに義
務規定があり, データ移転により厳しい制限を課し, 違反には高額な制裁金
を課し得るなどの違いがある。

　日本企業にとってとくに重要なのは, 本規則が個人データの越境移転を原
則として禁止しており, 域外適用を認める点である。

　越境移転については, 十分な保護の措置をしていない第三国へのデータ移
転を禁止することを内容とする。本規則の"前身"である EU 指令（direc-
tive）にもこの禁止規定があったが, 2019年1月まで, 日本は欧州委員会か
ら「十分性」の認定を受けていなかった。

　したがって, 日本企業は同委員会の要求するところの, a.拘束的企業準

誤解されかねない。むしろ, 権利者が個人データをいつでも引き出し, 他のサービス
などに移すことのできる権利と正確に説明すべきである。訳すのは難しいのでポータ
ビリティ権でよいのではないだろうか。

則，ｂ.標準約款，ｃ.行動準則，ｄ.認証といった「文書化」の手続を通じて，EU・欧州経済領域（EEA）から日本へのデータ移転を行わなければならなかった。

国際契約実務との関連でいえば，「標準データ保護約款」づくりが重要である。EU指令の下では「標準契約約款」と呼ばれ指令25条6項に基づき欧州委員会が決定したものがこれに当たる。

本規則は，約款の名称を変えただけでなく，従来からある，欧州委員会が認めるもののほか監督機関が定めた約款で欧州委員会が認めるものによることもできるとする。

他に，「拘束力をもつ企業行動準則」（binding corporate rules まとめてBCRと略すことがある）を策定し，英国情報コミッショナーなど主務監督機関の承認を得るやり方によるのでもよいとされる。

ただ，手続き上の煩雑さやコスト面の負担などを考えると，企業としては標準データ保護約款づくりをめざすほうが現実的である。2018年6月2日に公布になった民法（債権法）改正では，「定型約款」に関する条文が新設された。施行は原則的には，2020年4月だが，民法改正への対応を含め，日本企業には「約款」づくりの契約実務対応が急務になる。

GDPRは，現行データ保護指令が要求している個人データ処理に関する管理者の義務を強化しており，その関連でも日本企業は契約実務対応をしなくてはならない。

GDPRは，データ処理管理者に代わって処理を委託できる場合を規定している。この場合，同管理者は，処理が本規則の要件を満たし権利の保護を確実にする処理方法で，適切な技術的・組織的な対策実施を十分に保証する

■ オープン化のためのデータライセンス契約作成
データ取引のオープン化のためのライセンス契約をドラフティング（作成）するのであれば，オープン化に向けた Community Data License Agreement（CDLA）などを参考にするのがよいであろう。

CDLA は，2017年10月23日，The Linux Foundation が公表したものである。（https://cd1a.io/）

データのライセンス契約は，一方の当事者がもつデータの利用権限を，相手方当事者に与えるが，すべての利用権限を失うわけではなく残す場合をいう。データに関す

処理者のみを利用しなければならない。(28条1項。)

また，処理の委託契約には，処理者に本規則の遵守を義務づけるための一定の事項を規定する必要がある。(28条3項。)

日本では，改正個人情報保護法が2017年5月30日から施行になった。本改正は，外国の第三者に個人データを提供する場合の要件につき特則を設けるなど，個人データの国境を越えた流通を促す措置を講じている。

4　データ輸出者およびデータ輸入者の義務規定

標準DTAの第4条，第5条は，それぞれ，「データ輸出者」(data exporter) と「データ輸入者」(data importer) の「義務」(obligations) について規定している。

共に，"The data exporter [importer] agrees and warrants :"「データ輸出者[輸入者]は，以下に同意しこれを保証する。」として，保証内容を列挙している。

〜agrees and warrants〜との言い方をしているが，〜represents and warrants〜とする表明・保証条項と趣旨は変わらない。

列挙された保証項目中で，とくに加工目的のデータ移転契約に特有なのは，データ輸出者でいえば，最初に列挙された以下の項目である。

(a)　that the processing, including the transfer itself, of the personal data has been and will continue to be carried out in accordance with the relevant provisions of the applicable data protection law (and, where applicable, has been notified to the relevant authorities of the Member State where the data exporter is established) and does not violate the relevant provisions of that

---

る一切の権限を失う場合は，データの譲渡契約になる。

2018年6月，経済産業省は，「AI編」と「データ編」から成る，AI・データの利用に関する契約ガイドラインを公表した。後者の「データ編」は，「契約類型別にデータの取扱いに関する法的論点や契約の取決め方等について整理」してあり，データ取引契約を作るに際して大変有益な資料である。

同「データ編」は，国際契約を念頭に置いたものではないが，「国際協調の意義」との見出しの下で次のように述べている。〈注，略。〉

「また，近年の動きとして，The Linux Foundation が，2017年10月23日，Com-

State;

「(a)個人データの移転自体を含め，個人データの処理は，適用のあるデータ保護法に従って行ってきており，引き続き将来も行われる（かつ，該当する場合には，データ輸出者が設立された加盟国の関連当局に通知がなされている）ものとし，かかる国の関連する規定に違反していないこと」

個人データの移転については，EUのGDPRだけでなく関係国法による規制があり，それらの遵守は最も基本的な前提事項となる。

5　責任に関する規定

標準DTAの第6条は，「責任」（Liability）に関する規定である。同条1項は，「データ主体」による「補償」請求権につき，次のように規定する。

1. The parties agree that any data subject, who has suffered damage as a result of any breach of the obligations referred to in Clause 3 or in Clause 11 by any party or subprocessor is entitled to receive compensation from the data exporter for the damage suffered.

「1．当事者は，第3条所定の条項の違反の結果，損害を被ったデータ主体が，データ輸出者から損害の補償を受ける権限を有することに合意する。」

compensation「補償」を受ける権利は，加害者から損害賠償を受ける権利とは違う。損害賠償請求のことはclaim for the damagesと言い単数形のdamageは使わない。「データ主体」（data subject）の補償請求権の根拠は，第三受益者の権限を規定した第3条にある。

---

munity Data License Agreement（CDLA）を公表した。CDLAは，データをオープン化する際のライセンスの条件を定めるものであり，……オープン化されたデータの利用促進を後押しするものになると考えられる。本ガイドライン（データ編）は，主として商業上の取引を念頭におき，データのオープン化を前提とするものではないが，適切な契約実務のあり方について検討していく際には，このような国際的な動向も踏まえる必要がある。」

また同「データ編」は，「データのライセンス（利用許諾）」契約作成上のポイントを，次のように説明している。

なお，第6条2項は，データ輸出者が姿をくらます（disappear）などで，1項の訴えを起こせないとき，（is not able to bring the action）データ主体がデータ輸入者に対し請求ができる（may issue a claim）と規定する。

第6条3項は，本契約の他方当事者による違反につき一方当事者が責任を負った場合，他方当事者が，請求についての通知，紛争解決情の協力可能性（possibility to cooperate in the defense and settlement）を条件に，一方当事者を免責する（idemnify）旨規定する。

6　データ取引契約中の第三受益者条項

一般に，データ移転（data transfer）のための契約は，①データ売買契約（data sales agreement），②データ利用許諾契約（data license agreement），および③データ移転契約（data transfer agreement）に分けられる。

また，データ取引は，データの(i)「収集」（collection），(ii)「分析／処理・加工」（analysis/processing），および(iii)「利活用，譲渡」（utilization, transfer）の各フェーズで契約を考えることもできる。

データは眼に見えない情報だから，これに対する所有権は，チップのような記憶媒体に化体されている場合は別として，考えにくいものである。とはいえ，データが一切権利の対象にもならないわけではない。

データが産業データである場合は，著作権（copy right）やノウハウ（know-how）といった，知的財産権（intellectual property right）の対象でありえる。

問題はデータが個人データ（personal data）の場合である。ここでいう個人データは，個人情報をデジタル化し集積したものだが，各個人ですといわ

「データの場合，民法上の所有権が観念できず，データの譲渡とデータのライセンス（利用許諾）の境界があいまいとなり，たとえばデータ受領者が契約で定めていない提供データの利用方法も可能になるのかが不明確になるため，契約においてデータのライセンス（利用許諾）の類型を採用する場合，提供データの「利用許諾」であることを規定するのみならず，「契約で明示したものを除き，提供データに関する何らの権限をデータ受領者に移転しない」ことを注意的に規定しておくことが望ましい。」

以上からもううかがえるように，データのライセンス契約を作るには，"つかみどころのない"データが，知的財産権などの権利の対象になるかを，定義（definition）

なくてはならない。大量の個人データがネット流出する事故が起こると，各個人に対する慰謝料などの損害賠償が問題になるのはこのためである。

EU の「標準約款」は，こうした個人データの権利者を「データ主体」（data subject）と称している。その上で，データ移転のための輸出入型標準契約では，データ主体が「第三受益者」として同契約中の一定条件を強行実現できるように，以下のような規定を置いている。

"The data subjects can enforce this Clause, Clause 4(b), (c) and (e), Clause 6(1) and (2), and Clause7, 9 and 11 as third-party beneficiaries. The parties do not object to the data subjects being represented by an association or other bodies if they so wish and if permitted by national law."

「データ主体は，本条，第 4 条(b)項，同条(c)項及び同条(d)項，第 5 条(a)項，同条(b)項，同条(c)項及び同条(e)項，第 6 条(1)項及び同条(2)項，第 7 条，第 9 条並びに第11条を，第三受益者として強行することができる。両当事者は，データ主体が希望し，かつ国内法上許容されている場合は，協会又はその他の機関がデータ主体を代理することに反対しない。」

本条項が列挙する「本条」以下の各条項は，主にデータ移転当事者である data exporter の義務と責任に関連している。これらにつきデータ主体が，裁判などを通じて，とりわけ被害救済を受けられる旨を明記している。

なお，GDPR は，データポータビリティ権のような新しいタイプの権利についても規定をしている。

7　データ取引契約中の "as is" 条項

まず，"as is" の法律英語としての意義を明らかにしておこう。英米の法

条項などにおいて示すことから始めなくてはならない。

次に，利用許諾と譲渡の区別を明確にする意味で，契約の目的がデータの license「利用許諾」にあることを明記する。そして，対象データに関し，契約で明示的に許諾したもの以外何らの権限も licensee「被許諾者」に移転せず，許諾もしないと規定しておくべきである。

この点，Linux のCDLA はどのように規定しているかであるが，CDLA（パーミッシブ版）は，定義規定（1 条）で，「データ」と「拡張データ」（Enhanced Data）を定義している。ライセンスの内容として2.1条が，「国内外における，非独占的で，

律用語辞典には，"in the condition in which presently found" や "in the existing condition without modification" と端的に意味を述べており「現状，そのままの状態で」を表す。

"as is" を「そのままで」の意味でふつうに使うことはほとんどない。「あるがままに」であれば，as it is を使い "Leave it as it is." 「それはそのままにしておけ。」のようにいう。

"as is" はもっぱら法律用語として引用符号付きで，副詞的にも形容詞的にも使う。たとえば，M & A（企業買収）のための契約に一般的に入る representations and warranties clause「表明・保証条項」中で，"as is" を保証内容とすることがある。

日本のある法律用語辞典には，「アズ・イズ」の項に「『有姿のまま』の項を見よ」とあって，「有姿のままで」，「現状有姿で」といった，やや固い「訳語」が並んでいる。

物の売買契約に使うことが多く，売主は対象物を現状のままで引渡す義務を負うが，その品質などについての責任は負わないことを意味する。

昔から船舶の売買契約において「有姿のまま」の特約，条件がつけられることがよくあった。その場合，売買目的物の船が売買契約に記載の装備類をそなえているかぎり，売主は担保責任を免れる。

2017年の民法（債権法）改正前の民法は，売主側の担保責任を「瑕疵担保責任」としてきたが，改正で「契約不適合責任」に変えた。上記の例でいえば，「装備類」につきどこまで具体的に契約中で示せるかがカギになる。

英文契約では，The goods are sold "as is". 「本件物品は『有姿のままで』売却される。」のような使い方や，This contract is "as is" sale. 「本契約は

取消不能な」（worldwide, non-exclusive, irrevocable）データ使用権とデータ公開権（right to：(a) Use Data ; and (b) Publish Data）を許諾するとしている。ここでは省略するが，3条が Conditions on Rights Granted「許諾される権利の条件」を詳しく述べている。

■ IT ガバナンス

IT（information technologies）社会の到来といわれる。いまや IT に一定の戦略

『現状有姿の』売買である。」のような言い方もする。

データライセンス契約には，Disclaimer of Warranties and Limitations of Liability「保証の免責と責任制限」のタイトルの下に，全て大文字で**THE DATA IS PROVIDED ON AS "AS IS" BASIS, WITHOUT WARRANTIES OF ANY KIND**〜「『データ』は，いかなる種類の保証もなく「現状のままで」提供されるものとする。」との条項が入っていることが多い。

全て大文字の英字になっているのは，免責によって不利益を被るおそれのある当事者への警告のためとみてよい。

データ取引において，The Data is provided "as is."「本件データは『有姿のまま』提供される。」というと実際上どのような意味をもつであろうか。データは情報が集積しており有体物と異なりそのものの姿を"捉える"ことはできない。

上記法律用語辞典の解説部分における"without modification"がキーポイントになりそうである。いま日本でもEUでも，個人データにどういった加工・処理（processing）を加え仮名化／匿名化できるかが課題となっているからである。

日本で2017年5月30日から施行になった改正個人情報保護法は，「匿名加工情報」に当たる個人データを本人の同意なく第三者に移転できるようにした。となると，とくに加工目的のライセンス契約などでは，加工前の修正なしの状態での提供が保証されるかどうかが，大きな検討テーマにならざるを得ない。

を持たない企業は，生き残れないといってもよいであろう。

とくに，顧客情報などの漏えいを防止する情報管理体制をしっかり構築しなくてはならない。そのためには，いわゆるITガバナンスが求められる。

ITガバナンスは，コーポレートガバナンスをITの側面からとらえたものである。ITは，社会や企業に大きな利便性をもたらす反面，これをしっかり管理できなければ，個人情報の大量流出などによって社会に大きな害悪をもたらす。

ITが十分に活用できない企業や情報セキュリティ面が弱い企業は，そのreputation（評価）を低下させ，グループのブランド価値の毀損を招きかねない。ITガバナンスは，何よりも企業のリスク管理，危機管理の観点から重視されなくてはならない。

11 法律英語と金融

1 消費貸借の要物性を修正する民法改正

グローバルなプラクティスでは，国際的融資契約は諾成的に行う。ただ，2017年改正前の民法では，消費貸借を貸主から借主に目的物（金銭など）を引き渡してはじめて成立する要物契約としていた。(587条)

要物契約として金銭消費貸借を取り交わすと，実務上かなり不便が生じる。たとえば，融資を受けてある事業を行おうとする会社が金融機関からお金を貸してもらおうとしよう。

貸す約束はうまく取りつけたとしても，正式契約ではないので，実際に受け取るまでは資金を手にできるかどうかがわからず，借入れを前提とした事業計画を立てることもできない。

そこで，国際ローンアグリーメントだけでなく，身近な住宅ローンなどにおいても，実務上は諾成的消費貸借が広く使われてきた。判例（最判昭和48年3月16日）においても，一定の条件のもとで民法が明文で規定する典型（有名）契約には含まれない無名契約として諾成的消費貸借を有効と認めていた。

2015年の2月24日に法制審議会が決定した民法（債権関係）の改正に関する要綱は，以下のように要物性を修正した。

(1) 民法第587条の規定にかかわらず，書面でする消費貸借は，当事者の一

■ リスクマネジメント（RM）の手法としての国際金融法務

クロスボーダーの各種金融取引が増え，国際化が進むと，これに関与する金融機関その他の当事者には新たなより多くのビジネス・チャンスがもたらされる。半面，リスクも増大する。

金融取引には，貸借関係を基本とすることから，信用リスクや金利リスクがつきものである。こうした従来からのリスクに加え，国際金融取引には為替リスク，オフバランス取引（外国為替の先物予約，金利スワップ，オプション取引などの簿外取引をいう）に特有のリスク，さらには複雑なコンピュータやネットワークを駆使すること

方が金銭その他の物を引き渡すことを約し，相手方がその取った物と種類，品質及び数量の同じ物をもって返還をすることを約することによって，その効力を生ずる。

(2)　書面でする消費貸借の借主は，貸主から金銭その他の物を受け取るまで，契約の解除をすることができる。この場合において，貸主は，その契約の解除によって損害を受けたときは，借主に対し，その賠償を請求することができる。

〈以下略〉

　この内容に沿って民法が改正された。消費貸借が原則要物契約であることは維持されたが，どこが変わったかというと，従来判例で認められてきた諾成的消費貸借を，「書面性」の要件を示しつつ明文で認めるようにした点である。

　それならばいっそのこと，グローバルなプラクティスに近づけ，消費貸借を諾成契約に変更すべきと考える人が多くいた。ただ，消費貸借の要物性は，古代ローマ法から引き継いできた大陸法の"伝統"とされ，容易に捨て去れそうにない。

　諾成契約とすると，軽い気持ちでお金を借りる約束をした人や，安易に貸す約束をしてしまった人が契約上の義務を背負い込んで困ることになりかねない。

　改正法は両タイプを明文で規定しつつ，諾成的消費貸借は書面ですることを要求して，折衷的にバランスをとったということができる。それにしても古代ローマ時代から消費者保護的な考えがあったかもしれないと考えると興味深いものがある。

から生ずる，決済システムのトラブルによるリスクなどを考えておかなくてはならない。

　1987年秋，ニューヨークウォール街を襲った株式急落のニュースはアッという間に世界の主要資本市場を駆け抜け"ブラック・マンデー"とよばれるパニックを生み出した。ニューヨーク市場における急落の原因の1つに，「売りが売りを呼ぶ」プログラム売買というコンピュータ・システムによる取引があったことはよく知られている。

　ブラック・マンデー以後，急拡大する証券取引の国際的リスクに対処するため日米欧の証券監督当局は統一的な基準・ルールづくりにのり出した。グローバル取引で相

2 国際英文ローン契約の特徴

ファイナンスの基本は貸借関係である。これを表す最も一般的な英語は，loan である。国際ファイナンスと契約を論ずるにあたっては，loan agreement から始めるべきである。

近時は，国際金融マーケットでいわゆるオフバランス取引が多く行われるようになり，FRN（Floating Rate Note），NIF（Note Issuance Facility），RUF（Revolving Underwriting Facility）などの取引が多く行われるようになったが，いずれも loan agreement に基礎を置いている。また，セキュリタイゼーションの進行により，債券発行による直接金融の資金調達がよくなされる。これも証券を介してのローン関係であるという本質は変わらない。

国際ファイナンスにおける loan agreement の特徴は，その"国際性"にあらわれる。一般に取引関係が国際的であるかどうかは，当事者の国籍，契約締結地などのファクターから判断されるが，国際ローンは，こうした国際的ファクターを数多くもっている。資金が多い国際金融マーケットにはさまざまな国から貸手（lenders）となる金融機関と借手（borrowers）が集まっている。大型の協調融資となると，日米欧の10ヵ国を超える国の金融機関が協調融資団に加わることも珍しくはない。その場合の貸出地はというと，貸手，借手と直接関係のないロンドンやニューヨークであり，貸出通貨もさらに貸出地のそれと異なっていたりする。（ユーロダラーの場合など。）

こうした"多国籍的"要素によって支配されることの多い国際ローン契約は，準拠法（governing law, applicable law）をどのように決めたらよいであろうか。ローン関係は，日本でいえば消費貸借契約のような債権的契約で

互依存関係が強まってくると，1国だけの規制ではとても対応しきれなくなったのである。

これらのリスクは，国際金融取引がいくつもの異なる法規制や法秩序にまたがって行われるという事実によって増幅される。国際金融取引に不可避なこれらのリスクをいかに管理し克服していくかは，国際金融にかかわるビジネスの成否を左右する重大テーマである。リスク・マネジメント（RM）は，対象となるリスクの内容・性格によって異なってくる。国際金融取引における RM には，以下のような特別の観点が必要とされるであろう。

あるため，当事者が自由に準拠法を定めてよいとされる。(通則法 7 条 1 項参照。) これらを当事者自治の原則（主観主義・意思主義）という。しかし，世界中の国々の国際私法がこぞってこの原則によっているわけではない。

なかには，契約の締結地法，履行地法あるいは債務者の本国法によるべきとする客観主義の国もある。

また，主観主義によりながらも，当該取引と合理的な関係を有する国や法域（jurisdiction）に限って当事者が準拠法を指定できるとする制限的当事者自治原則を採用する国もある。ただ，世界の主要な国際マーケットを支配しているのは，制限的当事者自治原則があるにしても，主観主義である。

国際ローン関係にあって考えられる準拠法といえば貸手と借手のいずれかの国の法律によることである。通常であれば，貸手側がイニシアティブをとって準拠法をその母国法に定め，これに基づいて契約書をドラフトすることが多いであろう。しかしながら，上記のような"多国籍的"取引にあっては，貸手だけでもいくつもの国にわたるため 1 つに決めることがむずかしい。そこで，貸出地を支配する法律に準拠する法律によるということが，実務上はよく行われることになる。

国際ファイナンスの分野は，伝統的な商慣習やプラクティスによって支配される面が多い。たとえば，ロンドンのシティには，独自の自由の気風とともに長い間培ってきた伝統がある。それを無視して，ユーロ市場におけるファイナンス取引をスムーズに行おうとしてもむずかしいことが多い。

また，こうした代表的な国際金融マーケットにおいては，為替管理，税制などの点で規制が緩和されており，それを前提とした国際ファイナンス取引が多く組まれることも見逃せない点である。貸出地＝マーケットにおける法

第 1 に，リスクの背景には，国ごとに異なる法規制・法秩序があるという認識から，各国の法規制の内容，とくにそれらの間の違いをよく知ること。

第 2 に，各国の法規制の内容を変えてゆく上記のような金融規制の統一の動きと方向を知ること。

第 3 に，これらとの関連で生み出されてくる新しい取引形態の仕組みをよく理解すること。

以上の諸点に注意することは，国際金融取引にともなうリスクを予見し，その適切なマネジメントをしていくうえで役に立つ。

律を準拠法とすることには，これらの点との結びつきがあるものといわなくてはならない。

3 英米法と国際ローン契約

　国際的に締結される loan agreement は，上記のようなマーケットとの結びつきの強さもあって，そのほとんどが英語で作成される。単に英語で作成されるだけではなく，準拠法としてもいわゆる英米法が選択されることが多いことも重要である。

　英米法のもとでの loan agreement は，たとえば2017年改正前の日本の民法に基づいた金銭消費貸借契約とは，いくつかの点で異なる。

　第一に，日本の消費貸借契約（民法587条）は，要物契約である。そのため，契約の内容としては，消費貸借が成立するために借主が「金銭その他の物を受け取る」ことが必要とされ，貸主の貸す債務は，契約時に完了してしまう。あとは，借主の返済義務が残るだけといってもよいくらいである。そのため，消費貸借契約書としては，日本の金融取引で幅広く用いられている銀行取引約定書でわかるように，ほとんど借主側の義務だけを書いたものを，借主から貸手に差し入れるかたちのものが多い。

　消費貸借契約の成立に要物性を要求することは，ローマ法の沿革からきている。現代においては，厳格な要物性をここに要求することは必ずしも適当ではないということで，要件を緩和している。ただ，日本のように民法が明文でこれを要件としていることもあり，日本での実務は，要物契約であることを前提に積み重ねられてきた。

　これに対して，英米法に立脚することの多い国際ローン契約は，ほとんど

■ 日本における有担保原則と国際ファイナンス

　貸出地における取引慣行が取引や契約の構造に影響を与えることがある。日本の場合，金融機関からの借入金には物的担保をつけるという有担保原則が行われてきた。

　日本の債券市場においては，昭和初期の不況のさい，償還できなくなる社債が続出した。そこで，いわゆる社債浄化運動が起こり社債には必ず担保をつけるという原則ができ上がった。

　ところが，国際金融の世界ではそれほど物的担保を重視しない。これは，欧米のビジネス社会では，日本におけるほど，とりわけ不動産を担保にとることにこだわらな

が諾成契約として締結される。諾成契約であることは，契約時点で実際に金銭の授受が行われるわけではない。借主側の返済義務などだけでなく，貸手側の貸す債務つまり貸付約定（commitment）も契約の内容に含ませることを意味する。また，実際の貸付のなされる時期が後にずれ込むために，要物型の消費貸借契約にはない条項も必要になってくる。

　改正民法の施行後は，書面による金銭消費貸借は要物契約ではなく諾成契約となる。

　同じような金銭の貸借関係とはいっても，国際ローンは，国内における消費貸借とは構造的に大きく異なるものといわなくてはならない。それだけではなく，マーケットにおける慣行面でいえば，日本では，いわゆる有担保原則が支配しており，とりわけ不動産担保を重視する傾向があるが，国際ローンにおいては，そうした傾向はあまりみられない。

4　loan agreement の基本構造

　諾成契約としての loan agreement の多くは以下の６つの基本パートから成る。

Ⅰ．貸付そのものの基本事項（金額，利息などに関する）

Ⅱ．貸付実行のための先行条件（Conditions Precedent）

Ⅲ．債務者の事実表明・保証（Representations and Warranties）

Ⅳ．債務者による誓約（Covenants）

Ⅴ．不履行に関する定め（Events of Default）

Ⅵ．その他の雑条項（Miscellaneous）

　契約本体にプラスして，付属書類が Appendix, Exhibit, Schedule といっ

いことも関連している。

　昔から，農耕民族として土地を生産手段として重視し，個人や企業の資産としても不動産を中心に考えてきたのが日本人である。これに対し遊牧民族あるいは狩猟民族のルーツをもち，特定の場所に定着するというよりは，これを二次的な生活の手段ととらえ，各地を移り住むことを常に念頭に置いてきたのが欧米人である。土地や建物に対する感覚が日本人と欧米人との間で異なったとしても，無理からぬところである。

　まして，国際ローンの場合，たとえば遠隔地（ヨーロッパからみれば日本は遠い極東の果てである）にあるような日本企業所有の不動産を担保にとってみたところで，

たタイトルの下につけられるのがふつうである。一般に契約の付属書類には契約本体に書くべき内容を体裁上別紙に譲るタイプのものと，書式を別紙で例示するタイプのものがある。

　loan agreement の場合，多くの付属書類が後者のタイプで，Form of Notice of Drawing「資金借入れ通知の書式」，Form of Letter of Guaranty「ギャランティー・レターの書式」といった書式例がついたりする。

　これら基本となる6つのパートと付属書類の関係を，下図をもとに考えてみる。

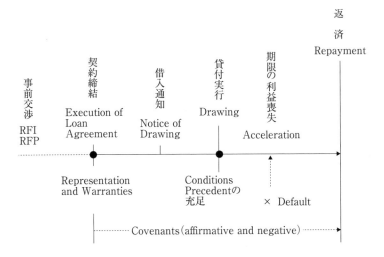

　この図は，左から右へ流れる時間軸によっている。ローンアグリーメントの締結前に交渉が行われるが，RFI（Request for Information）すなわち借手（borrower）の適格性を示す各種信用情報の提供を求める書面や見積書

日常的にこれを管理することはむずかしい。

　こうした諸要素があって，国際金融取引では，無担保貸付がむしろ原則として行われているものといってよい。無担保貸付には，それに伴うリスクをカバーするためのいくつかの「方策」が考えられている。

　ひとつは，**格付の重視**である。海外市場とくにアメリカでは，大手格付機関による貸出先企業の評価がきわめて広範に行われており，社債やCP（コマーシャル・ペーパー）などの発行についても，格付の良し悪しですべてが左右されるといっても過言ではない。

的な RFP（Request for Proposal）が取り交わされることもある。

　ただ，この段階で他の契約でよくみられる LOI（Letter of Intent）や MOU（Memorandum of Understanding）を基本合意書，予備的合意書として作成する例は多くない。それは，loan agreement が諾成契約であり，要物性のある消費貸借契約からみると，貸付け，借入れの「予約」的性格をもつからである。

　ローンアグリーメントの締結（execution of loan agreement）時点では，諾成契約であるから「貸します」との約束（commitment）をするのみであって金銭の貸付けを行うわけではない。借手の側では，commitment を与えてくれたことに対して表明・保証（representations and warranties）を行う。一定の事実を表明しその正しいことを保証する内容であるが，契約締結時の「現状」表明である点に大きな意味がある。

　要物性のある消費貸借契約の場合，契約の時が貸付けの時であるため，こうした表明・保証条項は入らないのがふつうである。

　表明・保証された内容が契約締結時から変わっていないことを最重要の条件として含む先行条件（conditions precedent）を充足してはじめて貸付けが行われる。この仕組みは契約時に貸付けがなされる消費貸借契約には必要のないものである。

　また，実際の貸付実行を求める借入れ通知（notice of drawing）が事前に貸手（lender）に対しなされることも貸付実行の条件になることが多い。とくに貸付約定（commitment）に金額上の枠があり，その中で何回かに分けて借入れを行う場合や借入期間（interest period），貸出し通貨（currency）などを借手側で選択する場合には，本通知が欠かせない。

　もうひとつが，**契約書の内容によるリスク対応**である。つまり，国際的貸付のための契約においては，貸主による非担保の約定（これを negative pledge covenants という）などの誓約条項が重視される。担保をとらないかわりに，他の債権者に対して担保を提供することのないように約束してもらい，これに違反することが即デフォルト（default）になるようなしくみにするのである。

5 representations and warranties clause と covenants clause の違い

representations and warranties「事実表明・保証」条項と covenants「誓約」条項の違いや関係について考えてみたい。

両条項が共に登場し，相互の違いや関係が最も説明しやすいのがファイナンス関連の契約である。代表例である loan agreement の場合，日本民法の下で金銭消費貸借契約が原則として要物契約であるのと異なり，諾成的に締結する。

そのため，agreement 締結時点で金銭の貸付は行われておらず，貸付実行（drawdown）は，リスク分散の目的で時期をずらし，先行条件（conditions precedent）の充足をまって行う。

representations and warranties を「現状表明・保証」と訳すことがあるが，これは契約締結時点における事実表明とその内容についての保証との意味においてである。すなわち represent の表明対象は「事実」であって「意見」ではない。または，ある時点までの「事実」であって将来のことについては対象外となる。

では，representations に warranties を加えるのはなぜかというと，表明した事実の正しいことを表明者自身が「保証」する意味を強調するためである。represent にも「表明し，保証する」との意味を含んではいるが，将来においても表明事実が正しいことを保証するとの意味合いを付加しようとして warrant の力を借りると思えばよいであろう。

一方，英文契約に使う covenant であるが，この語自体で捺印契約を表すことがあるように，「約束」や「誓約」といっても，事実関係を対象にする

■ loan の基本概念

住宅ローンや自動車ローンというように，ローンは日本語となって社会に定着している。だが，日本語になった法律英語は，原語から内容的に離れてしまうことがあるので，要注意である。それは，英米法と大陸法の間に横たわる法概念ギャップからくることが多い。

住宅ローンなどとして国内で広く使われてきた契約は，要物契約としての金銭消費貸借契約であって，諾成契約である loan agreement とは概念的に異なっていた。

「言葉は文化である」というが，法律用語であれば法文化のなかから生まれてくる。

のではなく，契約上の義務のように「何かをする（しない）」ことを約束するのに使う。その意味では，対象はすべて将来のことといえる。

ファイナンス関連の契約だと，契約締結後に借手（borrower）にさまざまな約束をさせるのがふつうである。約束事項には，何かをするという affirmative な内容と何かをしないという negative な内容が含まれまる。

日本語の国内契約にも「コベナンツ条項」などとして使うが，ファイナンス関連で covenant といえば negative なものをさし，そのうちとくに negative pledge「非担保化」の約束を指すとされる。

representations and warranties clause や covenants clause は，M & A（企業買収）などの契約にも広く使われる。とくに前者の場合，契約締結時点で表明されたたとえば「重大な訴訟をかかえていない」との事実が，クロージング（清算結了）時点でも正しくないと意味がないので，no adverse change「不利な状況変化の不存在」をクロージング条件のひとつとする。

6 表明・保証条項

英語では representations and warranties clause であり，英文ローンアグリーメントの基本パートを成す。表明・保証条項と訳すこともある。

representation は，represent「表す，表現する」の名詞形で，単なる「表現，表示」の意味を越えて，しばしば複数形で「陳述，説明」の意味に使うと辞書にある。

契約の条項として使うのは，事実の陳述，表明を内容とする場合である。単独でも「保証条項」と訳すことはあるが，内容は過去または現在の事実を表明するのが中心である。ただ，将来発生する事実も表明の対象に入れるこ

英語の法律用語，すなわち法律英語は，英米法文化が育んだ概念をもつと考えてよい。日本の法律用語はどうかといえば，とくに私法関係では，英米法と世界を2分する法体系の一つである大陸法（Continental law）に属する。英米法と大陸法は，さまざまな場面で考え方を異にする。最も根本的な違いは，英米法が「訴訟の法」とされるところから生じる。

英米法は，慣習法に基づく“不文律”であって，具体的な事件について裁判官が下した判決の集積から成る判例法である。この点，古代ローマ法以来の伝統から，成分法主義による大陸法とは対照的である。たとえば，民法には債権の消滅時効という制

とは可能である。

　表明するといっても「事実」fact を表明するのであって意見（opinion）を表明するときには使わない。

　そこで，representations clause の内容としては，"X represents as follows:"「Ｘは，以下のとおり事実を表明する。」のような言い方につづけて，売買契約であれば売主が "The Products are free from any defect."「本件製品はいかなる欠陥も有しない。」と表明したりする。

　過去から現在までずっと欠陥がなかったという意味で "There has been no defect in the Products."「本件製品にはこれまで欠陥がなかった。」とすることも考えられる。

　ところが，売買契約の買主であれば，目的物に欠陥がないこと，これまで欠陥が見付かっていないことだけではなく，そうした事実に基づいて買主の所有物となった後もずっと欠陥が生じないことにもっとも強い関心を示すはずである。

　契約中に representations 条項を入れるのは，事実についてとくに契約後のことについて約束させるためといってもよいであろう。買主であれば物の隠れた瑕疵が顕在化したときは，売主に責任を負ってもらいたいに違いない。過去や現在の事実を表明させるのはそのための "前提" に過ぎない。

　representations の表明対象に将来の事実を入れることは可能といったが，将来における約束の意味を含ませるには represent だけでは弱い。そこで "X represents and warrants that ～."「Ｘは……を表明し，保証する」のように warrant を加えることをよく行う。その場合，条項の見出しは representations and warranties となる。

度がある。人間の社会生活そのものは，日本でも英米でも大きく違うわけではないので，英米の社会にも消滅時効に相当する制度は必要であるし，現に存在する。

　ただ，消滅時効に相当する法律英語は statute of limitation である。これを「出訴制限法」と訳したりするが，債権の消滅時効のイメージは湧いてこない。どこに原因があるかといえば，「10年経ったら権利が消滅する」といった同じ内容でも，英米法は訴訟法の枠組みのなかで説明しようとする。すなわち，10年経ったら訴えを起こして債権の請求ができなくなるとする。「出訴制限」とその訳は limitation の意味内容を汲んだものであろう。

アメリカの統一商事法典（U.C.C.）の定義によれば，warranty は，事実の確認または約束（affirmation of fact or a promise）のいずれも内容とすることができるとされている。となると，representation よりは warranty のほうが広い対象をもつことがわかる。

represent を将来の事実について使うことは可能だとしても，あいまいさを避けるため，過去および現在についての事実表明と将来についての事実表明とで representations 項目を分けることも行う。

さらに，たとえば "The price of a given merchandise does not fall below the stated value during the effective period of the contract." 「既定の商品の価格は，契約の有効期間中は定まった価格を下回らない。」との将来の事実を represent したとして，暗に一定の価格を下回った時は一方当事者に解約権を生じさせると言いたい場合もある。それならば端的に termination events「解約事由」中に書くほうが明確で良いであろう。
アメリカ国内で行われたあるローンアグリーメントの "Representations and Warranties" 条項の細目次は，以下のような内容であった。
・Good Standing and Qualification（良好な存立および資格）
・Corporate Authority（会社の授権）
・Governmental Approvals（政府の承認）
・Binding Agreements（拘束力ある契約）
・Litigation（訴訟）
・No Conflicting Agreements（抵触する契約のないこと）
・Financial Condition（財務状態）
・Properties（資産）

これに対して日本民法の下で消滅時効は，実体法的に説明するのが通説である。時効の援用を停止条件とし，10年経ったら債権が実体的に消滅すると説明する。このように訴訟手続を中心に，法制度や概念を説明しようとする例は，setoff と相殺との関係などにみられる。

loan は，これを日本法の下で消費貸借と訳すと，英米法，大陸法間の法概念ギャップに陥りかねない。loan agreement と消費貸借契約とは，後者が大陸法の下で要物性を要件としてきたのに対し前者は英米法の下でふつうの諾成契約でしかないとの違いがあるからである。

・Tax Returns and Payments（税務申告および税の支払い）

・Federal Reserve Regulations（連邦準備理事会規則）

・Pension Plans（年金計画）

・Lien Priority（先取特権）

・No Event of Default（債務不履行事由のないこと）

・Representation as a whole（全体としての表明）

　契約交渉の際に，どのような表現，内容にするかで揉めることがあるのが"Litigation"と題する条項である。litigationは訴訟，なかでも民事訴訟を表すが，ローンアグリーメントの借手が巨額の損害賠償責任を命ずる判決を受けたりすると，返済資力にも大きな影響が生じかねない。

　そこでLitigation条項では，借手がそうした民事訴訟をかかえていないとの事実を，The Borrower represents that there is no litigation pending.「借手は，何ら係属している訴訟はないことを表明する。」のように書くのが基本パターンである。

　representし，warrantした内容が事実に反することが後で判明すると，デフォルト事由に該当し，損害賠償責任を生じさせたりするので慎重に対応しなくてはならない。1つは，litigationの前にmaterial「重要な」を入れることである。そうすれば，「重要で大きな訴訟は抱えていない」との意味になる。

　もう1つは，表明する事実の前にto the best of our knowledgeを入れることである。この成句は，「最善知るところでは……」を意味し，少しくだけた訳し方では「せいぜい調べた結果では……」を意味するので，1つや2つ見落した訴訟があったとしても表明・保証違反にはならない。

　大陸法のルーツにあたる古代ローマ法において消費貸借契約には要物性を要求していたことから，日本法を含む大陸法では伝統的に消費貸借契約を原則として要物契約とした。この基本概念の違いがあるために，契約の基本構造に違いが生じる。

　2017年の民法改正によって，消費貸借契約の要物性については，大きな修正が加えられた。（382頁以下参照。）

7 Covenants clause の内容

covenants は，将来に向けての債務者の約束を内容とするが，これには積極的に何かをするという約束（affirmative covenants）と逆に消極的に何かをしないという約束（negative covenants）の 2 種類がある。affirmative なものの例としては，債務者が財務上，稼働資本（working capital）率を一定に保つ，一定の有形純資産（tangible net worth）を保持する，

財務情報を定期的に債権者に報告する，税金をきちんと支払う，一定の保険を付する，社会資産を確保する，などがある。債務者の信用力が低ければ低いほどこの種の covenants がきめ細かくまたきびしい内容のものになることはいうまでもない。

他方，negative covenants は，「物的担保にかわるもの」という意味ではより重要なものである。negative covenants には，債務者の財務内容や財務行動を制約する内容が含まれるのがふつうである。典型的なものに，negative pledge と称されるものがある。pledge は質権や担保権をひろく表すため，「担保権設定禁止」を内容とすると考えられる。

無担保貸付を行う債権者の立場から最も気になるのは，貸付後に登場する他の債権者に債務者が担保を提供しないかどうかである。これをされると，無担保債権者は，とくに債務者が倒産したような場合に，担保付債権者に対してきわめて不利な，劣後する立場に甘んじなくてはならない。

このような事態の発生を避けるため，無担保債権者は貸付のための loan agreement などに negative pledge「非担保化」条項を入れるのである。この covenant はこのように重要なものであるため，これに違反することは債

■covenant（誓約）とその効用

「約束する」は，英語でいろいろな言回しがあるが，法律的な表現としては，undertake や covenant，engage，pledge などがよく使われる。法的な用法としては，covenant には「契約，捺印証書」という意味がある。もともと covenant は，「神がイスラエル人に与えた約束，契約」，「聖書に啓示された神の人間に対する約束，契約」であり，聖書そのものも Covenant とよばれる。covenant の訳として，よく誓約，盟約があてられるが，言葉の色合いがよくできている。covenant はキリスト教的契約社会のキーワードである。

務不履行事由（events of default）に該当し，債務者が期限の利益を失うことになるのがふつうである。covenants 条項の内容は，債権者にとってきわめて重要なだけでなく，その内容いかんで財務行動が著しく制約されることになりかねないため，債務者にとってもきわめて大きな意味をもつ。negative pledge の例としては，次のようなものがある。

> "Borrower will not create or permit to subsist any security interests over the whole or any part of its revenues or other assets, present or future ～."
> 「借主は，その現在または将来の収入あるいは他の資産の全部または一部に担保権を発生，存続させてはならず，……。」

これをはっきり担保権設定を拒否するのではなく，*pari passu* という表現を使って，以下のように規定することがある。

> "All the obligations and liabilities of the Borrower under this Agreement will rank either *pari passu* with or in priority to all other obligations and liabilities of the Borrower."
> 「借主の本契約のもとでのあらゆる債務および責任は，借主の他のあらゆる債務に劣後せず，あるいはそれらに優先するものとする。」

rank *pari passu* は，rank equally と同じで，「劣後することなく同等とする」ことを意味する。結局，いずれの債務にも劣後しなければ，上記の無担保債権者の目的は達せられることになるので *pari passu* 条項は，negative pledge 条項の一種と考えられ，また両者を並べて記載することもある。

法律概念としての covenant には，そのまえに対比・対立する修飾語がついていくつかの分類ができる。

    absolute covenant ↔ conditional covenant
    affirmative covenant ↔ negative covenant
    declaratory covenant ↔ obligatory covenant
    dependent covenant ↔ independent covenant
    express covenant ↔ implied covenant
    general covenant ↔ specific covenant

11 法律英語と金融 *393*

将来いかなる債務負担にも担保設定を許さないということになると不都合も大きすぎるので，無担保債権者に *pari passu* で同じような担保を保障する場合を除外したり，一定の種類の債務負担についてのみ制約を課すことがよく行われる。

8 Default clause

default は，債務不履行をあらわし，ローン契約以外においても，よく登場する。とくに，国際ファイナンスの関係では，「デフォルト宣言」という新聞にもよく登場する見出しとともに，なじみの語である。

先に説明した Covenants clause や Representations and Warranties clause と異なり，default clause は要物契約としてのローン契約にも，欠かすことのできない条項である。ただ，一般に日本の消費貸借契約においては，「期限の利益喪失条項」とよばれる。これは，default が発生した場合を効果の面からとらえたにすぎない。

default clause は，Events of Default のタイトルでよばれることが多い。債務不履行になるような事由（events）を列挙するためであるが，正確にいうと，ここに列挙される事由は，2つに大別される。

契約条項やその内容となる契約義務自体の違反（breach），および，潜在的にそうした違反につながるような事由である。第一のグループは，英文ローン契約の場合は，さらに，payment default とそれ以外の契約違反に分かれる。payment default は，借主（borrower）の最も基本的な債務である元本の返済，利息の支払いを怠ることである。

それ以外の義務違反で最初にあげられるのが，covenants 違反，とくに

ここでいう negative covenant のなかで典型的なものが，negative pledge といわれるものである。日本の国内金融では，「有担保原則」が支配的であるが，欧米では，無担保の貸付が多い。その場合，無担保貸付けをする債権者（X）として注意しなければならないのは，債務者が後に登場する別の債権者（Y）に物的担保を提供しないかということである。そうした不都合（債権者のリスク）を避けるために入れられるが，この negative pledge 条項である。

negative covenants としての非担保化条項違反である。ほかに，representations and warranties「表明・保証」のなかで述べたことに虚偽があった，あるいは重大な事実を隠していた場合なども event of default とされることが多い。

　第二のグループには，破産宣告を受けることや倒産状態をひろく掲げることが多い。その延長上にある営業活動を止めること，解散して存続しなくなることも events になりうる。このグループの events には，default に将来導くであろう潜在的事由が掲げられるのであるが，そのなかには，cross default とよばれるものも入るのがふつうである。

　cross default は，そのローン契約自体の義務違反ではないが，他の契約における default が当該契約における default になるとするものである。つまり当該ローン契約と他の契約との間で events of default がクロスするところから，この名称でよばれている。

　cross default によれば，その対象に入る他の契約債務について default が発生したとすると，その事実が当該ローン契約のもとでも同時に events of default になる。その結果，債務者は，たとえばある契約のもとで利息の支払いを怠ったとすると，これが他の契約にもただちに波及して default の連鎖となりいっきに倒産となることになりかねない。

　債権者からみると，cross default clause が入っていることによって，同一債務者について起こったことにつき，他の債権者に遅れることなく，いちはやく対応することが可能になる。その意味で，債務者をとりまく債権者たちを一定の範囲で平等に扱う意味をもつ。

　ただ，どのような債務についてもクロスさせることは，あまり適当ではな

いので，同種の債務に限定したり（国際ローンかどうかなど），金額で「何万ドル以上の借入れ」のように限定することがある。

　default があった場合の効果には，2つのものがある。まず，すでに貸付けがなされた部分については，acceleration が生ずる。acceleration は，日本でいう「期限の利益の喪失」のことである。債務者のために設けられた期限が失われてただちに支払われるべき状態になる。

　たとえば，英文では，以下のようにいう。

> "The Loan and all amounts payable under this Agreement shall become immediately due and payable together with interests thereon to the date of actual payment."
> 「本件ローン契約およびこの契約のもとで支払われるべき金額は，現実に支払われる日までの利息とともにただちに支払わなければならないものとする。」

　acceleration は，何らの手続きを要せず当然に（automatically）起こる場合と，通知（notice）などを要する場合とがある。通知を要する場合，シンジケートローンなどでは債務額の2分の1を超える債権者の同意があったときに，notice を債務者にして，default を宣言（declare）するというものが多い。

　default のもうひとつの効果は，まだ履行されていない貸主（lender）の貸付義務があるときに，それが効力を失うことである。

　以下のような表現になる。

■**default「債務不履行，不履行」という語の使い方あれこれ**
◇to cure all defaults　懈怠を矯正（治癒）する
◇the purchaser makes default in his（the）payments　買主がその支払いについて，懈怠（不履行）する
◇the borrower's loan is in default and the mortgage is not　借主の借入金について不履行があり，抵当権については不履行がない
◇a conditional tender is necessary to put either party in default　一方当事者が不履行をしていることになるためには，条件付提供が必要である

396　　　　第Ⅳ部　契約類型ごとの英文契約のポイント

> "If the Loan shall be declared immediately due and payable as aforesaid, the Commitments shall be cancelled automatically."
>
> 「もし本件ローンが，上記のとおり，ただちに支払うべきことと宣言されたときは，貸付約定は自動的に取り消されたものとする。」

9　Currency Judgment Clause

国際ファイナンスの契約によく用いられる条項に Currency Judgment Clause がある。国ごとに通貨が異なり，これが為替リスクを生み出すのであるが，裁判との関係でも一定のリスクを生むことになる。

たとえば，いま米ドル建てのローンがあったとする。債務者に default があり，裁判所に訴えを提起したとしても，必ずしも米ドルの給付判決が出るとはかぎらない。つまり，アメリカ合衆国以外の国において裁判を起こしたとすると，その国では自国の通貨以外の通貨による給付判決を認めないかもしれないからである。

その場合には，裁判手続のなかの一定時点（たとえば，口頭弁論終結時，裁判時など）において自国通貨に米ドルから換算することがなされなくてはならない。判決に従って債務者が実際に支払いをなす，あるいは強制執行をして，現実に債権者が満足を得るまでには時間的ずれがあるので，債権者には為替差損（益）が生じることになる。そこで，債務者が以下のように契約上規定して，とくに差損分を補償することとするのである。

> "The Borrower shall indemnify and hold the Lender harmless against any deficiency arising or resulting from any variation between (i) the

---

◇in default of delivery of a defence　答弁書の交付がないので
◇relating to default in time　期限についての不履行に関し
◇Unless otherwise agreed, a secured party has on default the right to take possession of the collateral.　別段の合意がある場合を除き，担保権を有する当事者は，不履行があったときに，当該担保物の占有を取得する権利を有する。

11 法律英語と金融

rate of exchange applied in converting any amount expressed in the Contractual Currency into the Judgment Currency for the purposes of such judgment or order and (ii) the rate of exchange as the date of actual payment."

「借主は，（i）本件契約通貨をその判決または命令の目的のために判決通貨に換算するに際して適用した交換比率，および(ii)現実の支払日における交換率との差から生じ導かれるところの不足につき，貸主を免責し補償する。」

　なぜこのような条項が必要になるかといえば，外貨による判決が出ないおそれがあるからであるが，たとえば，イギリスにおいては，1974年に裁判例が出るまでは，自国通貨（ポンド）以外の給付判決を認めなかった。

　また，国によっては，外国との相互保証を認めるところがある。

　アメリカでは，この問題が各州法レベルの問題とされてきたが，1962年に Uniform Foreign Country Money Judgment Recognition Act が発表され，それを採択する州が増えた。

10　担保・保証取引の法律英語

(1)　金融取引における物的担保と人的担保

　金融取引に担保はつきものである。金融機関が貸付などによって顧客に信用を供与したとする。貸付債権の確実な回収が図れるように万全の手当てをすることはもちろん必要であるが，何らかの担保をとることがよく行われる。

　この場合の担保は，物的担保と人的担保に大きく分けられる。この区分は，

──────────────────────────

■ breach と default の使い分け

　契約に違反するというときの英語は，breach を使うほうが適切である。たとえば，ウィーン国際物品売買条約（CISG）の英文正本（同条約の正本は他にアラビア語，中国語，フランス語，ロシア語及びスペイン語で作成されているが日本語は入っていない。）の第3部，第2章，第3節「売主による契約違反についての救済」を "Remedies for breach of contract by the seller" としている。

　さらに，その第3節冒頭の第45条(1)は「買主は，売主が契約又はこの条約に基づく義務を履行しない場合には，……」を "If the seller fails to perform any of his ob-

ある債権について引当となる財産が債務者以外の者の一般財産に及ぶか，それとも特定の財産に対し他の債権者より優先的に弁済を受ける権利が認められているかどうかによる。

人的担保には，一般に保証債務と連帯債務ができる。このうち，国際金融取引においては，保証にあたる guranty を使うことが多い。日本の金融界には，いわゆる有担保主義の慣行があって，担保のなかでも物的担保，とりわけ不動産担保をどれだけ提供できるかを債務者の「借入能力」をはかる尺度としてきた。

国際金融取引においては，国内金融取引におけるほど物的担保を重視しない。それは，物的担保には“ローカル性”があるからである。物的担保のうち債務者が不動産，とくに土地を担保として提供するとしよう。

多くの場合，不動産は債権者からみて「外国」にあるであろう。遠く離れた外国の不動産を担保に取っても債権者にはそれほどメリットがないことが多い。不動産を担保にとったまま放置してはおけないからである。

遠くはなれた外国の不動産を担保に取っても債権者にはそれほどメリットがないことが多い。不動産を担保にとったまま放置してはおけないからである。建物であれば妨害的賃貸借が設定されるかもしれず，債権者は不断にこれを監視し，担保として管理しなくてはならない。

物の上に担保権を設定するために担保権設定契約を締結するが，その準拠法は物の所在地法によるのが一般的である。日本の国際私法である「法の適用に関する通則法」13条1項も「動産又は不動産に関する物権及びその他の登記をすべき権利は，その目的物の所在地法による。」と規定している。

すなわち，loan agreement などと異なり，担保権設定契約の担保権の設

---

ligations under the contract or this Convention," とし，「契約違反」と「契約上の義務の不履行」で表現を分けている。したがって，後者を一語で表すにはnon-performance がよいであろう。

なお，CISG は，第3部，第5章，第1節を「履行期前の違反及び分割履行契約」 "Another breach and contracts" として，第71条以下にいわゆる「不安の抗弁（権）」を規定している。

breach は，break「破る」と共通して古期英語（OE）brecan から派生し，break はドイツ語のbrechen と同じ意味である。ただ，breach の語源となると「破

11 法律英語と金融

定，効力，執行などにかかる法律問題の準拠法は当事者が選べない。不動産などの所在する外国法によることになれば，債権者にとってはそれだけ執行面を含めた予見可能性が低くなり，不利になる。

いざ担保権を実行するとなれば，loan agreement の準拠法とは関係なく「手続法は法廷地法による」とのルールどおり法廷地法＝物件所在地法に従って行わなければならない。これもまた債権者にとっては不利になるであろう。抵当権など担保権を設定する段階から現地の弁護士に相談しながら契約書づくりをしていくのがよい。

これらのマイナス要因から，国際金融取引においては物的担保がそれほど重視されない。代わって，人的担保のうちでも保証あるいは保証類似の債権的取決めが多く用いられる。

(2) 保証と guaranty の概念ギャップ

loan agreement の準拠法は，日本の場合，法の適用に関する通則法 7 条が「法律行為の成立及び効力は，当事者が当該法律行為の当時に選択した地の法による。」と規定するので，当事者自治の原則に従って，当事者が指定することができる。この準拠法とは別に保証契約独自の準拠法を考えることができるかどうかがここでの問題である。

日本の私法の下における保証には基本的性質として附従性がある。そのため，主たる債務者負担契約の準拠法と同じ準拠法でなくてはならないとする見解もある。しかし，保証契約は保証人と債権者間の，loan agreement などとは当事者関係を異にする独立した契約であるとみて，当事者が保証契約独自の準拠法を指定できるとするのが多数説の考え方である。

る」を表す古期フランス語（OF）のようで，いずれにしても原義は，「突然力を加えて物を壊す」であるから，契約や約束を破り意味のないものにする＝契約違反にはふさわしい語といえる。

default は，債務不履行や義務の懈怠（けたい）を表す語として使うので，契約違反よりは広い概念をもつ。この語は de＋fault から成り，fault だけで「過失，落ち度」の意味がある。

fault の語源は，「だますこと」を表すラテン語の fallo である。「だます」ほうが「だまされる」より悪いはずだが，だますことがうっかりだまされることすなわち

ただ，保証契約に当事者による準拠法の指定がなされなかった場合には，主たる債務負担契約と同じ準拠法を指定する当事者黙示の意思があったものと扱われることが多くなるであろう。

日本の金融取引において用いられる保証は，ほとんどが連帯保証である。債権者主導でその旨の約定がなされることに加えて，商法511条が「保証人がある場合において，債務が主たる債務者の商行為によって生じたものであるとき，又は保証が商行為であるときは，主たる債務者及び保証人が各別の行為によって債務を負担したときであっても，その債務は，各自連帯して負担する。」と規定していることが大きい。

判例（最判昭42・10・6民集21・8・2051）も，「保証人自身は商人でなくても，商人である主債務者の委託に基づくものであれば，その保証委託行為が主債務者の営業のためにするものと推定され，保証人が主債務者に代わって弁済したことによって発生した求償権も，商法522条の適用がある。」としており，商法511条あるいは，同法522条（商行為によって生じた債権の消滅時効）が適用される場面は多い。

連帯保証と普通の保証の違いはどこにあるかといえば，最大の違いは，催告の抗弁権および検索の抗弁権の有無にある。連帯保証人はこれらをもたない。（民法454条。）ちなみに前者は，保証人が債権者から債務の履行を求められたときに，まず主たる債務者に履行を催告せよとの抗弁であり，後者は，同様の場合に，保証人がまず債務者の財産について執行せよとする抗弁である。当然のことながら，債権者にとっては，このような抗弁権の対抗を受けない連帯保証のほうが有利である。

日本法の下での「保証」と英米法の下での guaranty との間には，概念ギ

「落ち度」の意味に変化したようである。

default は，古期フランス語（OF）の de＋faillir が元の語で，これを借り入れた中世英語（ME）では defaut(e)と l を抜いて綴っていた。defaillir の de は強調，faillir が「失敗すること」を表す。fail といえば，「失敗する」がすぐ思いつくところであるが，原義からしても，「怠る」，「……しそこなう」がそのあとにつづくのは理解しやすいであろう。

そのため，CISG が「（義務を）不履行する」を fail to performance としてもよいであろう。

ャップがある。第一は，連帯保証についてであり，第二は，附従性について
である。

国際金融取引は，英米法を準拠法とすることが多い。保証契約においても同
様である。ところで，日本の企業社会で幅広く用いられる連帯保証にあたる
概念は，英米法には見当たらない。

　英文保証状等にはよく，This guaranty is a joint and several guaranty. と
の表現をみかける。これを「本保証は連帯保証である。」と訳すことが多い
が，保証人が複数いる場合に規定されるときは，全額につき保証人にも請求
できるということ，また保証人が主債務者と jointly and severally に債務を
支払うとなっていれば保証人に対しても全額請求しうることを意味するにす
ぎない。また，unconditional guaranty（or guarantee）という語を使うこと
も多いが，これも文字通り「無条件，絶対的な」保証で保証人の抗弁権をす
べて失わせるものととらえることはできない。

　ただ，英米法には，guaranty of collection に対する guaranty of payment
という種類の保証があって，これが検索の抗弁権なしの保証に近い。つまり，
guaranty of collection は，債権者において，まず主債務者からの誠実な債権
回収の努力をすることを要求する。

　結局のところ，英文で英米法の概念を使いながら保証状を作成する場合に，
日本の連帯保証のような催告の抗弁および検索の抗弁のない保証を望むので
あれば，個々的にそれら抗弁権を失わせる旨を書く必要がある。もっとも，
日本法を準拠法とする英文の保証契約であれば，This guarantee shall be
rentai-hosho under the Japanese laws. とするのがもっともよいであろう。

---

　default を法律用語の用法辞典（Garner, A Dictionary of Modern Legal Usage, 2nd
Edition）で引くと "a failure to act when an action required, esp. the failure to pay a
debt _ either interest or principle _ as it becomes due" ある行動が求められるときに
行動をしないこと，とくに債務の支払いを__利息または元本のいずれでも__期限に達
したときに支払わないこととする。

　「△△に対し銀行団デフォルト宣言か」のような新聞記事の見出しを見かけること
がある。これは default が債務不履行全般よりは，とくに日本語化した使い方におい
てローンアグリーメントなどの場面に限定して使う傾向があることを示している。

第Ⅴ部

―― *contract forms, etc.* ――

契約文例ほか

DISTRIBUTORSHIP AGREEMENT

THIS AGREEMENT, made and entered into this ____ day of ____, 20__, between X S. P. A., a corporation duly organized and existing under the laws of Italy, having its principal place of business at _____, Italy （hereinafter called "X"） and Y Co., LTD., a corporation duly organized and existing under the laws of Japan, having its principal place of business at _____, Japan （hereinafter called "Y"）.

WITNESSETH:

WHEREAS, X is engaged in the business, among other things, of manufacturing and of exporting from Italy and selling products as defined hereinafter; and

WHEREAS, Y desires to import from X and to sell the said products in Japan.

Now, THEREFORE, the parties hereto hereby agree as follows:

ARTICLE 1. DEFINITIONS

As used in this Agreement, the following terms shall be defined as set forth hereinbelow.

1.01　"Products" shall mean products currently appearing or in future to be appearing in the Catalogues as defined in 1.03 hereof, which are and will be sold by X under the Trademarks as defined in 1.02 hereof and those otherwise agreed upon in writing between the parties hereto.

1.02　"Trademark (s)" shall mean trademarks which are used or embodied in Products.

1.03　"Catalogue (s)" shall mean the Spring & Summer and Autumn & Winter Catalogues, and other catalogues which are and will be printed and published by X for the sale of Products.

1.04　"Territory" shall mean the territory of Japan.

販売店契約

本契約は，20＿年＿＿月＿＿日に，イタリア国法に基づき適式に設立され存続し，イタリア国＿＿＿＿＿＿＿＿＿＿＿＿に主たる営業の場所を有するX株式会社（以下「X」という）と，日本国法に基づき適式に設立され存続し，日本国＿＿＿＿＿＿＿＿＿＿＿＿に主たる営業の場所を有するY株式会社（以下「Y」という）との間に締結された。

以下を証する

　Xは，とりわけ，以下本契約中に定義される製品の製造ならびにイタリアからの輸出および販売事業に従事しており，また，

　Yは，本件製品をXより輸入し日本において販売する旨を望んでおり，

　そこで，本契約の両当事者は，以下のとおり合意する旨ここに証する。

第1条　定義

　以下の用語は，本契約中において使用されるときは，下記に規定されるように定義される。

1.01　「製品」とは，本契約1.03条に定義されるカタログ中に現在掲載されているかまたは将来掲載される製品で，本契約1.02条に定義される商標を付して現在および将来においてXにより販売される製品，および本契約の当事者間で書面により別途合意される製品を意味する。

1.02　「商標」とは，本件製品に使用されているかまたは組み込まれている商標を意味する。

1.03　「カタログ」とは，Xが本件製品の販売のために現在および将来において印刷し公表する春夏用カタログ，秋冬用カタログおよびその他のカタログを意味する。

1.04　「地域」とは，日本国の領土を意味する。

ARTICLE 2. APPOINTMENT

2.01   Subject to the terms and conditions hereinafter set forth, X hereby appoints Y as the exclusive distributor to import, sell and distribute Products within the Territory and Y accepts such appointment.

2.02   X shall not, directly or indirectly, sell or export Products to any third party within the Territory.

ARTICLE 3. MINIMUM PURCHASE

During the original term of this Agreement, Y warrants to purchase from X Products in the minimum sum of Fifty Million Japanese Yen（¥ 50,000,000.-）in total. The minimum purchase amount for extended terms of this Agreement shall be separately agreed upon in writing between the parties hereto not later than three（3）months prior to the expiration of the original term or then-extended term hereof, as the case may be.

ARTICLE 4. ORDER AND ACCEPTANCE

Y shall submit a written firm purchase order stating the order numbers, the model numbers, the unit prices, the total amount and the required date of shipment, to X for Products and X shall confirm each of such purchase order by fax. Each individual sales contract shall be a separate and independent transaction.

ARTICLE 5. SHIPMENT AND INSPECTION

5.01   Unless otherwise agreed upon between the parties hereto, Products shall be shipped by airplane.

5.02   Y shall inspect the appearance, model number and quantity of the Products purchased from X within _____ （_____） days after the delivery to Y and if Y discovers any patent defects, wrong model number or any deficiency in quantity it shall immediately give notice thereof to X; otherwise Y shall have no right to demand the supplement of any deficiency, the replacement of defective Products, the refund of the pur-

第2条　指名

2.01　本契約中以下に規定する条件および条項に従い，Xは本契約に基づき
　　　Yを本地域内において本件製品を輸入し，販売しおよび流通させる独占
　　　的販売店に指名し，Yはかかる指名を受諾する。

2.02　Xは，本地域内において本件製品を，いかなる第三者に対しても直接
　　　間接を問わず販売または輸出してはならないものとする。

第3条　最低購入

　本契約の当初の期間，Yは，最低総額5千万円分の本件製品をXから購入
する旨保証する。本契約の更新された期間に関する最低購入額は，当初の契
約期間またはその後更新された期間が満了する3ヵ月より前に，本契約の当
事者間で，その時々に応じて別途書面により合意されるものとする。

第4条　発注および受注

　Yは，本件製品について，注文数，モデル番号，ユニット価格，総価額，
および出荷希望日を記載した購入注文確約書をXに提出するものとし，Xは
ファックスによりかかる購入注文の各々について確認を行う。個々の売買契
約は，個別かつ独立の取引とする。

第5条　輸送および検査

5.01　本契約の両当事者による別段の合意がないかぎり，本件製品は航空機
　　　により輸送される。

5.02　Yは，XからYに製品が引き渡された後＿＿日以内に本件製品の形状，
　　　モデル番号および数量を検査し，Yが明白なる瑕疵，モデル番号の誤り
　　　または量目の不足を発見した場合は，かかる旨を速やかにXに対して通
　　　知するものとする。かかる通知がなされない場合，Yは製品の数量の不
　　　足分の補充，欠陥製品の交換，代金の返還，または価額の減額について
　　　請求する権利を有しないものとする。Xは，同社の承認をもって，無償

chase money or a reduction in the price. X shall free of charge supplement the deficiency if so admitted by X and shall replace such defective Products, refund the purchase money or reduce the purchase price of such Products, as the case may be.

ARTICLE 6. PRICE AND PAYMENT

6.01   Unless otherwise indicated by X, all the prices of Products shall be quoted by X on an F. O. B. Italian airport basis (F. O. B. airport shall be interpreted in accordance with Incoterms as amended in 2010).

6.02   X shall use its best endeavor to offer Y its best prices for Products. For this purpose X will endeavor to discount the prices to Y approximately at a discount rate between twenty percent (20%) and thirty percent (30%) upon the prices for Products described in the then-current catalogue issued by X; provided that such discount shall be quoted by X item by item on each occasion because all items of Products may not be discounted at a fixed rate.

6.03   Payment for Products purchased under this Agreement shall be made in _____ at sight of shipping documents on an irrevocable letter of credit basis, or on any other credit terms as agreed upon in writing between the parties hereto. Y shall establish the letter of credit hereunder in favor of X at a bank indicated by X.

ARTICLE 7. SALES PROMOTION

7.01   Y shall exert its best efforts to promote the sale of Products and the reputation thereof and customers' confidence in them within the Territory.

7.02   Y shall establish, equip and maintain facilities, and hire, train, and maintain sales staff for the sale of Products in the Territory. Such facilities and staff shall be sufficient to enable Y to perform its sales obligations hereunder including sales promotion.

で量目不足分を補充し，状況に応じて当該欠陥製品を取り替え，代金を返還し，または製品価額の減額を行うものとする。

第6条　価格および支払い

6.01　Xによる別段の指示のないかぎり，本件製品のすべての価格は，イタリア国内の空港における積込み渡し（F.O.B.空港渡しは，改訂2010年版インコタームズに従って解釈される）ベースで行われ，Xにより見積もられるものとする。

6.02　Xは，Yに対し，本件製品の最良の価格を提示するよう最善努力を尽くすものとする。この目的のために，Xは，Xの発行するその時点で有効なカタログに記載されている製品の価格からおよそ20～30％の間で値引きを行うように努める。ただし，かかる値引きは本件製品のすべてについて一定の率で行うことができないため，個々の場合について項目ごとにXにより値引率が提示されるものとする。

6.03　本契約に従い購入される本件製品に対する支払いは，_____（通貨）建で取消不能信用状による船積書類の一覧払いでなされるか，または本契約の両当事者間で書面により合意されるその他の信用条件に基づいてなされるものとする。Yは，本契約に基づき，Xの指定する銀行により発行される受取人がXである信用状を設定する。

第7条　販売促進

7.01　Yは，本件地域内における製品の販売および評判ならびに製品に対する顧客の信頼を増進させるために最善の努力を尽くさなくてはならない。

7.02　Yは，本件地域内における製品の販売のために施設を設置し，装備し，保守し，かつ販売要員を雇用し，訓練し，維持する。かかる施設および販売要員は，本契約に基づく販売促進などの販売に関する責務をYが履行するに十分なものとする。

7.03　X shall make available with or without charge Catalogues, brochures, leaflets, literatures, manuals, etc. to the extent and in quantities as agreed upon between the parties hereto. With respect to the Catalogues of Products to be published by X, X shall send each of Catalogues (together with the negative films of the pictures of the relevant Products appearing in the relevant Catalogues) to Y in the quantities as requested by Y not less than ____ (____) days prior to the official publication of such Catalogues for Y's review necessary for effective marketing of Products in the Territory.

ARTICLE 8. GOVERNMENT APPROVAL, REPORTS

8.01　In the event that a Japanese Government approval is necessary for the sale of Products in the Territory under the relevant laws requiring Products to meet a safety standard or any other conditions, Y shall notify X and shall at its own expense obtain such government approval. Any amendment to Products to obtain such approval, if necessary, shall be subject to X's prior written consent.

8.02　Y shall from time to time notify X of significant events in the Territory pertaining to the market situation, the sales results, the competition in the Territory, governmental controls, the general economy or any other major issues with regard to the market in the Territory.

ARTICLE 9. WARRANTY

9.01　X hereby warrants to Y that Products sold by X hereunder shall be free from defects in design, material and workmanship for a one (1) year period from the date Y has resold the Products to its customers in the Territory and in any case at least ____ (____) months from the date of the shipment of Products.

9.02　Y shall during the warranty period specified in Article 9.01 hereof replace Products free of charge or reduce the prices of the Products which are defective in design, material or workmanship, provided that a

7.03 Xは，有償または無償で，カタログ，パンフレット，リーフレット，文献，マニュアルその他を本契約の当事者間で合意された範囲と量で提供する。Xが出版公表する本件製品のカタログについて，Xは，各カタログを(当該カタログに掲載される製品の写真のネガフィルムとともに)Yに送付するものとし，Yが本地域内において効率的に製品を販売するために必要な検討を行うために，Xはかかるカタログが出版公表される少なくとも＿＿日前までに，Yの要求する分量の各々のカタログを，Yに対して送付しなくてなならない。

第8条　政府による承認，報告

8.01 製品が安全基準またはその他の条件に合致している旨を規定する関連法律に従い，地域内での製品の販売について日本政府の承認が必要とされる場合は，YはXに通知を行い，Yの費用負担によりかかる政府承認を得るものとする。かかる承認を得るために製品に対して修正を行うことが必要なときは，Xの書面による事前の承諾を条件とする。

8.02 Yは，地域内の市場動向にかかわる重要事項，販売実績，地域内の競争，政府による規制，経済の概況または地域内の市場に関わるその他の重要な問題について随時Xに通知するものとする。

第9条　保証

9.01 XはYに対し，本契約の下でXにより販売される製品が，設計，素材およびできばえについていかなる瑕疵もない旨を，Yが地域内において製品をYの顧客に対して再販売した日から1年間，ならびに，製品が積出しされた日から少なくとも＿＿ヵ月の間，保証する。

9.02 本契約9.01条に規定される保証期間中，Xは，設計，素材またはできばえについて瑕疵のある製品については，当該製品を無償で交換するかまたは価格の減額を行う。ただし，かかる瑕疵に関する申立てはXに対

written notice of the alleged defect is given to X and that the defect is confirmed by X. X's obligations under this warranty shall be limited to replacing of or reduction in the prices of the defective Products.

9.03   X shall have the option to require that any defective Product be returned to X or be destroyed at its expense.

ARTICLE 10.   INTELLECTUAL PROPERTY RIGHTS, ETC.

10.01   Y hereby confirms that any and all the patents, designs and copyrights （hereinafter called "intellectual property rights"） used or embodied in Products shall remain the exclusive property of X and Y shall not in any way dispute X's rights in connection with them.

10.02   Y is authorized to use the Trademarks and the trade names of X in connection with the sale of Products.

10.03   To the best of X's knowledge, Products do not infringe upon any trademark or any intellectual property rights of any third party in the Territory.

Both parties hereto will cooperate in defending against any third party for any claim or dispute which may arise from or in connection with an infringement within the Territory of any trademark or any intellectual property right of a third party relating to the distribution of Products hereunder.

10.04   Y agrees to advise X as soon as Y receives any knowledge of any intellectual property right or trademark belonging to or used by X, being attached or infringed upon within the Territory. In such event Y shall give X support in resisting such attachment or infringement.

10.05   Y shall not alter Products furnished hereunder, or do anything else that would in any way infringe, impeach, or lessen the validity of Trademarks.

ARTICLE 11.   CONFIDENTIALITY

During the effective period of this Agreement and thereafter the parties

する書面による通知によって行われるものとし，かつ当該瑕疵がXにより確認されることを条件とする。当該保証によるXの責務は，瑕疵のある製品の交換または価格の減額にのみ限定される。

9.03　Xは，瑕疵のある製品が同社に返還されるか，または，同社の費用負担により破棄されることを要求するオプションを有する。

第10条　知的財産権その他

10.01　Yは，本件製品に使用されているかまたは合体されているすべての特許権，意匠権および著作権（以下，「知的財産権」という）がXの専属的財産権であり，YはかかるXの専属的財産に関するXの権利について争わない旨を確認する。

10.02　Yは，本件製品の販売に関連して本件商標およびXの商号を使用する権限を有するものとする。

10.03　Xの知る限りにおいて，本件製品は，本件地域内におけるいかなる第三者の知的財産権も侵害していない。

　　本契約の両当事者は，本件地域内における第三者の商標または知的財産権の，本契約に従い行われる製品の販売に関連する侵害またはこれらに関連して生ずるかもしれない請求または紛争について，相互に協力して防御にあたるものとする。

10.04　Yは，Xに帰属しているかもしくは使用されている知的財産権または商標権が本件地域内で差し押さえられているかまたは侵害されていると知った場合には，ただちにXに通知する旨同意する。かかる場合，Yは，当該差押または侵害に抵抗することについてXを援助する。

10.05　Yは，本契約に従い供与される製品については，本件商標の有効性を侵害したり，異議を申し立てるかもしくは軽減するような変更を加えたりまたはその他の行為を行わない。

第11条　秘密保持

　本契約の有効期間中および本契約の有効期間後も，本契約の両当事者は，

hereto shall keep secret any confidential information, whether technical or market data, received by the other party and shall exercise the same degree of care in protecting such secrets as they would use in maintaining the confidentiality of their own secret information.

ARTICLE 12.   TERM

This Agreement shall be effective for a term of one (1) year from the date hereof, which shall be extended automatically for successive periods of one (1) year each unless either party hereto gives the other written notice of its intention to the contrary not later than three (3) months prior to the expiration of the original term or any extended term.

ARTICLE 13.   TERMINATION

13.01   If either party fails to fulfill any of its obligations within sixty (60) days after receiving a written notice from the other party requesting it to do so, the other party may terminate this Agreement forthwith by giving a written notice to such effect.

13.02   Either party shall have the right to terminate this Agreement forthwith if the other party becomes insolvent, or is subject to a voluntary or involuntary petition in bankruptcy, or suffers appointment of a temporary or permanent receiver, trustee, or custodian for all or a substantial part of its assets who shall not be discharged within thirty (30) days, or if either party makes any assignment for the benefit of creditors.

13.03   In the event of termination of this Agreement, Y shall cease to sell Products forthwith.

13.04   1)   Should the termination of this Agreement be caused by X it shall be obliged to repurchase at the request of Y *ex* its warehouse at Y's invoiced price any Products bought from X and in the hands of Y at the time of the termination. When this Agreement is otherwise terminated X shall have the option to such repurchase but not be obliged thereto.

相手方当事者から受領した秘密情報を，技術情報であるか市場に関する情報であるかを問わず，秘密として保持するものとし，かかる秘密を，自らの秘密情報を機密として維持するのと同程度の注意をもって保守するものとする。

第12条　期間

本契約は，本契約の日付より1年の間効力を有し，当初の契約期間または更新された期間の満了する日より3ヵ月以上前に，本契約の一方の当事者が他方の当事者に対し，契約の更新を行わない旨の意思を書面により通知しないかぎり，引き続き1年ごとの期間で自動的に延長されるものとする。

第13条　終了

13.01　本契約のいずれか一方の当事者が，他方当事者から債務の履行を求める書面による通知を受けて後60日以内に，当該債務を履行しなかったときは，かかる他方の当事者は書面による解約通知を行うことによりただちに本契約を終了させることができる。

13.02　いずれの当事者も，もし他方当事者が支払不能に陥るかまたは任意もしくは強制的に破産申立てを受けたとき，一時的もしくは恒久的であるかを問わず管財人，受託者，管理人の指名を，資産の全部または重要な部分について受け，かかる措置が30日以内に解除されなかったとき，またはいずれかの当事者が債権者の利益のために債権譲渡を行ったときは，ただちに本契約を終了させる権利を有するものとする。

13.03　本契約が終了する場合，Yはただちに製品の販売を停止する。

13.04　1)　本契約の終了がXの事由により発生する場合，Yの要求によりXは同社の倉庫渡しの同社の請求する価格で同社から購入された製品で契約終了時にYの手もとにあるすべての製品を買い戻す義務を負う。その他の事由により本契約が終了した場合，Xはかかる買戻しをする選択権を有するが，かかる買戻しはXの義務ではない。

2) If X dose not repurchase the stock of Products in the hands of Y within a reasonable time after the termination hereof, Y shall have the right to sell such Products in stock in accordance with the provision of this Agreement.

13.05 X shall have the right to complete or to cancel, at its sole discretion, any orders of Y pending at the time of termination of this Agreement.

13.06 Upon termination of this Agreement as provided hereinabove or by operation of law or otherwise, all rights and obligations provided herein shall forthwith terminate except those under Articles 9, 10, 11 and 12.

ARTICLE 14. ENTIRE AGREEMENT

14.01 This Agreement supersedes all prior agreements and understandings between the parties relative to the matters described herein.

14.02 This Agreement contains the entire agreement between the parties hereto. Any amendment hereto must be in writing and signed by the duly authorized representatives of both parties hereto.

ARTICLE 15. ASSIGNMENT

Neither party shall assign, transfer or otherwise dispose of this Agreement in whole or in part to any third party without the prior consent of the other party in writing.

ARTICLE 16. FORCE MAJEURE

Neither party hereto shall be liable in any manner for failure or delay in fulfilment of all or part of this Agreement directly or indirectly owing to any causes or circumstances beyond its control, including, but not limited to, acts of God, governmental orders or restrictions, war, war-like conditions, hostilities, sanctions, revolution, riot, looting, strike, lockout, plague or other epidemics, fire and flood.

2) 本契約の終了後，Xが適切な期間内にYの手もとにある製品の在庫を買い戻さなかったときは，Yは，その在庫製品を本契約の規定に従って売却する権利を有するものとする。

13.05 Xは，その単独の裁量により，本契約の終了時において未了となっているYの注文を完了させるかまたは取消す権利を有する。

13.06 本契約が前記事由により，または法律の適用その他により終了すると同時に，本契約に規定されるすべての権利および義務は，本契約第9条，第10条，第11条，および第12条を除いてただちに終了する。

第14条　完全合意

14.01 本契約は，本契約中に規定される事項に関連して本契約締結以前に両当事者間で定められた，あらゆる合意および了解事項にとってかわる。

14.02 本契約は，本契約の両当事者間の完全な合意を含んでいる。本契約に関するいかなる修正も書面により行われるものとし，本契約の両当事者により適式に授権された代理人によって署名されるものとする。

第15条　譲渡

本契約のいずれの当事者も，相手方当事者の書面による事前の合意なくして，本契約の全部または一部をいかなる第三者に対しても，譲渡，移転もしくはその他処分してはならない。

第16条　不可抗力

本契約のいずれの当事者も，直接または間接にその支配の及ばない事由または事情により本契約の全部または一部の履行が不履行または遅延となった場合は，かかる不履行または遅延についていかなる責務を負うことはない。かかる事由または事情には，天災，政府の命令もしくは制限措置，戦争，戦争に類した状況，交戦状態，制裁，革命，暴動，略奪，ストライキ，ロックアウト，疫病またはその他の伝染病，火事および洪水が含まれるが，これらに限定されない。

ARTICLE 17. WAIVER

17.01 Failure by either party, at any time, to require performance by the other party or to claim a breach of any provision of this Agreement will not be construed as a waiver of any right accruing under this Agreement, nor will it affect any subsequent breach or the effectiveness of this Agreement or any party hereof, or prejudice either party with respect to any subsequent action.

17.02 A waiver of any right accruing to either party pursuant to this Agreement shall not be effective unless given in writing.

ARTICLE 18. NOTICE

Any notice required or permitted under the terms of this Agreement, or any statute or law requiring the giving of notice, may be delivered in person, or by registered air mail or registered courier service, if properly posted or sent to the relevant party at the address set forth below or to such changed address as may be given by either party to the other by such written notice. Any such notice shall be deemed to have been given upon receipt or upon the tenth (10th) day after having been dispatched in the manner hereinbefore provided, whichever is earlier.

Address of X：_____
                Italy

Address of Y：_____
                Japan

ARTICLE 19. GOVERNING LAW

This Agreement shall be governed by and construed in accordance with the laws of Japan.

ARTICLE 20. ARBITRATION

Any dispute, controversy or difference arising out of or in relation to or in connection with this Agreement or for the breach thereof shall be amicably

第17条　権利放棄

17.01　いずれか一方の当事者が，他方当事者に対し本契約に基づく責務の履行を要求せず，本契約に対する違反について申立てを行わなかったとしても，本契約により生ずるかかる権利の放棄と解釈されることはなく，またその後に起こった違反または本契約もしくはその一部の有効性に影響を与えたり，または，その後の措置についてかかる一方の当事者の権利を損なうものではない。

17.02　本契約の下で生ずる，本契約のいずれか一方の当事者による権利の放棄は，書面によってなされるのでなければその効力はないものとする。

第18条　通知

本契約の条項の下で要求もしくは許諾され通知の送達を規定している法令もしくは法律に基づき要求されるかまたは許可されるすべての通知は，直接の手渡しか，下記の住所または一方当事者から他方当事者に宛てて書面による変更通知がなされた住所宛に適切に郵送されるか送付されるときは，書留航空郵便もしくは書留宅配サービスによってなすことができる。かかるすべての通知は，当該通知が受領された時点または上述の方法により送付されてから10日後のうちいずれか早い方の時点に送達されたものとみなされる。

　　　Xの住所：＿＿＿＿＿＿＿＿＿＿＿
　　　　　　　　イタリア国

　　　Yの住所：＿＿＿＿＿＿＿＿＿＿＿
　　　　　　　　日本国

第19条　準拠法

本契約は，日本国の法律により規律され同法に従って解釈される。

第20条　仲裁

本契約または本契約に対する違反から生じているか，またはこれらに関連するあらゆる紛争，論争または意見の相違は，友好的かつ迅速に，本契約の

and promptly solved by the parties hereto through mutual consultation. Should such amicable solution not have been reached within an reasonable time, such dispute, controversy or difference or breach shall be settled by arbitration in Tokyo, Japan pursuant to the rules of the Japan Commercial Arbitration Association, by three (3) arbitrators. The award of such arbitration shall be final and binding upon the parties hereto.

ARTICLE 21. MANUFACTURING LICENSE AGREEMENT

If desired by Y in the future, the parties hereto shall in good faith negotiate a separate agreement between the parties whereby X will grant to Y an exclusive license to manufacture and sell some of Products in the Territory.

IN WITNESS WHEREOF, the parties hereto have duly executed this Agreement as of the days of year below written.

X S.p.A.	Y CO., LTD.
By _____	By _____
Date： _____	Date： _____
At： _____	At： _____

当事者間で相互の協議によって解決されるものとする。適当な期間内に友好的な解決ができなかったときは，かかる紛争，論争または意見の相違は，一般社団法人日本商事仲裁協会の規則に従い３人の仲裁人により，東京において仲裁に付され解決されるものとする。かかる仲裁裁定は，最終的なものであり，本契約の両当事者を拘束する。

第21条　製造ライセンス契約

　本契約の両当事者は，将来Ｙが希望するならば，ＸがＹに対し本件製品の一定の製品を地域内で製造および販売する独占的ライセンスを付与する旨の契約を別途誠意をもって交渉する。

　上記の証として，本契約の両当事者は下記の年月日に本契約を適法に締結した。

Ｘ社　　　　　　　　　　　　　　Ｙ株式会社
_____　　　_____
日付_____　　日付_____
場所_____　　場所_____

JOINT VENTURE AGREEMENT

THIS AGREEMENT is made this ____ day of _____, 20____ between

(name of company) with head office at _____ street _____
No._____ legally represented by (name), as (title) and by (name)
as (title) as authorized by _____ (henceforth named the "Host Country Party") on one side,

and

(name of company), with head office at _____ street _____
__ No._____ legally represented by (name), as (title) and by (name)
as (title) as authorized by _____ (henceforth named the "Foreign Party") on the other side.

WHEREAS, the Parties wish to establish, subject to any governmental approvals, a corporate joint venture in (name of nation) whose principal business will be; to design, construct, own and operate an alumite ware manufacturing plant and to sell alumite ware produced by the Plant.

NOW, THEREFORE, the Parties hereby agree as follows:

ARTICLE 1. DEFINITIONS

When used in this Agreement, each of the terms set forth in this Article shall have the meaning indicated:

1) "Closing"

"Closing" means the meeting of the parties hereto at which the execution and various transfers of documents required by the terms of this Agreement will take place. Unless otherwise agreed in writing the Closing will take place at 9:00 a.m. in ____, on the 25th business day of January, 20__
(____Time).

2)

合 弁 契 約

　本契約は20＿＿年＿＿月＿＿日に〔本店所在地〕に本店を有し，（肩書）＿＿（氏名）および（肩書）＿＿（氏名）によって法的に代表され＿＿＿＿＿＿＿によって権限を与えられた（当事者名）（以下「ホスト国当事者」という）と，〔本店所在地〕に本店を有し，（肩書）＿＿（氏名）および（肩書）＿＿（氏名）によって法的に代表され＿＿＿＿＿＿＿によって権限を与えられた（当事者名）＿＿（以下「外国当事者」という）との間で作成される。

　当事者らは，あらゆる政府的認可のもとで，（国名）に，アルマイト製品製造プラントの設計，建設，所有および操業ならびにその販売をその主要な事業とするジョイント・ベンチャー（共同事業体）を設立することを欲しており，ここに当事者らは以下の事項を合意する。

第１条　定義

　本契約において用いられる場合には，本節において記述されている各語句はそれぞれ示された意味をもつ。

1) 「クロージング」

　「クロージング」とは本契約の条件によって要求されている書類の署名およびそれらのさまざまな移転が行われる本契約の当事者らの会合を意味する。書面によるその他の合意がない限りは，クロージングは20＿年１月25日の営業日午前９時00分（＿＿＿＿時間）に＿＿＿で行われる。

2)

ARTICLE 2. FORMATION of COMPANY

Promptly following execution of this Agreement, the Parties shall form a corporation （hereinafter called the "Company"） under the Joint Venture Law of (name of host country) （hereinafter called the "J.V. Law"） having articles of incorporation in the form of the Articles of Incorporation in both the (name of language) and English languages attached hereto as Exhibit ____ and made a part hereof.

ARTICLE 3. PURPOSES of COMPANY

The purposes of the Company shall be the following:

1) to design, construct, own and operate an alumite ware manufacturing plant （hereinafter called the "Plant"） at (address) capable of producing approximately seventy five thousand （75,000） metric tons per year of alumite ware;

2) to sell alumite ware produced by the Plant to (name of purchaser) under the terms and conditions of the Counter Purchase Agreement between the Company and (name of purchaser); and

3) to conduct activities related to or connected with the above purposes in accordance with the decision of the Board of Directors.

No enlargement or diminution of the purposes of the Company from those above-mentioned shall be undertaken without obtaining approval from all shareholders of the Company and from the relevant governmental authorities.

ARTICLE 4. INVESTMENT DATE

On a date mutually agreeable to the Parties after all necessary conditions specified in the next ARTICLE have been satisfied, the Parties shall subscribe and pay for shares of the Company as provided in ARTICLE 22. The

[中略]

第2条　会社の組織

　本契約への署名の直後，当事者らは　(ホスト国名)　の合弁法（以下「合弁法」という）のもとで会社（以下「本会社」という）を設立するものとする。本会社は本契約の別紙＿＿＿として添付され本契約の一部をなす　(言語名)　と英語の両方で作成された会社定款を有する。

第3条　会社の目的

　本会社の目的は以下のとおりである。

1)　　(所在地住所)　における年産約7万5千メトリックトンの生産能力を有するアルマイト製品製造プラント（以下「プラント」という）の設計，建設，所有および操業

2)　会社と　(購入者名)　間の反対購入契約（Counter Purchase Agreement）の条件のもとでのプラントで製造されたアルマイト製品の　(購入者名)　への販売

3)　取締役会の決定に従った上記の目的に関連する活動の遂行。

　　なお，会社の全株主および関連政府機関からの承認なくして上記の会社の目的の拡張または縮小を行うことはできない。

第4条　投資日

　次条に記述されたあらゆる必要な条件が充足された後の当事者らが相互に合意しうる期日において，当事者らは第22条が定めるように本会社の株式の引受および払込みを行うものとする。かかる取引が行われる日を「投資日」と

date on which such transactions occur is hereinafter referred to as the "Investment Date".

ARTICLE 5. CLOSING CONDITIONS

The obligations of each of the Parties to consummate the transactions contemplated in this Agreement are subject to the condition that all necessary approvals for the consummation of the transactions contemplated herein from the (name of country) governmental authorities and from any other regulatory agencies having jurisdiction over such transactions and or the Parties, as well as any notifications, filings or clearances required to be made in connection therewith, shall have been received or made and shall be mutually satisfactory to the Parties. Each Party agrees that it will use all reasonable efforts, and cooperate with the other Party, to obtain or make the approvals, notifications, filings or clearances required to be obtained or made from or with such governmental authorities as promptly as practicable.

ARTICLE 6. COMMENCEMENT of OPERATIONS

Both Parties agree to use their best efforts so that the Company shall commence its operations as soon as practically possible. (Name of one partner) shall use its best efforts to make it possible for the Company to obtain as soon as practicable after its incorporation the business licenses necessary to carry on its business.

ARTICLE 7. DURATION of ACTIVITY OF COMPANY

Period of activity of the Company: up to (date). The period of activity of the Company may be extended by mutual agreement of the Parties.

ARTICLE 8. BUSINESS PLANNING of COMPANY

The Company shall prescribe its business planning according to one (1) year and three (3) year programs in conformity with the objectives set by the J.V.Law and other relevant Laws in (name of host country).

いう。

第5条　クロージングの要件

本契約記載の取引を完成させるための各当事者らの諸義務は，本契約記載の取引実行のために必要な　(国名)　政府機関，およびかかる取引または当事者らを管轄するためのすべて統制機関からのあらゆる許可が取得され，同じくこれら許可に関連して必要となるあらゆる届出，申請または通関が受理または行われ，かつそれらが当事者らにとって相互に満足できるものであることを要する。各当事者はかかる政府機関からの取得を要しまたはこれに対して行うことが必要な許可，届出，申請または通関を，あらゆる適切な努力を尽くして，他の当事者と協力して，実際上可能な限り迅速に行うことを合意する。

第6条　操業開始

両当事者は本会社が実際上可能な限り早期にその操業を開始できるように最大限努力することを合意する。(一方当事者名)　は会社設立後会社が事業を遂行するために必要な事業免許・認可を，実際上可能な限り早期に本会社が取得できるよう最大限努力するものとする。

第7条　会社の活動期間

本会社の活動期間：(年月日)　まで。本会社の活動期間は当事者らの相互の合意によって延長することができる。

第8条　事業計画

本会社は，合弁法および　(ホスト国名)　の他の関連法規に記述された目的に適合した1年間および3年間の事業計画を決定するものとする。

ARTICLE 9.　MUTUAL ASSISTANCE by PARTIES in ACTIVITY of COMPANY

1.　The Host Country Party shall assist by:

　1)　securing the Company access to the use of available infrastructure and gas, water and energy supplies at domestic market prices of the host country;

　2)　equipping the Company with a sufficient number of connections for telephones and telefaxes to enable it to maintain direct business communications; and

　3)　carrying out customs procedures related to or connected with export and import operations.

2.　The Foreign Party shall assist by:

　1)　organizing the export of products of the Company through its own sales network;

　2)　doing market research and transmitting to the Board of Directors information on opportunities to use the results of such research in production; and

　3)　supplying imported raw materials, components and semimanufactured goods produced both by the Foreign Party and by other foreign firms.

ARTICLE 10.　REPRESENTATIVE DIRECTOR

The Board of Directors shall have the right to nominate a representative director of the Company （hereinafter referred to as the "Representative Director"） from among Foreign Party nominees to the Board of Directors. The Representative Director shall be the chief operating officer of the Company and shall have overall supervision of the daily business and operation of the Company.

Without limiting the powers of the Board of Directors, the following matters shall require the approval of the Representative Director, and the Board of Directors shall delegate authority over such matters to the Representative

第9条 会社の活動における当事者らの共助

1. ホスト国当事者は以下の援助を行う：
   1) ホスト国内市場価格による，可能な社会経済的基盤の利用を行いうることの保証ならびにガス，水およびその他のエネルギー物資の利用を容易にすることの保証
   2) 直接的な事業上の情報交換を可能にするに十分なだけの数の電話およびファックスの利用を実現するための十分な数のコネクタの設置

   3) 輸出入業務に関連する税関手続きの履践

2. 外国当事者は以下の援助を行う：
   1) 自らの有する販売網を通じての本会社の製品の輸出の手配

   2) 市場調査の遂行および製品製造にあたりかかる調査の結果を利用するための機会についての情報を取締役会に伝達すること

   3) 外国当事者および他の外国会社によって製造された輸入未加工原材料，部分品および半加工品の供給

第10条 代表取締役

　取締役会は，外国当事者が取締役会に対し推薦した取締役の中から本会社の代表取締役（以下「代表取締役」という）を任命する権利を有する。代表取締役は本会社の最高の業務執行役員であり，本会社の日常業務および業務全般の監督を行う。

　以下の事項は代表取締役の許可を要し，取締役会は代表取締役に対し，かかる事項について権限を委託するが，これによって取締役会の権限が制約されるものではない。

Director:

1) Lending money;

2) Granting credit in amounts equal to or less than _____ (_____), or the Yen equivalent thereof;

3) Authorizing expenditures within the budget approved by the Board of Directors, or the Yen equivalent thereof; and

4) Performing supervisory services pursuant to the direction of the Board of Directors.

ARTICLE 11. ESTABLISHMENT of BRANCHES AND AFFILIATES

1. The Company may establish branches and affiliates in the countries of the Parties and also in third countries. The affiliates shall operate based on the provisions of the Articles of Incorporation of the Company.

2. Branches of the Company shall not be legal persons and shall operate in the Company's name.

3. The regulations concerning an affiliate shall state whether the affiliate is a legal person. Affiliates which are legal persons shall not be responsible for the obligations of the Company and the Company shall not be responsible for the obligations of such affiliates.

ARTICLE 12. RIGHTS of FOREIGN TRADE

The Company shall have the rights of importing and exporting the raw materials, components, production equipment, etc freely, directly and in the name of the Company, for the purpose of its business activities described in ARTICLE 3. Such activities shall be carried out in accordance with the Foreign Trade Law and regulations of (name of host country).

ARTICLE 13. TRANSFER PROFIT ABROAD

Foreign Party may transfer abroad in hard currency the profits distributed to them from the Company under the relevant regulations of (name of host

1) 金銭の貸与

2) ＿＿＿＿＿（＿＿＿）以下の全額またはこれに相当する円貨での信用供与

3) 取締役会で認められた範囲内またはこれに相当する円貨の範囲内での支出の認可

4) 取締役会の指示に従った監督業務の遂行

第11条　支店および支社の開設

1. 本会社は当事者らの国内および第三国の領土内に支店および支社を開設することができる。支社は定款の規定に基づいて活動を行う。

2. 本会社の支店は法人ではなく，本会社の名において活動する。

3. 支社に関する規定中には，支社が法人であるか否かが記述されなければならない。法人たる支社は本会社の債務に対して責任を負わず，本会社はかかる支社の債務に対して責任を負うものではない。

第12条　外国貿易の権利

本会社は，第3条記載の事業活動の目的のために，未加工原材料，部分品，製造設備その他の輸出入を直接自らの名において自由に行う権利を有する。かかる活動は（ホスト国名）の外国貿易法および関連税則に従って行われる。

第13条　海外への利益送金

外国当事者は，（ホスト国名）の関連規則のもと，本会社から外国当事者に分配された利益をハード・カレンシー建てで海外に送金することができ

country).

ARTICLE 14. DEPRECIATION of ASSETS

The amount of and terms for funds derived by the Company from the yearly depreciation of its assets will be established by the Parties and will conform to (name of host country) legislation.

ARTICLE 15. FORMATION of FUNDS

1. The Company shall establish out of its profits a risk fund with a limit of 25 percent of the statutory capital of the Company. Allocations to the risk fund shall be made in accordance with the procedures regulated by the Board of Directors. Such risk fund shall be maintained by the Company unless the competent provisions of the J. V. Law are abolished.

2. In addition to the risk fund, the Company may form other funds whose amounts, designated purposes, rates of allocation and procedures for use shall be determined by the Board of Directors.

ARTICLE 16. ACCOUNTANTS AND AUDIT

1. The accounting periods of the Company shall start on the _____ day of _____ and end on the _____ day of _____ in each year. Books of account and records of the Company shall be kept by the Company according to sound accounting practices employing standards, procedures and forms conforming to international practice as approved by the Federal Ministry of Finance of (name of host country).

2. The Company shall have two (2) standing auditors, one (1) nominated by one Party and one (1) by the other Party and the Parties agree to vote their shares in the Company for the election of the persons so nominated.

3. The Company's annual financial statements shall be audited by a firm of independent public accountants of international standing. Unless the Company shall determine otherwise, the initial independent public ac-

る。

第14条 資産の減価償却

本会社の資産の年間減価償却から生じる本会社のファンドの金額および条件は，両当事者によって　(ホスト国名)　の法規に従って確定される。

第15条 ファンドの構成

1. 本会社はその利益から本会社の法定資本の25％を上限としてリスクファンド（危険時積立金）を創設する。このリスクファンドは，合弁法の当該規定が廃止されない限り維持されなければならない。リスクファンドの利用は取締役会の定める手続きに従い行われるものとする。

2. リスクファンドに加えて，本会社はその他のファンドを創設することができる。かかるファンドの金額，目的，利用可能額および使用する場合の手続きは，取締役会によって決定される。

第16条 会計士および会計監査

1. 本会社の会計期間は各年の＿＿月＿＿日に始まり＿＿月＿＿日にそれぞれ終了する。本会社の会計帳簿および会計記録は，　(ホスト国名)　の連邦財政省によって認められた国際的な実務に適合した基準，手続きおよび方式を採用した健全な会計実務に従い，本会社によって維持される。

2. 本会社に2名の常任監査役をおく。このうち1名は一方当事者によって，1名は他の当事者によって指名され，両当事者はこの指名された者の選出のために各自が有する本会社の株式を票決に用いることに合意する。

3. 本会社の年次財政報告書は国際的な独立の公認会計士事務所によって監査される。本会社が他に定めない限り，最初の独立の公認会計士は　(会計事務所名)　とする。

countants shall be (name of firm).

ARTICLE 17. IMPLEMENTATION of COMPANY

The procedures for establishing the Company shall be carried out in the following stages:

1) the Legal Documentation for incorporation shall be finalized between (date) and (date) by the Parties;

2) the Construction shall be carried out between (date) and (date) by (name of firm);

3) the Technical Documentation shall be delivered between (date) and (date);

4) the Equipment, Machines and Tools shall be delivered between (date) and (date);

5) the Construction and Technological Tests shall be carried out between (date) and (date);

6) the admission of the incorporation of the Company by the governmental authority shall be issued between (date) and (date);

7) the registration of the Company shall be accomplished by (date) and (date); and

8) start up of the Plant shall be carried out between (date) and (date).

ARTICLE 18. BREACH of CONTRACT

In the event that there is a breach of this Agreement by one of the Parties, and such breach adversely effects the interest of the other party, the other party may give the party causing such a breach of this Agreement a written termination notice expressly indicating such breach. When such notice is given this Agreement shall terminate upon expiration of _____ days from the date of such notice.

ARTICLE 19. COMPANY NAME

The name of the Company shall be registered as (name of company) in

第17条　会社の設立

本会社設立のための手続きは以下の段階を経て行われる。

1) 　（年月日）　から　（年月日）　までの間に当事者らによって設立のための法的書類が最終的に作成されること
2) 　（年月日）　から　（年月日）　までの間に　（事業者名）　によって建設が実行されること
3) 　（年月日）　から　（年月日）　までの間に技術的書類が引き渡されること

4) 　（年月日）　から　（年月日）　までの間に設備，機械および器具が引き渡されること
5) 　（年月日）　から　（年月日）　までの間に建設および技術上の試験が行われること
6) 　（年月日）　から　（年月日）　までの間に政府機関によって本会社の設立許可が出されること
7) 　（年月日）　までに本会社の登記が行われること

8) 　（年月日）　から　（年月日）　までの間に工場が操業を開始すること

第18条　契約の違反

一方当事者による本契約の違反が存在し，しかもその違反が他の当事者の利益にとって好ましくない結果をもたらす場合には，かかる他の当事者は，本契約の違反を行った当事者に対し，違反を明示した書面によって契約終了の通知を行うことができる。かかる通知が行われた際，本契約は通知の日から　　　日の経過をもって終了する。

第19条　会社の商号

会社の名称は，　（言語名）　語により，　（国名）　の商業登記簿上に，　（商号）

the Commercial Registry of (name of country) in the (name of language) and the Company shall be known as (name of company) in the (name of language).

ARTICLE 20. REGISTERED OFFICE

Registered Office of the Company: (address), (telephone number, telefax number)

ARTICLE 21. EXPENSES for SETTING UP COMPANY

The expenses incurred by the Parties as a result of setting up the Company shall be recovered from the first profit registered by the Company or shall be equally borne by each party.

ARTICLE 22. STATUTORY CAPITAL

A Statutory Capital shall be established in the Company by any means permitted under the J.V. Law. The total amount of the Statutory Capital shall be (amount) (host country's currency), including (amount) in foreign currency.

Contributions of the Parties to the Statutory Capital are as follows:

Host Country Party: (amount) (host country's currency), (amount) (foreign currency)

Foreign Party: (amount) (host country's currency), (amount) (foreign currency)

Host Country Party's share of the Statutory Capital: (number) percent

Foreign Party's share of the Statutory Capital: (number) percent

ARTICLE 23. CALCULATION of CONTRIBUTION

1. The Parties shall include in the calculation of its share the following contribution:

    1) monetary resources in host country's currency and foreign currency;

    2) right to use and/or rent lands and buildings;

という名称をもって登記されるものとし，本会社は，（言語名）語で，（商号）
として周知されるものとする。

第20条　登記簿上の営業所

本会社の登記簿上の営業所：（住所），（電話番号，ファックス番号）

第21条　会社の設立費用

本会社設立の結果当事者らが支出した費用の回収は，本会社によって計上
された最初の計上利益から，または各当事者が平等にこれを負担することに
よって行われる。

第22条　法定資本

本会社において法定資本は合弁法で許容されたあらゆる形態によって創設
される。法定資本の合計額は外国通貨による（金額）を含んだ（金額）（ホ
スト国通貨による）とする。

当事者らの法定資本への拠出は以下のとおりである。

ホスト国当事者：（金額）（ホスト国通貨による），（金額）（外国通貨に
よる）

外国当事者：（金額）（ホスト国通貨による），（金額）（外国通貨による）

法定資本に占めるホスト国当事者の株式の割合：（数字）パーセント

法定資本に占める外国当事者の株式の割合：（数字）パーセント

第23条　出資の計算

1.　当事者らは持分の計算にあたり，以下の出資を考慮するものとする。

1)　ホスト国通貨および外国通貨による金銭財源

2)　土地および建物を使用および／または借用する権利

3) right to use water and/or other natural resources;

4) right to use technology; and

5) right to use machinery.

2. The material values which the Parties in the Company include in the calculation of their contributions shall be assessed at contract prices taking into account domestic and/or world market prices in foreign currency.

3. Any change in the amount of the Statutory Capital shall be made at a shareholders meeting of the Company. The Statutory Capital may be replenished by income from the Company's own economic activity and by additional contributions from the Parties.

ARTICLE 24. FINANCING

In the event that the Company determines that additional funds are required for the operation or expansion of the Company with respect to its business, such additional funds shall be obtained from sources in the following order of preference:

1) Retained profits of the Company;

2) Loans made by the Parties hereto;

3) Loans made by independent sources in (name of host country). In such event, Host Country Party shall use its best efforts to assist the Company in obtaining any such loan.

ARTICLE 25. LAND

Host Country Party shall use its best efforts to acquire the equivalent of the right to use land from the relevant governmental authority (ies) for the operation of the Company. The term, condition, area, expense, etc., concerning the usage of such land shall be specified in Appendix _____.

ARTICLE 26. FACILITIES

The Parties hereby mutually agree to use their best efforts to assure that the Company shall obtain, through purchase, lease, construction, or other

3) 水および／または他の自然資源を使用する権利

4) 技術を使用する権利および

5) 機械を使用する権利

2. 本会社の当事者らがその出資の計算にあたり考慮すべき対象物の価値は，外貨による国内および／または世界市場価格を考慮した契約上の価格をもって評価されるものとする。

3. 法定資本の額のあらゆる変更は本会社の株主総会において行われる。法定資本は本会社自身の経済的活動から生じた収入および当事者らからの追加的出資によって追加することができる。

第24条　資金調達

本会社の事業に関連してその運営または拡大のために追加的な資金が必要であると本会社が決定した場合には，かかる追加的資金は以下に記述の財源の順に従って確保されるものとする。

1) 本会社の留保利益

2) 本契約当事者からの金銭借入

3) （ホスト国）における独立した資金源からの金銭借入。この場合，ホスト国当事者は，本会社があらゆるこのような金銭借入れを受けるため最大限助力するものとする。

第25条　土地

ホスト国当事者は本会社の操業のために，関連政府機関から土地を使用する権利と同等のものを取得すべく最大限努力しなければならない。かかる土地の使用に関する期間，条件，区域，費用その他の点については，添付資料＿＿に詳述されている。

第26条　施設

当事者らはここに，本会社がその商業上の事業運営を有効に開始するうえで適当な工場および関連施設を，購入，借用，建設またはホスト国の関連法

form available under the relevant laws and regulations of the host country, adequate plant and related facilities for the effective commencement of its commercial operation.

ARTICLE 27. PLANT DESIGN, CONSTRUCTION AND OPERATION

1. The Plant shall be designed, constructed and operated in accordance with the terms of the Operating Agreement between the Company and (name of party) , a form of which is attached hereto as Exhibit ＿＿ and made a part hereof.

2. The site for the Plant shall be on land owned by Host County Party at (address of land) , as further described on Schedule ＿＿ hereto, which has been designated for industrial use pursuant to relevant state or local law. The Company shall lease from Host Country Party such land, and shall be granted by Host Country Party or the relevant party all riparian rights, easements, rights of way and permits required to permit the operation of the Plant in accordance with all governmental laws, rules and regulations of the Host Country Party, in accordance with the terms of the Lease Agreement between the Company and Host Country Party （hereinafter referred to as the "Lease Agreement"） a form of which is attached hereto as Exhibit ＿＿ and made a part hereof. Host Country Party shall obtain all governmental approvals and authorizations with respect to the Lease Agreement prior to the execution of the Lease Agreement by all relevant parties thereto.

3. Host Country Party shall undertake to assure provision to the Plant of all utilities （including, but not limited to, water and electricity） required for its proposed operation, at prevailing world market rates for such utilities, in accordance with the terms of the Utilities Agreement between the Company and Host Country Party, a form of which is attached hereto as Exhibit ＿＿ and made a part hereof.

4. Each Party will nominate individuals to monitor the trial operation of the Plant through the Trial Period. In the event that the Plant does not

規および規則のもとで可能な他の方法によって本会社が取得することを確実にすべく最大限努力することを，相互に合意する。

第27条　工場設計，建設および運営

1.　工場は，本契約に添付書類＿＿＿として添付され同契約の一部を構成している本会社と＿(契約当事者名)＿との間の運営契約の条件に従って，設計，建設および運営される。

2.　工場の敷地は，本契約別表＿＿＿にその詳細が記載されている，関連国家法または地方法規に従い工業用途として指定された，＿(所在地)＿に所在するホスト国当事者の所有する土地上とする。本会社はかかる土地をホスト国当事者から借用すると共に，ホスト国のすべての法規に基づき別紙＿＿＿として本契約に添付されその一部を構成する本会社とホスト国当事者間の「貸借契約」（以下「貸借契約」という）上の条件に従って，工場の操業を行うにあたり必要なあらゆる川岸権，用役権，通行権および許諾を，ホスト国当事者または関連当事者によって認められる。ホスト国当事者は，貸借契約のすべての関連当事者による同契約の締結の前に，貸借契約に関連するあらゆる政府の認可および許可を取得しなければならない。

3.　ホスト国当事者は，別紙＿＿＿として本契約に添付されその一部を構成する本会社とホスト国当事者間の公共施設利用契約上の条件に従い，予定された工場操業に必要な，工場向けのあらゆる公共事業施設（水および電気を含むがこれらに限定されるものではない）の，世界市場において優勢な価格による，供給を確実にすることを確約するものとする。

4.　各当事者は試験期間中工場の試験操業を監視する者を任命する。試験期間中工場が平均してその評価能力値の＿＿＿パーセントの操業を行い得なか

operate at an average of _____ % of its rated capacity during the Trial Period, the Trial Period shall be extended until such time as the Plant operates at that rate for a period of days equal to the Trial Period. If the Plant does not operate at the average rate of the capacity mentioned above, the Foreign party may terminate this Agreement upon _____ days prior written notice to Host Country Party provided that such Plant does not satisfy the said average rate within __ days after the Foreign Party gives such notice to Host Country Party.

ARTICLE 28. TECHNICAL ASSISTANCE

The Foreign Party agrees to provide technical assistance to the Company in accordance with the terms and conditions described in the Technical Assistance Agreement to be entered into by and between the Foreign Party and the Company, a form of which is attached hereto as Appendix _____ and made a part hereof.

ARTICLE 29. SUPERVISING OPERATION

Pursuant to the terms of the Agreement and the Operating Agreement between Foreign Party and the Company, and subject to the approvals of the Board of Directors and the Management Committee, Foreign Party shall appoint certain specialists to supervise the operation of the Plant as follows:

1) Foreign Party shall appoint a plant manager who shall supervise and administer the manufacturing operations and technical affairs of the Plant; and

2) Foreign Party shall appoint a production supervisor to report to the plant manager and have such duties as described in the Operating Agreement.

ARTICLE 30. COMMITTEES of COMPANY

1. The Company shall have one supreme committee, one executive committee and one supervisory committee. By decision of the supreme com-

った場合，試験期間と同じ日数の間に限り，工場がかかる評価能力値での操業ができる時点まで試験期間は延長される。工場が平均して上記の評価能力値の操業を達成できなかった場合，外国当事者はホスト国当事者に対し＿＿日前に書面により通知を行い，ホスト国当事者がかかる通知を外国当事者から受領した後＿＿日以内に工場が先の評価能力値を達成できなかった時に限り，外国当事者は本契約を終了させることができる。

第28条　技術援助

　外国当事者は，その様式が付属書類＿＿として本契約に添付され同契約の一部を構成する外国当事者と本会社との間で締結される技術援助契約の諸条件に従い，本会社に対し技術援助を行うことを合意する。

第29条　操業の監督

　本契約および外国当事者と本会社間の操業契約上の条件ならびに取締役会および経営委員会の承認に従い，外国当事者は工場の操業を監督するために，以下のように一定の専門家を任命する。

　1)　外国当事者は工場の製造作業および技術に関する監督および管理をする工場監督者を任命し，かつ，

　2)　外国当事者は操業契約に記載された義務を負い工場監督者に報告を行う製造監督者を任命する。

第30条　本会社の委員会

1.　本会社は各一つの最高委員会，経営委員会および監査委員会を有する。当事者らの承認のもと最高委員会の決定により，本会社内に他の委員会を

mittee subject to the approval of the Parties, other committees may also be established in the Company.

2. The supreme committee of the Company shall be composed of all shareholders of the Company. The Shareholders Meeting shall be deemed to be the supreme committee meeting and shall make decisions by vote on any matter relating to the activity of the Company as follows:

1) Altering the Articles of Incorporation;

2) Increasing or decreasing paid in capital;

3) Amalgamating with or acquiring an equity stake in another company or enterprise;

4) Dissolving or liquidating the Company, or filing for bankruptcy;

5) Transferring, selling, assigning, mortgaging, pledging, encumbering, leasing or otherwise disposing of assets of the Company having a value in excess of (cash amount) other than the sale of products in accordance with approved budgets and sales policies;

6) Determining the appointment and remuneration of Directors and officers who occupy important positions in the Company;

7) Approving any matter which requires shareholder approval under the J.V. Law, its relevant decrees or regulations, or any provision of this Agreement.

3. The number of votes of each shareholder at a Shareholders Meeting shall be determined according to the number of shares of each shareholder. For this purpose, each shares shall be counted as one vote at a Shareholders Meeting.

4. All principle financial and economic activities of the Company, other than those which shall be determined by a Shareholders Meeting, shall be determined by a Meeting of the Board of Directors. Each of the Directors shall have one vote at a Meeting of the Board of Directors.

5. The General Manager shall be appointed by the Board of Directors on the nomination of (name of party). The General Manager shall direct the current activity of the Company on the principle of one person manage-

設置することもできる。

2. 本会社の最高委員会は本会社の全株主によって構成される。株主総会は最高委員会とされ，以下の本会社の活動に関連する事項について投票により意思決定を行う権限を有する：

1) 定款の変更
2) 払込資本の増加または減少
3) 他の会社または企業の株式の併合または取得

4) 本会社の解散もしくは清算または破産の申請
5) 是認された予算および販売方針に従った製品の販売を除く（金額）を超える価値を有する本会社の資産の移転，売却，譲渡，抵当権設定，質入れ，担保権設定，貸与または他の形態による処分

6) 取締役および本会社において重要な地位を占める役員の任命および報酬の決定
7) 合弁法，その関連法規もしくは規則または本契約の条項の下で株主の承認が必要とされるあらゆる事項

3. 株主総会における各株主の投票数は，各株主の保有する株式数に応じて決定される。かかる目的のために，各株式は株主総会において1個の投票として計算される。

4. 本会社のあらゆる財政方針および経済活動は，株主総会において決定されるものを除いて，取締役会において決定される。各取締役は取締役会において1個の投票権を有する。

5. 総括管理人は（当事者名）の指名のもと取締役会によって任命される。総括管理人は，定款および取締役会の決定によって決定された権能および権限の範囲内において単独の管理によって本会社のその時々の活動を指導

ment with in the limits of the competence and rights defined by the Articles of Incorporation and the decisions of the Board of Directors.

ARTICLE 31. BOARD of DIRECTORS

1. Unless the Parties shall agree otherwise, the Company shall have five (5) directors.

2. The five (5) directors of the Company shall be proposed by the Parties as follows:

Parties	Numbers
Foreign Party	3
Host Country Party	2
Total	5

3. In the case of change in the proportion of shares owned by the Parties or the addition of a new shareholder other than the Parties, the Parties shall use their best endeavors to reach a mutual agreement as to the number of directors to be proposed by each of the Parties under the changed shareholdings.

ARTICLE 32. CONFIDENTIALITY

The Company, Foreign Party and Host Country Party shall be under the obligation not to disclose or otherwise divulge to any third person or persons any secret and/or confidential information disclosed in any form to the Company, Foreign Party or Host Country Party. Such obligation shall be applied whenever any secret and/or confidential information may come to their knowledge through the Company's business as contemplated herein. The obligation of confidentiality hereunder shall survive any termination or cancellation of this Agreement.

ARTICLE 33. PERSONNEL

1. The structure of the personnel of the Company is stipulated in Appendix ____.

する。

第31条 取締役会

1. 当事者らが他に合意しない限り，本会社は5名の取締役を置く。

2. 本会社の5名の取締役は，下記に従い当事者らによって推薦される。

当事者	人数
外国当事者	3
ホスト国当事者	2
合計	5

3. 当事者らの所有する株式比率の変動が生じまたは当事者ら以外の新しい株主が出現した場合，当事者らは各当事者らによって変動した株主構成の下で推薦されるべき取締役の数に関し相互に合意に達すべく最大限努力するものとする。

第32条 機密保持

本会社，外国当事者およびホスト国当事者はいかなる第三者に対しても，その形態を問わず本会社，外国当事者またはホスト国当事者に対して開示されたあらゆる秘密および／または機密性を帯びた情報を，開示または他の形で漏洩してはならない義務を負う。この義務は，秘密および／または機密性を帯びた情報が本契約における本会社の事業を通じてこれらの者の知るところとなったあらゆる場合に適用されるものである。かかる機密保持の義務は，本契約が終了しまたは取り消されたあらゆる場合において存続する。

第33条 職員

1. 本会社の職員の構成は付属書類＿＿＿に記載のとおりである。

2. Labor relations of both local employees as well as foreign employees of the Company shall be regulated by (name of host country's labor law) and relevant regulations thereto pursuant to the competent provisions of the J.V.Law.

3. The host country's personnel of the Company shall have the same rights and obligations stipulated by legislation in force for personnel of state enterprises under the Company Code of (name of host country).

4. Salaries for the native employees in the Company shall be established in the currency circulating predominantly in (name of host country). Salaries for the foreign employees in the Company shall be established both in hard currency and/or in the currency circulating predominantly in (name of host country) according to the decision of the Meeting of the Board of Directors.

5. The contribution to social insurance owed by the Company for the native personnel shall be paid in the currency circulating predominantly in (name of host country), in the amount established by the legal provisions in force. As for the foreign personnel, such social insurance shall be paid in hard currency and/or in the currency circulating predominantly in (name of host country) according to the decision of the Meeting of the Board of Directors.

6. The foreign personnel of the Company can transfer money abroad pursuant to the Foreign Exchange and Trade Control Law and Regulations of (name of host country).

7. Host Country Party, in cooperation with Foreign Party, shall use its best efforts in order to obtain or make, as promptly as practicable, all approvals, permissions, filings, notifications or clearances required to be obtained or made from or with the competent governmental and/or quasi- governmental authorities for entrance into (name of Republic) (in the case of local employees) or (names of Federal and Republic) (in the case of foreign employees) for the purpose of working in the Company.

2. 本会社の現地従業員および外国人従業員の労働関係は，合弁法の該当条項に従い（ホスト国労働法名）およびその関連規則によって規律される。

3. 本会社のホスト国の職員は，（ホスト国名）の会社法上の国家企業の職員のための効力規定によって規律されているのと同様の権利および義務を有する。

4. 本会社の現地労働者の給料は，（ホスト国名）において主要に流通している通貨による。本会社の外国人労働者の給料は，取締役会の決定に従い，ハード・カレンシーおよび／または（ホスト国名）において主要に流通している通貨による。

5. 現地職員のための本会社の負担すべき社会保険への支出は，（ホスト国名）において主要に流通している通貨により，効力ある法規によって定立された金額をもって支払われる。外国人職員については，かかる社会保険は取締役会の決定に従い，ハード・カレンシーおよび／または（ホスト国名）において主要に流通している通貨によって支払われる。

6. 本会社の外国人職員は，（ホスト国名）の外国為替および貿易管理法ならびに規則に従い，金銭を海外に送金することができる。

7. ホスト国当事者は外国当事者と協力して，本会社の現地従業員及び外国人従業員の（共和国名）（現地従業員の場合）または（共和国及び連邦国名）（外国人従業員の場合）への本会社で労働する目的での入国のために，該当する政府機関及び／または準政府機関から取得されまたはこれに対して行われることが必要とされるあらゆる承認，認可，申請，届出または通関が，実際上可能な限り迅速に取得されまたは行われるために最大限努力するものとする。

第Ⅴ部　契約文例ほか

ARTICLE 34. TRAINING

The Company and the Parties shall upgrade the skills of the Company's employees by training them both at the Company and at the enterprise of the Foreign Party pursuant to the Training Program stipulated in Appendix _____ of this Agreement.

ARTICLE 35. PROCUREMENT

The Company shall procure material resources produced in (name of host country) from or through (name of competent party) against payment in (name of host country's currency) at contract prices which take into account world market prices, and material resources produced in other countries against payment in competent foreign currency or hard currency at the world market prices from or through (name of competent partner).

ARTICLE 36. MARKETING of PRODUCTS

1. Domestic Sales

The Company shall sell its products on the domestic market through the sales network of the Host Country Party, with the aid of the marketing know-how developed by Foreign Party. Host Country Party shall use its best endeavors to assist the Company in the sale of its products within (name of host country). Foreign Party shall use its best endeavors to assist the Company in the sale of the Company's products from a technical point of view.

2. Export

The Company shall sell its products abroad through the sales network of the Foreign Party. Host Country Party shall use its best efforts to assist the Company in obtaining any necessary Export Licenses issued by the Foreign Trade Organization from time to time.

ARTICLE 37. TRANSFER of SHARES

Transfer of stock or shares of the Company can occur only on the basis of

第34条　訓練

本会社および当事者らは，本契約付属書類＿＿に記載された訓練プログラムに従って，本会社および外国当事者の企業において本会社の労働者を訓練することにより，その能力を向上させるものとする。

第35条　調達

本会社は＿(ホスト国名)＿で産出される原材料を，＿(ホスト国通貨名)＿建てで，世界市場における価格を考慮した契約価格によって，＿(関連当事者名)＿からまたはこれを通じて調達する。その他の国で生産される原材料は，相応する外貨またはハード・カレンシー建てで，世界市場における価格によって，＿(関連当事者名)＿からまたはこれを通じて本会社へ調達される。

第36条　製品の販売

1. 国内での販売

本会社はその製品を，外国当事者によって開発された販売のノウ・ハウを利用して，ホスト国当事者の販売網を通じ，国内市場で販売する。ホスト国当事者は，本会社がその製品を＿(ホスト国名)＿内で売却できるよう最大限努力しなければならない。外国当事者は，本会社の製品の販売について技術上の観点から，同社に対し最大限の助力を行わなければならない。

2. 輸出

本会社はその製品を外国当事者の販売網を通じて輸出する。ホスト国当事者は，外国貿易省から発行される必要とされるあらゆる輸出許可の取得のために，本会社に対し随時最大限の助力を行わなければならない。

第37条　株式の移転

本会社の株式または持分の移転は，合弁法中で規定された条件のもと本会

a decision at a Shareholders Meeting of the Company under the terms and conditions described in the J. V.Law. If the Company must obtain necessary consents or approvals of, or exemptions from, the (name of host county)'s governmental or public bodies or authorities, whether required legally or practically, and required in connection with the transferring of the stock or the shares of the Company, Host Country Party shall use its best endeavors to obtain these consents, approvals or exemptions by means of contacting the relevant governmental or public bodies of (name of host country) and by other appropriate methods.

ARTICLE 38. STOCK SALES OPTION

1.   Notwithstanding the provisions contained in this Agreement, in the event that after three （3） years from the date of this Agreement Foreign Party intends to sell all the shares of the Company owned by Foreign Party, Foreign Party shall notify Host Country Party of such intention whereupon Host Country Party may purchase the shares on mutually agreeable terms.

2.   Unless the Parties agree on such terms for the purchase, Foreign Party within sixty （60） days after such notice may sell such shares to a third party purchaser. If Foreign Party does not find a third party purchaser for such shares at a price equal to or greater than the Put Price （as hereinafter defined）, Foreign Party may notify Host Country Party of its intention of selling such shares to Host Country Party. Host Country Party shall purchase such shares from Foreign Party which is at least 45 days after the date of receipt of such notice by Host Country Party at a purchase price per share equal to 130 % of the per share shareholder's equity of the Company determined in accordance with on generally accepted accounting principles in the world （the "Put Price"）.

ARTICLE 39. PROHIBITION on PLEDGE

No Party shall, without the prior written consent of the other party, be en-

社の株主総会の決定によってのみ可能である。本会社が（ホスト国名）政府または公的団体または機関から必要な同意，承認または課税控除を取得しなければならない場合は，それが法的または事実上要求されるものと否とにかかわらず，また本会社の株式または持分の移転に関するものであると否とにかかわらず，ホスト国当事者は，（ホスト国名）の関連する政府または公的団体と接触しまた他の適当な手段によってこれら同意，承認または課税控除を取得すべく最大限努力しなければならない。

第38条　株式売却選択権

1.　本契約上の規定にかかわらず，本契約の日から３年を経過した後に外国当事者が自らが所有する本会社の株式のすべての売却を欲する場合，外国当事者はホスト国当事者に対し，ホスト国当事者が外国当事者と相互に合意した条件でかかる株式を購入できる旨の意向を通知する。

2.　当事者らの間で購入の条件について合意に達しなかった場合，外国当事者はかかる通知の後60日以内にこの株式を第三者に売却することがきる。外国当事者が，選択取引価格（以下に定義あり）と同額またはこれを超える価格でかかる株式を購入する第三者を見つけなかった場合，外国当事者はホスト国当事者に対し同人に同株式を売却する用意があることを通知できる。ホスト国当事者はホスト国当事者がかかる通知を受領した日の翌日から少なくとも45日目以降の外国当事者が指定する特定の日に，世界において一般的に採用されている会計慣行に基づいて決定された本会社の一株式当りの純資産価格の130パーセントと同等の一株当りの購入価格（これを「選択取引価格」という）をもって，外国当事者から当該株式を購入するものとする。

第39条　質入などの禁止

いかなる当事者といえども，他の当事者の事前の書面による同意なくして，

titled to pledge, mortgage, assign, encumber or otherwise grant a security interest in its shares of the Company in favor of a third party.

ARTICLE 40. CONTRACT ASSIGNMENT, ETC.

Except in connection with a transfer of shares pursuant to ARTICLE 37 and ARTICLE 38 of this Agreement, no Party may, without the consent of the other Parties, transfer all or any part of its rights, interests, obligations and/ or benefits under this Agreement, or assign all or any part of the same.

ARTICLE 41. TERMINATION

Either Party may terminate this Agreement by giving written notice of termination to the other Party if any of the following events occur:

1) Passage of a rule or regulation by the governmental authority of (name of host country) that would prevent, delay, restrict or interfere with Foreign Party's ability to repatriate dividends paid on its shares of the Company's preferred stock or common stock, or the withdrawal of any approval or authorization allowing such repatriation;

2) Either party commits a material breach of its obligations under this Agreement to such an extent that the undertakings contemplated herein are seriously interfered thereby, and such breach is not cured within thirty (30) days of written notice thereof; or

3) If for any reason the total number of outstanding shares of the Company held by Foreign Party shall be reduced to less than fifty (50) percent of the total number of outstanding shares of the Company.

ARTICLE 42. LIQUIDATION

If this Agreement is terminated pursuant to Article 41, the Company (if it has come into existence) shall be liquidated and dissolved in accordance with the laws of (name of host country). All remaining funds and assets shall be distributed as soon as practicable to the Parties in the same propor-

第三者のために自らが保有する本会社の株式を質入し，これに抵当権を設定し，譲渡し，債務を負わせその他担保権を設定してはならない。

第40条　契約譲渡その他

　本契約第37条および38条の規定に従った株式の移転に関連する場合を除いて，いかなる当事者も，他の当事者の同意なくして，本契約上の当事者の権利，義務および／または利益の全部もしくは一部を移転しまたはその全部もしくは一部を譲渡してはならない。

第41条　契約の終了

　下記のいずれかの事態が発生した場合，いずれの当事者も他方当事者に対し書面によって終了の通知をすることにより，本契約を終了させることができる。

1)　本会社の優先株式または普通株式に支払われる配当を外国当事者が本国に送金できることを阻害，遅延，制限または妨げる可能性のある規定または規則が（ホスト国名）の政府機関によって成立させられ，またはかかる自国への送金を許容する許可または認可が撤回された場合

2)　当事者が本契約上の義務の重大な違反を行い，それにより本契約中で規定されている事業が著しく阻害され，しかもかかる違反が書面による違反の事実の通知後30日以内に治癒されない場合

3)　その理由を問わず，外国当事者によって保有されている本会社の発行済株式の総数が，本会社の発行済株式総数の50パーセント未満となった場合

第42条　清算

　本契約が第41条によりまたはその趣旨によって終了した場合，本会社（ただしそれが会社として実在している場合に限る）は（ホスト国名）の法規に従って清算および解散される。すべての残余ファンドおよび資産は，当事者らが書面によってとくに合意しない限りは，実際上可能な限り早期のうちに，

tion as the residual balance value of each party's contribution at the moment of liquidation, unless otherwise agreed in writing by the Parties. All assets and debts of the Company shall be evaluated at the book value of such assets and debts at the end of the last business year.

ARTICLE 43. SOVEREIGN IMMUNITY

All obligations of, or all activities and performances by, Host Country Party related to or connected with this Agreement shall be subject to civil and commercial law, and shall constitute private and commercial acts rather than governmental and/or public acts. In this connection. Host Country Party and its property shall not enjoy any sovereign right of immunity and the waiver by Host Country Party contained in this Agreement of any such right of immunity shall be irrevocably binding on Host Country Party.

ARTICLE 44. FORCE MAJEURE

1. "Force Majeure" shall mean any cause which is beyond the control of the Party invoking Force Majeure and which, by the exercise of reasonable diligence, such Party is unable to avoid and/or prevent, including but not limited to, and whether or not of the same class or kind as, the following: any law, decree, regulation, order, or request of any governmental authority (national, state, provincial or municipal), nationalization, expropriation, confiscation, requisition, riot, war, hostilities, public disturbance, act of the public enemy, act of terrorism, strike, lockout or other labor dispute, fire, flood, earthquake, storm, tidal wave, explosion, Act of God, accident of navigation, breakdown or failure of transportation or transportation facilities.

2. If any Party is prevented from or delayed in carrying out any of its obligations under the provisions of the Agreement by reason of Force Majeure, the Party whose performance is so prevented, delayed, interfered with or restricted shall be excused from such performance, except the obligation to pay money, to the extent and during the period of such preven-

清算の時点における各当事者の出資の残余価値に比例して当事者らに対し分配される。本会社のあらゆる資産および負債は，前事業年度終了時におけるかかる資産および負債の簿価をもって評価される。

第43条　主権免責特権

　本契約に関連するホスト国当事者の義務または活動および行為は，全て民事法および商法の定めに服する，政府および／または公的な行為ではない，私人による商業上の行為である。これに関連して，ホスト国当事者およびこの者の財産は，いかなる主権免除の権利をも享受せず，かつ本契約中に含意されるホスト国当事者によるかかる権利の放棄は撤回不可能の形でホスト国当事者を拘束する。

第44条　不可抗力

1.　「不可抗力」とは不可抗力を援用する当事者の支配を超えた，かかる当事者の合理的な努力をもってしてもその回避および／または阻止が不可能なあらゆる原因を意味し，以下に掲げるものを含むがこれらに限定されるものではなく，またこれらと同等の程度または種類のものであると否とを問わない，あらゆる法律，法令，政令，規則，命令，または政府機関の要求（国家，州，地方または市），国有化，収用，没収，徴用，暴動，戦争，敵対行為，騒動，反逆，テロリズム，ストライキ，ロックアウト，または他の労働争議，火災，洪水，地震，暴風雨，津波，噴火，不可抗力，海難事故，破壊行為，または輸送機関もしくは輸送設備の故障を意味する。

2.　当事者が不可抗力により本契約の条項上の自己の義務の履行を阻止されまたは遅延させられた場合，そのように履行を阻止され，遅延させられ，阻害されまたは制限された当事者は，他方当事者に対しかかる事態について書面をもって迅速に通知することにより，金銭支払いの義務を除き，かかる阻止，遅延，阻害または制限が継続している期間内に限り，その履行

tion, delay, interference or restriction upon prompt written notice thereof to the other Party.

3. The provisions of this ARTICLE shall not be applicable to the Party failing to use its reasonable diligence to remedy the applicable situation described in Section 1 of this ARTICLE in an adequate manner and with all reasonable dispatch or if such applicable situation is caused by such Party, except that this Section shall not require the settlement of strikes or labor controversies by acceding to the demands of the opposing party or parties.

ARTICLE 45. RIGHT of INSPECTION

The Parties or their nominees shall have the right, at any reasonable time, to inspect all facilities, Properties, real and personal, owned or leased by the Company.

ARTICLE 46. MODIFICATIONS, ADDITIONS OR DELETIONS to AGREEMENT

No modification, alternation, deletion, change or addition with respect to the whole or any part of the Agreement shall be effective and binding on the Parties hereto unless contained in a written document duly executed by authorized officers or representatives of the Parties hereto in the same manner as the execution of the Agreement; provided, however that if such modification, alternation, deletion, change or addition is subject to any governmental approvals or permissions required under the laws and regulations of (name of country), such modification or addition shall not be effective until such approvals or permissions are received.

ARTICLE 47. EFFECTIVENESS of AGREEMENT

The Agreement shall take effect on the day of receipt of written notice of validation hereof from all relevant governmental authorities and agencies of (name of foreign party's country) and (name of host country) whose prior approval hereof is required under the J.V.Law and other relevant laws and

を免除される。

3. 本条の規定は，当事者が十分な手段とあらゆる適当な迅速処理により本条第1項に規定されている状況の回復のための合理的な努力を行わなかった場合，またはかかる状況が当事者によって引き起こされた場合には，対立当事者の要求に応じてストライキまたは労働争議が解決した場合を除いて，当該当事者に対して適用されない。

第45条　調査権

当事者らまたはこれらから指名された者は，合理的な時間であれば何時でも，本会社が所有しまたは借用しているあらゆる設備，財産，不動産および動産を調査する権利を有する。

第46条　本契約の変更，追加または削除

本契約の当事者らの権限ある役員または代表者が，本契約の作成と同様の方式によって適正に作成した書類によらない限り，本契約の全体またはどのような部分に関する修正，変更，削除，改正または追加もその効力を有せず，また当事者を拘束しない。ただし，（国名）の法律および規則によってかかる修正，変更，削除，改正または追加について政府の承認または許可が必要となる場合，このような変更または追加はかかる承認または許可が得られない限り効力を有しない。

第47条　本契約の効力

本契約は，（ホスト国名）および（外国当事者国名）合弁法ならびに他の関連法規および規則によって必要とされる，これら国々におけるあらゆる関連政府当局または関連機関からの，本契約が有効であるとの書面による通知がすべて到達した日に効力を生じ，その後当事者らが本会社の株主として存

regulations of (name of host country) and (name of foreign party's country), and shall continue in full force and effect thereafter unless amended or changed upon mutual agreement of the Parties and for such time as the Parties remain the shareholders of the Company.

ARTICLE 48. EXECUTION of AGREEMENT BY COMPANY

Upon incorporation of the Company, the Parties shall cause the Company to execute the Agreement and to be a party hereto.

By execution in the space provided below, the Parties agree to the terms and conditions hereof and to be bound thereby.

Party :   (name of host country's party)

By_____

Party :   (name of foreign party)

By_____

Party :   (name of company)

By_____

ARTICLE 49. LANGUAGE

This Agreement shall be executed both in the (name of language) and the (name of language), however in the event of any inconsistency, discrepancy or difference between the (name of language) version and the (name of language) version of the Agreement, the (name of language) version hereof shall prevail.

ARTICLE 50. GOVERNING LAW

The interpretation, validity and performance of this Agreement shall be governed by the laws of (name of country). Possible disputes which might arise among the Parties with respect to the interpretation of the Agreement shall be settled on an amicable basis.

ARTICLE 51. SETTLEMENT

続している期間中当事者らの相互の合意によって修正または改変されない限り，その効力を維持する。

第48条　会社による本契約への署名

本会社の設立に際し，当事者らは本会社をして本契約に署名させ本会社をその当事者とするものとする。

下の余白への署名によって，当事者らは本契約の諸条件に合意すると共に，これに拘束されるものである。

　　　当事者：　　　　　　　　　　　（ホスト国当事者名）
　　　　　　（署名）

　　　当事者：　　　　　　　　　　　（ホスト国当事者名）
　　　　　　（署名）

　　　当事者：　　　　　　　　　　　（合弁企業名）
　　　　　　（署名）

第49条　言語

本契約は（言語名）および（言語名）の両方によって作成される。本契約の（言語名）版および（言語名）版双方の間に不一致，矛盾または相違が存在する場合は，この（言語名）版が優先する。

第50条　準拠法

本契約の解釈，有効性，および履行は（国名）の法規による。本契約の解釈に関して当事者間で生じる可能性のある論争は，友好裡に解決されなければならない。

第51条　紛争解決

All disputes arising in connection with the execution, interpretation and performance of the Agreement shall be amicably settled between the Parties. If such amicable settlement is not completed, the disputes mentioned above shall be finally settled by arbitration.

ARTICLE 52.   ARBITRATION

In the event that disputes cannot be settled through bilateral negotiations between the Parties, they shall be finally settled by arbitration in (name of town and country) by (name of organization of arbitration) in accordance with (name of applicable rules).

Host Country Party

By ： _____

Title ： _____

Foreign Party

By ： _____

Title ： _____

本契約の作成，解釈および履行に関連して生じる論争は，当事者間で友好裡に解決されるものとする。かかる友好的解決が実現しない場合，論争は最終的に仲裁によって解決される。

第52条　仲裁

当事者らの間だけでの交渉によって論争が解決できなかった場合，当事者らは最終的に，（適用規則名）に従い，（国名および都市名）に所在する（仲裁機関名）による仲裁によってこれを解決するものとする。

（ホスト国当事者）　　　（外国当事者）

署名＿＿＿＿＿＿＿＿＿　署名＿＿＿＿＿＿＿＿＿

肩書＿＿＿＿＿＿＿＿＿　肩書＿＿＿＿＿＿＿＿＿

LICENSE AGREEMENT

THIS AGREEMENT is made on this _____ th day of _____, 20__ between ABC CO., LTD., a company incorporated under the laws of Japan and whose registered office is situated at _____ Tokyo, Japan (hereinafter "ABC") of the one part and XYZ S. A. a company incorporated under the laws of Spain and whose registered office is situated at ____ _____ (hereinafter "XYZ") of the other part.

WHEREAS, ABC possesses certain technology relating to__fabrication and XYZ wishes to be supplied technical services in connection with such ABC's technology,

WHEREAS, ABC is willing to grant such license upon the terms and conditions hereinafter set forth,

NOW IT IS AGREED that for and in consideration of the mutual covenants and obligations, the parties hereto have agreed and do hereby agree as follows:

1. TECHNICAL SERVICES

1.1 The technical services which shall be rendered by ABC to XYZ will comprise production know-how and technical information currently held by ABC based on its experience relating to the following products (hereinafter "Products") :

(a) Can body stock of alloys _____,

(b) Can lid stock and tab stock of alloys ____, ____ and ____, and

(c) Lithographic sheet stock of alloy _____.

The purpose of the technical services is to introduce or apply ABC's experience and know-how for production of aluminum sheet and plate to XYZ's plant to improve the quality of the products to meet the quality requirement of the market in Spain.

1.2 ABC shall recommend measures to XYZ for solving problems at XYZ's plant or claims from customers which may arise relating to qual-

ライセンス契約

　本協定は，20＿年＿月＿日，ABC株式会社（以下「ABC」という）と XYZ S.A.（以下「XYZ」という）との間に締結された。ABCは日本国の法律の下で設立され，本店を日本国東京都＿＿＿＿＿＿＿に有する法人であり，XYZは，スペイン国の法律の下で設立され，本店を＿＿＿＿＿＿＿に有する法人である。

　しかるに，ABCは＿＿＿＿の製作に関する技術を有しており，XYZは，ABCのかかる技術につき技術援助を受けることを希望しており，

　また，ABCは，以下に記載する条件に従って当該ライセンスを許諾することを希望するので，

　そこで，相互の約束と義務を約因として，本契約の両当事者は次のとおり合意する。

第1条　技術援助

1.1　ABCがXYZに提供する技術援助は，ABCが経験に基づき現在保有している下記の製品（以下「本製品」という）の製造上のノウハウおよび技術情報とする。

　(a)　＿＿＿＿合金による缶胴材
　(b)　＿＿＿，＿＿＿および＿＿＿合金による缶蓋ならびにタブ材
　(c)　＿＿＿合金によるリソシート用材
　　　技術援助の目的は，スペイン市場における品質上の要求を充足するために製品の品質を向上させるようアルミシートおよびアルミ板につきABCがもっている経験とノウハウをXYZの施設に導入または採用することにある。

1.2　ABCは，本製品をXYZの工場で製造する上で発生する問題点，または顧客からの本製品に対する品質上のクレームを解決するための必要な

ity of the Products.

1.3 ABC shall render advices and recommendations to XYZ for improving XYZ currently existing machineries and equipments and those which will be installed at XYZ's plant in future in order to obtain and maintain such quality as reffered to in Section 1.1 above.

1.4 The technical services to be rendered hereunder shall not include technical know-how and information which require new or additional research and development and/or trial production.

1.5 To perform and implement the above technical services ABC will from time to time make available ABC's personnel to XYZ's plant to render necessary guidances and advices as well as receive XYZ's engineers at ABC's plant.

2. MANNER of TECHNICAL SERVICES

2.1 The technical services to be rendered by ABC to XYZ hereunder will commence without delay after the acquisition of the approval to this Agreement by the Government of Spain.

2.2 The technical services will be rendered from time to time upon written request by XYZ and ABC will offer written recommendation in response to such XYZ's request.

2.3 Dispatch and acceptance of engineers under Section 1.5 above will be made upon request by XYZ and upon mutual agreement, provided that, the technical service of dispatch and acceptance of engineers shall not exceed in total one hunderd twenty (120) man-days (based on day actually worked) per three (3) year period and shall not exceed in total sixty (60) man-days per year.

2.4 The technical services will be rendered in the English language.

3. GRANT of NON-EXCLUSIVE RIGHT

In consideration of the payment of royalty provided in Section 5 below, ABC grants to XYZ following non-exclusive and non-sublicensable

措置を，XYZ に勧告する。

1.3 ABC は，将来上記第 1 条第 1 項の本製品の品質を得かつ確保するために，XYZ の工場に現在設置されている機械，設備および将来取りつけられる機械，設備に関する改良にあたってのアドバイスおよび勧告をXYZ に与える。

1.4 本契約に基づき ABC が提供する技術援助には，新たに研究開発および設計もしくは試作を必要とする技術上のノウハウおよび技術情報は含まないものとする。

1.5 ABC は，上記の技術援助をするためにその技術者を XYZ の工場へ派遣し，前各項に必要な指導と助言を行うとともに，XYZ の技術者をABC の工場に受け入れ研修を行う。

第 2 条 技術援助の方法

2.1 ABC が XYZ に提供する技術援助は，本契約に対するスペイン政府当局の認可取得後遅滞なく開始するものとする。

2.2 技術援助は，XYZ の書面による要請によってなされ，ABC は，XYZから要請があるごとに，書面による勧告を XYZ に提供する。

2.3 前条第 5 項の技術者の派遣または受け入れについては，XYZ の要請により両者合意の上で行うものとする。ただし，技術者の派遣および受け入れは，合計で 3 ヵ年で120人日（延べ実働日ベース）を限度とし，かつ 1 ヵ年で60人日を超えてはならない。

2.4 本技術援助は英語で行われるものとする。

第 3 条 非独占的実施権の許諾

下記第 5 条のロイヤリティーの支払いを対価として，ABC は XYZ に対して，非独占的かつ第三者への再実施権のないライセンスを許諾する。

licenses:

(a) to manufacture the Products in Spain, and

(b) to sell or distribute the Products anywhere in the world.

4. LIMITATION of LIABILITY

ABC shall endeavor to render the technical services hereunder to XYZ in the best manner and accurately as is reasonably possible but ABC and its officers, agents or employees shall have no responsibility for and they make no warranty or representations, implied or express, in law or in fact, concerning the efficiency of the operation, the quality or quantity of product that can be or is produced from the fabricating facility whose equipment or machinery will be modified or newly installed pursuant to ABC's recommendation and XYZ's decision to implement ABC's technical recommendation; all final responsibility in respect thereto shall be in XYZ.

5. FEES AND PAYMENT

For the rights, licenses and other benefits herein granted by ABC to XYZ, XYZ agrees to pay ABC fees and reimbursement costs as follows:

(a) the fee of U. S. $ 100,000 per year for license of know-how and other benefits shall be paid for three (3) years; for the first year payment shall be made within thirty (30) days after the acquisition of approval of the Government of Spain and payments for the second and third years payments shall be made respectively within one (1) year period after its preceding payment.

(b) with respect to dispatch and acceptance of engineers under Section 1.5 above, XYZ shall bear and pay the travel expenses, including middle class air fare, and the expenses of meals, lodging and others for the engineers.

(c) payments hereunder shall be made in United States dollars to the bank account of ABC with a Japanese foreign exchange bank and shall

(a) 本製品のスペインにおける製造，および

(b) 本製品の全世界における販売

第4条　責任の制限

　ABC は，XYZ に対して，合理的に可能な最善かつ最適な技術援助を提供する。ただし，ABC およびその役員，代理人もしくは従業員は，ABC の勧告，および XYZ による ABC の技術的勧告を実施する決定に基づく設備や機械の改造もしくは新設にかかわる製造施設から生産される製品の数量もしくは品質に対して，明示的にせよ黙示的にせよ，法律上もしくは事実上のものであるかを問わずに操業の結果に関しては，何ら責任を負わず，かつ，何の保証もしくは表示をしないものとする。すなわち，上記に関するすべての最終的な責任は，XYZ にあるものとする。

第5条　料金および支払い

　本契約によって ABC から XYZ へ許諾される権利，ライセンスおよびその他の便益に対して，XYZ は，ABC に対し，下記の通り料金および実費費用を支払うことに同意する。

(a) ノウハウの実施権およびその他の便益に対する料金は，年間100,000米国ドルとする。この料金は，3ヵ年間支払われるべきものとし，1年目は，本契約のスペイン政府認可後30日以内に支払うものとし，2年目および3年目の支払いは，それぞれ直前の支払いの後1年以内に支払われるものとする。

(b) 上記1.5条の下での技術者の派遣または受け入れについての旅費，ミドルクラスの航空券，食費，宿泊費等の費用は，その実費を XZY が負担する。

(c) 本契約に基づく支払いは，すべて米ドル建によるものとし，XYZ は，すべての源泉徴収税その他の公課を控除することなく，日本の外国為替

be made without deducting any withholding taxes or other governmental charges.

6. TERM of AGREEMENT

6.1　This Agreement shall remain in force for three (3) years from the date when the approval of the Government of Spain shall have been acquired and this effective period may be extended by mutual agreement by the parties.

6.2　The provisions of Sections 4 and 7 hereof shall survive any termination of this Agreement.

7. CONFIDENTIALITY

XYZ shall take sufficient measures to keep in strict confidence all of the technical informations rendered hereunder and shall not disclose any of them to any third party without written consent of ABC ; Provided however that, this obligation of confidentiality shall not apply to:

(a)　the technical informations which have been obtained by XYZ prior to this Agreement;

(b)　the technical informations which XYZ obtains from a third party; and

(c)　the technical informations which are originally developed by XYZ without using ABC's technical informations.

8. FORCE MAJEURE

Neither party shall be liable for delay or nonperformance of its obligations hereunder if it is due to an event of force majeure or any other cause beyond the control of the party affected. The party affected by the force majeure shall give notice thereof in details to the other party and take all reasonable steps to resume compliance with its obligations as promptly as possible.

9. DEFAULT

公認銀行の ABC の口座に送金するものとする。

第6条　有効期間

6.1　本契約の有効期間は，本契約のスペイン政府の認可後3年間とする。本契約の期間延長については，両当事者の協議によるものとする。

6.2　第4条〔の責任の制限〕および第7条〔の秘密の保持〕に関する本契約の規定は，本契約終了後も効力を有するものとする。

第7条　秘密保持

XYZ は，本契約に基づいて ABC から提供されたすべての技術情報について，秘密保持のため十分な措置を講ずるものとし，ABC が書面により同意した場合を除き，第三者に開示しないものとする。ただし，次の場合を除く。

(a)　本契約締結前に，XYZ が取得していた技術情報，

(b)　第三者から XYZ が取得する技術情報，および

(c)　XYZ が ABC の技術を使用することなく独自に開発した技術情報。

第8条　不可抗力

いずれの当事者も，不可抗力または当事者が支配できないその他一切の原因による債務の遅滞または不履行に対し責を負わないものとする。かかる不可抗力の影響を受けた当事者は，相手方の当事者にその詳細を通知し，出来る限り速やかに債務の履行を再開するための一切の適切な処置をとるものとする。

第9条　債務不履行

Either party may forthwith terminate this Agreement without payment of any compensation by giving a written notice of termination to the other party,

    （i） if the other party shall be dissolved, liquidated or declared insolvent or bankrupt; or

    （ii） if the other party shall breach any term or condition of this Agreement and shall fail to remedy such breach within two（2）months after a written notice is given requesting to remedy the breach.

10. NOTICE

Any and all notices and other communications in this Agreement to be given or sent to either party shall be in written in the English language and shall be deemed to have been duly given if sent by airmail letter, or by cable or fax addressed to the following addresses:

If to ABC:

ABC CO., LTD.

_____, Tokyo, Japan.

Attention: General Manager for Technical Planning Department

fax number:_____

If to XYZ:

XYZ S.A.

_____, Spain

Attention: General Manager, Engineering Department

fax number:_____

11. ASSIGNMENT

11.1   Neither party may assign or transfer any of its rights and obligations under this Agreement to any third party without prior written consent of the other party.

11.2   This Agreement shall be binding upon the successors and assigns of either party.

いずれの当事者も，以下の場合には，相手方当事者に対する書面による通知をすることによって何らの補償金を支払うことなく，ただちに本契約を解約することができる。

(i) もし相手方当事者が解散，清算されるか，または支払能力もしくは破産の宣告を受けた場合，または

(ii) もし相手方当事者が，本契約の条項もしくは条件のうちのいずれかに違反し，その違反の是正を要求する書面による通知を受け取ってから2ヵ月以内に是正しなかった場合

第10条　通　　知

本契約に基づきいずれか一方の当事者に対して送達するか与えるすべての通知および通信は，英語で記載されるものとし，下記のそれぞれの住所宛に航空便，またはケーブルもしくはファックスにより発送された場合には，通知が正当に行われたものとみなされる。

ABC 社宛の場合

日本国東京都＿＿＿＿＿＿＿＿＿

　ABC 株式会社

　技術企画部長気付

　ファックス番号：＿＿＿＿＿＿＿＿＿

XZY 社宛の場合

スペイン国

　XYZ 株式会社

　技術部部長気付

　ファックス番号：＿＿＿＿＿＿＿＿＿

第11条　譲　　渡

11.1　いずれの当事者も，相手方が文書によって事前に承諾した場合のほかは本契約の定める権利義務の全部または一部をいかなる第三者にも譲渡し得ないものとする。

11.2　本契約は，両当事者の承継人および譲受人を拘束するものとする。

12. LANGUAGE AND APPLICABLE LAWS

12.1　This Agreement shall be executed in duplicate in the English language and no translation of this Agreement into Japanese or Spanish shall have any effect on the interpretaiton of the terms hereof.

12.2　This Agreement shall be governed by and construed in accordance with the laws of Japan.

13. ARBITRATION

All disputes or controversies arising in connection with this Agreement shall be finally settled under the Rules of Conciliation and Arbitration of the International Chamber of Commerce by one or more arbitrators appointed in accordance with the said Rules in Tokyo if ABC will be the defendants or in Madrid if XYZ will be the defendants.

14. ENTIRE AGREEMENT

This Agreement contains the entire and only agrrement between the parties relating to the subject matter hereof and supersedes and replaces any and all prior or contemporaneous agreements or understandings, written or oral, express or implied, between the parties relating to the subject matter hereof. Future amendments and additions to this Agreement shall be in writing and signed by the parties hereto in order to be binding.

IN WITNESS, the parties have executed this Agreement on the day and year first above written in duplicate keeping one (1) each copy.

ABC CO., LTD.   XYZ S.A.

Name: Name:

Title: Title:

第12条　言語および準拠法

12.1　本契約書は，英語により2通調印され，本契約の日本語訳またはスペイン語訳は，本契約の条項を解釈するにあたっては効力を有しないものとする。

12.2　本契約は，日本国法に従って解釈されるものとする。

第13条　仲　　裁

　本契約に関連して生ずるすべての紛争または論争は，国際商業会議所の調停および仲裁の規則に従って，その規則に基づき任命された1人あるいはそれ以上の仲裁人によって最終的に解決されるものとする。仲裁地は，ABCが被告となる場合は東京とし，XYZが被告となる場合はマドリードとする。

第14条　完全合意

　本契約は，本契約の主題に関する両当事者間の完全かつ唯一の合意を包含しており，本契約の主題に関して両当事者が明示的・黙示的を問わず，文書・口頭によるを問わずに行った，本契約締結前もしくは現在における合意もしくは了解に優先し，かつ取って代わるものである。本契約は，拘束力をもつためには両当事者が署名した文書によってのみ将来の修正，変更または追加ができるものとする。

　本契約成立の証として，頭書の年月日に本契約2通に両当事者が署名し，それぞれ各1通を保有するものとする。

ABC 株式会社　　　　　　　　　　　　XYZ 社

氏名：　　　　　　　　　　　　　　　氏名：

役職名：　　　　　　　　　　　　　　役職名：

SECRECY AGREEMENT

THIS AGREEMENT made this _____ day of _____, 20____, by and between ABC COMPANY LTD., a corporation of Japan, having a principal place of business at _____ Japan (hereinafter called "ABC"), and XYZ, INC., a corporation of _____ having a principal place of business at _____ (hereinafter called "XYZ"),

WITNESSETH:

WHEREAS, ABC has developed and is the owner of a manufacturing machinery _____ (hereinafter called "Machinery"), and has developed certain valuable proprietary technical data and information related thereto; and

WHEREAS, XYZ desires to receive data and information in order to evaluate its interest in the Machinery; and.

WHEREAS, ABC is willing to disclose to XYZ such of proprietary data and information as may be necessary to permit XYZ to evaluate its interest in the Machinery;

NOW, THEREFORE, ABC and XYZ, in consideration of the covenants and conditions set forth below, do hereby agree as follows:

1. ABC will provide XYZ with such of its technical data and information related to the Machinery as it considers necessary for XYZ to evaluate its interest in negotiating a license or other commercial arrangement with respect to said Machinery. Samples of Machinery for evaluation by XYZ will be provided if the parties so agree. All such data, information and samples shall remain the property of ABC and shall be returned to ABC or destroyed if the parties do not enter into a further agreement.

秘密保持契約

　本契約は，日本法人で日本国＿＿＿＿＿に本店を有する株式会社ABC（以下，「ABC」という）と，＿＿＿＿＿に本店を有する＿＿＿＿＿国法人XYZ社（以下，「XYZ」という）との間において，本日20＿＿年＿＿月＿＿日付で締結され，

以下を証する

　ABCは，＿＿＿＿＿用製造機器（以下，「本機器」という）を開発かつ所有しており，これに関する一定の財産上の技術データおよび技術情報を開発したものであり，また，

　XYZは本機器における自己の利益を評価する目的で，データおよび情報を受けたいと望んでおり，また

　ABCは，XYZに本機器における利益を評価させるのに必要な財産上のデータおよび情報を，XYZに対して開示したいと望んでおり，

　そこで，ABCおよびXYZは，以下に記載する約束および条件を約因として以下のとおり合意する。

第1条　ABCは，本機器に関するライセンス契約その他の商業的取決めを行ううえでの権益を評価するのに必要であるとABCが判断した本機器に関する技術データおよび情報を，XYZに対して提供する。XYZによる評価に供されるサンプルが必要であると両当事者が合意した場合には，XYZに対して提供されるものとする。すべてのデータ，情報およびサンプルは，ABCの所有に帰属しているものであり，もし，今後，取決めが締結されない場合においては，かかる情報およびサンプルは，いずれもABCに返却されるか，または，破棄される。

2. XYZ shall hold in confidence any technical data, information and samples of Machinery provided and disclosed to it by ABC hereunder. However, this obligation shall not apply to any data or information disclosed to hereunder;

(a) which at the time of disclosure is in the public domain ;

(b) which, after disclosure, becomes part of the public domain, by publication or otherwise other than through unauthorized disclosures by XYZ ;

(c) which at the time of disclosure is already in XYZ's possession as shown by its written records ;

(d) which is made available to XYZ by an independent third party; provided however, that such information was not obtained by said third party, directly or indirectly, from ABC; or

(e) which is expressly authorized by ABC in writing to release.

3. XYZ shall not use the technical data, samples of the Machinery, and information which it is required to hold in confidence hereunder for any purpose other than the aforesaid evaluation and determination of interest without first entering into an agreement with ABC covering the use thereof.

4. XYZ agrees to limit disclosure or technical data and information received from ABC hereunder to only those of its officers and employees as XYZ considers necessary to complete its evaluation of the Machinery and then only after such officers and employees have undertaken by employment agreement or otherwise to comply with the obligation undertaken by XYZ under this agreement.

5. Within one hundred twenty (120) days from the date hereof, XYZ shall notify ABC in writing whether it is interested in entering into a License

第2条　XYZは，本契約に従ってABCから提供され，開示された本機器に関する技術データ，情報およびサンプルを秘匿するものとする。しかしながら，この義務は，本契約に従ってXYZに対して開示される本件データまたは情報のうち，次の各号に該当するものについては適用しない。

(a)　開示の時点で，既に公知である情報，

(b)　開示後に，公表その他XYZによる許可なしの開示以外の方法により公知となった情報，

(c)　開示の時点で，すでにXYZの所有に属する情報で，かつ，そのことを文書記録によって証明することができる情報，

(d)　本契約当事者からいかなる意味における拘束を受けていない第三者によってXYZに開示されている情報。ただし，かかる情報が，当該第三者によって，直接的あるいは間接的であるとを問わず，ABCから得られたものである場合を除く，または

(e)　ABCがXYZに対して，開示する権限を，書面によって明示的に与えている情報。

第3条　XYZは，本機器に関する技術データ，サンプルおよび本契約において秘匿することが要求されている本件情報を，上述の評価・検討以外の目的には使用してはならない。ただし，ABC，XYZ間において，別段の定めがなされた場合においては，この限りでない。

第4条　XYZは，本契約に従ってABCから提供を受けた技術データおよび情報を，本機器の評価を完遂するのに必要であるとXYZが判断し，かつ，雇用契約その他によって本契約の下においてXYZが引き受ける義務を引き受けたXYZの役員または従業員に対してのみ，開示することができる。

第5条　本契約締結後120日以内に，XYZはABCに対し，本機器に関するライセンス契約の締結（および，ライセンス契約によりABCの本件製品

Agreement (and thereby acquiring rights to the ABC's data and information related to the Products).

If at any time thereafter, either XYZ or ABC advises the other that it is no longer interested in entering into a License Agreement, or if ABC and XYZ shall fail to execute such agreement within one hundred eighty (180) days from the date hereof, whichever shall first occur, then without limiting the generality of any of foregoing provisions, XYZ shall forthwith return to ABC all documents, notes, drawings, and other data, and all copies, thereof, containing any ABC's data and information related to the Machinery.

6. (a) XYZ acknowleges that any breach of this Agreement may cause irreparable harm to ABC and agrees that ABC's remedies for any breach may include, in addition to damages and other available remedies, injunctive relief against such breach.

(b) XYZ agrees that ABC shall be entitled to an award of its reasonable attorney's fee if it prevails in any action to enforce this Agreement.

7. XYZ represents that it has no obligations or commitments inconsistent with this Agreement.

8. The obligation of XYZ under the terms of this Agreement shall remain in effect for a period of ten (10) years from the date hereof.

9. (a) This Agreement shall be governed by, construed and enforced in accordance with the laws of Japan.

(b) The parties hereby submit for all purpose of or in connection with this Agreement to the non-exclusive jurisdiction of the Osaka District Court.

に関するデータおよび情報に対する権利を取得すること）について，XYZが興味を有しているか否かを書面によって通知しなくてはならない。

　前記の通知の後，ABCもしくはXYZの少なくともいずれか一方が他方に対して，もはや本機器に関するライセンス契約その他の契約を締結する意欲のない旨を通知した場合，または，ABCおよびXYZが，本契約締結後180日以内に，本機器に関するライセンス契約その他の契約を締結することができなかった場合のいずれかが発生した場合は，XYZはABCに対し，ただちに，本件情報に関するABCのデータおよび情報を含むあらゆる文書，記録，図面その他のデータならびにそれらの写しを返却しなくてはならない。

第6条　(a)　XYZは，本契約の違反はいかなるものであっても，ABCに対して償うことのできない損害を生じさせ得ることを了解し，いかなる違反の場合においても，ABCに対する損害賠償とともに，かかる違反に対する差止措置がなされることに同意する。

　(b)　XYZは，前項記載の損害賠償には，ABCが本契約を実効あらしめるために行うあらゆる訴訟行為について勝訴したときに生じた弁護士費用が含まれることに同意する。

第7条　XYZは，本契約と相反するようないかなる義務も負わないことを表明する。

第8条　本契約に基づいてXYZの負担するすべての義務は，本契約締結後10年間存続する。

第9条　(a)　本契約は日本法に支配されこれに従って解釈，執行されるものとする。

　(b)　ABCおよびXYZは，本契約のすべての目的または本契約に関して，大阪地方裁判所の追加的裁判管轄に服する。

第Ⅴ部　契約文例ほか

IN WITNESS WHEREOF, the parties hereto have caused this Agreement to be executed by their duly authorized representatives as of the date first above written.

ABC COMPANY LTD.   XYZ, INC.

By:_____ By:_____

Title:_____ Title:_____

SECRECY AGREEMENT

上記の証として，本契約の両当事者は，それぞれの正当なる権限を有する代表者によって頭書の年月日に本契約書に署名した。

ABC 社   XYZ 社

役職名：_____   役職名：_____

◆英文契約作成のためのチェック・リスト

	チェック項目の分類	チェック項目の内容	参照頁
総論事項	英文契約の形式	・作成しようとしている英文契約の形式は何か……トラディショナルな標準タイプの契約か，それともレターアグリーメントか ・作成しようとしている契約は，どのような種類の契約か（売買，販売代理店，合弁，保証，その他） ・法的拘束力の内容は，予備的合意（LOI）か，予約か，通常の契約か，法律上強行することができるか ・標準タイプの英文契約は，捺印証書（deed）の形式で作成されているか	26
	全般的内容	・当事者の意図が曖昧でなく，十分に反映されているか ・前文と本体部分を併せ，契約を取り交わす目的，動機は明確になっているか	20 41
タイトル・頭書・前文	タイトル	・契約のタイトルは，内容を適切に反映しているか ・agreement や contract の語を使っていなくとも，sales deed「売買証書」のようにより強い効力をもつ契約書があることを正しく理解しているか ・頭書部分には，契約締結日や当事者を特定する記載がなされるのが慣行であることを理解しているか ・調印の日は正しく表示されているか，当事者が異なる日に調印するときはどう記載するか ・契約締結日が，契約の発効日となるようになっているか，それとも発効日をずらす別段の規定があるか ・当事者の表記は，本店所在地（住所），主な事業の場所，設立準拠法などにつき十分なされているか ・設立準拠法などの下で，当事者の契約締結・義務履行能力（capacity）について問題ないか	41 63
	頭書	・当事者の数と相互の関係はどうなっているか，たとえば，債務を負担するものが複数の場合，債務は共同（joint）か，個別（several）また連帯（joint and several）であるか ・当事者のなかに，企業集団（グループ）を契約主体にしている当事者はいないか，その場合，債務履行，権利行使面で不明確になってはいないか，たとえば保証人が当事者として契約に署名するようになっていないか，第三者のためにする契約ではないか	41 374

英文契約作成のためのチェック・リスト

		・定義条項と関連して，当事者のおきかえ（Licensor, Licensee など）が正確で，かつ統一されているか	
		・譲渡条項と関連して，当事者の変更・契約上の地位の譲渡は許されるか，ゆるされるとすればどの範囲か	
		・頭書中に書かれているか，書かれていない場合，どこになるか，締結地で印紙税を払う必要はないか	
	前文	・とくに前文を置かないタイプの契約か	
		・前文として説明条項（whereas clause/recitals）を置いてあるか	56
		・説明条項には，かつて約因（consideration）の内容である対価関係を書いたが，現在は契約締結に至る背景，動機，目的を書くようになったことを理解しているか	
		・説明条項中において対価間の記載をしたことを受けて約因文言（〜 in consideration of 〜など）を書くのが慣わしだったが，いまは約因文言だけが形だけ残ったことを理解しているか	237
		・英米契約法にとって基本的かつ重要な位置づけの約因理論の下で，とくに英米法系の法を準拠法とするときは当該契約にとって約因は何かを常に考えるようにしているか	
本体部分	主要な一般条項の種類	・当該契約の本体部分はどのような一般条項と同契約類型に固有の条項から成っているか	37
		・当該契約には，よく見られる以下のような一般条項が入っているか ① 契約期間に関する条項（term） ② 契約の終了に関する条項（termination） ③ 不可抗力条項（force majeure/act of God） ④ 秘密保持条項（secrecy/confidentiality） ⑤ 完全合意条項（entire agreement/integration） ⑥ 支払いおよび税金に関する条項（payment/tax） ⑦ 譲渡に関する条項（assignment/transfer） ⑧ 準拠法条項（governing law/applicable law） ⑨ 裁判管轄条項（jurisdiction/venue） ⑩ 仲裁条項（arbitration） ⑪ 通知条項（notice） ⑫ 分離条項（severability） ⑬ 見出し条項（heading/captions）	
		・一般条項を「一般」の内容によって区分けしているか…国際的に一般的なのか国内契約も含めて一般的なのか	37
	主要一般条項	〈契約期間に関する条項〉 ・明確な期間の定め（機関の制限）の必要な契約か	64

のチェックポイント	・契約期間の始期につき，契約締結日からとするか，別に発効日の定めがあるか		

・同終期につき，一定の期間の満了時とするか，一定の日時とするか，あるいは永続とするか

・契約期間の更新の定めはあるか，自動更新か否か

・更新の手続が定められている場合，更新拒絶の事前通知期間は妥当か

〈契約の終了に関する条項〉

・合意解約はできるか   66

・契約自由の列挙は適当か…列挙事由の対象が広がりすぎたり，曖昧ではないか

・解約後の現状回復，保証金の支払い，などはどうなっているか

・約定損害賠償額（liquidated damages）の定めをすべきか，定めをした場合の実際的得失はどうか

〈契約期間に関する条項〉

・明確な期間の定め（機関の制限）の必要な契約か

・契約期間の始期につき，契約締結日からとするか，別に発効日の定めがあるか

・同終期につき，一定の期間の満了時とするか，一定の日時とするか，あるいは永続とするか

・契約期間の更新の定めはあるか，自動更新か否か

・更新の手続が定められている場合，更新拒絶の事前通知期間は妥当か

〈不可抗力条項〉

・そもそも契約準拠法との関係で不可抗力免責に関する条項は   70
必要か，必要だとしてもどの程度の内容があるべきか

・不可抗力事由の列挙の仕方は適当か

・事由発生によって無条件免責とするか，条件付免責とするか

・不可抗力条項よりはハードシップ条項による柔軟な対応のほうが適切ではないか

〈支払いおよび税金に関する条項〉

・支払い方法はどのように定められているか。方法はL/C   93
（信用状）による場合，取消不能L/Cか，開設銀行は一流銀行に限定されているか

・為替レートは決める必要があるか，レートの決定方法はどうなっているか

・税金はどの国のどのようなものがかかると予想されるか，それをどちらが負担することになっているか，源泉徴収税の扱いはどうなっているか，関係国間の租税条約の適用はどうなっているか

〈秘密保持条項〉

・秘密保持に関する条項を設ける必要がどの程度あるか

78

・秘密保持義務を負う人間の範囲をどこまでとするか，退職従業員に対する拘束はあるか

・秘密保持義務の有効期間は，契約終了後何年間のように定めるか，または不定期間と定めるか

・秘密保持の管理体制につき，資料保管場所の指定，秘密資料であることの表示の義務づけ，複製禁止，立入検査権，書類閲覧権などをどう定めるか

・拠法の指定がなされているか，検討したか

・税金はどの国のどのようなものがかかると予想されるか，それをどちらが負担することになっているか，源泉徴収税の扱いはどうなっているか，関係国間の租税条約の適用はどうなっているか

〈準拠法条項〉

・いずれの法廷地において紛争が解決されることになるか，これとの関連で適切な準拠法の指定がなされているか

107

・ウィーン条約の適用と準拠法の関係は検討したか

・ウィーン条約の全面適用排除の合意をした場合における準拠法条項の書き方は適切か

・指定した準拠法が，契約の成立だけでなく，履行にまで適用されるような状況内容になっているか

・予想される法廷地の抵触法原則（国際私法）は当事者自治を認めているか

・使用言語と準拠法との関係は規定されているか

〈紛争処理条項〉

・紛争が起こったら，どのような手段によって解決を考えているか…大きく分けて，裁判によるか仲裁によるべきかを，執行の点まで考えて検討したか

118
134

・裁判による場合，国際的合意管轄の有効性について指定法廷地の法律はどう考えるか，管轄合意は専属的（exclusive）にすべきか非専属的・追加的（non-exclusive）にすべきか

・仲裁による場合，関係国におけるニューヨーク条約などの諸条約の批准の有無，仲裁機関をどこにするか，仲裁規則として何を使うか，仲裁地をどこにするか，仲裁人の数・選任方法，モデル仲裁条項を使うか否かなどにつき検討したか

・調停による場合，仲裁機関がどのような手続でこれによる紛争処理をするか

〈通知条項・送達代理人に関する条項〉

・準拠法は発信主義到達主義のいずれをとるか

128

・通知方法をどう定めているか…電子メール，ファックスなど

		をどう扱っているか ・通知の到達みなし規定はあるか ・送達代理人を置く必要はあるか，置く場合その利益はいずれの当事者にあるか，送達代理人の選任は相手方にのみ都合よくなされてはいないか ・送達代理人の指定に利益相反の問題はないか	
	その他の重要条項	〈表明・保証条項〉 ・表明・保証条項の意義は何か ・表明・保証条項の法的位置づけは何か，準拠法によって異なるか ・表明対象事項は，量・質共に適切なものになっているか ・表明・保証違反の効果は明確になっているか，解約事由になるか ・2017年改正民法により表明・保証条項の解釈は変わるか	303
		〈譲渡条項〉 ・譲渡条項が必要な契約か ・とくに企業間の継続的契約にとって譲渡条項はどのような意味をもつか ・譲渡条項は，ごく典型的な内容になっているか ・原則譲渡禁止の例外が前面に出ている条項になっているか，そうした例外は真に必要か	101
契約の最終部		〈署名欄，その他〉 ・署名の形式をどうするか…立会人をつけるか，捺印契約として作るか ・署名者は，いかなる資格をもち，とくに法人の場合有効な代理（表）権限を与えられているか，委任状は必要か ・領事または公証人による認証は必要か，その方法はどうすべきか ・正本は何通作るか，副本はどうか ・2ヵ国語以上の契約書に署名するとき，あるいは訳文を作るときは，それぞれの効力の優劣関係は定めてあるか	156

事 項 索 引

A–Z

As is	375
Bargaining power	196
Battle of Forms	41
Best efforts	322
CAFC	124
Click-on license	343
Change of control	106, 297
Commitment	382
Cross default	393
Covenants	386, 391
Deadlock	284
Deed	54, 61
Default	393
Doctrine of frustration	70
Doctrine of vagueness	21, 181
DTA	366
Earn out	301
EDI	252, 253
Encumbrance	188
Enforceable by law	19, 181
Escrow	341
Exclusive	121, 126, 258
Evaluation	288
F.O.B.	243
Force Majeure（Act of God）	70
Forum non conveniens rule	119
Forum shopping	118, 268
GDPR	347, 366
General partnership（GP）	280
Good title	226
Grace period	249
Guaranty（Guarantee）	163, 398
Hold harmless	313, 318, 361
ICC	111, 133, 243
INCOTERMS	243
Implied warranty	209, 215, 264, 311

Improvements	308, 316
IT	104, 376
Letter of intent（LOI）	26, 60, 179, 289, 385
Letter agreement	26
Letter of comfort	26, 166, 170
License	306, 464
Limited partnership（LP）	280
Loan agreement	380
Loyd's	12, 223
M & A	286
Memorandum	60, 183, 233, 385
Negotiable instrument	219
Norman French	29
Pari passu	31, 392
Parol-evidence	86
Plain English	194
Policy	223
Power of attorney（PofA）	30, 173
Procurement agreement	197, 215, 253
RFI	349, 384
RFP	349, 385
Royalty	307, 338
Security	220
Severability	145, 148
Shrink-wrap	330, 347
Statute of frauds	21, 86, 233
Trade secret	81, 351
U.C.C.	18, 218
UNCITRAL	111, 134, 245
Warrant	209
Whereas clause	56, 152, 291
Witnesseth	30, 152, 237

あ

移転価格税制	95, 323
ウィーン条約（CISG）	114, 245, 250
エクイティ（衡平法）	21, 249

事 項 索 引

か

解除	66, 69
解約	69
瑕疵担保責任	295, 297, 305, 376
株式公開買付（TOB）	287
間接損害	269, 312, 321
共同開発	363
技術援助	56, 273, 306
禁反言	56
クロージング	276, 291, 387
経営指導念書	170
契約締結地	54, 167
検索の抗弁権	162, 400
厳格解釈の原則	175
権原	33, 225
原状回復	67
源泉徴収	94
合意（agreement）	19, 53
公証制度	200
合弁	57, 270
国際裁判管轄	118, 125
ココム（COCOM）条約	78, 315
コモンロー	20, 24, 99, 145
コンドミニアム	221
コンプライアンス	96, 117, 301, 347

さ

催告の抗弁権	162, 400
最終性条項	84
最低購入保証	38, 261
裁判管轄（Jurisdiction）	37, 54, 118, 126
執行判決	131, 140
自動更新	65
実施許諾	306
社会主義国法	117
主観主義（意思主義）	110, 381
守秘義務	79, 82, 356, 360
準拠法	54, 107
仕様書	216, 246
承諾	19, 41, 338

譲渡	98
商品性	198, 215, 226
消費者契約法	22, 193, 343
消費者約款	191, 198
消費貸借	200, 205, 378, 382
書面主義	22, 162
新株引受権	277
シンジケートローン	206, 395
信用状	91
スワップ契約	296
製造物責任（PL）	216, 234, 245, 327
先行条件	28, 38, 293, 385
船舶先取特権	188
送達代理人	139
租税条約	93, 95
ソリシター	45, 202

た

対価	19, 237, 307
大陸法（Continental law）	18, 24, 70, 180
代理店	65, 255, 263
諾成（契約）	206, 289, 296, 378
タックス・ヘイブン	90, 323
担保責任	210, 264
知的財産	89, 123, 214, 306, 321, 330
仲裁	129
調停	129
通則法（法の適用に関する通則法）	108, 398
通知	136, 142
定義	143, 363
抵触法	167
手形	9, 91, 217
電子商取引	100, 250, 324, 343
データポータビリティ	366, 369
デューデリジェンス	301, 304
デラウェア州法	55
転職の自由	79
当事者自治の原則	107, 381, 399
同種文言の原則（Rule of ejusdem generis）	73
到達主義	136, 142, 346

事 項 索 引

独占禁止法……………………………255, 263
特別損害………………………………………321

な

捺印証書 ……………20, 54, 57, 61, 86, 153, 341
二重課税 ………………………………………93
ニューヨーク条約……………………………129
ノウハウ ……………77, 130, 306, 314, 324

は

売買証書法……………………………………186
発信主義……………………………136, 142, 346
バリスター……………………………………45, 202
販売店…………………43, 63, 234, 242, 255, 263
ハードシップ…………………………………239
パートナーシップ…………………………270, 280
非方式契約（単純契約）……………………19
秘密保持……………………76, 82, 289, 314, 351
表明・保証 ………………34, 295, 304, 376, 385
品質管理……………………………………216, 246
不可抗力事由 …………………………………73
附合契約………………………………………343
不実表示………………………………………305
方式契約………………………………………19, 54
法廷地…………………………111, 120, 252, 399
法的拘束力 ………………21, 53, 60, 169, 180

法的効力 ……………………………56, 167, 180, 232

ま

免責約款 …………………………………71, 198, 224
申込……………………………19, 41, 260, 333, 349
モデル仲裁条項………………………………133, 149

や

約因 ………………………19, 57, 86, 164, 237
約款…………………………9, 191, 344, 366, 371
有担保原則……………………………………382
要物性……………………………………204, 378

ら

リスクヘッジ…………………………238, 295, 300
リスクマネジメント…………23, 87, 231, 378
裏面約款………………………………………197
留保（文言）…………………………178, 211, 251
領事認証………………………………………203
レピュテーショナルリスク…………………183
連結会計………………………………………101
ロー・ファーム………………………………42, 45

わ

ワッセナー条約 ……………………………78, 315

《著者略歴》

長谷川　俊明（はせがわ　としあき）

　1973年早稲田大学法学部卒業。1977年弁護士登録。1978年米国ワシントン大学法学修士課程修了（比較法学）。元司法試験考査委員（商法）。国土交通省航空局総合評価委員会委員。現在，渉外弁護士として，企業法務とともに国際金融取引や国際訴訟を扱う。長谷川俊明法律事務所代表。

『ビジネス法律英語入門』（日経文庫），『はじめての英文契約書起案・作成完全マニュアル』（日本法令），『ロードス21最新法律英語辞典』『法律英語の使い分け辞典』（東京堂出版），『海外子会社のリスク管理と監査実務』『業務委託契約の基本と書式』『ライセンス契約の基本と書式』『データ取引契約の基本と書式』（中央経済社），『改訂版　条項対訳　英文契約リーディング』『改訂版　法律英語の用法・用語』『改訂版法律英語と紛争処理―民事訴訟手続，ADR，倒産手続 他』（第一法規）など，著書多数。

サービス・インフォメーション

――――通話無料――――

①商品に関するご照会・お申込みのご依頼
　　　　TEL 0120(203)694／FAX 0120(302)640
②ご住所・ご名義等各種変更のご連絡
　　　　TEL 0120(203)696／FAX 0120(202)974
③請求・支払いに関するご照会・ご要望
　　　　TEL 0120(203)695／FAX 0120(202)973

●フリーダイヤル（TEL）の受付時間は、土・日・祝日を除く
　9:00～17:30です。
●FAX は24時間受け付けておりますので、あわせてご利用ください。

新訂版　法律英語のカギ―契約・文書―

2019年8月10日　初版発行

著　者　　長 谷 川 俊 明

発行者　　田 中 英 弥

発行所　　第一法規株式会社
　　　　　〒107-8560　東京都港区南青山2-11-17
　　　　　ホームページ　https:// www.daiichihoki.co.jp/

法律英語契約　ISBN978-4-474-06687-8　C2034（8）